外国法制史研读辑录

曾尔恕 等 著

知识产权出版社

全国百佳图书出版单位

图书在版编目（CIP）数据

外国法制史研读辑录／曾尔恕等著．—北京：知识产权出版社，2016.9

ISBN 978－7－5130－4489－9

Ⅰ．①外… Ⅱ．①曾… Ⅲ．①法制史—国外—文集 Ⅳ．①D909.9－53

中国版本图书馆 CIP 数据核字（2016）第 225708 号

责任编辑：雷春丽　　　　　　　　　**责任出版：刘译文**

封面设计：张　悦

外国法制史研读辑录

曾尔恕　等著

出版发行：知识产权出版社 有限责任公司		网　　址：http：//www.ipph.cn	
社　　址：北京市海淀区西外太平庄 55 号		邮　　编：100081	
责编电话：010－82000860 转 8004		责编邮箱：leichunli@cnipr.com	
发行电话：010－82000860 转 8101/8102		发行传真：010－82000893/82005070/82000270	
印　　刷：北京中献拓方科技发展有限公司		经　　销：各大网上书店、新华书店及相关专业书店	
开　　本：720mm×1000mm　1/16		印　　张：25.25	
版　　次：2016 年 9 月第 1 版		印　　次：2016 年 9 月第 1 次印刷	
字　　数：385 千字		定　　价：65.00 元	
ISBN 978－7－5130－4489－9			

序 言 PREFACE

外国法制史是伴随着中国法律近代化及现代发展而成长起来的一门学科，具有鲜明的法律移植背景和中国特色。如果以 1904 年清政府的新学制正式将外国法制史列入法学课程为本学科发展的起点，那么它已经走过百年，以学科发展所汲取的资源和所承担的使命不同为依据，可将其发展分为三个阶段：（1）自清末至 1949 年。这一时期中国法律近代化的主要内容是学习和移植西方法律。从政府颁布的学制及学校开设的课程来看，与外国法制史相关的罗马法、西方国家法制史、比较法制史等被列入基础或必修课程，而其研究则尚处于起步阶段。据《中文法学和法律图书目录（1912～1949）》的分类记录，在总共 6043 种图书中，外国法制史仅有 33 种，占 0.55%，数量之少可见一斑。（2）1949～1982 年。"文革"以前我国自编的外国国家与法律制度史的教材大体沿用了苏联的国家与法权通史的基本体系和内容，就此确立了苏联模式的外国法制史在中国法学学科体系中的地位和本学科内部的体系范式。与这一时期外国法制史的学科地位的急速上升形成鲜明对比的是，外国法制史的研究陷入历史最低谷，在空前浩劫的"文革"期间，伴随中国法学所遭到的破坏，外国法制史的命运更是在劫难逃。根据《法学论文目录集（1949～1984）》统计，从 1949 年到 1977 年的 28 年中，仅有外国法制史论文 22 篇。（3）1978 年至今。1978 年"改革开放"后外国法制史学科进入崭新的发展时期。全国恢复高考招生后，陆续在北京大学、中国人民大学、复旦大学、安徽大学、厦门大学以及当时的北京、华东、西南、西北等政法学院恢复开设了外国法制史课程。

近 40 年来，外国法制史成为全国各高等院校法学院普遍开设的法学专业基础课程，其专业教学研究队伍不断壮大，学科建设面向前沿，研究积淀更加广泛深厚。其主要表现为：基本形成适应中国学生了解世界法律历史的，科学、完整的教材体系；在全国外国法制史研究会的倡导下，学术研究持续深入，对话交流活跃；学术研究领域宽阔，学术成果丰厚。

作为法学的一门基础学科，法律史学的意义虽然见仁见智，但大家公认的是，法律史学不仅可以对法律的历史提供合理科学的认识，且能在这一认识的基础上对法律实践提供借鉴的路径。

中国政法大学自 1979 年开设外国法制史研究方向，招收法学硕士研究生，2001 年以后招收外国法制史研究方向的博士生。在近 40 年的时间里，师生在学习、研究外国法制史的过程中，辛勤耕耘、积极开拓，积累了一定研究成果，其内容包括这一研究领域的方方面面。1996 年，中国政法大学第一任外国法制史专业指导教师潘华仿教授曾经在他的古稀之年出版的《英美法论》中集结了他对于英美法律史研究的论文成果。现在，虽然历届毕业于外国法制史研究方向的后辈学人中有些并不在教育或科研系统工作，但是大家对外国法制史的学习与研究的热爱不改初衷，关注依旧。其原因是越是学习和研究这门科学，就越是体会到它的博大精深，越是激发出对其继续探索的兴趣，越是想通过对它的探索努力回应对现今中国法治建设与发展的感受。

在这本《外国法制史研读辑录》中，我们这些长期学习研究外国法制史的学人不揣冒昧将自己的研究心得收录其中，一方面是对学习研究的整理，另一方面请教于前辈同人，方便交流批评，为推动外国法制史的研究助力。

本书收录的论文以中国政法大学曾尔恕教授多年发表的论文为主，同时包括其指导的部分博士生和硕士生提交的研习心得。研读辑录分三部分：上编是曾尔恕教授发表论文的选编（包括与部分老师和学生合作论文的摘录）；下编是其指导的部分博士生、硕士生的研究论文；附录部分包括曾尔恕教授论著目录汇编，曾尔恕教授指导的博士、硕士名录及其学位论文目录，以及曾尔恕教授作为中国政法大学优秀博士论文指导教师代表的一个早期发言。

由于部分论文发表时间较早，其时的注释缺乏统一要求，本书仍保留了原貌，敬请谅解。文中的错误和不足之处恳请批评指正。

著　者
2016 年 5 月 18 日

目　录 CONTENTS

【上　编】

【下　编】

【附　录】

上 编

美国适用《史密斯法》中的几个问题[*]

曾尔恕

第二次世界大战前，美国共产党和美国人民开展了广泛的反对法西斯威胁的群众运动。在这种形势下，罗斯福总统以反对"第五纵队"的名义，于1940年6月28日签署了第76届国会通过的《外侨登记法》（Alien Registration Act）。该法由众议员史密斯起草，故一般被称作《史密斯法》。

《史密斯法》中，关于颠覆活动方面，规定禁止下列行为：（1）故意或蓄意鼓动或者教唆他人有义务、有必要、有需要，或认为应用武力或暴动暗杀政府官员，以推翻或破坏美国任何政府；（2）印刷、编辑、发行、流通、出售、分发或公开陈列任何书写的或印刷的材料，以鼓动或教唆他人用武力或暴动推翻或破坏美国的任何政府；（3）组织或协助组织那些讲授、提倡或鼓励用武力或暴力手段推翻或破坏美国政府的任何社会集团或集会，在了解此类组织的宗旨以后而成为任何此种组织的或附属于此种组织成员的。[①]

第二次世界大战以后，美国工人罢工运动高涨，美国垄断资产阶级为了镇压工人运动，捏造所谓"赤色危险"的威胁，利用《史密斯法》作为打击美国共产党和其他进步组织争取民主权利的工具。1948年7月20日，美国纽约联邦地方法院依据《史密斯法》对美国共产党12位领导人提起公诉（福斯特因病另案处理）。起诉书中写道：共产党是"由那些教唆和鼓吹用武

本文原载《外国法制史汇刊》（第一集），武汉大学出版社1984年版。
[①] 梅森和比尼：《美国宪法法律》（英文版），第524、533、514、498页。

力和暴力推翻和毁灭美国政府的人们所组成的会社、团体或集会"①，是"阴谋组织"，共产党员是"阴谋"的参加者。这样，凡是有共产党党籍这一事实本身就构成了犯罪行为。

审讯从 1949 年 1 月开始延续了 9 个月，政府收集的证据记录达 1.6 万页，其中主要是马列主义的著作、美共领导机关的文件和丹尼斯等美共领导人的言论摘录。丹尼斯就他们被审讯是基于他们的思想和政治观点，而不是他们作出的具体行动，在法庭上作出义正词严的答辩，他说："对我们的起诉是由于我们的原则，我们的正义、信仰和思想，不是因为任何的犯罪行为。……理论、思想和政治观点是任何法庭都不能加以审判的。"在侵犯被告和辩护人的基本诉讼权利的情况下，陪审团作出丹尼斯等人有罪的判决。法院宣布：被告对美国的"安全"构成了"明显和现实的危险"，因而处以刑罚。11 名被告中 10 人被判处 5 年徒刑和 1 万美元罚金，汤普逊因在第二次世界大战中获得过十字勋章而予以减刑，判处 3 年徒刑。

1950 年 8 月 1 日，联邦第二上诉法院对丹尼斯等人的上诉作出维持原判的裁决。

丹尼斯等人最后向联邦最高法院提出上诉，理由是：宪法第一条修正案规定国会不得制定法律禁止思想的传播，把将来可能发生的革命断定为以暴力推翻政府的"明显和现实的危险"是不公道的，打进美共内部的密探的证词是虚假的，陪审团的活动违反了正常的审判程序。丹尼斯等人要求宣布《史密斯法》违宪并撤销对他们的判决。联邦最高法院 1950 年 12 月开始审理这一上诉，1951 年 6 月以 6：2 的票数通过判决（其中一人弃权），宣布维持原判，并确认《史密斯法》符合宪法。

"丹尼斯"案的审判，提出了以下几个值得注意的问题。

一、对宪法第一条修正案的解释

在美国法律历史上，对宪法第一条修正案的解释一直是一个有争议的问

_____

① 格罗马科夫：《美国反民主立法简史》，郑德麟、苏茸译，世界知识出版社 1962 年版，第 168、169 页。

题，争议的焦点是，其中所保障的公民权利与自由是不是不受限制的。"丹尼斯"案又一次提出这个问题。

对最高法院的判决，法官弗兰克富尔特（Frankfurter）投票赞成有不同的理由。他认为，美国政府维护国家安全的要求与宪法第一条修正案所规定的公民权利之间有矛盾，必须由立法机关在制定的法令中划定明确的界限，以鉴别何种言论对国家安全构成"明显和现实的危险"，并加以限制，法院无权规定这种界限。法官布莱克（Black）投反对票，他认为，对上诉人控告的理由仅仅是他们同意集会，并且谈论和发表了某些观点，这是一种恶毒的事先检查言论和出版的制度，是宪法第一条修正案所禁止的。《史密斯法》是违宪的。法官道格拉斯（Douglas）也反对判决，他认为，上诉人之所以被判罪，并不是因为他们做了什么，而是因为他们想了什么，这是对言论自由的摧残。在任何一次选举中，美共都没有显示出是一支重要的政治力量，何以能说它对美国的安全构成了"明显和现实的危险"呢？充分和自由的讨论是首要信条。

虽然最高法院有的法官从不同的角度提出对宪法第一条修正案保障的言论、出版自由不得施加任何法律限制，但多数法官从未接受这种绝对主义的解释，而主张实行追惩制。由首席法官文森（Vinson）起草的判决意见代表了他们的观点。文森写道："……和任何其他主权国家的立法机关一样，美国国会有权制裁武装叛乱的发生，以维护联邦政府的生存，若说国会对暴力推翻美国政府行为的制止，不在于其权力范围之内，那不是任何人可以想象的事情。"针对《史密斯法》，文森说：它的目的并不仅在于对公然恐怖和暴力本身的制止，而是要进一步对暴力推翻政府的言论予以制裁。"被告等对暴力推翻政府的鼓吹与教唆活动，已构成《史密斯法》的对象。"这表明，在新的历史条件下，《史密斯法》和1798年的《镇压叛乱法》、第一次世界大战时期的《惩治叛乱法》的打击锋芒均有所不同。1798年的《镇压叛乱法》，是着重于压制对总统及其他官吏的个人批评言论，第一次世界大战时期的《惩治叛乱法》，则着重打击反对战争、主张和平的言论，而对1940年《史密斯法》的适用，则着重于反对以武力或暴力推翻政府的言论。

二、"明显和现实的危险"原则的运用

联邦最高法院对丹尼斯等人的上诉案件的审判情况表明，美国宪法所规定的公民权利和自由的运用是以不危害美国社会的统治秩序为限度的，否则最高法院就可以用任意解释"明显和现实的危险"的宪法原则的手段，来剥夺人民的民主权利。

所谓"明显和现实危险"的原则（clear and present danger），是在 1919 年 Schenck V. U. S. 案中，由首席法官霍尔姆斯提出的。霍尔姆斯认为：言论自由是相对的，宪法固然保障言论自由，但宪法也保障其他自由，更应保障国家社会的安全。因此，言论自由权利的行使必须与其他自由权利相协调，如果由于言论自由权利的行使而妨碍或危害其他自由权利的行使，或危害国家社会的安全，这种言论就是非法的，政府限制和处罚这种行为就不算违宪。在由霍尔姆斯执笔的判决书中写道："每个案件的关键问题，在于被告使用的言辞是否在特定的环境足以构成应由国会加以防止的、明显和现实的危险的实际恶果。"① 这就是说，霍尔姆斯企图提供一个原则，在受宪法保护的言论与对国家"安全"有危害的言论之间划一条界线，一方面规定言论自由的极限，另一方面规定政府权力干预的边界。他同意政府有权惩罚任何一个超越了自由极限的人，而又把这些极限规定在包括一个尽可能广泛的范围之内，即限制政府对自由发表言论的干涉，除非这种言论对国家所要实现的目标造成紧急危害。这种危险不但必须是紧迫的，而且对国家产生的不利影响的可能性也必须是直接的。从这个意义上说，美国法学家认为"明显和现实的危险"的原则，是"有利于言论自由的"。② 然而，在丹尼斯案中，首席法官文森代表最高法院所作的判词，强调的并不是推翻政府的行动本身构成现实和即刻发生的危险，而是针对提倡暴力革命的思想言论中潜在的危险性。文森说："所谓现实危险，并非谓暴力革命立即爆发之意。……不是说，政府在采取合法动作之前，必须等待叛乱即将执行，叛乱计划业已拟妥，和只等待

---

① 梅森和比尼：《美国宪法法律》（英文版），第 524～533、514、498 页。
② 同上。

叛乱信号之发生的阶段。"就是说，只要具有不符合美国垄断资产阶级统治集团的思想观点和言论，即使没有相应的具体行动也构成"明显和现实的危险"，也就构成犯罪。这就在实际上离开了霍尔姆斯最初提出"明显和现实的危险"的原则的含义，而运用了更加灵活的"不良倾向"的判案原则。

21 世纪初期以来，对于"明显和现实的危险"的原则的含义，在美国法律界一直存在着争论，并影响到这一期间的案件的判决。法官杰克逊（Jackson）曾说过："所有的人都认为它的意义非常重大，但其含义究竟是什么，没有两个人有相同的看法。"① 首席法官文森曾代表最高法院确认《塔夫脱—哈特莱法》（Taft-Hartley Act）符合宪法，断言政治罢工对美国构成了"明显和现实的危险"。他说，衡量"明显和现实的危险"没有什么机械的标准，"保卫公共利益是实质性的，很显然，要求对国家安全的紧迫危险规定一个刻板的标准，是一种谬论"。② 可见，所谓"明显和现实的危险"的原则，本身就是一个极不明确的、模糊的、含混的宪法原则，最高法院在运用这一原则时，可以因时、因势作出合乎资产阶级统治需要的解释。他们随意运用这一原则，拒绝给犯罪作出明确的规定，这就否定了资产阶级革命时期提出的罪刑法定主义，从而使法官可以主观臆断任意给人定罪。

"明显和现实的危险"原则的运用，是与第二次世界大战后英美等资本主义国家强调的"社会责任论"相关的。第二次世界大战后西方资本主义制度出现了一系列新的矛盾，在新闻业、出版业上流行已久的"自由主义理论"不能适应新形势的需要，美国政府便采取加强国家干预的手段减弱难以解脱的社会危机，"社会责任论"即应运而生。社会责任论在控制新闻、出版方面认为，言论、出版自由虽然是个人的一项自然权利，但必须与他人的以及社会的利益相平衡，言论、出版必须为政治制度和经济制度服务，"明显和现实的危险"的法律原则恰恰契合与迎合了这一理论。

三、陪审员的作用

丹尼斯案的审判还提出了另一个问题：判定是否存在"明显和现实的危

---

① C. B. 斯威舍尔：《最高法院的现代作用》，1965 年英文版，第 85、87 页。
② 同上。

险"是由陪审员评决的事实问题，还是由法官判定的法律问题。根据英美陪审制度的传统，小陪审团的作用是在被告人否认自己有罪时，审理被告是否有犯罪的事实问题，而由法官就法律问题判决被告所应受的刑罚。很显然，在有关言论、出版自由的案件中，被告所发表的言论是否构成"明显和现实的危险"，是判定其是否构成犯罪的关键。然而，在丹尼斯案的审判活动中，联邦地方法院法官麦德纳（Medina）却公然违反了审判程序，"指示"陪审团说"明显和现实的危险"是一个与陪审员无关的法律问题，从而强行剥夺了陪审团就"明显和现实的危险"的原则对被告是否具有犯罪的事实作出评决的权利。陪审法官罗伯特·杰克逊就此尖锐地指出："法院只根据推想将来要犯，但还未犯的罪行而置人于狱的做法，仍是难以符合美国传统的法律的。法院不应该利用自己的自由裁决权来强迫人们放弃权利法典赋予自由的行动。"然而，最高法院首席法官文森却在"丹尼斯"案的判词中，认可了麦德纳的指示，他认为"明显和现实的危险"的原则，是作为与法律有关的司法原则，由法院加以适用的。陪审员的作用是根据法官的适当指示，对被告是否违反《史密斯法》作出评决。①

由此可见，资产阶级的陪审制度不过是操纵在他们手中的工具，资产阶级统治集团控制了法官，又千方百计地通过法官控制了陪审员的活动，使其完全俯首听命于法官，以保证贯彻他们的意志。正如恩格斯深刻揭露的："陪审法庭就其实质来说是一个政治机关，而不是法律机关，但是既然一切法律设施本来都具有政治性质，那么陪审法庭也就体现了司法制度的真正本质。"

联邦最高法院对丹尼斯等人案件的判决，是美国政府大批逮捕共产党领袖的信号。司法部长布朗纳尔在1956年10月8日给美国总统艾森豪威尔的备忘录记载：根据《史密斯法》，已组织18次审判，这些审判的结果使108名共产党的领导人被判了罪，尚有22名共产党员正在候审。对此，美国共产党对最高法院的判决发表声明，谴责美国政府对共产党人的迫害。声明指出："在美国，代替言论自由的是建立思想管制，这种思想不仅管制共产党人的

---

① E.G.哈杜：《美国的言论与出版自由》（英文版），第119页。

思想，而且管制所有人的思想。"①

从 20 世纪 50 年代中期，特别是 60 年代初期起，由于美国工人运动和世界人民反对战争的和平运动的高涨，美国统治阶级改变了对外政策和策略，在国际上打出了维护"人权"的旗号，作为争夺世界霸权的手段。用美国记者的话来说，对外输出"人权"，就是使 19 世纪传教士的活动现代化。同时，由于第二次世界大战后持续十年的反共狂潮已暂时趋于缓和，美国共产党在其迫害下实际上已丧失了战斗力，不再构成对美国反动统治的直接威胁。为了缓和资本主义制度日益深刻化的固有矛盾，最高法院不再滥用"明显和现实的危险"的原则，在审理有关民权案件时，对宪法中关于公民的自由权利的解释放宽了限制。

最高法院的这种变化反映在 Yates V. U. S.（1957）案的审理中。

耶茨等 14 名共产党员给共产党作组织工作，并为《工人日报》写稿。1952 年，政府根据《史密斯法》将他们逮捕，并在加利福尼亚州南部联邦地方法院起诉。经审讯后耶茨等被判"鼓动或教唆他人以武力或暴力推翻合众国政府"，"组织或协助组织那些教唆、提倡用武力或暴力推翻美国政府"的罪行，各判刑 5 年及处 1 万美元罚金。耶茨等人向联邦上诉法院提起上诉，上诉法院维持原判。最高法院根据当事人的申诉，接受了该案的审理。

法官哈兰（Harlan）代表最高法院发表的判词，就申诉者提出的有关《史密斯法》的两个主要问题作了解释。

第一个问题：《史密斯法》中"组织"一词的含义。

申诉人被控的"阴谋罪行"之一是违反了《史密斯法》的下列规定——任何人组织或协助组织那些讲授或提倡或鼓动用武力或暴力手段推翻或破坏美国政府的任何社会集团，将判处 1 万美元以下的罚金或 10 年以下的徒刑，或两者兼课。

申诉人认为《史密斯法》这项规定中的"组织"一词，意味着"确立""建立""使其存在"。从这个意义上说，美国共产党在 1945 年就已重建了。

---

① 格罗马科夫：《美国反民主立法简史》，郑德麟、苏莗译，世界知识出版社 1962 年版，第 168、169 页。

根据追诉时效的规定，有期徒刑不满 10 年者追诉时效以 3 年为限；从美共重建之日算起，追诉时效早已终止。

代表政府的检察官却认为："组织"意味着一个持续的过程，这一过程贯穿于一个组织整个存在的过程之中。在联邦地方法院给陪审团的指示中，"组织"一词的内容包括诸如：吸收新成员、建立新单位。也就是说"组织"一词应做广义的解释，如果做狭义的解释，就得假定国会的意图是《史密斯法》的这一条款不适用于早已存在的共产党。然而，《史密斯法》作为一个整体，是特定地针对共产党的，它的"组织"条款是特别直接指向共产主义运动的领导人的，所以很难认为国会制定该法的目的是针对美国共产党于1945 年重建的偶发事件的。直到今天，美国共产党尚未完全"组织"起来。"组织"是一个持续的过程，这一过程一直到这一实体解散以前是不会终止的。

就这一问题，法官哈兰在判词中写道："首席法官马歇尔 1 个多世纪前在 U. S. V. Wiltberger 案的判词中阐明了如下原则：刑事法律应该作严格解释的原则……是以保护个人权利的法律脆弱无力为基础的，是以规定刑罚的权力是授予国会的，而不是授予司法机构这一明明白白的原则为基础的。正是立法机构而不是法院有权规定刑事犯罪并规定其刑罚。"法官哈兰说：根据这一原则，"我们应该遵循刑事法律作严格解释的同样原则，给'组织'一词作狭义的解释，即该词的含义仅仅归结为开始建立一个新的组织的行动，而不能归结为在此之后履行该组织任务的活动，即使这种活动从广义来说也可以叫作组织工作"。①

第二个问题：《史密斯法》并不禁止抽象地宣传用暴力推翻政府的理论，只禁止相应的具体活动。检察官辩论说：因为申诉者被控的阴谋活动包括"提倡"用暴力推翻政府和"组织"共产党，而且陪审团被指示说为了判罪就必须对两种阴谋作出评决。因此，无论怎样，陪审团到头来必须裁决申诉者阴谋提倡用暴力推翻政府是有罪的。

最高法院就检察官的辩论回答道："我们面临的问题是，《史密斯法》是

---

① 阿伦·古特曼、本杰明·姆恩·乔格拉：《共产主义法院和宪法》（英文版），第 46~48 页。

否禁止把用武力推翻政府作为一项抽象的原则来提倡和教唆。"① 它解释说：提倡与教唆抽象的主义和行动是有区别的……《史密斯法》是针对着提倡与教唆以武力推翻政府的具体行动的。应当把提倡与教唆抽象的原则和直接采取行动区别开来。因此，判词的结论是：推翻联邦下级法院对耶茨等人的判决，改判为5人释放，9人重审。

对耶茨案的判决的意义在于，使《史密斯法》只是禁止用暴力推翻政府的具体行动，并不禁止抽象地宣传这种理论。虽然这表明美国政府对言论自由的限制放宽了尺度，却丝毫也没有损害美国政府的利益，禁止用暴力推翻政府的具体行动的规定，从根本上维护了垄断资产阶级的统治。

对耶茨案的判决使政府撤销了大部分案件。旧金山联邦上诉法院法官理查德·H. 钱伯斯在1958年1月20日撤销西雅图案和夏威夷案时认为，耶茨案的判决对《史密斯法》作出的严格解释，使得很难根据《史密斯法》再提出控诉。

1961年在《斯克尔斯诉美国》（Scales V. U. S.）案的判决中，最高法院又对耶茨案的判决原则作出补充，认为在"鼓吹以暴力推翻政府的组织的成员中"，应区别"积极"成员和"一般"成员。"积极"成员是指了解该组织的"非法"目的，并积极从事促进该组织"非法"目的的行动的人。不能把仅是共产党组织的"一般"成员认定为犯罪。

1966年，美国最高法院判决《史密斯法》关于共产党员登记的规定违反了宪法第五条修正案的规定。1969年，在美国刑法典改革法案的第11章规定中全部取消了《史密斯法》。

---

① 阿伦·古特曼、本杰明·姆恩·乔格拉：《共产主义法院和宪法》（英文版），第46~48页。

略论英国契约法中的受挫失效原则[*]

潘华仿、曾尔恕

　　封建制度下，人们的权利和义务关系是由人的社会身份决定的，这种制度必然成为发展资本主义经济关系和社会进步的桎梏；财产私有、契约自由是资产阶级民法的基本原则，契约成为确定人们的权利和义务关系的重要法律形式，契约对资本主义的经济发展起了巨大的推动作用。因此，19世纪英国著名的法学家梅因把封建主义向资本主义的转变概括为"从身份到契约"。在梅因看来，从身份到契约是社会进步的唯一途径。虽然这种看法未免失之片面，但也言简意赅地反映了新兴资产阶级和劳动人民反对封建特权、反对封建义务的束缚，争取自由与平等的强烈要求，阐明了契约自由对于调整资本主义的经济和社会关系具有多么重要的意义。正因为如此，在自由资本主义时代，西方法学家总是特别强调契约关系的稳定性和法律效力。

　　17世纪，英国法院在一项判例中提出了"绝对契约"的概念，认为如果契约的当事人自愿承诺绝对的义务，那么即使并非由于自己的过失，而是由于发生了不可预测的意外事件使契约不能履行，他也要负赔偿之责。但是，到了19世纪下半期，由于英国的殖民扩张和海外贸易的发展，影响契约关系的基础的意外事件的日益增多，使契约不可能履行，这种情况经常引起当事人之间的争讼。为了从法律上解决这类争端，使契约的双方当事人受到公平合理的对待，英国法院在1863年通过《泰勒诉坎德威尔》案提出了"契约受挫失效"的原理。泰勒与坎德威尔达成协议，约定坎德威尔将自己的音乐

---

　　* 本文原载《比较法研究》1987年第1期。

厅出租给泰勒在某一特定的时间举行音乐会，但在举行音乐会的前一周，音乐厅突然遭受火灾，毁于一旦。泰勒以坎德威尔违约提出起诉要求赔偿。法院裁决认为，是火灾而并非坎德威尔的过失使契约标的物毁灭，契约受挫失效，被告解除了承诺的义务，不负赔偿之责。此后，英国通过司法实践和法律改革，使契约受挫失效的原则臻于完善。

一、契约受挫失效原则的含义

根据英国法学家的解释，所谓契约受挫失效是指双方当事人订立契约的实质性目的、共同的期望不能实现。契约的履行总需依靠一定的条件，如在上述案件中，音乐厅的存在就是契约成立的基础，即交易的基础。如果不是由于任何一方当事人的过失，而是由于意外事件的发生使这种基础受到破坏，使契约不可能履行，双方当事人的利益或者期望达到的目的，即租用音乐厅受挫不能实现，那么，即使在契约中没有明确规定履行契约的基础和解除契约的条件，契约中仍然存在契约基础的默示含义。法官的任务就是要根据理性和正义的原则，去解释契约的默示含义，判断契约的基础是否遭到破坏，以维护双方当事人的合法利益。因此，契约受挫失效不是指一方当事人履行契约有困难，或者得不到利益，而是指契约订立后，尚待履行或在履行的过程中，由于契约的基础受到意外的破坏或预期的合理的基础没有形成而不可履行；如果契约在订立时，契约基础就不存在或不可能形成，或者契约的内容和目的是非法的，那么这种契约在订立时就是无效的、不能履行的，不属于受挫失效的范畴。概括地说，所谓契约受挫失效是指契约在订立时是可以履行的，但在订立以后，在尚待履行或履行的过程中，并非由于当事人的过错而发生意外情况使契约不可能履行。

二、契约受挫失效原则的适用

英国契约法的表现形式主要是判例法，若要一一列出契约受挫失效的情况殊非易事。然而，我们可以通过一些被援引过的著名案例阐明这一原理所适用的范围。契约受挫失效的适用大致可以分成以下几个方面。

（一）因意外丧失能力而解除的劳务契约

在英国契约法中，如果一方向另一方提出劳务是契约继续有效的双方当事人所要达到的根本目的，由于某种意外的原因使一方丧失劳动能力，该契约即被解除。

例如，1876年的波萨德诉斯皮厄斯和庞德案，原告的妻子与被告订立三个月的契约作为演员在剧院演出，在首场演出的前一天，她却得了重病，于是被告另聘他人顶替。原告的妻子康复后，被告拒绝继续聘用她，原告以被告违约要求赔偿。法院以契约受挫失效判决原告败诉。又如，1948年的摩根诉曼塞案，被告聘原告任他的经理，自1938年起任期10年，并且同意在没有原告同意的情况下，不得进行业务上的约定。但是，1940年原告服役，战争结束后他以被告违反契约，于1945年至1946年在没有征得原告同意的情况下与他人签订契约为理由控诉被告。法院判决：该案中的契约受挫失效。理由是：兵役可能要拖延至战争的整个非常时期，即所订契约的10年期间。

契约是有缔约权利能力的人以有效的对价自愿达成的协议。以上两个案例说明，在劳务契约中既然受雇用的一方丧失了履行契约的能力，那么契约就失去了必要的条件，雇主当然不能继续履行其义务。反之，如果雇主死亡或者由于意外而丧失履行契约的能力，受雇人也不可能向其提供服务，契约应予以解除。1974年，英国上诉法院判决因丧失能力而解除的劳务契约，还包括由于契约当事人一方的非法行为被判处了12个月监禁的情况。这就是说，除非丧失履约能力给契约造成了严重的影响，才能解除契约义务。临时性、短期内丧失履约能力不足以构成契约受挫失效的条件。

（二）因受到政府的干预而解除的契约

一项契约在签订时是合法的，但在履行时由于政府的干预而成为非法的时候，这项契约应予以解除。这种情况常常发生在战争时期。例如，契约所期待的行为可能被某种无限期的非常时期所禁止，履行契约所必需的原料或劳动力可能被征用，或者履约所要使用的房屋、场地被作为公用等，都是契约受挫失效的条件。

首都水利委员会诉迪克·科尔和公司案是因受到政府干预而解除契约的

一个典型案例。1914 年，被告在签订契约时同意为原告在 6 年内建成一座水库，同时建议附有限制性条件，即如果因为困难或障碍造成延迟工期的情况时，契约应相应延长其期限。1916 年 2 月，军需大臣命令被告停止施工并疏散和拍卖工厂车间。法院认为该案契约中关于延期的条款并未包括对于完成这项工程的这种实质性的干预，契约中断的时间可能太长，以致如果契约得到重新恢复的话，会与最初订约时的状况完全不相同了。因此，法院判决完全解除这一契约。

英国法学家承认，判断一项契约是否应当属于受到政府干预而失效的类型是比较困难的。首先，必须判断是否解除契约是事情发生的必然结果，如果在恢复和平或政府解除法律干预后重新履行契约，双方当事人发现他们自己在处理相互间的关系时已完全不同于他们在订约时的情况了，这种契约才以受挫失效论处。其次，必须把契约看作一个整体。如果政府所颁布的法律或命令并未从根本上妨碍契约的目的，而只是使契约暂时停止履行，战争只是给契约的履行造成困难，那么这一契约就不应被解除。

（三）因标的物的毁灭而解除的契约

1863 年的泰勒案是因标的物毁灭而解除契约的典型案例。法院以火灾不是出于被告过失为理由，判决契约受挫失效，双方解除权利义务关系。但是，如果在订约的时候对于标的物并未作出具体、特定的规定，而只是作了一般的说明，在该标的物遭受不可抗拒的灾害时，契约不能解除。例如，甲将一定数量的粮食出售给乙，但契约中并未明确规定所售之物是哪些特定的粮食，甲就不能以标的物受到不可抗拒的灾害的毁灭为理由而不履行其义务。

（四）因非常事件而解除的契约

1903 年，英国契约法上发生了著名的克雷尔诉哈里案和赫奈湾汽船公司诉赫顿案。前者，原告同意让被告租用他的阳台，以便观看英王爱德华七世的加冕典礼的游行，约定预付 25 英镑，所余款项于观看游行时付清，但加冕典礼由于国王忽然患病而延期，被告拒付所余款项而受控，上诉法院判决原告败诉，理由是："加冕仪式是这项契约的基础，取消它的结果是免除当事人双方履行契约的义务，不再可能达到契约实际上的目的。"① 后者，案情与前者基本相同，法院却作出完全不同的判决。原因是该案中当事人双方订立的租赁契约，明确了"租船的目的是观看爱德华七世作海军检阅和绕舰队巡游"。② 爱德华七世生病，使租方不得不取消了观看海军检阅的计划，但"观看检阅不是契约的唯一目的"。由此可见，因非常事件而解除的契约必须是这一偶发事件确实影响了契约的履行。

（五）因履行契约期限的延搁或其他原因造成商业目的不能实现的契约

1874 年的杰克逊诉联合海运保险公司案是这种事件的典型案例。1871年，原告船主租用联合海运保险公司的船运载铁轨，租船契约的期限里规定"除了航行遇险或发生事故外"，该船应继续执行一切可能的派遣。开船后船在中途搁浅，直到次年才打捞起来，并进行长时间修理。船主以船运货物受损为理由向保险公司索赔。法院判决租船契约受挫失效，理由是"关于在航行中出现危险和事故的限期的规定已经排除了因租方延搁日期而要求弥补损失的可能性"。③ 就是说，如果阻止契约履行的事件是一方或双方当事人预见或者可能预见的，这种事件就不能算作契约受挫失效的事件，契约当事人在契约不能履行或不能继续履行的时候，就不能以此为理由要求解除契约。只有不可预料的事故给履行契约造成困难，从而使契约的目的彻底破灭，才是契约受挫失效的条件。

契约受挫失效原则的形成和发展，是 19 世纪下半叶以来资本主义古典契约法向现代契约法转变的标志之一。18 世纪和 19 世纪上半叶是自由资本主义全盛时期，法学家们极力强调个人意志自主、契约自由和契约的法律效力；而契约受挫失效的原则表明，当事人的意志表示并非是不受外界制约的，契约双方当事人的权利和义务在一定条件下，是由法院根据契约的默示含义推断出来的。其原因是，在现代，客观的经济、政治形势和契约法的规则都变得日益复杂化，当事人的意思表示所起的作用也日益受到外界因素的制约。

---

① 蔡斯赫尔等：《契约法》，1964 年英文版，第 479 页。
② 罗德·布雷济尔：《契约案例和法规》，1979 年伦敦版，第 150 页。
③ 同上。

英国法学家蔡斯赫尔在其著名的《契约法》一书中援引了上诉法院法官赖特勋爵在一项判决中发表的判决意见："双方当事人之间的真正立场是由法院决定的。"这种认识是当前英国法学界普遍接受的观点。

关于契约全部或部分受挫失效的问题，英国判例法所确立的规则是，如果契约的整个基础受到破坏，则契约全部受挫失效；如果契约中的一项次要条款受挫失效，而它对于整个契约来说具有相对的独立性，那么契约的其余部分不受影响；反之，如果它与整个契约的内容有紧密的联系，其受挫失效妨碍契约的总的目的实现，则整个契约随之受挫失效。

契约受挫失效原则的适用是有限制的，表现这种限制的最重要的规则是，当事人在契约中明确规定愿意承担某种风险，以取得某种代价，当这种风险发生时，契约不能因此失效而免除当事人的赔偿义务。如所有的保险契约都包括着承保人愿意承担可能发生的意外风险，英国在"二战"以后成立的出口信用保障机构，既承担商业上的又承担政治上的风险。被保险者正是为了在可能发生不测事件的情况下能够得到赔偿才签订契约，自然谈不上由于不测事件而使契约受挫失效了。受挫失效的原理也不适用于当事人自身诱发的意外事件。在司法实践中，要明确划分故意与疏忽大意的行为的界限有时是颇为困难的，因此在英国判例法中为了维护契约关系的稳定性，倾向于对受挫失效作严格解释。如在劳务契约中，提供劳务的一方当事人由于自己的原因而丧失劳动能力，不能以受挫失效论。

受挫失效原则在适用中是一个复杂的常常引起争议的问题。这一原则是否适用于土地的租佃和买卖契约，在上议院的常任上诉高级法官之间存在着分歧。一般的认识是，在租佃契约中土地的所有权与占有权、使用权暂时分离，出租人享有前者，后者则暂时为承租人所享有。出租人和承担人的共同期望是创立一项租佃地产权。如果承租人占有土地之前，土地被雨水冲毁，则契约因标的物毁灭而受挫失效；如果土地已转归承租人占有，则租佃地产权已经创立，双方的共同期望已经实现，承租人虽然不享有土地所有权，但他在承租期间对于土地要承担意外事件如被雨水冲毁、被敌方占有等风险，不适用受挫失效原理。而少数常任上诉高级法官认为，只要契约的标的物遭到毁灭或基础受到破坏，不管是尚待履行的还是正在履行的租佃契约都应随之受挫失效。在资本主义国家里，土地是一种特殊的、有限的商品，加之英国存在着普通法与衡平法两重法律体系，因此受挫失效原理也不适用于土地买卖这类契约。土地买卖契约一旦签订，如果双方当事人中的任何一方拒不履行契约，对方当事人都有权向衡平法院申请颁发特别（强制）履行令，拒不服从法院的命令，则课以刑罚。这意味着契约一旦签订，即使土地所有权尚未转给买方，他也对土地享有一种衡平权益，因此他对土地应该承担不测事件的风险，而不能适用受挫失效的原理。

三、契约受挫失效的法律后果

根据普通法，受挫失效的后果是"契约自动终止存在，因为从受挫时起，契约的履行或进一步履行已经在事实上不可能了"。[①] 这只是一种笼统的原则。为了解决契约受挫失效在实际上产生的许多法律问题，法院确立了一系列的处理规则。

受挫失效的契约大致分为两种情况：一是有待（将来）履行的契约，二是契约正处在履行的过程之中。前者，契约订立后双方都未履行，即双方都未因履行契约而获得好处或尽什么义务。这种契约自动失效并未留下什么悬而未决的问题。后者，契约在履行中一方得到了好处，另一方履行了义务。对于这类问题的处理是比较复杂的。

第二次世界大战期间风云变幻，受挫失效的案件增多，法院在判处正在履行的契约受挫的案件时，确立了解决这类案件的原则。其中最著名的案例是发生于1942年的费波罗斯案。该案的主要案情是：被告为一英国公司，于1939年7月同意在3～4月出卖一种机器给在格旦尼亚的波兰公司。契约中规定的价钱是4800英镑，先预付1600英镑，到9月，实际上付给被告的钱是1000英镑。1939年9月3日英国对德宣战，9月23日德军侵占格旦尼亚，因此买卖契约受挫失效。原告波兰公司驻伦敦的代理人要求被告退还1000英镑的预付款。这一案件所涉及的法律问题具有普遍的重要意义，于是上诉到上议院。上议院作出裁决：驳回原告的要求。理由是在契约受挫失效之前，

---

① 蔡斯赫尔等：《契约法》，1964 年英文版，第 491 页。

被告为了履行契约已经在准备交运机器，如包装、运输等工作上花费了许多钱。这一裁决所确立的原则是：契约在受挫以前每一方都要履行自己应该履行的义务；在契约受挫以后，不管双方履行的义务是否对等，都不予以补偿，双方的义务即宣告解除。这一裁决在法学界引起争议，许多人认为原告预付了 1000 英镑，但并未从契约履行中获得任何好处。然而，如果强制被告将预付款退还原告，被告又将因履行契约受到损失。因此，判决有失公允，对鼓励当事人履行契约的积极性产生不利影响。

针对这种情况，议会于 1943 年颁布了《契约受挫失效法律改革条例》。该条例和法院据此所作的解释的要点为：（1）允许受款人保留所接受的款项的一部分或全部，但以不超过他为履行契约而付出的代价为原则；（2）如一方当事人为履行契约而付出代价，却未取得预付款，另一方从而获得好处时，前者有权要求后者赔偿；（3）一方预付了金钱（如预付房租），另一方并未因此而付出代价，则付款人有权要求收回所付款项。总的精神是应该贯彻等价的原则，在契约未受挫失效以前，对积极履行契约的一方加以鼓励。

契约的标的物毁灭的法律责任是一个重要的问题。英国 1893 年的货物买卖法因袭了罗马法的格言："财物毁灭时的损失属于原主"，它规定在契约的标的物被毁灭的情况下，如所有权并未转移给受让人，则损失由原主承担，反之则由受让人承担。1979 年的货物买卖法承袭了 1893 年货物买卖法的基本精神。从法律上看，货物买卖的实质就是把财物的所有权从卖方转移到买方，以此决定货物为谁所有就由谁承担毁灭的损失。1979 年货物买卖法规定，确定所有权的转移，首先要区别契约中所规定的货物是泛指的一般商品还是特定的商品。如果货物是一般商品（如煤），则卖方可以随意挑选这类商品给买方以履行契约；如果指明货物是特定的商品，则必须在卖方明确指定交付给买方以特定商品，买方表示同意时，所有权才能被认为转移给买方。所谓特定商品，该法所下的定义是："在签订买卖契约时具体指明了的商品"，这种特定商品所有权的转移取决于卖方按契约的要求履行了下列行为：（1）使商品处于转移的状态；（2）如果规定需要买方验收，完成验收手续后，就算所有权已经转移。

总之，对于商品毁损的责任，法律以所有权转移的时间为依据，基本上分为两种情况：（1）商品的所有权没有转移给买方，由卖方自己承担损失，并对买方由此而遭受的损失给予赔偿；（2）如果商品已转移给买方，并已为买方所实际占有，则毁损由买方负责。如商品仍为卖方保管，而卖方未给予合理的注意，即因为卖方的过失而发生毁损，则由卖方承担责任。

以上论述了英国契约法受挫失效的原理，与英国同属普通法系的美国，在这方面的法律规则与英国基本上是相同的，但由于历史的原因，美国受大陆法的影响较深，因此它的契约受挫失效法律规则，也与大陆法有某些近似之处，我们将在下面予以评述。

四、与大陆法契约"不可能履行"说相比较

普通法的契约"受挫失效"在大陆法中称之为契约"不可能履行"，它渊源于教会法和罗马法。教会法中有"情势不变"的原则，其含义是双方达成的协议，要服从协议中的默示条件，如果协议的基础发生了不可预见的变化，使协议不可能履行，则协议当事人的义务可以解除。"情势不变"的原则，必须以所谓"诚实信用"为前提，如果由于当事人的欺诈使协议的基础消失或者没有形成，则不得以"不可能履行"论处。根据东罗马帝国皇帝查士丁尼编纂的《国法大会》中的原则，如果协议在签订时就明明白白是不可能履行的，则称之为"等于没有协议"，"绝对不可能履行"，这种原则与英国普通法是一致的。英国著名法学家莱克在 1867 年出版的名著《论契约》中说："当协议签订时就绝对不能履行，一般的规则似乎认为契约根本就不存在。"英国契约法还进一步规定，如果当事人在订立契约时明知不可能履行，则以欺诈论处；如果订立契约时，当事人并未意识到不可能履行则通常以错误为理由而宣布契约无效。罗马法关于使"情势变化"的意外事件，包括物质的和法律的两个方面；可能履行与不可能履行的标准必须是客观的，客观上可能，主观上不可能，不得以不可能论。这些原则与英国普通法基本是一致的。对于双方履行契约所付出的代价并不对等时，发生了不可预测的意外事件而契约终止生效，双方的权利与义务应该如何处理的问题，罗马法并未形成可以普遍运用的具体规范，而是根据每一个不同的案情，作出不同的裁决。对于仅由一方当事人承诺义务的契约，《学说汇编》指出，如果在

契约订立以后并非由于承诺人的过失而发生意外事件，使契约不可能履行，承诺人的义务即告解除；但实际上绝大多数商业契约均为双方契约，在这类契约关系中，如雇用契约，并非由于雇主的过失而发生了意外事件，使受雇者未能提供服务，雇主有权无条件地索回预付的一切劳务费；英国法院在处理这类案件时却适用不同的规则，如果受雇人在准备提供劳务的过程中，付出了代价，雇主应付赔偿之责。承袭罗马法的基本原则的法国、德国等大陆法系国家，也根据资本主义的等价原则，进一步发展和完善了契约不可能履行的补救规则。

法国法律制度除了具有大陆法的一般特征外，由于历史的原因，还具有其本身的特点。在 18 世纪末法国大革命时期，司法机构一度为贵族出身的法官所把持，他们出于阶级本能，敌视革命，把行政机关针对封建特权和土地所有制所采取的革命措施，误指为是对人身和财产安全的侵犯，横加干预。资产阶级当权派对此深为反感，因此确定凡是行政案件都不由一般法院而由行政法院受理，因而从法国大革命以来，发展起了较为完备的行政法和强有力的行政法院组织系统。从法律上说，行政法院不受《拿破仑法典》的约束，但它们在办案时仍然遵循该法典的基本规则，并根据需要予以灵活解释。与罗马法一脉相承，《拿破仑法典》中没有"契约受挫失效"的概念，但第 1148 条规定："如债务人系因不可抗力或事变而未履行给付或作为的债务或违反约定从事禁止的行为时，不发生损害赔偿的责任。"这就是说在契约订立以后，如果由于并非当事人负责的外来原因而发生了不可预见的法律方面或物质方面的变化，契约"不可能履行"也就是契约"受挫失效"，当事人不负赔偿之债。法国最高行政法院在审理与行政有关的契约方面的案件时，对该法典的上述规定作广义的解释，它依据该法典第 1150 条的规定："债务人仅就订立契约时所预见的或可预见的损害负赔偿的责任"的规定，推论出凡是契约订立以后在尚待履行或正在履行的过程中如果发生了未曾预见的、不可克服的困难，即可解除契约义务。值得注意的是，行政法院把恶性通货膨胀也解释为不可抗力或不可预见的意外事件。美国契约法所采取的观点与此有类似之处。第二次世界大战以后由美国法学会和美国统一州法全国委员会所起草的、供各州采纳的《统一商法典》把普通法中的契约受挫失效原理扩大到"商业性的不可能实行",即"商业性的受挫失效",其含义是如果发生了缔约当事人不能合理地预见的意外事件,使履行承诺的花费发生了极大的变化,使受约人订立契约的目的无法实现,则受约人所承诺的义务可以解除。据西方法学家解释,商业性受挫失效的理论依据是公平竞争原则,契约当事人所承诺的义务如因不可抗力造成极端困难使契约不可能履行,也可以解除契约义务,不负赔偿之责,即不承担那种并非与交易因素有关的风险,从而不使当事人受到不合理的、特别严重的损失。但美国有不少州在采纳《统一商法典》时,对所谓"商业性受挫失效"原理并未接受,也有不少西方学者对这一原理持否定态度,认为这可能会使不可预见的价格受到极大影响,作为不履行契约义务的口实,从而影响契约关系的稳定性。

法国最高行政法院以司法实践为基础,形成了较为完备的关于契约不可能履行的法律规则,并对下级行政法院有约束力。法国审理私法方面的契约的最高司法机构是巴黎上诉法院,它对《拿破仑法典》的上述条款作严格解释,"不可能履行"适用的范围包括《拿破仑法典》第1302条规定的"作为债务标的物的灭失",由于法律方面的改变使契约的内容由合法变为非法,在劳务契约中受雇者死亡或丧失劳动能力等,与英国"受挫失效"适用的范围基本上是一致的。

法国行政法院与一般法院在审理契约案件上的矛盾,通过以下三个方面的办法得到了缓和与解决。其一是在契约中写明"情势变化"时的仲裁条款,以便在双方当事人发生争端时有据可依。其二是由议会制定一些特别的法令,如第一次世界大战引起通货膨胀,使许多契约的履行产生严重困难,议会于1918年通过法律规定了处理这类问题的规则。其三是第二次世界大战后制定的第五共和国宪法中规定成立宪法法院,有权对法律作出统一解释,借此可以解决行政法院与一般法院在适用法律上的矛盾。这一办法也被其他一些大陆法系国家,如德国、意大利等国家所采用。

制定于19世纪末期的德国民法典,1945年以后由于第二次世界大战后德国国内和国际形势的变化,仅在西德仍然有效。该法典与法国民法典同样没有提出契约"受挫失效"的概念,而只是规定,如果不是由于当事人的恶意而发生意外事故使契约不可能履行,不构成违约行为。与制定于自由资本主义初期的法国民法典不同，德国民法典制定于垄断资本主义形成时期，政治、经济形势尚处于不稳定状态，与这种形势相适应，法典所谓"不可能履行"概念的内涵更为广泛。法国民法典规定当事人延迟履行契约义务应负赔偿之责，而德国民法典则把由于意外事件而引起的延迟履行包含于不可能履行的范畴以内，因此不构成违约行为。第一次世界大战以后，德国由于战败而陷入政治、经济危机，通货恶性膨胀，危及契约关系的稳定性。为了摆脱这一困境，德国法学家提出了所谓契约"先决条件"说，即契约的效力必须以某种设定的先决条件为前提，如果这种先决条件由于发生意外事件而消灭或者没有形成，契约即宣告解除。这种学说与商业性受挫失效原理不过是异曲同工。

意大利现行的民法典制定于20世纪40年代，法典的制定者更加意识到战争动乱中的突发事件对契约关系的稳定性造成的严重影响，因此法典对"不可能履行"作出更为明确的规定。法典第1463条指出，缔约双方都有履行契约的义务，如果一方因意外事件而不可能履行，另一方即解除契约义务。根据等价的原则，双方当事人从已经部分履行中获得的权益如不对等时，一方必须把不当获得的权益返还给另一方。法典第1467条列举了使契约不可能履行的具体原因，如果一方由于非常的意外事件使履行契约变得特别困难，契约可以解除，但商业交易中可能出现的正常的风险，不能作为解除契约的理由。

综上所述，无论是英美法还是大陆法，在现代都形成了一系列的法律规范，在契约"受挫失效"或者"不可能履行"时，根据等价的原则公平地调整双方当事人的权益。两种法系在这方面的不同之处是如何对待长期契约（如合伙契约等）。这类契约订立以后，在没有完全履行或在履行的过程中，如果发生了不可预见的意外事件，有的大陆法国家既允许当事人解除契约义务，也允许法院享有特别的权力，在当事人的同意下，修改契约的有关条款使契约关系继续存在下去并得到安全履行。英美法系国家尚未采取相似的处理办法，但美国《法律重述》已建议采用大陆法系国家的处理办法。

美国宪法规定的国会征税权[*]

曾尔恕

一、美国国会征税权的含义

美国国会的征税权在美国宪法中属于"可以列举的权力",有如下几条专款规定：

第 1 条第 7 款第 1 项规定："一切征税的法案应在众议院中提出；但参议院得以处理其他法案方式,以修正案提出建议或表示同意。"

第 1 条第 8 款第 1 项规定："国会有权规定并征收税金、关税、捐税和消费税,用以偿付国债,建立共同防御和增进合众国的一般福利；但是,各种关税、捐税和消费税,在合众国内,均应全体一致。"

在美国宪法第 16 条修正案制定之前,美国宪法第 1 条第 9 款第 4 项规定："不得征收任何人口税或其他直接税,除非与本宪法所规定人口调查或统计有适当之比外。"1913 年公布了宪法第 16 条修正案,规定"联邦议会应有权对任何来源的所得进行课税,无须由各州平均分派,亦无须顾及人口的多少"。

尽管美国宪法对国会的征税权有如上规定,但其含义却不够明确。这给美国国会的征税权在适用上造成一系列困难,引起国会与联邦最高法院在征税的范围、目的等问题上的长期争论。

---

[*] 本文原载《政法论坛》1988 年第 1 期。

（一）国会征税权的范围

1789 年，联邦政府正式成立后，第一届国会于 7 月 4 日制定了《关税条例》，对 30 余种入口商品作了征收特种关税的规定；对 51 种入口商品征收 1.5% ~ 15% 的计价税；对非列举的进口商品按 5% 的计价税征收税款。此外，条例还规定对于和美国做生意的外国船只，运送每吨货物征收 50 美分的附加关税，而使用美国公民自己的船只运送每吨货物只征 6 美分关税。显然，这一关税条例的目的是保护美国国内工商业和农产品的出口。但就是这样一个法律是否违宪，却在美国法律史上经过了近一个半世纪的争论。美国联邦最高法院否认这一法律，认为众议院只能根据宪法提出征税法案，国会把"征税"一词用于除征税以外的其他获得补充收入的方法都是违宪的。直到 1928 年，美国联邦最高法院才在"汉普顿公司诉合众国案"中确认征收这种保护性的关税属于美国国会享有的征税权的范围，承认了《关税条例》的合法效力。

1893 年，美国发生了 19 世纪历史上最深刻的一次经济危机，国库收支极不平衡，民主党控制的国会采取增税的措施，于 1894 年通过了《威尔森—高尔曼法》。该法除规定取消 1890 年《麦金莱法》所规定的几种高额税率外，同时规定对超过 4000 美元收入的一切地产、利息、红利、薪金、获益一律征收 2% 的所得税。但是，根据美国宪法的规定，除依人口调查或统计分摊于各州者外，联邦政府不得征收人口税和其他直接税。什么是直接税呢？1895 年美国联邦最高法院在受理"包洛克诉农民贷款托信公司案"中，对此作出解释。首席法官富勒代表多数法官主张，自 1787 年以后，直接税包括对一切不动产、动产，以及随之而获得的地租和收益所课征的税。据此，富勒在判词中得出结论：第一，按土地所得课税违反宪法第 1 条第 2 款及第 9 款规定的联邦所课直接税必须按人口分配。第二，1894 年法案规定：个人或公司法人所得在 4000 美元以下的免征所得税，若干法人团体和社会团体也免征所得税，与宪法第 1 条第 8 款各项税收"在合众国内均应全体一律"的规定相抵触。因此，最高法院宣布该法律违宪无效，这样最高法院对包洛克案的判决改变了自 1796 年"海顿诉美国案"以来所一直沿用的，直接税仅包括人口税及土地税的概念，将直接税的概念无限制地扩大到一切财产税的范围。显然，依据美国宪法不得征收直接税的规定，联邦最高法院的这种解释限制了联邦国会的征税权的范围。

（二）国会征税的目的

美国宪法规定国会征税的目的有三：其一，偿还债务；其二，供给国防需要；其三，增进合众国的一般福利。对于前两个目的，美国政治和法律界人士没有明显的分歧。对于后一个"一般福利"究竟应当如何解释却有不同意见。

制宪之初，最流行的是麦迪逊的从严解释的观点和汉密尔顿的从宽解释的观点。麦迪逊认为，为了"一般福利"的目的征税，只能解释为国会在行使这一权力时必须在宪法所规定的其他权力范围之内。汉密尔顿则认为，对宪法上的这个词语必须逐字去理解，征税权是美国国会所享有的宪法上的又一项权力，[①] 美国国会可以为实现各种各样的目的征税，只要征税符合保证美国"一般福利"的目的，就不必受宪法明文规定的限制。汉密尔顿的这种观点在 1790 年他提出的设立国家银行的著名报告中得到过最明确的阐述，他说："一个政府所被赋予的每一项权力，就其性质而言都是主权性的，并据此而有权使用一切必要的手段，……以达到该项权力的目的。……如果目的已在任何特定权力范围内得到明确的了解，并且，如果具体措施对于该目的有一种明显的关系，而又没有为宪法的任何特别规定所禁止，它就可以明白无误地被认为是属于国家当局权限以内的。"[②] 这一理论被美国法律史学界称作"默示权"，即宪法明确列举的权力引申出来的权力。

虽然直到 1936 年美国联邦最高法院对于宪法上的"一般福利"一词还存在分歧，多数法官在合众国诉巴特勒一案中，以"一般福利"的解释否定了罗斯福新政的主要法律——《农业调整法》。然而，美国法律史的发展实践证明，汉密尔顿的观点不仅为国会所采纳，而且最终被美国联邦最高法院

---

① ［美］爱德华·S.库温：《宪法——今天的含义》（英文版），第 37 页。

② ［美］塞缪尔、埃利奥特·莫里森等：《美利坚共和国的成长》（上卷），南开大学历史系美国史研究室译，天津人民出版社 1980 年，第 379 页。

所承认。在以后的案件里，最高法院确认了联邦政府有权使用征税的手段以支持失业、保险、提供养老金、向市政当局贷款，让它们得以建立自己的电厂等，而这些名目繁多的福利项目，都是由合众国以称作"补助金"的名义施行的。

二、美国国会征税权的扩大

20 世纪以后，美国资本主义的政治、经济发生了急剧的变化。这种变化要求法律具有更大的灵活性，美国宪法所规定的国会征税权的含义也发生了相应的变化，总的趋势是更加宽泛。

（一）对各州征税权的限制

美国国会为了扩大征税权，长期以来同各州争夺这一权力，其主要表现有以下两个方面。

1. 禁止各州对联邦征税

在《联邦宪法》生效前，美国的国家权力派和州权派之间在联邦政府和州政府的分权原则上就发生过激烈的争论。《联邦宪法》生效后，这种争论仍持续不断。1819 年的"麦卡洛克诉马里兰州案"起因于征税问题，其判决的影响却被美国法律史学界称作"美国国家主义的一个里程碑"，原因就是最高法院的判决为加强和扩大联邦权力提供了法理上的依据。

1790 年，联邦财政部长汉密尔顿提出银行法案，建议成立合众国银行，以巩固联邦政府在财政金融方面的信用，控制国内金融，促进工商业的发展。这一法案在 20 多年里一直遭到州权派的反对。第二次反英战争后，为解决财政困难，美国国会于 1816 年通过第二银行法案，1817 年建立合众国第二银行，这家银行在各地设有分行。这一举动妨碍了根据各州颁发许可证营业的那些较小的银行的利益。马里兰州议会为抵制国家银行的影响，于 1818 年通过法令，对设在巴尔第摩市的合众国巴尔第摩分行所发行的票据课征重税，巴尔第摩分行司库麦卡洛克拒不付款，先申诉于马里兰州法院，后上诉至联邦最高法院。该案在对宪法的运用和解释上产生了三个重大的问题：（1）究竟是各州拥有主权，还是合众国人民拥有主权？（2）国会准许成立联邦银行的法案是否符合宪法？（3）如果符合宪法，一个州是否有权对该银行的活动征税？最高法院首席法官马歇尔在判词中援引了汉密尔顿的"默示权"的理论，对宪法的联邦主义原则作了全面的阐述。他裁定：联邦政府的权力直接渊源于美国人民，而不是渊源于各州，因此，各州无权对联邦银行的分行课税。马里兰州议会通过的对联邦银行分行征税的法令是违宪无效的。

自麦卡洛克案判决之后，禁止各州政府对联邦财产征税的规定在美国固定下来。州和地方政府的税收主要靠销售税、所得税和财产税。销售税是从商品零售中征收的税；所得税分为公司所得税和个人所得税两种；财产税是向土地和住宅、公寓等建筑物或不动产征收的。个别州由于公有土地多而收入少则由联邦政府以专门贷款予以财政补助。据统计，现在美国的 50 个州加上 79862 个地方政府的税收只占联邦税收比例的 40% 左右。① 由于国会扩大征税权，而各州则力图保持自己的征税权，使得美国人民的捐税负担越来越重。

2. 通过扩大解释调节商业权扩大国会征税权

美国国会为了扩大征税权，极力扩大解释调节商业权，以便在它调节的经济范围内征税。所谓国会调节商业的权力指宪法第 1 条第 8 款第 3 项中的规定："美国国会有权调节对外国的、各州之间的及印第安人各部落的商业。"可是究竟何为商业？国会调节州际商业的权力有多大？美国联邦最高法院在 1824 年的"吉本斯诉奥格登案"中就国会调节州际商业权的含义和范围作出解释：首先，商业是一种交易活动，但是不能把它仅理解为买卖或互换商品的行为。商业具有更广泛的含义，它意味着各州之间、各州内不同地区之间和各商业部门之间的贸易往来，其中包括航运及其他商业关系。其次，国会调节州际商业的权力一如国会其他既得权力一样，应在最高程度内行使，除宪法明文规定外，不受任何限制。最后，国会调节商业的权力应作广义解释，借以包括全国的"福利"在内。

吉本斯案首开扩大解释国会"调节商业权"的先例，而后联邦最高法院又通过 1905 年的"斯韦夫特诉合众国案"、1933 年的"联邦无线电委员会诉

---

① 褚葆一：《当代美国经济》，中国财政经济出版社 1981 年版，第 260 页。

纳尔逊兄弟证件抵押公司案"、1941 年的"爱德华诉加利福尼亚案"等进一步扩大了"商业"的含义，认为"商业"指：（1）不论是否以取得利润为目的的同人或物越过州界有关的任何业务；（2）州际传递商业和其他性质的情报；（3）越过州界的一切商业谈判。美国国会则凭借最高法院的解释，进一步控制征税权，削弱各州在这方面的权力。如 1873 年最高法院以宾夕法尼亚向运货经过该州的公司征收税款的法律侵犯了国会调节商业的权力为理由，宣布该法律违宪无效；1944 年最高法院在"麦克劳诉迪尔沃斯公司案"中宣布禁止各州对他州的货物征收交易税。不但如此，由于最高法院的宪法性解释，美国国会不断制定调节商业权的法律；迅速扩大国会在这方面的权力，美国国会的征税权也就随之渗入美国社会经济生活的一切方面。

（二）国会征税权的扩大

1895 年联邦最高法院对包洛克案的判决给联邦政府的整个货物税制带来了严重的问题。联邦政府一向完全靠土地税和关税作为财政收入的主要来源，而对工业革命后财产迅速膨胀的工业、金融巨头却免征税收，这种做法本来就遭到美国西部各州的农村自由派的反对，包洛克案后，两大政党中的农村激进派更屡次向国会提出所得税法案，要求重新分配财富，对工业资本家征税。1909 年国会通过的宪法第 16 条修正案，于 1913 年为大多数州所批准。

宪法第 16 条修正案的通过大大扩大了美国国会税收来源的范围。因此，有些美国宪法学家把它说成是一场不流血的革命，对全国的社会、经济发生了无可比拟的影响。实际上美国国会的征税权的日益扩大是联邦中央权力增强的产物，是美国垄断资本主义发展的必然结果。联邦国会征税权的扩大表现在以下几个方面：（1）开征个人所得税。1913 年 10 月，威尔逊政府颁布《安得乌德关税法案》，减免美国某些还需进口的工业品和农产品的关税，以博取代表西部农业各州利益的改革者的好感。同时，为弥补关税收入的缩减部分，增加收入，威尔逊政府又制定了一个累进所得税法案。法案规定，凡收入在 3000 美元以上者（有家眷者为 4000 美元以上），征收 1%～6% 的所得税。收入在 2 万美元以上者，则征收累进附加税。对 50 万美元以上的收入所征税率最高不超过 6%。从此，个人所得税成为联邦政府普遍、永久的税收。罗斯福实行"新政"后，1935 年颁布新税法规，实行累进所得税，个人收入每年在 5 万美元以上者，按累进税征收所得税，并规定每年收入 100 万美元以上者，征收 59% 的税，后来又提高到 75%，并加征遗产税和财产遗赠税。（2）开征公司所得税。1911 年，美国联邦最高法院认定国会关于在发给创立公司权执照时必须课税，并认定税额按公司收入的比例征收的规定是合法的。① 1916 年，公司所得税成为美国正规、永久的税收。1931 年，美国最高法院在"威尔库茨诉本恩案"中裁定国会有权对出售州政府的有价证券的收入征税。1938 年在"合众国诉尤金诺维奇案"中，最高法院认定国会有权对在州政府出租的地段上开采石油的收入征税。（3）开征社会保险税。1937 年联邦政府规定开征社会保险税（就业税或工资税），税率为 2%，税款由职工和企业主各缴一半。

三、美国国会征税权的确立在经济上的作用

税收是国家无偿地取得财政收入的手段之一，同时也是国家依靠政治权力进行国民经济收入分配与再分配的工具。美国国会征税权的确立和扩大在美国资本主义国民经济的发展上发挥了巨大的作用，同时也给美国人民造成了沉重的负担。

从历史上看，美国国会征税权的确立，在法律上为美国资本的原始积累创造了条件。1790 年，联邦政府继通过《兑现条例》之后，又通过了汉密尔顿提出的《承受法案》，即由联邦政府承受偿还各州债务的义务。通过这一法案，名义上是各州的债务是在美国人民争取独立的战争中筹措的，因此是国家债务的一部分，应由联邦政府偿还；而实际上却为投机商提供了用低价搜括各州债务，再由联邦政府兑现，从中发财的机会。联邦政府在承担旧债务的同时，依据汉密尔顿在国会提出的银行法案成立了国家银行。银行投资的 3/4 是投机商用旧债券换来的新债券，由政府支付巨额红利。公债券在资本的周转中发挥着与现金一样的作用，"成了原始积累的最强有力的杠杆之

---

① 弗林特诉斯通·特腊西公司案：《美国最高法院判例汇编》（第 220 卷），第 107 页。

一。它像挥动着的魔杖一样，使不生产的货币有生殖力，并把它转化为资本"。① 联邦政府把债款用于维持国家机关的开支和非生产事业，就要进一步开发经济来源，而赋税制度就成了国债制度的必要补充。1790 年，汉密尔顿向国会提出征收国产税的计划。1791 年，联邦政府公布了国产税条例，并通过了国产税酒税法案。国产税是美国资本主义的基础，不仅在美国建国之初是这样，就是到了美国资本主义兴盛时期也仍然如此。据统计，自 1875 年至 1915 年的 40 年间，酒税占联邦税收总额的 1/3。美国资产阶级历史学者毕尔德在《杰斐逊民主主义的经济渊源》一书中这样写道："汉密尔顿的资本主义大厦是建筑在征税的基础上，直接的收益人就是握有证券的资本家，他们一般又是商人、贸易者、船主和制造商。"这可说是国会征税权作用的真实写照。

美国国会的征税权的确立对于维护和巩固国家的政治权力，促使美国民族资本主义的发展也起过重大作用。以征收关税为例，1812～1814 年的对英战争后，英国对美国在经济上采取将成品削价向美国出售的倾销政策，仅 1815 年的销售总额就达到 9000 万美元，美国的工业品在国内市场受到排挤。1816 年，联邦政府实施《保护关税条例》，把关税率普遍提高一倍以上，对棉、毛、铁、玻璃等施行适当的保护税率。《保护关税条例》的实施使年轻的美国制造业得到了支持，刺激了美国民族工业的发展。在美国内战后的 19 世纪下半期，美国政府一直实行关税率达 40%～50% 的保护关税政策，以维护资本主义的国内市场。

在美国进入资本主义的垄断阶段后，税收更成为国家垄断资本主义所掌握的有效工具，政府运用税收来调节、干预国民经济成为美国政治经济生活的显著特点之一。20 世纪 30 年代，美国在遭受到空前的经济大危机之后，罗斯福政府在实行反危机的"新政"时期，大搞赤字财政，扩大公共工程，提供就业机会，以刺激经济复苏，第二次世界大战前政府的直接开支达 160 亿美元。这样做的结果产生了一系列全国性的财政开支项目，大大扩大了联邦政府的财政预算。为了弥补政府的巨大开支，1933 年和 1934 年，政府提

---

① 马克思:《资本论》(第一卷)，人民出版社 1975 年版，第 95 页。

高了某些税率并开征新税。第二次世界大战后，由于美国国内用于教育、公路、公共福利等方面的庞大开支迅速增长，加上用于朝鲜战争、印度支那战争和美苏争霸、国防和空间技术费用的增加，联邦政府的财政预算超过战前水平几倍，政府运用税收调节和干预国民经济的做法更为明显。在战后的几次经济危机中，美国各届政府都颁布法令改变税收制度，通过降低个人所得税和其他税收、免税以及加速折旧等措施增加垄断集团的高额利润，刺激经济的发展。由于美国联邦税收实行累进税率，在经济繁荣、失业率低的情况下，联邦政府增加税收就能减缓经济活动的过分扩张；相反，在经济衰退、失业率高时，降低税收就能维持消费数量和防止经济过分下降，因此，美国的经济学家将这种税收的"自动伸缩"性称作美国经济的"内在稳定器"。①

虽然美国国会的征税权的确立对于美国经济的发展有着不可忽视的重要作用，但是由于资本主义社会制度本身的固有矛盾，征税权的使用并不能防止经济危机的爆发。失业、通货膨胀、能源危机、国际支付的逆差等问题，成了难以摆脱的困难，使美国资本主义经济一直处于恶性循环的困境之中。

美国经济的这种"内在稳定器"的作用过程，非常明显地是把经济危机转嫁给别人，主要是转嫁给美国人民。20世纪30年代的经济危机、战后的几次经济危机，以致现今和平时期的天文数字的预算和空前的赤字，都是建立在美国人民缴纳高额税费的基础之上的。这也是世人共知的明显事实，无须赘述。

---

① 褚葆一：《当代美国经济》，中国财政经济出版社1981年版，第206页。

盎格鲁撒克逊时期英国的法律制度初探[*]

曾尔恕

公元 3 世纪起，日耳曼部落不断侵袭罗马帝国，他们整族整族地进入罗马帝国境内，成为帝国的"同盟者"，为其驻守边防。经过一个多世纪人口的繁衍，对土地感到不足的日耳曼人开始了规模浩大的民族大迁徙。盎格鲁撒克逊部落联盟便是其中的一支远征大军：他们由部落中的长老（principes）或千户（pagi）中最有名望的人担当远征首脑，以武力入侵的形式，渡过北海，和裘特人等日耳曼部落征服不列颠岛。民族大迁徙之前就开始瓦解的盎格鲁撒克逊人的氏族制度，在征服中崩溃了。7 世纪初，在不列颠形成的诸小王国合并为 7 个王国，即西撒克斯、南撒克斯、东撒克斯、麦西亚、诺森伯里亚、东盎格里亚和肯特王国。除肯特王国外，前六个王国均为盎格鲁撒克逊人所建。829 年，盎格鲁撒克逊诸王国由西撒克斯国王爱格伯特统一成为一个国家，与入侵的丹麦人进行了长达二百多年的斗争，丹麦王死后盎格鲁撒克贵族恢复英王统治，直至 1066 年诺曼底公爵威廉征服英国，盎格鲁撒克逊人统治英国长达 5 个多世纪。研究这一时期英国的法律制度有助于了解英国封建法律制度形成的历史。由于资料和作者的水平所限，本文只能就以下几个方面对盎格鲁撒克逊时期英国的法律制度做初步探讨。

一、盎格鲁撒克逊时期英国的土地所有制

盎格鲁撒克逊时期氏族农村公社的土地制度逐步瓦解，英国的封建土地

* 本文原载《内蒙古大学学报（哲学社会科学版）》1989 年第 1 期，《高等学校文科学报文摘》1989 年第 4 期。

所有制开始形成。

在 7 世纪初形成的诸王国中，国王享有大地产。对此，有最早颁布的肯特国王《埃塞伯特法典》（约 602 ~ 603 年）为证，该法典第 11 条规定："任何人如和国王的磨坊女奴同眠，罚 25 先令。"① 国王既有磨坊和专事磨坊劳动的女奴，可以断定国王拥有大地产。

此外，贵族也有地产。《埃塞伯特法典》第 13 条规定："如果有人在贵族的地户里杀死人，罚 12 先令。"② 自由民在农村公社中占有大致相等的份地。份地称作"海得"（hide）。据《土地赋役调查书》记载，相当于 120 英亩。份地位于农村公社附近。村社边远的土地用作公共牧场，林木用作柴草或建筑材料。所有的份地有规律地轮种同一种农作物，由自由民共同耕种共同收获。份地的地界犬牙交错，在毗连的份地周围，份地的主人有义务围圈栅栏变耕地为公共牧场。西撒克斯王伊尼（688 ~ 726 年）颁布的《伊尼法典》（602 ~ 603 年）第 42 条规定："假如在刻尔们公有的草地或其他已经分成份地以便圈围的田地上，有些刻尔已经圈围了自己的份地，而有些刻尔没有圈围，如果［牧畜］吃光公共庄稼或青草，对缺口有责任的人应去对那些已经把份地筑起篱笆③的人赔偿所造成的损失。"④ 份地的户主死后，土地只能在男系后嗣之间平分，除非在有邻人参加的情况下，由赠与人履行放弃书，受赠人履行接受的正式礼仪，否则份地不得转让。⑤ 由此可见，份地的户主只对土地享有占有的权利，份地是由家族世袭使用的。土地的所有权受到公社习惯权利的限制，氏族对土地共有的习惯仍然继续保留。这种保留着农村公社土地所有制习惯的土地，法律史上称作"民田"（folkland）。

7 世纪下半期，加特力教在英国建立。基督教化符合盎格鲁撒克逊社会统治阶级加强王权的需要，因而教会得到国王和贵族的支持，从他们那里得到大量赐予的土地。这种土地称作"书田"（bookland），意即由国王授予赐

---

① D. Whitelock, English Historical Documents, C. 500 – 1042, 1, London, 1955, p. 357.

② Ibid. , p. 358.

③ "刻尔"古英文为 Coerl，即盎格鲁撒克逊人中的自由农民。

④ 《外国法制史资料选编》（上册），北京大学出版社 1982 年版，第 194 页。

⑤ William. F. Walsh, Outlines of the History of English and American Law, pp. 21 – 22.

地敕书（charter），贤人会议批准的土地。以后赐地的对象发展到贵族。有些英国学者把接受书田的人称作国王的"总佃户"（tenants-in-chief）。① 肯特王《维特列德法典》规定，教会享有"免除一切赋税"的权利。麦西亚王乌特里德在赐给他的亲兵伊斯孟德土地的文书中写道："此地居民免除对公家一切贡纳外，并免除一切对国王或公侯的劳役，但是修筑桥梁，防守城堡，并不包括在内。"② 书田是世袭的，这在赐地文书中也有明确规定，"这块地段共有 5 个海得，我今赐他对该地享有宗教权利。当他在世时，他可拥有这个地方，在他去世之后，可以将这块地产传给他的儿子和孙子。不管他们是谁，由他自己指定"。③ "书田"所有人对所赐土地享有绝对所有权。可见，与前面提到的"民田"不同，"书田"已脱离了氏族关系的束缚向封建土地所有制大大迈进了一步。赐地的结果导致领主（lord）阶级的产生，受封的贵族向封地上的自由农民征收沉重的赋税，加速了自由农民的分化，越来越多的自由农民丧失份地而依附于领主。

7 世纪末年，自由农民占有的份额的数额已相当不均，他们可以离开自己的份地，但土地仍不属私有。为保障充分利用公社土地，自由农民在离开自己的份地前，要按法律规定，在所占份地 60% 的土地上播种。这在《伊尼法典》中已有反映：法典第 64 条规定，"一个占有 20 海得田地的人，如要离去，必须将 12 海得田地播上种"。法典第 65 条规定，"一个占有 10 个海得田地的人，必须在 6 个海得田地上播上种"。

9 ~ 11 世纪，在诺曼—丹麦人入侵英国的 300 年间，盎格鲁撒克逊社会封建化的过程一直持续着。对丹麦人的战争形成了新的地主统治阶层——军事贵族。他们把自己的土地分封给亲兵（thegns），形成亲兵封地（thegnland）。农村公社的自由农民在战争中纷纷破产，份地分裂了。家庭不再和大家族相联系。份地的面积缩小为一个味盖特（virgate）即 1/4 海得（相当于 30 英亩）。法律在促使农民农奴化的方面起到特别积极的作用。930 年的《阿塞斯坦法典》规定，凡是没有领主因而无从法办的人，必须由他的

① William F. Walsh, Outlines of the History of English and American Law, p. 27.
② 齐思和："英国封建土地所有制形成的过程"，载《历史研究》1964 年第 1 期。
③ 同上。

族人逮至法庭，并且在公共集会上替他找一个领主。此项法律颁布后，仍有无领主的人则格杀勿论。10 世纪中期的《爱德曼王法典》规定所有地主"皆须对其奴婢，对其家园及土地上之一切人负责"。① 自由农民丧失自由身份沦为依附农，在领主的土地上进行劳动，封建地租的最早形态——劳役地租开始确立。虽然如此，盎格鲁撒克逊末期自由农民仍大量存在，主要原因是英格兰东北部的"丹麦区"的丹麦人较之盎格鲁撒克逊人处在封建社会发展的前期阶段，阶级分化在那里发生得还不够深刻。那里的自由农民虽然处于领主的统治之下，但在身份上他们是自由的，有自己的土地，并可以自由买卖土地。

英国的封建土地所有制是从氏族农村公社的土地所有制转变的，中间没有经过奴隶社会的土地所有制阶段。盎格鲁撒克逊时期英国土地所有制的发展大致经过三个阶段，即农村公社土地所有制；由国王赐地产生的大贵族土地所有制；领主土地所有制。盎格鲁撒克逊后期，封建土地所有制已在英国初步形成。

二、盎格鲁撒克逊时期不同阶级的法律地位

盎格鲁撒克逊时期是英国开始封建化的时期，这一时期社会金字塔的顶层是国王（king），其下是贵族（noblemen 或称 thane、ealdorman 或 gesith），再其下是自由农民（coerl）、半自由农民（laet 或 welsh peasants），处于最底层的是奴隶（slaves）。

盎格鲁撒克逊人最初在英国建立的诸小王国带有浓厚的氏族残余，国王是从部族中出身高贵的氏族领袖中产生的，王权不大。杀死国王和杀死普通自由民一样只以偿命金处罚。偿命金（manprice 或 wergild）是盎格鲁撒克逊法根据自由民的等级规定的人的价格。如果一个人被杀死，杀人者要向被杀者的亲族或领主交纳与被杀者的偿命金相当的赔偿金。② 7 世纪时，肯特王国的贵族的偿命金是 300 先令，大约相当于 300 条公牛的金额。普通自由农民

---

① 《世界通史》（第三卷上册），三联书店 1961 年版，第 251 页。
② D. Whitelock, The Beginnings of English Society, p. 116.

的偿命金是 100 先令。7 世纪末年，西撒克斯的自由民划分成三个等级——"1200 金人""600 金人""200 金人"。贵族的偿命金是 1200 先令。麦西亚法律规定国王的偿命金是贵族的 6 倍即 7200 先令。① 由于西撒克斯的 1 先令相当于 5 便士，肯特时期的 1 先令相当于 20 便士，所以贵族的偿命金数量变化不大，而普通自由农民的偿命金数量却下降为肯特时期的一半，贵族的偿命金相对增长为普通自由民的 6 倍。由此，我们可以考查出各阶级法律地位的变化。所谓"600 金人"是西撒克斯介于贵族和自由农民中间的一个等级，他们占有少于 5 海得的土地。半自由人是因被征服而沦于半自由状态的不列颠人，他们的法律地位低于盎格鲁撒克逊自由民，称作利特（laet），偿命金是普通自由农民的五分之四至五分之二。② 此外，威尔士人也是较自由农民地位略低的半自由人。奴隶的地位和牲畜一样，他们是国王或贵族的财产，杀死奴隶不付偿命金，只需付给所有人奴隶的身价。

法律严格保护王室的私人财产，西撒克斯法律规定侵犯国王的私产一般罚款 120 先令，相当于 12 头牛的价钱。③ 国王和贵族都拥有大量奴隶，侵犯奴隶被视为侵犯财产，《埃塞伯特法典》规定：任何人和国王的侍女同眠，课以 50 先令的罚金。任何人如和一个贵族的侍女同眠，罚 20 先令。④ 随着盎格鲁撒克逊社会封建化程度的加深，国王的权力逐渐增大，9 世纪末西撒克斯王阿尔佛烈德（871～899 年）的法律中出现了"背叛"领主的概念，任何背叛领主的人都不再以罚款的方式论处，领主的地位和上帝一样成为神圣不可侵犯的。阿塞斯坦（925～940 年）统治时已称自己为"全不列颠的统治者"。爱德蒙得王（939～946 年）则颁布敕令，规定任何犯过虐杀罪的人，在他悔过和对死者的亲属赔偿损失之前，不得进入国王住所邻近的地方。

早期的盎格鲁撒克逊社会氏族传统相当牢固，完全被束缚在"民田"上的自由农民，在土地上并不依附某个贵族，因此国王对土地没有直接的处分

---

① F. M. Stenton, Anglo-Saxon England, Oxford Univ. Press, London, 1955, pp. 116 – 117.

② D. Whitelock, The Beginnings of English Society, p. 97.

③ Ibid. , p. 51.

④ 齐思和："英国封建土地所有制形成的过程"，载《历史研究》1964 年第 1 期。

权。但是，法律规定国王有权向自由农民征收贡赋。据《伊尼法典》规定，贡赋的主要内容是食物，包括蜂蜜面包、麦酒、啤酒、牛、羊、鹅、母鸡、干酪、牛油、鲑鱼、饲料和鳗鱼。罚金也是国王经济收入的一部分。罚金的来源主要有以下几种：（1）自由民逃避兵役的罚金。如《伊尼法典》第51条规定："假如一个有土地的哥塞特出身的人，玩忽军役，他必须交120先令，并失去其土地；没有土地的，60先令。一个刻尔，30先令，作为（玩忽）军役的罚金。"（2）惩罚侵害私人财产的罚金或惩罚刑事犯罪的罚金。如《埃塞伯特法典》规定，强入公社成员的住宅，应付6先令赔偿；强入国王的住宅应付120先令。《伊尼法典》第23条规定："假如一个外国人被杀，国王得偿命金三分之二，他的儿子或亲戚得三分之一。"① （3）王权扩大后受理上诉案件所得的罚金和"领主法庭"所得的罚金。如《埃塞斯坦法典》第3条规定："凡领主胆敢抗拒法律，保护自己的罪犯，致使受害人只好向国王起诉者，该领主应负责偿还该罪犯所盗窃的物资，并需向国王缴纳120先令。凡不先向犯罪人的领主要求将他治罪而径向国王处申诉者；或经该领主拒绝，而不再行申诉即径向国王处控告者，亦课以罚金，金额与该领主的罚金相同。"②

在《伊尼法典》中哥塞特（gesith）享有许多特权。哥塞特是国王的亲兵，他们在国王周围形成一个贵族统治集团的核心。《伊尼法典》第45条规定："进入国王的塞恩的住宅，60先令；进入一个有土地的出身哥塞特的住宅，35先令，拒绝这些，则受相应的（惩罚）。"第63条规定："假如一个哥塞特出身的人搬住别处，他可以带走其管家、铁匠和孩子们的保姆。"第68条规定："假如一个哥塞特出身的人被驱逐。只能从住处被逐出，而一定不能没收其耕地。"③

11世纪一篇题目为《各等级的权利》的文件（The Rights of Various Classes）记述了处理大地产的私人契约，其中规定了贵族的权利与义务。贵族一般不向国王纳税和服役，但要负担三项公共义务，即服兵径、筑碉堡、

---

① D. Whitelock, The Beginnings of English Society, p.51.
② D. Whitelock, English Historical Documents, C. 500–1042, 1, London, 1955, p.386.
③ Ibid.

修桥梁。此外，可能还要负担监视国王居民、守卫海防、在军队执行警卫任务，为船只准备粮食等必需的装备以及在国王的领地看守鹿苑等义务。[①]

盎格鲁撒克逊早期的自由农民有从祖先那里继承的土地，并可以把土地留给他的子孙。他有义务向教会纳税、服兵役、有权利参加普通会议，对侵害他的住宅的行为申请赔偿。他可以"去他愿意去的地方"，不被土地束缚。到 9 世纪阿尔佛烈德王和丹麦人缔结和约时，自由农民的社会地位和丹麦自由民一样，只相当于解放的奴隶。11 世纪诺曼征服前，英国社会的基本阶级就已不是自由农民而成为依附农民了。

依附农民分成许多不同的等级，最高的等级称作格尼特（geneatas），盎格鲁撒克逊语意为伴侣（companions）。格尼特的义务是向领主交纳租税，主要从事非农业性的车马运输服务，即作领主的保镖、饲养领主的马匹，作领主客人的护卫、侍奉领主打猎等。最广大的依附农称作吉布尔（gebur）。吉布尔最初的家产是从领主那里得到 1/4 海得的土地、2 头公牛、1 头母牛、1 只羊，已经播过种的 7 英亩的土地、劳动工具和家庭生活用具。1 年以后他应当每周为领主劳动 2 天。在收获季节和从圣烛节（2 月 2 日）到复活节（3 月 21 日满月后的第 1 个星期日）他必须每周劳动 3 天。除非他的马被领主借用的时候他才可以不工作。在圣迈克尔节（9 月 29 日）他要交 10 便士租金。在圣马丁节（11 月 11 日）他要交 23 塞斯特（sesters）大麦和两只母鸡。复活节交 1 只小羊或 2 便士。在圣马丁节到复活节期间，他应和其他吉布尔轮流在领主的羊栏内值班。此外，在秋季耕地时，吉布尔必须每周耕 1 亩地，从领主的谷仓里取出种子额外耕地 3 亩作为"义务劳动"（boonwork）。耕 2 亩地作为他放牧时使用草地权利的回报。作为部分地租，他还要耕 3 亩地并拿自己的种子播种。他要和他的一名帮工照看领主的猎狗。在领主的放猪人把猪赶到槲桑林牧场放牧时，他要给放猪人 6 个面包。在吉布尔死后，由他的领主接受他遗留的财产。吉布尔的义务在不同的地区是不同的。如在塞温（Severn）和威埃（Wye）地区，鱼坝是一项主要的收入来源，吉布尔就要担负供给钓竿、帮助修建堰坝的义务。法律地位低于吉布尔的依附农是卡特尔

---

① D. Whitelock, The Beginnings of English Society, p. 85.

（Cottars 或 Cotstlan）即"棚户"（Cottage-dwellers）。卡特尔占有 5 亩地，不交租税。他们是没有自己的家的自由劳动力，由领主供给食物、鞋和手套。

领主并不完全依靠佃农从事生产，他拥有自己的专门的生产者，如他的监工、牧人、挤奶妇等。这些人根据习惯得到工作补偿，如，播种人有权得到一篮他播的种子；放牛人可以在公共牧场上把他自己的两头或更多头牛与领主的牛在一起放牧，他的母牛可以和领主的公牛走在一起；放羊人在圣诞节可得到 12 夜的肥料，一年中可得到 1 只羊羔和 1 只系铃羊的羊毛，过了春分可以得到 7 天他的牛产的奶，整个夏天可以得到 1 碗乳清或 1 碗酪乳；制作干酪的女工除了牧人的一份外可得全部酪乳；谷类管理人得到所有掉到谷仓门上的谷粒；林中每棵落花树都归樵夫所有。①

盎格鲁撒克逊时期的奴隶根据习惯保留某些权利。他有权在主人允许的他自己的时间里赚钱。阿尔佛烈德法规定，准许奴隶在斋戒的几个星期里有 4 个星期三出卖主人给他们的东西或者出卖他们在空闲时能够赚来的东西。有时奴隶还能赎买他们的自由身份。奴隶的劳动是繁重的，一部写于距今 1000 年前的《爱尔佛里克的会话》（Elfric's Colloquy）描述了奴隶不自由的悲惨生活状况："无论冬天多么冷，我天亮就出去了，把牛赶到田里，把他们套在犁上，由于害怕主人，我不敢待在家里，在我把牛套上，把犁头和犁刀紧扣在犁上以后，我必须每天犁 1 英亩或更多的地……我必须把牛槽装满干草，给牛饮水。清扫牛粪。""啊！这真是苦工。""对，这是苦工，因为我不自由。"②

奴隶和自由农民的区别主要是前者是被束缚在土地上为领主服农业劳役的人，没有人身自由，后者是能离开自己的土地到别处去以服劳役为条件占有土地或交纳金钱地租的人。

法律禁止奴隶逃跑，如果逃跑的奴隶被抓住，将受到严厉的处罚。根据阿塞斯坦王（924～939 年）的法律，逃跑的奴隶要用石头打死。任何唆使奴隶逃跑的人，即使不是故意的，也要赔偿主人的损失。借给奴隶武器被认为

---

① D. Whitelock, The Beginnings of English Society, p. 100.
② Ibid. , p. 351.

是给他逃跑的机会，为此法律专门做了规定。《伊尼法典》第 29 条规定："假如任何人将一把剑借给别人的仆人，而他跑了，出借者必须代他支付主人损失的 1/3。假如给予一支矛，则支付一半；假如给他一匹马，他必须支付其全值。"① 这里提到的"仆人"就是不自由的奴仆。

盎格鲁撒克逊社会虽然有奴隶阶级，法律也为维护国王贵族对奴隶的压迫作出许多规定，但是，英国并没有从氏族社会走向奴隶制社会，而是在自由农民逐渐丧失自由地位的同时，走上了封建化的道路。盎格鲁撒克逊时期的法律反映了当时阶级分化的真实历史。

三、盎格鲁撒克逊时期的司法和法律制度概述

5 世纪前，盎格鲁撒克逊人处于氏族社会，部落的管理组织已像恩格斯在他的论文《马尔克》中指出的那样："古代，全部的公共权力，在和平的日子里，只限于司法权力。这种权力由百户、区和全部落的民众大会掌握。"② 盎格鲁撒克逊的部族中分为许多称作"培吉"（Pagi）的基层单位，即千户，千户所在的区域称作"培格斯"（Pagus）。千户之下分成百户（hundred）。部族会议是部族的中央权力机关。所有的自由人都有资格出席会议，会议选出长老（principes）或行政司法官（magistrates），由他们主持设立在每个"培格斯"区域内的"培格法院"（the court of pagi）的司法审判活动。有 100 人协助长老或行政司法官进行司法评议和判决。③ 这个时期对刑事犯罪或民事纠纷的解决方法是刑罚和赔款，判决十分草率。

民族大迁徙后，盎格鲁撒克逊社会的初期，社会的基本组织是农村公社。以前部族的"培格斯"区演变成百户村。百户村每月召开一次百户会议。村庄的自由民或他们的代表都可出席会议。会议主要审理百户村内各村庄居民之间发生的诉讼案件。

随着封建关系的发展，盎格鲁撒克逊社会产生了国王，国家的最高权利机关是民众会议。百户村的首领成为国王的官吏，百户村里最有势力的地主

---

① 《外国法制史资料选编》（上册），北京大学出版社 1982 年版，第 192 页。
② 《马克思恩格斯全集》，人民出版社 1963 年，第 19 卷第 360 页。
③ William F. Walsh, Outlines of the History of English and American law, p. 7.

和村庄的代表（村长、教士和四个村社中的农民代表）才有资格出席百户会议审理案件。只有百户会议拒绝审理的案件才可以选交国王审理。从 9 世纪起，在盎格鲁撒克逊诸王国合并的基础上，小王国的民众会议演变成郡（Scir）的大会。这种会议每年召开两次，审理诉讼案件。最初以郡长（ealdorman）为首的氏族贵族代表在郡会议中起决定作用，随着王权的增长，郡长被国王任命的官吏——邑宫（Scirgerefa）代替。他统辖郡并设立了郡法院，他自己可以从中得到 1/3 的收益。郡法院由 12 个亲兵（thegns）团和主教组成。原告在向他所在的百户村会议请求法律保护，遭到三次拒绝后才可以将案件提交郡法院审理。国王之下没"贤人会议"（witanagemot），只有郡的长老、主教、亲兵才能参加。"贤人会议"限制国王的权力，批准法律，是国家的最高法庭。它有权选举国王，可因国王犯有过失而予以废黜。国王的任何赐予不经"贤人会议"同意不发生法律效力。除非百户法院和郡法院愿意进行所谓"公平审判"的特殊案件，国王不受理上诉案件。10 世纪时，盎格鲁撒克逊社会还存在着都市法院（boroughcourt），一年开庭 3 次。[①]

和法兰克王国一样，盎格鲁撒克逊封建贵族通过"特恩权"（Soc）取得了领地内的司法审判权（Sak and soc）。9 世纪，封建国王赐地大量增加，领主在获得册封的同时，获得了对领地内居民征课捐税、审判争讼、收取讼金和罚金的权力。这种权力即"特恩权"。由此领主法庭相当普遍地建立起来了。在拥有司法审判权的领主控制下的农民称为"梭克人"（Socman），他必须受领主的统治，出席领主法庭并接受其审判。

盎格鲁撒克逊时期英国的法律制度体现了英国封建制度确立前法律的特点，是英国封建法律制度发展的重要因素。这个时期的法律一方面反映了封建私有制以及阶级初步形成的事实，另一方面表现出日耳曼部族习惯的残余。其法律的基本特点如下：

（1）盎格鲁撒克逊法十分分散，不统一。法律因地、因人而异，民族大迁徙造成的混乱局面和频繁战争，使不同部族的人混杂居住，不同地区法律习惯不同。如前面提到过的卡特尔的义务在不同地区不尽相同的情况便是其

---

① D. Whitelock, The Beginnings of English Society, p. 139.

中一例。7 世纪，诸国王所颁布的法典从内容上看，主要是把习惯法成文化，极不统一、完整，没有抽象的法规。益格鲁撒克逊的分散性正是英国封建时期普通法形成的前提。

（2）益格鲁撒克逊法保留了日耳曼部族习惯的残余。如虽然血亲复仇的氏族习惯已被偿命金或身价金所代替，犯罪仍被认为是私人之间的侵害行为。杀人犯只需向死者家族作出赔偿，而不以国家的名义予以制裁。又如法庭对被告行为的审查仍采用宣誓或神明裁判的方法。《伊尼法典》第 34.1 条规定："杀死一个强盗的人可以宣誓，宣布他杀死一个正在逃跑的强盗。死者的亲属也要发誓对他不记仇。"《克纽特法典》（1020～1023 年）第 30 条规定："任何人凡被百户法庭怀疑或常被指控者，他应受三种神判法。"其中，水审判法中的冷水判法即把供神用的水给被告喝，然后将其扔入水中，如果神认为他有罪，他就会浮上来，认为他无罪，他就沉入水中。热水判法即让被告把手插进滚水中取出一块石头，若他手上的伤三天后痊愈而不发生溃烂，就被判明无罪。

（3）基督教对益格鲁撒克逊法有重大影响。在教会把益格鲁撒克逊的法律成文化之前，益格鲁撒克逊社会没有成文法律。肯特国王埃塞伯特是第一个作为基督教徒的国王，他颁布的法典是英国第一部成文法典。法典一开始就写道："上帝的财产和教会的财产——12 倍偿还。"[①] 把教会视同上帝以法律严格保护。《伊尼法典》对教会税、教会对犯人的庇护权都做了特别规定。在益格鲁撒克逊的历代皇帝的立法或法律文书中都反映出教会的一些原则，突出了教会在法律中的地位，这是由于教会的僧侣在文化尚不发展的益格鲁撒克逊社会是唯一掌握文化的统治阶级层，他们参与立法、担任法官的缘故。

① D. Whitelock, The Beginnings of English Society, p. 134.

评美国宪法中的"正当法律程序"条款*

曾尔恕

美国宪法中的"正当法律程序"条款指 1791 年颁布的"权利法案"（宪法前 10 条修正案）中的第 5 条，"未经正当法律程序，不得剥夺任何人的生命、自由或财产"；以及 1868 年美国内战结束后，由国会通过的第 14 条宪法修正案"无论何时，……亦不得于未经正当法律程序前使任何人丧失其生命、自由或财产……"纵观美国法律史，美国联邦最高法院通过对案件的判决，对"正当法律程序"条款进行解释，确立了一系列法律原则。这对于美国的政治经济生活产生了重大的影响。美国宪法学家评论"正当法律程序"是"有威信的宪法原则"。① 从这个意义上说，不了解"正当法律程序"就不了解美国宪法。本文仅就与"正当法律程序"条款有关的几个问题做简要论述，希望有助于美国宪法的研究。

一、"正当法律程序"的渊源

"正当法律程序"就其法律渊源，可以追溯到 1215 年《英国自由大宪章》第 39 条："任何自由人……未经当地法律判决，皆不得被逮捕、监禁、没收财产、剥夺法律保护权、流放或加以任何其他损害。"爱德华三世时期，1354 年，"正当法律程序"第一次见诸英国法律。两个半世纪后，英国著名

---

* 本文原载《外国法制史论文案》（第二、三合集），中山大学出版社 1990 年版，《政法论坛》1990 年第 1 期。

① ［美］E. 阿伦·法恩兹沃思：《美国法律制度概论》，马清文译，群众出版社 1986 年版，第 200 页。

法学家柯克指出"正当法律程序"与英国自由大宪章中的"当地法律"一词意义相同。

在美国，"正当法律程序"作为一项宪法原则于 1780 年见诸马萨诸塞州州宪法，1791 年见诸《权利法案》第 5 条。就法律思想而言，《权利法案》源于欧洲启蒙学者的自然法理论。17 世纪，英国资产阶级革命时期著名的自然法学派的学者洛克，以自然法为依据，论证了人的自然权利，包括生命、自由与财产。这些自然权利除经人们同意在国内所建立的立法权以外，不受任何其他法权的支配；除了立法机关根据对它的委托所制定的法律以外，不受任何意志或任何法律的约束。18 世纪，法国自然法学派的启蒙学者认为，自由是最重要的权利，人人都应享有言论、出版、思想、信仰和财产自由。美国独立运动的倡导人杰斐逊、潘恩等人接受了欧洲的民主思想，并在斗争实践中发展了这种思想。其典型代表就是由杰斐逊起草的 1776 年《美国独立宣言》。但是，美国资产阶级的右翼在美国独立后摒弃了为吸引人民参加反殖民主义战争而树立的民主的旗帜，从《独立宣言》的口号上倒退下来，在美国 1787 年宪法中并没有"正当法律程序"的规定。

依照英国宪法权威戴雪的解释，英国法律中公民的权利是指，程序上非依英国普通法不得剥夺的权利。故英国法律中的"正当法律程序"一词的含义仅指程序性的权利。制定这项法律的目的，是以司法机关的守法来防止行政当局的违法行为。应当说，由麦迪逊起草的《权利法案》中的第 5 条修正案规定的"正当法律程序"，继承的仍然是英国资产阶级的诉讼原则。"正当法律程序"条款的制定还只是为了保证被告按照规定的诉讼程序，得到公平审判。但是，值得指出的是，与英国、法国资产阶级以前所宣传的那种不由任何法律赋予，也不是任何法律所能毁灭的"自然权利"相比，美国宪法修正案第 5 条规定的"正当法律程序"已把自然权利纳入了法治的轨道。其原因是资产阶级已成为统治阶级。从文字上说，第 5 条修正案与第 14 条修正案关于"正当法律程序"的规定基本相同，但是由于制定的时间和历史背景不同，其针对的对象也发生了变化。前者为个人对抗联邦政府非法行为的权利保障，后者则是保护个人权利不受州的非法干涉。

二、"正当法律程序"与《权利法案》

美国宪法中关于公民的基本权利的最直接的渊源是"权利法案",其中主要包括公民有宗教信仰、言论、出版自由、集会权利以及刑事诉讼权利等。严格地解释,这些基本权利是针对联邦政府而不是针对州政府设定的限制。美国联邦最高法院关于第 14 条修正案"正当法律程序"条款的判例,把这一条款解释为"权利法案"中列举的公民基本权利已合并在这一条款中。这样,"人民法案"就成为"既反对联邦又反对州政府行为的保证"。

从 19 世纪初期起,美国人民一直要求使"人权法案"国家化,即要求"人权法案"不仅对联邦而且对各州都有约束力。1833 年联邦最高法院在"巴罗诉巴尔的摩市市长案"中否定了这种要求。"南北战争"后,由于美国人民的支持,以林肯为首建立的新的共和党的激进派在国会中占了优势,通过了主张种族平等的第 13 条、第 14 条宪法修正案。美国一些具有民主思想的法学家主张第 14 条修正案中的"正当法律程序"条款应当包括第 1 条宪法修正案中所规定的言论、出版等权利和自由,即要求不仅联邦国会而且各州的立法机关都不能制定法律,剥夺第 1 条宪法修正案中规定的人民的权利和自由。1873 年,最高法院在著名的"屠宰场案"的判决中拒绝了这种主张,认为"正当法律程序"条款仅具有程序性的含义,也就是说只保护公民反对警察的专横行为和按照公正的司法程序进行审判。但是,法官费尔德代表 4 位法官发表了强有力的异议,认为案件涉及的问题不仅对当事人,而且对全国来说都非常重要,这是一个关系到宪法修正案所规定的公民的权利是否有可能被州立法机关剥夺的问题。依照他们的判断,第 14 条宪法修正案规定的"正当法律程序"条款是意图使"人权法案"所列举的所有权利不受各州的侵犯。1878 年,在"大卫逊诉新奥尔良案"的判词中,最高法院的多数法官仍坚持"正当法律程序"条款只是要求各州对案件进行"恰当审理";然而,法官布朗德利在表示赞同判决意见的同时,又预测"正当法律程序"必将赋予最高法院审查各州立法是否符合"人权法案"。以上这些案例都向我们演绎出第 14 条宪法修正案中的"正当法律程序"条款从程序性含义到实质性含义的过程。所谓实质性含义即最高法院通过对"正当法律程序"的实质性解释，认为"正当法律程序"可以成为审查各州立法的依据。如果各州立法的实质性内容违反了"权利法案"规定的公民权利，应宣布违宪无效。

19 世纪下半期，发生了三件令人注目的事件，对美国司法思想的变革产生了影响。其一，1878 年，美国成立了律师协会，由它发动的宣传运动特别支持个人主义。其二，起草第 14 条宪法修正案的国会两院联合委员会的成员康科林，在 1883 年以律师的身份在最高法院审理的桑·麦迪奥公司案中发表了著名的辩护词，认为该修正案中的"正当法律程序"条款还具有实质性的含义。其三，19 世纪末，最高法院的组成发生了变化。那些坚持"正当法律程序"条款具有程序性含义的法官，或退休，或亡故。认为"正当法律程序"条款还具有实质性含义的法官费尔德仍然在任，与新任首席法官福勒尔、法官姆迪等人形成了一个新的多数派。这些原因使得一种新的司法思想的倾向在 20 世纪后的联邦最高法院中占据优势。1908 年，在"特威宁案"中，法官姆迪起草的判词指出："宪法前 8 条修正案中所保障的联邦不得侵犯的个人权利，也应该不受各州的侵犯。因为对这些权利的否定也就是否定'正当法律程序'，"而这些权利是"人类不可剥夺的权利"。① 应当说，美国司法思想的变化是以美国资本主义的发展为背景的。"南北战争"促进了美国产业革命和资本主义的发展，此后半个世纪，美国进入了经济自由放任的时代。英国思想家达尔文、斯宾塞及柯布顿主张的"生存竞争""优胜劣汰"思想得到美国资产阶级的极大赞赏，进而被引进法学领域，成为资本主义自由竞争的法律武器。

20 世纪以来，对于第 14 条修正案规定的"正当法律程序"的含义，在最高法院内仍发生过重大争论。直至 1953 年华伦担任最高法院首席法官，最高法院关于"正当法律程序"含义的解释才从要求各州遵守"基本公正原则"，发展到要求州和地方官员完全按照《人权法案》的具体规定办事。不但如此，就权利本身的实质性内容而言，华伦法院也做了扩大解释，如 1966 年"米兰达诉亚利桑那州案"的判决宣布：在刑事审判程序从调查阶段转移

---

① ［美］梅森和比尼：《美国宪法法律》，1968 年版，第 496 页。

到控告阶段时，被告就享有辩护的权利；1961 年最高法院对"马普诉俄亥俄州案"的审理宣布保护私生活秘密权。在没有正式证件的情况下收集的证据，必须在各州的审判中予以排除，不得作为证据。

三、"正当法律程序"与公司法人的权利

美国第 14 条宪法修正案是美国人民为使黑人获得真正平等的自由权利而斗争的产物，但是在美国联邦最高法院的解释之下，它的革命意义被阉割殆尽，美国黑人的平等权利直到 20 世纪 60 年代才得到最高法院的承认。美国法学家对此评论："尽管第 14 条修正案代表了一场真正的宪法革命，但大致来说，它对公民权利几乎没有直接发生作用。"[①] 相反，随着美国工业的急剧发展，"第 14 条修正案被转化为一部名副其实为商业服务的大宪章。"[②] 其中起关键作用的就是"正当法律程序"条款。

如前所述，尽管 1873 年的"屠宰场案"的判决没有接受"正当法律程序"的实质性含义，但是以费尔德为首的法官的异议向"正当法律程序"的传统解释提出了挑战，"正当法律程序"具有实质性含义已见端倪。按照这种反对意见，新奥尔良州的垄断法违反了"正当程序"："禁止广大公民选择一种合法职业或继续从事一种过去选定的合法职业的法律，乃是未经正当法律程序就剥夺了他们的自由权和财产权。"[③] 很明显，如果最高法院没有把公司包括在第 14 条宪法修正案的保护范围内，这条修正案就不可能发展为"新兴的美国经济的基本宪章"；如果第 14 条修正案中的"正当法律程序"条款被限制在程序性含义的解释上，它也不可能对"内战"后美国飞速发展的工业带来实际影响。1787 年的美国宪法是为一个 400 万人口的农业共和国而制定的，为了使之适应美国"内战"后巨大的经济革命，解决现代化的工业社会的更为深刻、复杂的政治、经济问题，美国联邦最高法院通过对"正当法律程序"的实质性含义的解释，将当时经济上的放任主义学说变为宪法性法律。关于第 14 条宪法修正案的制定者是否试图把公司包括在受该修正案保护

---

① ［美］伯纳德·施瓦茨：《美国法律史》，1974 年版，第 99 页。

② 同上。

③ 同上书，第 103 页。

的"人"的范围内，在第 14 条宪法修正案通过 15 年后，康科林在最高法院的辩论中说："在第 14 条修正案被通过时，个人和股份公司正在寻求得到国会和行政机关的保护，反对州和地方征收令人厌恶和歧视性的赋税。"① 暗示因会在起草该修正案时有意使用了"人"的概念，以便将宪法的保护扩及公司。尽管对康科林的这种解释，美国的法律史学者有不同的意见，但是在第 14 条修正案通过不到 20 年，最高法院就在"圣克拉拉具诉南太平洋铁路公司案"中宣布："本法院不希望听到关于该修正案中的规定是否适用于这些公司的争论，我们全都认为它适用于公司。"② 这样，美国联邦最高法院把第 14 条修正案中的"正当法律程序"条款保护的"自然人"扩大解释为"公司法人"，使"正当法律程序"条款成为保护公司法人的活动的保护伞。

在美国资本主义进入产业托拉斯化的同时，美国的农业以千百万农民破产的代价走上农业资本主义的道路。19 世纪 50 年代，美国中西部诸州的农民在农业机械价格昂贵、农产品价格低廉、高利贷的重利盘剥之下陷入绝境。他们面对出卖土地、农具、牲畜的惨境，面对铁路公司、粮仓、栈主的掠夺政策，表现出强烈不满。1870 年后，农民协进会在许多州广泛成立，他们发表宣言，反对高利贷、痛斥税收舞弊，并向州政府施加压力，争取有利于农民的立法。就是在这种情况下，1876 年伊利诺伊州颁布法令，规定仓库收费标准，以取缔芝加哥城沿海谷仓业的垄断权。于是，引起 1877 年伊利诺伊州大的资本家门向联邦法院控诉，认为伊利诺伊州无权制定这一法令。虽然联邦最高法院依"屠宰场案"判决州法有效，但同时又宣布：未经正当法律程序，联邦政府和各州都不得剥夺人或公司的财产。1890 年，最高法院对于"芝加哥与圣 P. R 公司诉明尼苏达案"的判决确切地表明了最高法院以实质性"正当法律程序"保护公司法人的意向。1887 年，明尼苏达州议会通过立法设立了一个铁路及仓库管理委员会，赋予决定运输费的权力，不受法院任何审查。最高法院认为：铁路公司对其财产的使用无权收取合理的报酬，又不能请求司法的审查，显然是未经"正当法律程序"而剥夺了公司的财产，

---

① ［美］伯纳德·施瓦茨：《美国法律史》，1974 年版，第 100 页。
② 同上书，第 101 页。

实属违宪。① 自 1890 ~ 1937 年，在最高法院的解释下，"正当法律程序"的实质性含义发挥了越来越重要的作用，成为对各州内政权的实质上的限制。任何州法、命令或行政法令，只要对于私人财产或契约自由权利给予任何限制，最高法院便以违反"正当法律程序"予以干涉，对于联邦中央的立法也是如此。这种情况最终造成自由放任主义的泛滥，以致评论家们惊呼美国在 19 世纪的最后 25 年成了公司的时代。20 世纪后，不但公司的数量剧增，而且公司的规模也发生了显著的变化，形成巨型托拉斯和垄断组织。社会生产的激烈竞争造成的无政府状态终于导致了 1929 年的经济大危机。

四、"正当法律程序"与"治安权"

"治安权"是美国宪法性法律中用以指政府为全体公民利益，管理安全、卫生、福利和伦理等方面事务的权力的术语。1851 年马萨诸塞州法院审理的"马萨诸塞州诉阿尔杰案"是第一个有关"治安权"的案例。按照马萨诸塞州法院的解释，"治安权"等同于管理权，其范围是"对州内所有人的生命、肢体、健康、安适、安宁提供保护和对州内全部财产提供保护"。② "治安权"在美国的运用可以追溯到英国普通法的一项原则——按照不损害别人财产的方式使用你自己的财产。按照这一原则，美国州法院在判例中确定：在立法范围内，每个人要在不损害别人的前提下确定使用他自己财产的方式和方法。换句话说，"治安权"成立的宗旨是保障社会利益免受个人权利侵害。

那么，"治安权"与以保护个人权利，特别是财产权为宗旨的"正当法律程序"之间是什么关系呢？美国联邦最高法院最早审理关于"治安权"的著名案件是 1837 年的"查尔斯河桥诉沃伦桥案"。1785 年马萨诸塞州立法机关授权查尔斯桥梁公司在查尔斯河上建造桥梁，并向用户收通行税。在准许的期限未满的情况下，马萨诸塞州议会又准许设立沃伦桥梁公司另建新桥，征税期至收回桥的成本时止，而后该桥梁便成为无税的自由通行桥。这样查尔斯桥梁公司所建原旧桥的预期收费实际被剥夺，于是以新桥的特许状损害

---

① 李子欣：《美国宪法》，台湾"国立"政治大学出版委员会 1970 年版，第 209 页。
② ［美］伯纳德·施瓦茨：《美国法律史》，1974 年版，第 48 页。

了州立法机关对旧桥所有人承担的义务为由起诉。最高法院判决新桥胜诉。坦尼院长在判词中说：立法机关的授权必须严格地作有利于公众的解释，"政府的目的是增进设立政府的那个社会的快乐和繁荣，决不能假定政府有意自行限制其为了达到这个目的的权力"。① 尽管国会有权管理州际贸易，但是州的治安权赋予州为了有章可循而制定适当的法律。坦尼所坚持的立场较他前任马歇尔大法官主张的契约不可侵犯的理论有了较大的修正，其原因主要是 19 世纪中叶美国正大步向资本主义经济迈进，从事银行和交通事业的法人日益增多。正如坦尼所说，"新的交通渠道无论是为了往来旅行或是为了贸易，都让人感到日益必要"。如果以前建立的以营业为目的的公路、运河等设施可以借口意义含糊的契约条款确立专营的权利，而不允许建立新的公共设施，就必然妨害资本主义的发展。但是，坦尼的判决并没有放弃马歇尔在达特茅斯学院案中确立的保护契约的原则，他只是将契约的涵义严格限制在明文规定的特许状之中。从此以后，各州颁发的法人特许状，均明文规定各州为了"公众的福利"保留修改或中止特许状的权利。

第 14 条宪法修正案通过后，从 1873 在的"屠宰场案"开始到 1937 年的"西海岸旅店公司诉帕里斯案"止，美国联邦最高法院通过对宪法的解释，发展了"正当法律程序"的实质性含义，并以此为依据对联邦和各州的经济立法进行了广泛的干预，从而限制了"治安权"的使用。在铁路管理方面，最高法院在 1890 年的"铁路公司诉明尼苏达州案"、1898 年的"史密斯诉艾米斯"等案中均以行使"治安权"的州法律的规定未经"正当法律程序"为由剥夺了公司的财产，宣布州法律违宪无效。随着工人运动的兴起，联邦和各州的立法机关制定了一些有关工时、工资、工伤、童工、女工等问题的法律，最高法院亦一再以"正当法律程序"为理由，宣布这些法律为违宪无效。1905 年的最高劳动时间案，即"洛克纳诉纽约州案"就是突出的例证。在工人斗争的压力下，纽约州议会于 1897 年制定法律，规定面包房的工人的工时每天不得超过 10 小时。最高法院判决纽约州法律违宪无效，其理由是："该法案必然侵犯雇佣人和被雇佣人之间……的契约权利。……各州不得未

---

① ［美］C.B. 斯威舍尔：《最高法院的历史性判决》，纽约版，第 40 页。

经正当法律程序而剥夺任何人的生命、自由和财产。"①

实质性"正当法律程序"的运用最大限度地保护了资产阶级的"契约自由",从而更激发了资本家不担风险攫取工人血汗的愿望,满足了美国资本主义工商业发展的要求。但是,最终这种狭义地运用契约自由的理论的泛滥,导致了美国现代社会的矛盾的激化,也打破了资产阶级鼓吹的三权分立、相互制衡的原则。最高法院成了"美国的第三议院",它的限制政府的理论给国家调整经济造成巨大的阻力。如杰克逊法官所说,20世纪前半期,只有很少一部分改革性立法能够侥幸通过"正当程序"的交叉火力幸存下来。1890~1937年,最高法院宣布有55个联邦法律和228个州法律无效。② 这样,无论在理论上还是在实践中,绝对不受限制的自由放任主义导致了它的自我终结。忽视社会福利对现代工业的要求的做法在1908年的"穆勒诉俄勒冈案"中得到初步纠正。最高法院判定:基于妇女健康的原因,维持俄勒冈立法规定女工在洗衣店的工作时间。1937年罗斯福在竞选总统得胜后,提出对最高法院进行大规模改组,以反击其阻挠"新政"的司法活动。虽然改组方案未被国会通过,但是在新政派的压力下,最高法院的态度却发生了变化。在西岸旅社案中,休斯大法官代表多数票发表意见时指出:"联邦宪法并未承认任何一种绝对而又不可控制的自由。每一时期的自由,各有其不同历史和涵义,而予以保障的自由,是属于社会组织上的自由,由于社会组织需要法律保护,以免人民的健康、安全、道德以及福利等受到侵害,因此在宪法规定下的自由,也需要受到正当程序的限制。"③ 这标志着实质性"正当法律程序"的适用受到限制走向衰落,而"治安权"理论则重新受到重视。此后,"治安权"超过了安全、卫生和伦理的范围,扩大到保护自然资源、保护公众免遭欺骗和侵犯等方面。

---

① 朱瑞祥:《美国联邦最高法院判例史程》,黎明文化公司1984年版,第233页。
② [美]伯纳德·施瓦茨:《美国法律史》,1974年版,第168页。
③ 朱瑞祥:《美国联邦最高法院判例史程》,黎明文化公司1984年版,第316页。

美国反托拉斯立法[*]

曾尔恕

资本主义国家商品市场的自由竞争是价值规律发挥调节作用不可缺少的客观经济机制，是繁荣资本主义商品经济的有力手段。为了维持自由竞争的市场机制，确保经济的民主，达到安定社会秩序的目的，资本主义国家普遍制定了禁止不正当竞争的法律，在美国称作反垄断法或反托拉斯法。一般认为，美国是历史上最早制定反托拉斯立法的国家。本文拟从美国反托拉斯法的制定，反托拉斯法的理论及反托拉斯法的适用等几个方面探讨美国反托拉斯法的特点与作用，以期加深对美国经济立法的认识。同时，笔者认为，随着我国社会主义商品经济的发展和经济体制改革的深入，商品生产者、经营者之间的竞争逐步展开。在新的经济格局下，企业的兼并与联合、由地方保护主义造成的局部性的行政垄断，以及与之相联系的"官倒"等现象滋生起来，垄断抑制了公平、合法的自由竞争，从而抑制了生产力的发展。因此，制定反垄断法，建立反垄断的机构和制度势在必行。从这个意义上说，探讨美国的反托拉斯立法对于完善我国的社会主义法制是有益的。

一、反托拉斯法的制定

马克思在《资本论》中指出："美国南北战争的结果……造成了最迅速的资本集中。……在那里，资本主义生产正在飞速向前发展。"① 1865 ~ 1900

---

* 本文原载《政法论坛》1991 年第 6 期。

① 《马克思恩格斯全集》（第 23 卷），中共中央编译局 1983 年版，第 842 ~ 849 页。

年，有 1400 万移民涌入美国。移民们带来了新的技术和经验，他们与不断西迁的美国人民一道，把荒芜的草原、莽莽的森林、广袤的沙漠逐渐建成工农业中心和生产地区。铁路的铺设大大促进了国内统一市场的形成与发展，到 1900 年美国铁路线已达 20 万英里，超过欧洲铁路的总长度，几乎相当于当时全世界铁路总长度的一半。美国工业总产值已占世界总产值的 30%，跃居世界第一。在资本主义生产规模扩大的过程中，资本迅速集中与积聚，垄断组织逐渐形成，托拉斯大量涌现。所谓托拉斯即企业垄断联合的典型形式，是指生产同类产品或者在生产上相类似的企业，为了获取高额利润，从生产到销售全面合并。1870 年，洛克菲勒创设美孚石油公司，在其后的两年中兼并了克利夫兰公司的大部分炼油厂；1880 年，它进一步兼并了纽约州、宾夕法尼亚州和俄亥俄州的大部分炼油厂，正式成立了托拉斯。为了巩固地位，洛克菲勒集团以付给回扣的方法从铁路公司取得了优惠运价，迫使其他竞争者退出市场或与之合并。1882～1899 年，它兼并了 40 家公司，在石油工业中取得了垄断地位，控制了全国 90% 以上的精炼油，从而能够"随心所欲地压垮残存的任何竞争对手"。[1] 洛克菲勒的成功证明托拉斯"是实现对某一行业控制的最有效的手段"[2]，其他产品制造商纷纷效仿成立工业联合企业，"托拉斯"这一名称得到普遍运用，如 1884 年在棉籽榨油工业中，1885 年在亚麻仁榨油工业中，1887 年在制糖、炼铝、制威士忌酒等工业部门都出现了托拉斯。但是，垄断资本的发展使得农民不再能以西部边疆为"乐土"，他们深受银行、铁路等资本家的剥削，债台高筑。同时，由于托拉斯在经济上排挤压榨其他中、小企业，侵占土地、营私舞弊、贪污行为屡屡发生，引起美国各阶层人民的不满。1892 年，农民与城市劳动者联合成立平民党，掀起反托拉斯运动。在法律上，普通法虽然禁止企业勾结，但不能适应资本主义巨大经济变化，不能制止商业垄断的蔓延和恢复市场经济的有效竞争。在这种情况下，美国许多州制定了反托斯法。1892～1905 年，在当时美国的 45 个州当中，至少有 42 个州制定法律，或在州宪法中增补条款，限制托拉斯的

---

① ［美］丁·布卢姆等：《美国的历程》（下册）（英文版），第 1 分册，商务印书馆 1988 年版，第 47 页。

② ［美］伯纳德·施瓦茨：《美国法律史》（英文版），1974 年版，第 141 页。

活动。1887 年，美国国会通过《州际商务法》，其主要内容为："（1）禁止
铁路上某些被认为是不正当的活动（例如，规定歧视性价格，索取回扣），
并且禁止索要公平和不合理的费用。（2）建立州际商业委员会，以协助强制
执行这些禁令。"① 由于各州的法律或州宪法只能适用于州内的托拉斯，而不
适用于州际托拉斯，当州际托拉斯的案件发生时，其管辖权属于联邦政府，
但是联邦政府一向赖以管制州际商业的联邦宪法商业条款，并且 1887 年的
《州际商务法》仍不足以解决州际托拉斯的问题，因此，致使制定联邦反托
拉斯法提上了日程。在 1888 年美国总统的选举中，民主党和共和党都以保
证采取行动反对垄断集团为手段争取选票。选举获胜的共和党候选人本杰
明·哈里森在竞选中允诺在其任职期间将对托拉斯采取行动。1890 年，国
会通过参议员谢尔曼提出的《谢尔曼反托拉斯法案》，哈里森总统签署了
该法案。

《谢尔曼反托拉斯法》是作为国会立法的美国第一部反托拉斯法，同时
也是反托拉斯法律中最基本的一部法律。它的主要内容规定在第 1 条和第 2
条中：第 1 条规定"凡以托拉斯或其他形式，或以相互勾结的形式签订协议
或从事联合，以限制州际或对外贸易或商业者，均属非法……"第 2 条规定，
"凡垄断或企图垄断，或与其他任何人联合或勾结，以垄断州际或对外贸易
与商业之任何部分者，均作为刑事犯罪，……"《谢尔曼反托拉斯法》在表
面上对托拉斯进行了限制，但是由于它文义不明，很难严格执行；它仅适用
于州际或对外贸易，州内的垄断行为由州或地方政府管理；而且大托拉斯的
股东财大气粗，联邦政府对他们欲罚无力；更主要的是在法律传统上私有财
产神圣不可侵犯的观念已深入人心，联邦最高法院的法官们也不例外；结果
有关托拉斯判决往往是有利于大托拉斯。无论是国会针对托拉斯制定的法律，
还是联邦政府对它的抑制，都没能限制托拉斯的发展。托拉斯的数目非但没
有减少，反而增加了，托拉斯的规模非但没有缩小反而扩大了。以美孚石油
公司为例，它为了规避法律，走上了控股公司的道路（所谓控股公司就是拥
有两个以上公司股票的所有人，将其证券转移给受委托人，以换取某种凭证

---

① ［美］伯纳德·施瓦茨：《美国法律史》（英文版），1974 年版，第 142 页。

的协议，这些凭证使他们对联营公司共同收入享有一定份额的权利）。1892
年，美孚石油公司在根据俄亥俄州法院的命令废除了它在 1882 年签订的托拉
斯协议后，立即就根据新泽西州的法律改组为控股公司，把股票换成小公司
的股票，然后由小公司选出董事代替旧的托拉斯理事继续控制各小公司。美
孚石油托拉斯的集中控制的实质未受到任何损害，在改组的 8 年内它的股票
年息达 30% ~40% 不等。到 1900 年，美国共成立了 185 个大托拉斯，掌握了
33 亿美元资金，占全国制造业投资的 1/3。垄断资本的发展终于导致了帝国
主义重新瓜分世界的战争——美西战争。

美西战争后，美国的托拉斯化过程进一步加剧，银行和工业联结成为金
融垄断资本，并取得经济上的主导地位。1901 年，摩根金融寡头组成了资本
主义世界第一个资产超过 10 亿美元的托拉斯——美国钢铁公司，1903 年成
立属于摩根托拉斯系统的最早的跨国公司——国际海上贸易公司，1907 年属
于摩根的通用电气公司又与德国电气托拉斯缔结了条约瓜分世界电气贸易，
洛克菲勒则创办了纽约市立银行。在金融寡头的操纵下，美国的生产资料来
源、铁路、劳动力乃至新技术全部被垄断，市场竞争的经济活力几乎被窒息。
1901 年，西奥多·罗斯福出任美国第 26 任总统，他在任期内推行维护垄断
资本的根本利益的政策，扩大联邦政府的权力，主张在一定程度上用国家干
预经济的手段，限制过度的垄断，保护竞争，保存经济活力。他采取了一系
列反托拉斯立法措施并且对 48 起反托拉斯案件提出起诉（而在此之前，对托
拉斯的控诉案件在本杰明·哈里森总统任内只有 7 件，克利夫兰总统任内只
有 8 件，麦金莱总统任内只有 3 件），从而发挥了《谢尔曼反托拉斯法》的
作用，老罗斯福本人也因此获得了"托拉斯大魁星"的称号。诚然，老罗斯
福的反托拉斯斗争不过是完善托拉斯制度的改良措施，正如他本人所说：
"我们要勾销不善的行为，不是反对财富"，"我们不想毁灭组合公司，但我
们想使它们服侍公益。"① 到 1909 年老罗斯福下台时，托拉斯已增加到 10020
个，拥有 310 亿美元。1912 年，威尔逊被提名为民主党的总统候选人，为了
获得中小资产阶级的支持，他在竞选中就允诺加强反托拉斯立法以防止"不

---

① ［美］阿瑟·C.比宁：《美国经济生活史》，王育伊译，商务印书馆 1947 年版，第 299 页。

守规则的竞争"。1914年，威尔逊政府在人民的强烈要求下通过了《克莱顿反托拉斯法》和《联邦贸易委员会法》。前者列举了商业竞争的非法方式，它禁止：（1）排他性的具有反竞争效果的交易；（2）银行和资金超过100万美元的从事州际商业的公司互任董事的行为；（3）有利广大买主的价格歧视；（4）公司的合并以及对另一公司部分股票的直接和间接转移或获得。后者补充了《谢尔曼反托拉斯法》和《克莱顿反托拉斯法》，它建立了一个为实施该法的行政机构——联邦贸易委员会，并授权该委员会用"停止违法行为令"阻止"不公平竞争方式"。

综上，从1890年《谢尔曼反托拉斯法》到1914年的《克莱顿反托拉斯法》和《联邦贸易委员会法》，美国用了近1/4世纪完成了反托拉斯的立法。

第一次世界大战后，自由放任主义在美国重新抬头，反托拉斯法被冷落废置，垄断资本恣意发展，政府无力控制，终于爆发了1929～1933年的历史上最严重、最深刻的经济大危机。法西斯思潮随之而起，美国面临重大的政治抉择。在这种情况下，罗斯福总统实行新政，在经济上制定了一系列立法，以国家干预经济的调节职能来调整垄断资产阶级与中小资产阶级和工农之间的相互关系。其中，1933年国会通过的《全国工业复兴法》被罗斯福称作"美国国会制定的最重要、最具有深远意义的立法"。该法案宣称其宗旨为"鼓励全国产业复兴，促进公平竞争……"法案的第3条规定了公平竞争法规，要求工业部门规定生产规模价格，以实现"工业和平"，"保护消费者、竞争者、雇员和其他人，并促进公众利益"。对于"有害的工资削减或价格削减或有其他违反本章政策的活动"，总统有权吊销执照。此外，罗斯福还采取向议会提出反垄断的特别咨文，更新反托拉斯局，对反托拉斯案件提出诉讼等措施，这些法律和措施丰富了美国反托拉斯法的理论与实践，为美国垄断资本的统治提供了经验。

二、反托拉斯法的理论依据

19世纪以前，在美国的法律学说中占主要地位的是自然法学说，这一学说认为，个人有不可剥夺的生存权、自由权和财产权。这一学说的含义在生产和流通领域被解释为：任何人可以自由地在双方能够接受的任何条件下订立非胁迫性的贸易协定，生产和交换他们所拥有的财产，以及保留通过这种自由交换所获得的财产，因此，由国家订立法律对私人财产施加压力，强迫干预他人自愿的财产交易，取缔或调整某些类型的商业合作是错误的。于是，反托拉斯法的公布，在美国的经济、法律界引起了震动和争议。争议的焦点有二：第一，反托拉斯法是否符合自然权利的观点，即它的合理性；第二，反托拉斯法是否符合宪法，即它的合法性。

主张在经济上仍然采取自由放任的一派代表着"内战"后发迹的新富豪的利益，执意捍卫托拉斯在经济上占绝对优势的状况，以便保持积累巨大财富的特权，阻止政府干涉。他们在达尔文的生物学理论和斯宾塞的社会学理论中找到了根据，他们的观点主要是：由寡头集团控制美国经济的状况是通过竞争自然形成的，这种竞争淘汰软弱无能不适于存在的人，而选择坚强能干的人充当领袖人物达到最高层，国家应当只限于从事保护财产和维持社会秩序的活动，如果干涉经济事务则势必破坏自然淘汰的有益影响；贫困是竞争带来的不可避免的消极后果，由国家出面干涉消灭贫困是方向性错误，掌握巨额财富的人有义务去改变社会的不公平现象。总之，根据他们的观点，"人变成了经济人，民主政治等同于资本主义，自由等同于财产及财产的使用，平等等同于牟利的机会，进步等同于经济变革及资本积累"。反托拉斯法限制了自愿协议或私有财产的自愿交换，它与建立在自然权利基础上的美国社会制度是不一致的。

反托拉斯政策的支持者则反驳在社会进步过程中的自由放任、生存竞争理论。其中最有影响的有三个人，他们是：莱斯特·沃德（Lester Ward，1841～1913 年）、亨利·乔治（Henry George，1839～1897 年）、爱德华·贝勒米（Ednard Bell Amy，1850～1898 年）。莱斯特·沃德于 1883 年出版《动态社会学》一书，他强调动物和人类经济显然不同，达尔文主义定律支配着前者，可是人的思想改造人类经济的环境，用合理挑选代替自然选择；自然界以原始方式逐步进化，势必浪费惊人，为了社会进步，政府管理是必要的。亨利·乔治于 1879 年出版《进步与贫穷》一书，他抨击贫富之间的巨大差别，认为最不合理的是地价暴涨给地主带来的不劳而获的暴利，主张单一税制，涨价归公，反对特权，强调机会平等。爱德华·贝勒米于 1888 年出版

《回顾》一书，声称"竞争是自私自利的本能，是浪费精力的另一种说法，而联合则是高效生产的秘诀所在"①，提倡"公共服务国有化"。总之，这些新生的美国思想家提倡：私有财产不是不可剥夺的或自然的。如果存在程度充分的竞争，那么自由贸易就是理想的，因为它将最大限度地增大社会产量的价值或使社会费用减少到最低水准。然而，如果存在商业垄断或串通，那么为了社会自身的利益，应该通过立法来调整经济活动。这些新思想对于美国某些企业家和政治家发生了重大影响。

关于反托拉斯法本身是否合乎宪法的问题同样涉及 19 世纪，特别是 20 世纪以后美国法律思想的重大转变。在美国尚处于自由资本主义时期，以个人本位为中心的自然法思想占主导地位的情况下，美国联邦最高法院在审理有关私人财产的案件时总是以宪法第 14 条修正案中的"正当法律程序"条款的实质性含义为武器，极力维护公司法人的利益，政府对公司的管理受到严格限制。据统计，1890～1937 年，司法否决立法几乎成了一种固定的制度。20 世纪 30 年代，布莱克被任命为联邦最高法院大法官后不久，对于自 1886 年就经最高法院裁定的公司是受到"正当法律程序"条款保护的法人提出异议，他说："我相信第 14 条修正案中的'人'并不包括公司。"② 这一异议的重大意义在于它指出了公司地位的变化，即到了 20 世纪美国公司的发展已越过了它的孩提时代，"公司制度得到了广泛的、惊人的发展，就像过去某种封建制度一样，变成了一种在属性和权力上可与联邦政府比拟的结合体"。"它已成为一种权力的中心，国家是其唯一的竞争者"。③ 显然，在固有的法律与公司经济的现实之间已经存在着巨大的差距。如果法院还坚持刻板地运用"正当法律程序"条款，机械地适用宪法，维护公司的利益，那么公司滥用权力的现象就得不到制止，市场的自由竞争机制就得不到发挥，更严重的是将导致社会的不安定。对于美国传统的法学，社会法学家庞德早在 20 世纪初就进行了深刻的总结，他指出 19 世纪以前美国法律存在严重的缺陷：

---

① ［美］丁·布卢姆等：《美国的历程》（下册），戴瑞辉等译，商务印书馆 1988 年版，第 54 页。
② ［美］伯纳德·施瓦茨：《美国法律史》，1974 年版，第 209 页。
③ 同上书，第 213 页。

（1）机械地适用法律规则；（2）普通法过于偏重个人主义精神；（3）法官适用的受到达尔文主义影响的法律与公共议论之间存在着差距。庞德的理论被看作21世纪开始对美国司法行政改革的催化剂，同时它客观地反映了美国法律在新旧交界时的困境。终于，20世纪后，时代赋予了法律变革的使命，一系列反托拉斯法的出台便是这种变革的产物。

那么，国会是否有权制定反托拉斯法呢？根据《美国宪法》第1条第8款的规定，国会有权立法"调整各州间的贸易"，但这一规定被广义地解释为赋予联邦政府以调整商业和规定从事商业所必须遵守的规则的强大权力，也并不是一帆风顺的，在1890年国会讨论《谢尔曼反托拉斯法》时，就有人认为它为干涉各州内部的工商业提供了依据，而根据宪法这是不属于国会管辖范围的。在《谢尔曼反托拉斯法》公布后的10年内，该法案也没有起到实际作用。联邦最高法院的法官常常在判决中玩弄文字游戏，使其执行不利。例如，在1893年联邦政府的第一宗反托拉斯诉讼案——"联邦政府诉耐持公司案"中，联邦政府请求法院根据反托拉斯法，宣布糖业公司合并的契约无效。而联邦最高法院予以驳斥，其理由为：制糖业是工业，不是商业，所以不适用于该法；该法规定仅适用于州际商业，不能涉及各州的内政，因此对制造或农矿生产等州内企业均无权加以管理。直到1904年，在西奥多·罗斯福任内，最高法院在"北方证券公司案"中才扩大了对商业管理权的解释。它驳斥了股票交易不是商业的论点，提出对商业有直接影响外，还有间接影响，从而确认北方证券公司为妨害贸易发展的企业联合，违反《谢尔曼反托拉斯法》，应当予以解散。1905年最高法院在"斯维佛特肉类加工厂诉美国案"中，更进一步用不间断的商业主义，即生产亦能包括在商业之中的观点驳斥了就地组合、就地交易不是州际商业的理由。由国会制定法律调整私人经营活动的合宪性在20世纪30年代就更为明确了。1934年，联邦最高法院在"尼比诉纽约"一案中阐述了早在1877年"芒恩诉伊利诺斯案"中确立的原则——每当私有财产被"用于公众利益的事项"时，政府即可合法地规定该私有财产的使用。最高法院在判断中写道"……一个国家可自由地采取任何可被合理地看作促进公众福利的经济政策，可自由地通过适合其目的的立法去实施该政策"。① 经过半个多世纪的理论与实践的反复论证，现在美国自由的与保守的两代经济学家、法律学家都已普遍接受了反托拉斯是维持竞争、促进经济进步的重要的社会力量这一认识。

三、反托拉斯法的适用和特征

美国反托拉斯法的主要特征之一是措辞非常含糊和笼统，尤其是《谢尔曼反托拉斯法》，其含义是用比美国通常立法更广泛、更一般的措辞来表达的。例如，按照《谢尔曼反托拉斯法》第 1 条的规定，任何托拉斯形式的"协议""联合"本身就构成违法；按照第 2 条的规定，只要"垄断或企图垄断"就构成违法。那么，国会立法的真正意图是什么呢？是限制垄断吗？人们只能借助司法判例来揭示特定背景之下法律的旨意。对此，美国法学家评论说：反托拉斯法这一有意作出的不精确性的解释，使司法机关具有决定性的作用，这种作用是用来解释法律，以适应发展变化着的生产和销售的形式。从这种意义上来说，美国反托拉斯法是法官创造的法律。

由法院实施的反托拉斯法的诉讼主要集中在两个方面，其一是价格协议，其二是垄断化。

1897 年的"美国诉全密苏里运价协会案"是按照《谢尔曼反托拉斯法》第 1 条审理的早期案例。密苏里河西岸的八个铁路公司组成了一个协会，为所有的铁路公司制定"合理的"运价及管理制度。政府援引《谢尔曼反托拉斯法》第 1 条，认为这种定价属于普通法意义上的"限制贸易"，因此责成解散该协会。但被告全密苏里运价协会反驳说，第 1 条指的是那些仅被普通法明确认为违法的行为。初审法庭根据普通法，判决被告胜诉，因为政府不能表明协会的定价是不合理的。在案件到达最高法院时，法院以 5 票比 3 票否决了下级法院的判决，多数法官的意见是：《谢尔曼反托拉斯法》第 1 条毫无例外地谴责任何贸易限制，因此没有必要适用普通法的惯例来决定所述行为是合理还是不合理、是合法还是非法。这样最高法院对于垄断联合定价

---

① ［美］多米尼克·丁·阿门垣诺："反托拉斯政策的合法性"，陶正华译，载《法学译丛》1990 年第 1 期。

提出了一条本身即属违法的原则。1899 年，最高法院在"阿迪斯顿管道公司案"中进一步解释《谢尔曼反托拉斯法》的第 1 条，认为不管价格是否合理，价格协议都是非法的。在 1927 年的"特兰顿陶器制造厂案"中，最高法院驳斥了被告的价格协议是合理的，公众从中得到利益的理由，法院阐述道："每个制订价格协议的目的……消除一种方式的竞争。制订价格协议的权力，不管行使得是否合理，都涉及控制市场和制定强制的、不合理的价格的权力。今天制订的合理价格可能成为明天的不合理价格。"① 由以上关于价格协议的案例，不难看出美国反托拉斯法的重要内容是禁止垄断联合的行为，企业之间只要签订了卡特尔协议，就构成"本身违法"。其原因是它破坏了市场经济平等竞争的环境，削弱了企业之间的竞争，限制了企业的自身发展，从而影响了资本主义经济的发展。

《谢尔曼反托拉斯法》的第 2 条是禁止垄断的。《克莱顿反托拉斯法》也规定禁止以托拉斯或其他任何形式实行企业合并。但事实是，美国的垄断企业越来越多，企业合并层出不穷。对此，列宁深刻地指出"帝国主义就其实质来说，是垄断资本主义"。那么，美国最高法院又是如何运用法律的呢？1911 年的"美国诉标准石油公司案"是美国司法案例中的"里程碑式"的案例，因为在这一案例的裁决中，大法官怀特提出了著名的"合理性原则"（the rule of reason）。他在判决意见中写道，《谢尔曼反托拉斯法》第 1 条规定所指出的托拉斯或商业合并是否构成非法，必须根据公司的目的和手段来判断，如果公司的目的或手段是非法的，那就是非法，否则就不是非法。更确切地说，托拉斯或商业合并是否构成违法，要看它是否有排斥竞争者，取得操纵市场的权力的意图和目的，只有垄断者既有垄断力量，又有垄断意图和目的，才构成违反《谢尔曼反托拉斯法》。在这里，企业单一的垄断还是联合的垄断是无关宏旨的。"标准石油公司案"后，最高法院的"合理性原则"成了审理反托拉斯案的指导原则。然而，这一原则的运用此一时与彼一时不同，此一企业与彼一企业不同，完全由法官根据即时的情况定夺。此外，这一原则也被托拉斯作为规避法律制裁的法宝。标准石油公司虽然根据最高

---

① ［美］约翰·阿格纽："美国和西德的反托拉斯法比较"，载《世界法学》1989 年第 3 期。

法院的判决解散了，但是它化整为零，重新组成为 30 多个规模较小的石油公司，这样即使还有独占行为却既合理又合法了，可见《谢尔曼反托拉斯法》并不禁止垄断本身，但禁止垄断化，即禁止为取得或继续取得保持垄断权力而作出的行为。造成这种情况的原因就是反托拉斯法的宗旨是保护竞争的。但竞争者如果发展到控制市场的垄断地位，就又破坏了竞争，反托拉斯法又必须限制竞争者垄断市场，滥用优势地位的行为。

反托拉斯法的另一个突出的特征是对于违反这类法律的制裁相当严厉，法律规定了民事、刑事、行政惩罚的方式。对于违法案件既可由司法部根据《谢尔曼反托拉斯法》和《克莱顿反托拉斯法》提出具有平衡性质的民事诉讼，也可由司法部以违反《谢尔曼反托拉斯法》为理由提出刑事诉讼，还可由联邦贸易委员会根据《克莱顿反托拉斯法》和《联邦贸易委员会法》提出行政诉讼。在大多数民事诉讼中，被告和政府之间在判决前先协商出一种解决办法，然后由法院作出意见一致的裁决。不论哪一种诉讼的判决，都不但可以制止违法行为，而且还可以要求解散被告企业或剥夺其财产。胜诉者可获得 3 倍于实际损害的赔偿金。对于自然人的刑事诉讼，可判处不超过 10 万美元的罚金或 3 年以下的监禁，或两者兼科。

论中国古代法和罗马法中的夫权 *

曾尔恕　张志京

从公元前 8 世纪到公元 6 世纪中叶，罗马经历了从一个弹丸城邦国家发展到横跨欧、亚、非洲的奴隶制帝国及至灭亡的重大历史过程；而在古代中国，则历经了两个文明的鼎盛时期，奴隶制的西周至封建的大唐帝国。伴随着罗马疆界的扩大，罗马法从封闭的属人主义的法律走向世界，无论在渊源、形式还是在内容和适用范围诸方面都日臻完善，最终成为奴隶制社会最完备、最发达的法律制度。而奠定于西周，完备于盛唐的中国古代法律制度也以其典型性和示范性独树一帜，对中国宋元明清各代及亚洲国家封建立法发生重大影响。

一

中国古代法律以宗法制度为基石，极富伦理色彩。而宗法伦常，古人认为源于婚姻，就婚姻本身而言，乃是"合二姓之好，上以事宗庙，下以继后世"①，即视婚姻为两家两姓之事，以广家族繁子孙为主要目的。又因宗法中国，家国相通，所以后世儒家更进而谓国家之兴亡，政治之清污，均与婚姻息息相关。总之，婚姻基于天地阴阳自然之性，为人伦之本，家、国乃至一切社会制度莫不开始于此。故中国古代习俗、礼教、律令对婚姻尤其重视，并有大量篇幅。

与中国古代婚姻观极为相似，在罗马人看来，婚姻是生儿育女，保证家

---

* 本文原载《政法论坛》1995 年第 2 期。
① 《礼记·昏仪》。

族祭祀的连续性的一种方式。因此，结婚是罗马公民的权利，也是罗马公民的神圣义务，并且罗马公民的合法婚姻与对该婚姻所生子女的家父权紧密相关。乌尔比安说："我们所称的本义家庭是指这样一群人，他们服从某一人的权力、品格或权威。"① 也就是说，罗马家庭是在家父权之下由"家子"或"受支配的子女"和奴隶组成。罗马人关于婚姻的目的首先是保证承祭祀继血统，维护家庭的存在，保证家父权。

习俗调整着最初的婚姻。在中国，经过周代的完善光大，婚姻之礼成为民纪。在律令产生之前，负有"法"的作用。随着成文法的出现，用以辅礼的婚姻律令逐渐生成。

在古罗马，《十二铜表法》以前，习惯法占有重要地位，而且与宗教不分。婚姻是家庭宗教的第一种制度。流行的婚姻方式有"时效婚""买卖婚"和"祭祀共食婚"。由于这些方式与夫权相伴产生，《十二铜表法》中将其确认为"有夫权婚姻"，并对以上三种婚姻方式中的时效婚作出具体规定。由于立法和在习俗中被废弃的缘故，时效婚于 2 世纪不复存在。随着罗马社会的发展，所谓"无夫权婚姻"已非常盛行。帝政以后，除高级僧侣外，"有夫权婚姻"不再使用。婚姻的目的不再是承祭祀而仅是男女双方的合意。婚姻制度的重大变化由查士丁尼的《法学总论》得以确认。

二

在中国，"男女之别，男尊女卑，故以男为贵"② 是古人传统观念之一例。因此，妇女一生皆处于从属地位。"夫为妻纲"即是说女子从出嫁时起，便由父权之下移交夫权，由丈夫代替昔日的父亲行使权力。古罗马家庭制度的核心是家父权，与家父权相关的一切人身财产关系主要是基于婚姻关系，因此"夫权"又成为"父权"的基础。在对人的权力中，家父对嫁给他或他的"家子"的妇女行使的权力构成"夫权"。这里的"夫权"与中国古代法律中的"夫权"意义不同，它在政治意义上不是家庭权力，并非由丈夫行

---

① 《学说汇纂》，50、16、195、2，转引自《罗马法教科书》，第 114 页。
② 《晏子春秋·天瑞》。

使，而是由家父行使，如果家父是自己的丈夫，则该妇女处于"准女儿地位"，如果丈夫是父权之下的"家子"，该妇女则处于孙子的地位。简言之，"夫权"之下，出嫁妇女解除同原家庭的宗亲关系，服从新的"家父"，成为"家女"。

关于夫权，本文从以下几方面作简要比较。

（一）一夫一妻制

中国在先秦时期于礼制和法律上就已初步确立了一夫一妻制。著名的"宫刑"，设立之初就是为了惩罚肆意践踏一夫一妻制的行为。秦汉至明清各代法律均有禁止有妻再娶或有夫再嫁的法条。"一夫一妻制"于妻方非常严格，在某种情况下，甚至达到绝对化的程度。因为宗法社会里，男子在名义上的"正妻"之外，夫方尽可以堂皇理由纳妾，而形成实际上的一夫一妻多妾制。且男子地位越高、身份越尊，可以纳妾的人数越多。对此，伦理道德和法律法令均予以支持。

罗马的婚姻严格遵守一夫一妻制原则，堪称这方面的楷模。由于罗马人最初的婚姻以家族利益为根本，其宗旨是继血统、承祭祀，所以法律不仅禁止独身，而且规定继续宗嗣的男子，必须为宗教式婚姻的妻所生。家族的组织不只要求血统的纯正，尚须有崇祀的结合，法学家莫特斯丁称"婚姻是一夫一妻的终身结合，神事和人事的共同关系"即是对以上事实的总结。罗马在向外扩张的过程中，社会经济结构发生变化，社会生产力和文明程度相应提高，人们的宗教意识逐渐淡薄，"无夫权婚姻"渐渐取代"有夫权婚姻"，婚姻的目的不再以生子继嗣为前提，而是为了自愿"保持不可分离的生活关系"。婚姻的目的虽发生重大变化，但是建立永久共同体的道德观念却一直在法律上得到支持而被赋予强制力。

在罗马法中，婚约的概念产生较早。在古典时代，订婚曾受到"承诺之诉"的保护，具有强迫不忠的一方支付赔款的效力。① 未婚的任何一方在解除先前存在的关系之前，不允许同他人订婚或结婚，否则受"丧廉耻"的宣

---

① ［意］彼得罗·彭梵得：《罗马法教科书》，黄风译，中国政治大学出版社 1992 年版，第 152 页、第 43 页、第 167 页。

告。《学说汇纂》中规定：未婚妻的不忠等于通奸。

罗马法上的"一夫一妻制"不但要求妻于婚姻关系存续期间内忠于夫，而且由于婚姻一方当事人死亡，婚姻关系消灭后，妇女在禁婚期（10 个月内）也不得再婚，否则受"不名誉"的处分（不名誉是罗马法中的一项制度，在私法方面，丧失提出请求或出席审判以及担任诉讼代理人的权利），而对男性却无此规定，生存配偶如为男子，则可随时再婚。由此可见夫权之一斑。4 世纪末至 5 世纪上半叶，狄奥多西一世时将禁婚期改为 12 个月；为避免血统紊乱，狄奥多西二世又将这一规定扩大至离婚妇女。

（二）夫妻法律关系

1. 刑事法律关系

在中国秦代，丈夫于夫妻关系中尚无绝对特权，汉代以后情形大为改观。妻殴夫，唐、宋律规定徒 1 年，伤重者加凡伤 3 等处罚。① 明、清律但殴即杖 100，折伤以上加凡伤 3 等，至笃疾者绞。② 殴夫致死者，唐至清各律俱处斩刑。故杀罪，明、清律加至凌迟极刑。妻过失殴杀其夫者，唐、宋律减故杀伤 2 等，③ 明清仍按本律科断。夫殴妻者，唐、宋律减凡人 2 等，④ 明、清律夫殴妻非折伤勿论，折伤以上减凡人 2 等，且须妻亲告始论。⑤ 夫殴妻致死，唐、宋、明清律均科以绞刑，故杀者斩刑，过失则不问。⑥ 然唐以后，夫在"妻犯奸"和"妻殴詈夫之直系尊亲属"这两种情形下将妻杀死，法律或从轻量刑或免予处罚。

根据儒家理论，中国古代法律允许一定范围的亲属间相互容隐包庇犯罪。即除谋反大逆外，对于亲属的犯罪行为是不准告发的。否则要构成犯罪，但在量刑上尊长与卑幼的待遇不同，尊长优越于卑幼。而夫妻之间，法律视夫之地位如尊长，妻之地位如卑幼。唐律规定：妻告发夫与告发其亲尊长同罪，

---

① 《唐律·斗讼》《宋刑统·斗讼律》。
② 《明律例·刑律》《清律例·刑律》。
③ 《唐律·斗讼》《宋刑统·斗讼律》。
④ 同上。
⑤ 《明律例》《清律例》。
⑥ 《唐律疏议》《宋刑统》《明律例》《清律例》。

处徒刑 2 年。明、清律处罚更严，妻妾告夫与子孙告父母、祖父母同罪，杖100 并科徒刑 3 年，诬告者绞刑。反之，唐至清律文中，夫告妻不构成干名犯义，与尊长告卑幼同样对待，即减等处罚。法律上夫的地位如尊长而妻的地位如卑幼，因而法律还承认夫对妻具有监护的权利。明、清律"妇人犯罪"条均规定：妇人犯罪除犯奸罪及死罪收禁在监，其余杂犯无论轻重都不收监，而斥责本夫收管。

罗马法规定对配偶不得提起刑事和有损名誉的诉讼，但通奸罪不在此限。罗马法之所以对通奸实行严厉惩罚，主要是出于罗马人传统的宗教道德观念。古罗马人崇尚"圣火"即家神。祭祀圣火的宗教活动只允许族人参加。圣火及祖先的宗教由男子历世而传，妇女在婚后即断绝与父家的宗教连锁，亦加入夫家的祭祀，信奉夫家的宗教。因此，这种宗教小心地监视着家的纯洁，认为最大的错误便是通奸。妻与人通奸导致乱种，而乱种不仅不能承祭祀而且死后不能埋入家族的墓地。此外，根据具有法律效力的习惯，从氏族时代起，罗马人就奉行外婚制。这一规定是为了防止因婚姻而使财产由本族转移到外族，即防止由女子所生的氏族转到其夫的氏族。乱伦通奸的行为显然破坏了族外婚的制度，亦即破坏了由此引起的财产继承关系。

2. 财产法律关系

中国古代礼制和法律视夫妻为一体，夫妻财产不可划分，且妻附属于夫，无独立人格，所以家居生活中，妻虽有夫授权于她的管理家事的责任，但对家庭财产只有使用权而无自由处分权。妻因婚嫁所得财产即妆奁，也归夫家所有。

妻不仅对家庭财产没有所有权，而且法律根本否认妻有继承夫财的权利。继承夫之遗产的是其子嗣，在子未成年前，妻只有行使财产管理权的资格。寡妻、寡妾虽然可承夫份或子份得部分遗产，但需选择昭穆相当的同宗之人立为嗣子，遗产当归嗣子所有。个别不立嗣者，也只能作为"养老之资"，不得变卖，改嫁时更不能带走。

在古罗马的"有夫权婚姻"之下，妻从原家庭带走的财产即"嫁资"，是为分担婚姻和家庭的费用而交付夫方的。缔结有夫权婚姻后，妇女出嫁前由法律上处于"虚构的丈夫"地位的人掌管的她那部分包括权利在内的物，全部转归于夫权之下，成为夫的财产的一部分。对于这部分财产，妻不得在法律上提起要求返还所有权之诉。

丈夫向妻子实行的婚娶赠与是古代东方相当完善的一项婚姻制度，在古罗马则是从习惯发展到与嫁资相应的赠与制度。它的基本作用是向妻子"提供一份守寡的俸禄"①。关于嫁资的规定，使夫方可因妻亡或过失取得妻的嫁资，所以婚娶赠与可说是对妻在夫亡或因夫的过失解除婚姻关系后于财产上的补偿。

有夫权婚姻之下夫妻财产共有，夫管理妻在婚前婚后的全部财产，但是没有妻子的同意，丈夫不得让与不动产。无夫权婚姻之下夫妻财产分别所有，夫妻各自的财产保持独立，夫妻间可进行法律行为，发生诉讼。如前面提到的请求返还嫁资的诉讼便是例证。

在财产继承方面，由于妻在法律上处于家女的地位。因此，在法定继承中妻可以成为最近顺位的继承人。《法学总论》中说："根据十二铜表法，无遗嘱的遗产，首先属于自权继承人"②。这里的自权人当然包括由于家父的死亡变成自权人的那些服从"家父"夫权的妻子。

(三) 婚姻的解除

中国古代婚姻尽管是"合二姓之好"，但却是以男为主，一旦成婚，女子便脱离父宗加入夫族，归夫家所有，所以离婚之主权属于夫。妻既属于夫家所有，夫家在法定条件下有权弃妻。构成弃妻的法定理由称"七出"，七出还设有一定的限制，称"三不去"。"七出三不去"原本是礼制的规范，汉代以后被纳入法律之中。七出之外，离婚的另一条件为义绝。义绝是强制离异的法定理由，发生义绝而当事人不自动解除婚姻，国家就要强迫解除并给予惩罚。

罗马在共和国时期以前民风淳朴，离婚并不普遍。有夫权婚姻中，妇女处于"夫权"之下，不可能提出与丈夫离婚；夫虽有权提出离婚，却一定要有正当理由，如妻与人通奸或无子。离婚的仪式非常复杂，与"买卖婚""祭祀共食婚"和"时效婚"相对应，采取相反的同样方式。随着罗马的对

① [意] 彼得罗·彭梵得：《罗马法教科书》，黄风译，中国政法大学出版社1992年版，第152页、第43页、第167页。

② [罗马] 查士丁尼：《法学总论——法学阶梯》，张正泰译，商务印书馆2011年版，第240页；第六篇，第217页；第八篇，第70页；第三篇，第125页。

外扩张，社会生活日渐腐化，离婚风气日甚。按罗马人新的婚姻概念，夫妻双方只有具备持续的合意才能拥有婚姻关系，当合意消失时，男女不能再被视为夫妻，否则就是不道德的。

离婚的方式主要有两种，一为协议离婚，一为片意离婚。前者指只要夫妻双方意思一致即可解除婚姻关系的离婚，后者指由夫妻一方提出的离婚。

离婚的法律后果不只引起夫妻身份和财产关系的变化，还发生亲子关系的监护抚养问题。查士丁尼时规定，因父之过而离婚，只要母不再嫁，子女由母监护抚养，费用由父供给。因母之过而离婚，子女由父监护抚养，如母比父经济富裕，费用由母承担。

三

从上述婚姻目的，婚姻原则，夫妻刑事、民事法律关系及婚姻解除方面，对中国古代法和罗马法中的夫权所作的大致比较中，可以看到：在中国；于西周全面凸现出来的宗法制度虽然春秋之际已趋瓦解，但宗法精神却长久地主宰着人们的观念。宗法观念在古代法律中自始至终居于极为重要的地位。被置于中国最后一部封建法典《大清律例》篇首的五服图便是例证。在古罗马夫权与父权是统一的，家父权下的家庭制度在共和国扩张前后，作为社会细胞发挥着包括宗教、经济、管理、司法等方面在内的广泛社会职能，即古代中国法和早期罗马法中的夫权都集中表现了古代法律家庭本位主义的特征。

然而，纵观中国古代法和罗马法关于家父权的演变历史，不难发现家庭本位主义的特征，在中国是以法典形式日益强化的，并充分体现了宗法伦常即"礼"的内涵，此种情形，因理学的兴起，于明清时期更是变本加厉。在古罗马这一特征却在法典中逐渐消失，而代之以个人本位主义的色彩。一旦罗马公民与臣民的界限消失，权利统一主体的资格扩大到包括各民族的自由人，"家父权"就不复存在了，与之相随的有夫权自然归于消灭。在这样一个历史性进步的背景下，19世纪的西方，其法律已充分实现所谓"从身份到契约"的演变。而此时的中国法律，仍在家族与宗法伦常的藩篱中徘徊，还没有完成从家族主义到国家主义，即保障个人自由权利的历史进化。无疑，这是中国法律走向现代化的先天缺憾，因而也就决定了其进程的任重道远。

论美国宪法中的"贸易条款"*

曾尔恕

自 1787 年美国宪法制定至今已有二百多年的历史，二百多年来这部牛车时代制定的不过 8000 字的宪法修改很少，却能够适应逐步形成的现代工业社会的需要，主要原因之一是宪法中的某些重要措辞，如"贸易条款""必要与适当""正当程序"及"诚实信用"等极富弹性，无论是联邦国会在制定法律时，还是联邦最高法院在运用司法审查权解释宪法时，都可以充分依据由这些措辞构成的条款，最大限度地扩大宪法的适用性。在联邦最高法院行使司法审查权的领域内，坚持联邦制和维护个人权利是其解决有关宪法争议问题的两个主要方面。在坚持联邦制问题上，《美国宪法》第 1 条第 8 款第 3 项的"贸易条款"最集中地体现了它的价值。美国宪法学家评论"贸易条款"时说："虽然我们国家有 50 个州立法机关，但我们只有一个国民经济和工业体系。总的来说，没有其他任何领域能像贸易条款那样，由最高法院较好地充分地维护了联邦的权威。"① 因此，了解美国宪法中的"贸易条款"不但对于了解美国政府如何从法律上实现对经济的管理有重要意义，而且有助于进一步认识美国联邦制的实质。

一、"贸易条款"的含义

《美国宪法》第 1 条第 8 款第 3 项规定"美国国会有权调整对外国的、

---

* 本文原载《优秀论文选集》，中国政法大学出版社 1995 年版，《政法论坛》1996 年第 3 期。
① 卡尔威因帕尔德森：《美国宪法释义》，华夏出版社 1989 年版，第 88、84、85、87 页。

各州之间的贸易和同印第安部落的贸易", 简称"贸易条款"。何为"贸易"? 何为"调整"? 国会调整州际贸易和对外贸易的权限有多大? 1824年的"吉本斯诉奥格登案"是联邦最高法院审理的有关"贸易条款"的第一个案件, 在该案中首席法官马歇尔对"贸易"和国会调整州际贸易的含义和范围作出解释。他宣布所谓"commerce"不只是"贸易", 它是指"intercourse", 即各州之间的"交流"和"关系", 在该案中即指"航行"。这样, 联邦最高法院作出如下裁决: 首先, 所谓"贸易"不只是超越州界的货物买卖, 还应当包括各州之间、各州内不同地区之间和各商业部门之间的贸易往来, 其中包括航运和其他商业关系。其次, 国会调整贸易的权力与其他国会既得权力一样, 应在最高程度内行使, "除了宪法规定的以外, 它不承认任何限制。" 最后, 国会调整贸易的权力应扩大解释为还包括全国性的"福利"在内。① 联邦最高法院对"贸易条款"的解释否认了州垄断其水域的轮船航运权, 扩大了联邦管理州际商业权力的范围, 从而阻止了各州间毁灭性的经济竞争。根据最高法院的解释, 1933年以前, 国会调整商业的权力扩大到航行、运输、通信等领域。

然而, 在罗斯福总统推行"新政"时期, 由于最高法院的多数法官站在反对"新政"的政治保守派的前列, 因而从严解释"贸易条款"的观点占了上风。被罗斯福誉为美国国会史上最重要、影响最大的《全国工业复兴法》, 就是最高法院在"谢克特家禽公司诉联邦政府案"(1935年)中, 以"贸易条款"为依据宣布违宪的。谢克特兄弟在纽约开设专门经营家禽屠宰业的公司, 其营业属于州内贸易性质, 因出售病鸡违反根据《全国工业复兴法》设立的全国复兴署的公平竞争法规而被判处短期监禁。谢克特兄弟将此案上诉至联邦最高法院, 以休斯首席法官为代表的最高法院裁决推翻纽约联邦上诉法院的判决。其理由为《全国工业复兴法》所调整的贸易为州际贸易, 而本案的家禽买卖是州内贸易, 对州际通商的影响只是间接的, 不在联邦政府管制之内。所以, 联邦政府依据《全国工业复兴法》对买卖病鸡的管制是违宪

---

① "吉本斯诉奥格登", 《魏顿判例汇编》第9卷第1页 (1824年); 爱德华·S.库温: 《宪法——今天的含义》, 普林斯顿大学1975年版, 第39页。

的。"新政"期间的另一个以"贸易条款"否定"新政"立法的案例是"卡特诉卡特煤矿公司案"（1936 年）。法官塞特兰代表最高法院解释说，宪法"贸易条款"中的"贸易"是指"贸易目的互通"（intercourse for the purpose of trade），而《烟煤法》中的烟煤矿业的工资、工作时数等规定的含义是"生产目的的互通"（intercourse for、the purpose of production），因此不应受"贸易条款"的控制。再则，"贸易条款"只对那些与贸易有直接影响的领域实行控制，生产事业对于贸易的影响是间接的，因此联邦政府对它的管制是违宪的越权行为。由于联邦最高法院的狭义解释，致使国会调整贸易权缩小，联邦政府无力干涉全国性重大经济问题，市场不公平竞争的状况日益严重。

针对联邦最高法院限制国会立法权范围的行为，罗斯福政府于 1937 年 2 月 5 日提出改组法院的法案，并严厉指责最高法院坚持自由放任哲学违背社会经济生产发展状况的做法。从此，最高法院的态度发生了重大转变，根据最高法院的解释，在"贸易条款"赋予国会的权力之下，一切能对州际贸易及对外贸易产生影响的情况（即使这种影响是间接的）均应视为在联邦国会的"调整"范围以内。美国宪法学家指出，这时"贸易条款"中的"调整权"（the power to regulate）就是"统治支配权"（the power to govern），即在保证公民个人的宪法权利不受侵犯的情况下，为促进社会目的的实现而行使的"遏制"（restrain）、"保护"（protect）、"促进"（encourage）、"发扬"（promote）之权。[1] 这样，联邦"调整州际贸易权"成为联邦干预控制全国经济的最有力的法律根据之一。现在，"贸易条款"所称的"贸易"，不仅包括买卖交易，而且包括贸易交往、运输、交换的一切形式，联邦政府在全国经济管理中起决定作用，国会亦可以通过明确的强制条款或以含蓄的表示禁止各州对经济的干预。

二、"贸易条款"的适用

根据联邦最高法院对"贸易条款"的解释，国会主要在三个领域制定法律控制全国的经济。

---

[1] 爱德华·S. 库温：《宪法——今天的含义》，普林斯顿大学 1975 年版，第 40、46 页。

（一）制定反托拉斯法，限制垄断，保护竞争

1890 年的《谢尔曼反托拉斯法》是美国第一部也是最基本的一部反垄断法，它是作为《保护贸易和商业免受非法限制和垄断之害的法案》被通过的，它的宪法依据便是"贸易条款"。根据"贸易条款"的规定，国会"调整权"最初的对象便是州际的商品买卖，在此意义上《谢尔曼反托拉斯法》是调整州际贸易的第一个重要的立法。[①] 它的两个关键条款指出：第一，任何以托拉斯或其他形式作出的契约、联合或共谋，如被用以限制州际间或与外国的贸易或商业，均属违法。第二，任何垄断或企图垄断，或与他人联合或共谋垄断州际或对外国的贸易与商业之任何一部分者，均被视为刑事犯罪（第 1 条、第 2 条）。1914 年美国国会又制定《联邦贸易委员会法》和《克莱顿反托拉斯法》，前者授权建立联邦贸易委员会，该委员会有权对商业组织和商业活动进行调查，并"对于商业活动中的各种不正当的竞争方法"宣布违法（第 5 条）；后者指出四种不正当的商业行为，即价格歧视、独家交易、合并和连锁，在它们造成"可能实质性地削弱竞争或有助于在任何商业部门形成垄断时"即属于违法行为。

根据"竞争是市场的最好管理员"这一美国传统经济思想的基本原则，政府干预及管理经济事务不是为了改变这一原则，而是为了通过反托拉斯法维护自由竞争制度。反托拉斯法对于商业带来的影响是极其广泛的，而市场竞争的复杂性使反托拉斯法的内容更加丰富完善，大体上说可包括以下几方面：（1）确认企业以联合行动控制价格的行为是违法行为。在反托拉斯法中，竞争者以联合行动控制价格，避免价格竞争的行为是经常发生的。1927 年联邦最高法院在"美国诉川通陶瓷公司案"中坚持早期此类案件的判决理由，驳斥了所谓联合固定的价格是"合理的"价格的理论，指出价格是否合理必须通过竞争协议本身的结果来判断，"只有维护竞争才能最有力地保护公共利益免受垄断价格控制之害"。[②] 1940 年联邦最高法院在"美国诉索考

---

① 爱德华·S.库温：《宪法——今天的含义》，普林斯顿大学 1975 年版，第 40、46 页。

② 马歇尔·C.霍华德：《美国反托拉斯法与贸易法规》，孙南申译，中国社会科学出版社 1991 年版，第 78、79、45 页。

尼—真空石油公司案"中宣布:"根据谢尔曼法,在州际或对外商业中凡以提高、亏售、固定、限制或动摇价格为目的或后果而形成的联合均为本身违法。"① 这一判决强化了固定价格是违反《谢尔曼反托拉斯法》的概念。(2) 确认工业与商业性的行业协会利用其掌握的经济信息控制价格和生产的行为是违法行为。1878 年联邦最高法院在"潘萨科拉电信公司诉西方联合电信公司案"中扩大解释缔"贸易"(commerce)一词,认为它的含义还包括由一州向他州传递商业和其他性质的情报。② 1921 年,联邦最高法院在"美国支柱与木材公司诉美国案"中确立:"只要销售、生产、价格等统计性报告的情报方案为卖主'采取协调行为'提供了方便,就是违反反托拉斯法的。"③ (3) 确认制造商、供应商与销售商控制价格的行为是违法行为。联邦最高法院认为"制造商与销售商之间维持零售价的协议阻碍了销售者间的竞争("迈尔博士医药公司诉约翰·D. 帕克父子公司案",1911 年);供应商实行纵向价格控制必然在生产和销售两个阶段实行垄断性行为,从而障碍竞争("美国诉美国铝业公司案",1945 年);搭售使有关搭卖的商业受到影响,在实质上削弱了竞争("北方太平洋铁路公司诉美国案",1958 年)。(4) 规定在不同买主之间实行价格歧视是违法行为。1936 年的《鲁宾逊—帕特曼法》对《克莱顿反托拉斯法》作出修订,使禁止价格歧视的规定更为具体。(5) 建立对消费者保护的机构和制定对消费者保护的法律。根据《联邦贸易委员会法》授权建立的联邦贸易委员会是保护消费者的重要机构,该委员会通过适用《联邦贸易委员会法》关于制止对消费者不正当或欺骗的行为的规定,确立起一套保护消费者权益的判例体系。为了更加有效地保护消费者权益,《联邦贸易委员会法》第 5 条于 1938 年根据《惠勒—利法》扩大为"对于商业中各种不公正的竞争方法和不公正或欺骗性的行为或做法,均就此宣布为非法",并指出有关食品、药物、设备或化妆品的虚假广告,属于第 5 条

---

① 马歇尔·C.霍华德:《美国反托拉斯法与贸易法规》,孙南申译,中国社会科学出版社 1991 年版,第 78、79、45 页。

② 《美国最高院判例汇编》(第 289 卷),第 266 页。

③ 马歇尔·C.霍华德:《美国反托拉斯法与贸易法规》,孙南申译,中国社会科学出版社 1991 年版,第 78、79、45 页。

禁止的范围，为了便于联邦贸易委员会更有效地行使管辖权，1975 年上述第 5 条"商业中"这一短语被修改为"商业中或影响商业的"。（6）制定反对商业贿赂的法律。根据《联邦贸易委员会法》的规定，联邦贸易委员会可以将商业贿赂作为不正当竞争方法提出指控。1977 年国会通过《禁止对外贿赂法》，禁止美国企业对外国官员行贿。（7）确定"垄断"与"企图垄断"的标准。《谢尔曼反托拉斯法》第 2 条禁止"垄断"与"企图垄断"的行为，最高法院在 1964 年的"美国诉格林纳尔公司案"和其他案件中将"垄断"解释为："不是由于优质产品、商业技巧或历史事件的结果而得到的增长或发展；而是故意取得或保持这种实力。"① 综上，有关反托拉斯法的规定和判例都是与"贸易条款"调整的"商业"密切相关的，正是在"贸易条件"之下，美国政府建立起一整套维护自由竞争制度的法律体系。

（二）制定有关劳工关系、工人福利和禁止就业歧视的法律，限制企业的不公正经营

美国有关劳工关系的法律主要是判例法，20 世纪 30 年代后，美国国会通过一系列有关劳工关系的立法，对以维护雇主的个人财产权为宗旨的传统的判例法的作用加以限制。例如，（1）1932 年的《诺里斯—拉瓜迪亚法》，在美国历史上首次给予全国范围的工人以签订集体合同的权利。（2）1935 年的《国家劳工关系法》（《华格纳法》）授权成立国家劳工关系局，其主要职能是：保证工人有组织工会及同雇主进行集体谈判的权利，听取和裁定工人对于"不正当劳工行为"的控诉。国家劳工关系局的管辖权原则上及至"州际贸易"中所有的劳工关系。（3）1947 年的《美国劳资关系法》（《塔夫脱—哈特莱法》）规定工会的"不公正劳工行为"为非法行为，禁止代表全国工人的集体谈判，授权总统在"危害国家安全"时指令司法部长要求法院发布禁止罢工的禁令；该法于 1959 年被修正，其目的在于调解影响到商业的劳资纠纷，以利于州际商业的畅通。（4）直到 1959 年的《工会管理报告和揭露法》，建立起了联邦对工会内部事务的控制。以上劳工关系法的宪法保障

① 约翰·理查兹：《产品进入美国市场的法律问题》，侯国云译，中国政法大学出版社 1991 年版，第 45 页。

便是"贸易条款",因为国会"可以规定商业上的'影响'这种工业上的雇主与雇工关系"以保障州际贸易不受罢工的影响。[①] 有关劳工关系的这一宪法保障已由联邦最高法院在 1937 年的"国家劳工关系局诉 J. L 钢铁公司案"中予以确认。

根据"贸易条款",美国国会制定的工人福利法主要有:(1)禁止童工的法律。1916 年国会制定的第一部《联邦童工法》规定,"工厂若雇佣未满14 岁的童工,强制每天工作 8 小时,或每星期工作超过 6 天者,其产品不得越过州界成为州际贸易商品"。(2)公司劳动标准法。1938 年国会制定《公平劳动标准法》,针对商品生产产业中存在的不利于劳动者的劳动条件和生活标准,规定最高工时和最低工资标准,凡超过最高工时标准应付加班报酬,禁止在有害未成年人健康的情况下,雇佣未成年人。1941 年联邦最高法院在涉及该法的"联邦政府诉达比木材公司案"中确认该法合宪,并宣布:制造业虽本身不是州际商业,但由于本案涉及的木制品运销州外,因此也属于州际商业,国会有权管制。[②]

"贸易条款"规定的国会调整州际贸易权也对《民权法》产生重大影响,1964 年的《民权法》禁止在就业和公共设施上实行种族、民族、宗教和性别上的歧视,得到了"贸易条款"的有力支持。如在《民权法》公布不久就发生的"亚特兰大汽车旅馆诉联邦案"(1964 年)中,联邦最高法院针对亚特兰大汽车旅馆拒绝黑人就餐的行为作出裁决:该旅馆的营业已涉及州际商业范围,应当受联邦宪法"贸易条款"的控制;1964 年的《民权法》是根据宪法"贸易条款"制定的,因此亚特兰大汽车旅馆应受《民权法》的管辖。1964 年最高法院在"丹尼尔诉保罗案"中扩大解释"贸易条款",进一步确认了《民权法》对州际贸易的管辖。布莱克大法官对该案的评价是:由于最高法院的解释以至于全国 50 个州每一个州每一个区县的每一个角落的每一个

---

① 卡尔威因－帕尔德森:《美国宪法释义》,徐卫东、吴新平译,华夏出版社 1989 年版,第 88、84、85、87 页。

② 格瑞德·盖恩塞:《宪法案例和资料》,大学判例丛书系列 1925 年版,第 182 页。

小的偏远乡间娱乐场所都受到联邦政府的完全控制。①

（三）授权专门的管制机构对商业活动实行管制

根据"贸易条款"，美国国会制定了一系列法律对根据其性质必须统一经营的企业，主要是有关公用事业的企业实行管制，并授权设立独立管制机构执行法律和制定相关的规章制度。联邦政府的第一个独立管制机构是根据州际商业法于1887年设置的州际商业委员会。此后，陆续设置的独立管制机构有：联邦储备委员会、联邦贸易委员会、联邦电信委员会、证券交易委员会、民用航空委员会、消费品安全委员会、核管制委员会等。这些管制机构制定的规章制度涉及人民经济生活的各个方面，如州际商业委员会对铁路、公路运输实行管理和监督；联邦电信委员会对广播电台、电视台及其他通信活动实行控制；联邦贸易委员会全面监督商业活动，其中包括监督不公平交易和限制性措施，控制广告宣传和商品商标；消费品委员会规定消费品安全标准。

独立管制机构被说成是美国政府的"第四部门"，因为：第一，它们虽然设立于行政部门内，却不属于行政部门。委员会的委员由总统任命，参议院批准，但总统却无权随意撤换它们（根据联邦最高法院于1935年"汉费莱的遗嘱执行人诉美国案"的裁决）。第二，它们是行政机构，却"行使准立法性和准司法性的权力"。② 它们的管理作用要求它们制定私营企业必须遵守的规章制度，并监督这些规章制度的执行，它们受理申诉并进行裁决，对违反裁决者向法院提出控告。

三、"贸易条款"对州权的限制

美国国会制定的法律和联邦最高法院的裁决极力扩大"贸易条款"的商业调节权的范围，其直接后果便是在国会取得对某项经济的调节权力后，各州就不可能再享有此项权力，从而削弱州对于经济的控制权。例如，1873年

---

① 卡尔威因－帕尔德森：《美国宪法释义》，徐卫东、吴新平译，华夏出版社1989年版，第88、84、85、87页。

② ［英］维尔：《美国政治》，王合、陈国清、杨铁钧译，商务印书馆1981年版，第199页。

最高法院以宾夕法尼亚关于向运送货物经过该州的公司征收税款的法律侵犯国会调节商业的权力为理由，宣布该法违宪无效（"费拉德尔非亚铁路公司诉宾夕法尼亚案"）；1944年最高法院在"麦克劳诉迪尔沃斯公司案"中宣布禁止各州对由他州运送未出售的货物征收交易税。

"贸易条款"之所以能够成为联邦限制州权的有力依据，是由于美国宪法对联邦和各州权力的划分采取的方式是联邦列举各州概括，即联邦在立法方面只在宪法授予其享有权力的范围内才有效，而各州行使权力却无须以联邦宪法为依据，凡没有授予联邦的权力都保留于各州。这样，在宪法明确授予联邦以权力的领域，各州的权力应保留到多大范围和程度，一方面要依据有关宪法条款的内容和目的，另一方面要依据宪法第6条所谓"最高条款"来确定。依据宪法第6条"最高条款"的规定，宪法和依宪法制定的联邦法律及签订的国际条约是全国最高法律，对包括各州法院法官在内的全国法官都有拘束力，"不管州宪法或州法律中是否有任何相反的规定"。因此，只要一个州在实施其征税权或控制权时通过的法律，在实际上影响到州际贸易和对外贸易，就会产生这项法律是否违宪的问题。

"贸易条款"在实施中与各州依据传统的"治安权"（police power）行使的权力之间常常会产生需要协调的问题。根据1851年马萨诸塞州法院在审理"马萨诸塞州诉阿尔杰案"中的解释，所谓"治安权"就是管理权，其"保护的基本利益是实现普遍保障和社会公德方面的社会利益"，具体来说就是"对州内所有人的生命、健康、安适、安宁提供保护和对州内全部财产提供保护"。因此，如果州的法律对州际贸易和对外贸易有影响，但该项法律的目的仅在于行使传统的"治安权"，那么该项法律也是符合宪法的。反之，如果州法律损害了州际贸易或对外贸易，即有悖于宪法的"贸易条款"，那么该项州法律就是违宪无效的。在这方面最高法院积累了数以百计的判例，例如，亚利桑那州不得对州际铁路上的14人客车和70吨货车施加限制，而阿肯色州则可以要求州际火车按照州立法机关的规定配备"全体"乘务人员；伊利诺伊州不能要求不拥有该州财产、没在该州做广告且在该州没有职员的邮购商行，必须对使用其一览表的消费者征收使用税，而加利福尼亚州则可以向邮购商业机构征收使用税。① 总之，最高法院在有关"贸易条款"的大量判例中形成的原则是：一方面，维护美国作为庞大的经济共同市场的利益，限制各州为了维护本州经济利益所采取的税收或其他措施；另一方面，在不影响州际和对外贸易的情况下保护各州的利益，从而达到经济和政治关系上的平衡。

---

① 卡尔威因－帕尔德森：《美国宪法释义》，徐卫东、吴新平译，华夏出版社 1989 年版，第 88、84、85、87 页。

论美国宪法"平等保护"条款的
司法检验标准*

曾尔恕

美国宪法中的"平等保护"条款指第 14 条宪法修正案中"任何一州，都不得制定或实施拒绝给予其管辖下的任何人以平等保护的法律"的规定。第 14 条修正案是为了保护"南北战争"中赋予黑人的自由权利而制定的，其"平等保护"的范围，在 1886 年的"伊克·吴诉霍普金斯案"中扩大到华裔居民。① 同年，公司作为"人"的含义也成了"平等保护"的对象。② 美国法学界传统的观点认为，"平等保护"条款只是为了要求平等实施法律，而现实的情况是"该条款成为平等法律的一种保障，即可以对法律本身是否违反平等保护原则提出质疑"。③

半个世纪以来，由于美国人权运动的发展，以及最高法院在人权问题上采取的自由司法激进主义态度，有关"平等保护"的案件大量涌入法院。例如，据美国宪法学家爱德华·S.库温的统计，仅在 1972 年联邦最高法院就宣布了 10 项州法律违反"平等保护"原则。可见，最高法院裁定违反"平等保护"原则的法律涉及美国政治经济生活的方方面面。那么，最高法院是根

---

* 本文原载《比较法研究》1998 年第 2 期。

① "伊克·吴诉霍普金斯案"，载《美国最高法院判例汇编》（第 118 卷），第 356 页。伊克·吴因其华侨身份未领营业执照而经营被定罪，最高法院裁定以歧视的方式实施的法律违反"平等保护"的宪法原则。

② 爱德华·库温：《宪法——今天的含义》，普林斯顿大学 1975 年版，第 402 页。

③ 杰罗姆·巴伦、托马斯·迪恩斯：《美国宪法概论》，刘瑞祥译，中国社会科学出版社 1995 年版，第138 页。

据什么理论，又是如何进行"平等保护"的司法检验的呢？本文试就这两个问题进行阐述。

一、合理分类的理论

运用"平等保护"条款对立法进行司法审查，首先涉及的问题是法律的分类是否合理。从政府方面来说，对于处境不同的人和事进行不同的处理，"对于制定法律是至为重要的"，① 法律规定对于男人和女人、成人和儿童、外国侨民和本国公民，不必给予相同的待遇，然而又不能任意给予这些不同类别的人不同的待遇。对此，美国法学家图斯曼和坦布鲁克在《法律的平等保护》一文中的评论是："法律的平等保护是平等的法律保护的保证，法律是可以分类的"②，问题是法律的分类对联邦和州将公民分类并且制定有关法律的权限有什么限制？在司法实践中，最高法院的一贯做法是既不放弃对平等的要求，又不否定立法对分类的权力，它采取了中间道路，即通过合理分类的理论来解决宪法的一般原则和立法的特殊要求之间的矛盾。

什么是合理分类？根据图斯曼和坦布鲁克的解释，所谓"合理分类"，是指相对于法律目标而言，一项法律必须能将法律目标方面处境相同的所有的人都包括在内。法律的目标或者是排除公共危害，或者是取得某种积极的公益效应。如果仅从消除公共危害（Mischief）方面来谈法律的目标，可以把立法分类定义的特点或特征称作性质（Trait），把法律分类对法律目标的关系看作是"T"对"M"的关系。在这里，"T"代表立法的分类，"M"代表在法律面前处于相似位置的类别。实际上任何"T"类的合理性都取决于它和"M"类的关系。例如，当一项法律不能使所有处境相同的人受限制或者受益，就产生法律分类包括范围过小的问题；反之，包括范围过大的分类使法律的限制或利益不仅扩大到就法律目标而言处境类似的那些人，而且扩大到其他人。这样，在由"T"定义的类别和由"M"定义的类别之间就产生

---

① 杰罗姆·巴伦、托马斯·迪恩斯：《美国宪法概论》，刘瑞祥译，中国社会科学出版社1995年版，第138页。

② 杰拉尔·冈瑟：《宪法：案例和资料》，1975年纽约版，第667页。

了五种可能的关系，这五种关系可由图 1 显示：①

1. (MT) T 即是 M；

2. (T)(M) T 与 M 毫无关系；

3. (M(T)) T 完全属于 M，但部分 M 不属于 T；

4. (T(M)) M 完全属于 T，但部分 T 不属于 M；

5. (T(M)) T 部分属于 M，部分不属于 M，并且 M 部分不属于 T。

图 1

在任何的立法分类中，上述五种情况必有一种成立。从"合理性"考虑，前两种情况分别代表了理想化的合理和不合理的限度：在第一种情况下，立法的分类与在法律目的方面处境相似的类别完全吻合了，这是"绝对合理"的分类；在第二种情况下，没有一个法律定义的类别被法律以之为目标的"危害"所玷污，因此这种分类"绝对不合理"；第三种情况可以称作"不完全概括"的分类，因为这种分类没能包括所有在法律目的方面处境相同的类别；第四种情况则可以称作"过分概括"的分类，因为这种分类扩大到在法律目的方面处境相同的类别以外的范围了；最后一种情况既包括第三种情况也包括第四种情况的分类。显然，从理论上讲，除第一种情况外，其他四种立法分类都可以依据"平等保护"原则被质疑。

二、"平等保护"的司法检验标准

在某项州法律被指控为违反"平等保护"条款时，根据对法律分类的合理性要求，美国联邦最高法院采取了三种不同的审查标准。

（一）合理性标准

合理性标准是最低层次的审查标准。这种标准主要用于衡量那些侵犯商

---

① 杰拉尔·冈瑟：《宪法：案例和资料》，1975 年纽约版，第 669 页。

业、工业，侵犯由一般法律所定之公共福利的分配，以及侵犯社会保险利益的立法是否符合宪法。在运用这种审查标准时，法院的着眼点是分类与政府目的的关系是否合理，强调"宪法并不禁止政府对人们进行分类，因为如果不分类，就无法制定法律。宪法所禁止的，是那种在法律所规定的类别与适当的政府目的之间不具有任何联系的不合理分类"。①

一般来说，最高法院采取的态度是尊重立法机构，"只要分类合理地服务于立法机构可能有的正当目标，就将确认这种分类"。② 例如，在"铁路快运代理行诉纽约州案"（1949 年）中，最高法院裁定一项禁止在卡车上做广告，却允许在卡车上为自产商品做广告的城市法令并不违反"平等保护"的原则。其理由是：该法律旨在促进公共安全的许可目标，地方当局完全可以认为为自产商品做广告不会造成同样的交通问题，最高法院尊重立法机构"基于经验作出实际考虑"的能力。在"明尼苏达州诉苜蓿叶奶品公司案"（1981 年）中，最高法院采取了与"铁路快运代理行案"中同样的对立法的尊重态度，裁决一项禁止使用不能退还的牛奶容器，却又允许使用纸箱等同样不能退还的牛奶容器的法律不违反"平等保护"的原则。其理由是："立法机构的结论可能是，即使一项有限的禁令也会鼓励更多地使用有利环境的代用容器。"③ 在"莱恩阿·森诉滨湖汽车配件公司案"（1976 年）中，最高法院支持伊利诺伊州的一项法律。该法律免除公民个人缴纳个人财产税的义务，却同时对法人赋课这种义务。其理由是："当涉及税收，但不损害未受平等法律保护的联邦权利时，州政府在运用其判断力去分类并确立合理的税收体制方面，享有很大的自主权。"④ 最高法院这样做的理由是：在制定法律中，分类达到完美无缺的程度实质上是不可能的。

采用合理性标准的结果是，很难宣布一项法律违宪，"州政府的行为只

---

① 杰罗姆·巴伦、托马斯·迪恩斯：《美国宪法概论》，刘瑞祥译，中国社会科学出版社 1995 年版，第140 页。

② 同上书，第142 页。

③ ［美］卡尔威因－帕尔德森：《美国宪法释义》，徐卫东、吴新平译，华夏出版社 1989 年版，第 283 页。

④ 杰罗姆·巴伦、托马斯·迪恩斯：《美国宪法概论》，刘瑞祥译，中国社会科学出版社 1995 年版，第280 页。

要具有理性基础，而不是引人生厌的歧视性，就不为违反宪法"，并且"如果仅仅由于其分类没有完全达到数理上的准确，或者在实践中的结果有些不公平，都不能认为是违反宪法的"。①

（二）严格检验标准

1. 对于侵犯公民基本权利的法律的检验

严格检验标准主要运用于侵犯公民基本权利的法律，它是"平等保护"条款下最高层次的检验标准。在严格检验标准下，州政府必须说明某项被指控为严重干扰公民基本权利的法律分类是政府的切身利益所必需的，"采取这些措施是为了实现预定的目标，即对于所涉及的公民基本权利施加尽可能少的限制"。② 因此，这一司法检验也被称作"确实政府利益"检验。

什么是基本权利？最高法院认为并不是一项权利的重要性就能使它被奉为基本权利，只有宪法"明示"加以保护的权利，如言论自由权、宗教信仰自由权、选举权、结社权，以及宪法"默示"加以保护的权利，即从宪法前10条修正案和第14条修正案保障的自由和权利引申出的权利，才是公民的基本权利。当一种分类严重妨碍"明示"的宪法权利的行使或"默示"的宪法权利的行使时，最高法院就运用严格检验标准。如前所述，在1972年的"芝加哥警察局诉莫斯利案"中，最高法院就对于言论自由的平等保护作出严格检验的裁决："当政府立法对公共论坛中与言论有关的活动作出不同规定时，平等保护条款要求所制定的法律必须严格服务于州的实质性利益，为任何区别对待提出的理由必须受到缜密的检查。"③ 对于宪法"默示"的公民的基本权利的平等保护，主要有以下几类。

（1）州际迁徙权。虽然宪法中没有明文规定这项权利，但是当一个州的法律要求迁徙至该州的公民要在该州居住一定期限，才能得到本应在平等基础上得到的福利的资格时，最高法院一般运用基本权利平等保护的原则。如"邓恩诉布卢姆斯泰因案"（1972年）和"纪念医院诉马里科帕县案"（1974

---

① 杰罗姆·巴伦、托马斯·迪恩斯：《美国宪法概论》，刘瑞祥译，中国社会科学出版社1995年版，第280页。

② 同上书，第169页。

③ 同上书，第122页。

年）。前者，最高法院裁决田纳西州要求连续居住一年方可在州和地方选举投票的法律违反平等保护；后者，最高法院裁定穷人需连续居住满一年方可获得公共医疗补助的规定违反平等保护，因为这类规定影响到公民的迁徙权。

（2）结婚权。在 1974 年的"克利夫兰教育委员会诉拉费勒案"中，最高法院声称："本法院始终认为，个人对婚姻和家庭生活方面的选择自由是受第 14 条修正案正当程度条款保护的自由之一。"① 从而使结婚权成为宪法保护的公民基本权利。最高法院在涉及结婚权的平等保护的案件时，一般运用严格检验标准。例如，在"扎布洛基诉雷德黑尔案"（1978 年）中，最高法院判决威斯康星州的一项法律违宪。该法律规定：根据法院判决对子女有抚养义务者，除非法院认为子女抚养问题已妥善解决，不准再婚。法院判决的理由是："结婚权具有基本的重要性，以及由于这里有争议的分类严重干扰该权利的行使，我们认为，需要对为支持该分类提出的州利益进行极严格的审议。"②

（3）投票权。虽然《美国宪法》第 15 条修正案规定"合众国或其任何一州不得因种族、肤色，或曾为奴隶而剥夺或取消合众国公民的投票权"，但是各州在住所、年龄和公民身份等方面都对投票资格作出限制，直至 20 世纪 60 年代选民缴纳人头税还是行使选举权的先决条件。1960～1970 年，美国国会通过了 5 条修正案，其中第 24 条修正案规定公民的选举权"不得因未交纳任何人头税或其他税而被合众国或任何一州加以否定或剥夺"。这一修正案的通过和生效，进一步扫除了限制选举权的障碍。此后，最高法院对于侵犯公民投票权的法律适用严格检验标准，宣布一系列法律违反平等保护原则。这些法律包括：要求选民缴纳人头税的法律；规定只有学生家长或纳税人才有权参加学校董事会的法律；规定只有纳税人才能对年度预算或公债协议有投票权的法律。

（4）诉讼权。"平等保护"条款常常与"正当法律程序"条款一起，用于限制法庭的诉讼程序。例如，要求各州保证穷人能够与付得起法律咨询费、

---

① 杰罗姆·巴伦、托马斯·迪恩斯：《美国宪法概论》，刘瑞祥译，中国社会科学出版社 1995 年版，第172 页。

② 同上书，第 179 页。

调查费、上诉费等的人们一样享受平等的诉讼待遇。在"格里芬诉伊利诺伊州案"（1956 年）中，最高法院裁定，凡要求提供法院文本以获得"适当和有效"的上诉审查时，州必须向贫穷的当事人提供免费的法院文本。大法官布莱克在代表多数法官的意见书中援引了"正当程序"和"平等保护"两种原则。针对诉讼权，他承认州没有规定上诉审查的宪法责任，但是这并不等于允许州歧视某些上诉的贫穷的被告，"在一个人所得到的审判方式取决于他拥有的钱的数量时，就没有平等的司法审判可言"。①

2. 对于涉及"疑问分类"的法律的检验

采用严格检验标准还涉及"疑问分类"。所谓"疑问分类"是基于种族、血统、外侨的法律地位、宗教信仰而进行的分类。确定哪些团体属于疑问类别因而属于需要保护的类别，最高法院的传统标准是："具有唯因出生事故所致的永久性特征的阶级；或者具有缺陷，在历史上受过不公正待遇，以及在政治上无权，因而要求特别保护以免受多数人政治活动之侵犯的阶级。"②

疑问分类中最重的是种族分类。第 14 条宪法修正案，特别是它的"平等保护"条款，是为了保护黑人不受州政府和地方政府的种族歧视而制定的。因此，与其他疑问分类相比，最高法院对于以种族为基础的法律分类具有更多的宪法经验。一旦在法律中利用种族分类，法律就变得可疑，需要"接受最严格的审查"。在种族分类的案件中，最突出的是最高法院对教育隔离的宪法解释。

在第 14 条宪法修正案获得各州批准的 28 年后，最高法院在"普莱西诉弗格森案"（1896 年）的判决中批准了"隔离但平等"的原则。最高法院裁定，只要为黑人提供了与白人"平等的"设施，各种设施实行种族隔离就不违反宪法。"隔离但平等"原则为种种歧视黑人的法律清除了障碍。在其后的几十年里，美国各州，特别是南部各州建立起一整套实行种族隔离的法律体系。"二战"后，随着亚、非、拉美民族解放运动的蓬勃发展，美国黑人民权运动取得长足的进步。美国有色人种协进会的黑人律师古德·马歇尔

---

① 卡尔维因－帕尔德森：《美国宪法释义》，徐卫东、吴新平译，华夏出版社 1989 年版，第 282 页。

② ［美］里伯曼：《里程碑！美国法律二百年》，西文出版公司，第 277 页。

（1967 年被任命为最高法院大法官，是担任大法官的第一名黑人）在 1950 年开始 5 件诉讼，这些诉讼全部涉及州或地方政府在公共教育中实行种族隔离的法律。5 件案子全部上诉到最高法院，1954 年最高法院在对"布朗诉托皮卡教育委员会案"中作出具有历史意义的裁决，推翻了 1896 年普莱西案中确立的"隔离但平等"的原则。首席法官沃伦说："我们不能将时钟拨回到通过第 14 条修正案的 1868 年，或拨回到'普莱西诉弗格森案'裁决的 1896 年。我们必须根据公共教育的充分发展和它在全体美国人民生活中的现实地位来考虑公共教育。只有这样，才能断定是否在公立学校的种族隔离剥夺了对原告的平等法律保护。"最高法院指出：隔离的教育设施具有固有的不平等性，因为隔离学校的儿童仅仅由于种族、肤色而被隔离，这会使黑人儿童产生自卑感，会影响他们的心理和思想，因此违反第 14 条宪法修正案关于平等保护的规定。1 年以后，最高法院下令"以极其审慎的速度"取消种族隔离。1969 年，即布朗案裁定 14 年后，最高法院在"亚历山大诉教育局案"中宣布："以审慎的速度"取消种族隔离的时代已经不再允许了，学校必须立即取消种族隔离制度。

在种族分类的案件中，政府有责任证明分类是政府的利益所必需的，这种审查标准的运用一般导致判定法律违反"平等保护"。但是，在最高法院的判例史上也有相反的典型。例如，1943 年的"広田诉美国案"和 1944 年的"吴松诉美国案"。这两个案子的背景是在 1941 年日本偷袭珍珠港事件之后，美国政府担心日裔美国人帮助日本从事间谍活动，罗斯福总统于 1942 年发布行政命令，授权军部将军事区域的美籍日本人集中迁移管制，美国政府的这一法令使日裔美国人遭到严重损害。在这两个案子中，最高法院维持了对两名抗议美国政府法令的日裔美国人的有罪裁定，宣称基于国家安全和军事需要，对日裔美国人实行军事管制是符合宪法的。直至 1988 年，美国国会才作出决议，向"二战"期间被军事管制的日裔美国人赔偿损失。

（三）"中级"检验标准

"中级"检验标准主要用于性别和非婚生案件。这一检验标准既不像"严格"检验那么严格，也不像"合理性"检验那么松弛。在"中级"检验标准的运用上，最高法院的态度是模糊的，其基本主张是：法律必须服务于"各种重要的政治目标，并且必须与这些政府目标的实现具有实质性的联系"。①

1. 对于以性别为基础的分类的法律的检验

在 20 世纪 60 年代黑人民权运动的鼓励下，美国的妇女运动走向复兴。联邦和州的立法中逐渐禁止在雇佣、赔偿、就业条件方面的以性别为基础的歧视。如 1964 年的《民权法》规定，在雇佣方面以性别为基础的歧视为非法。美国联邦最高法院自 20 世纪 70 年代以来也作出了限制歧视妇女的重要裁决。例如，宣布在死者亲属中指定不动产管理人时男性优先于女性的爱达荷州的法律"不符合第 14 条宪法修正案平等保护的规定"（"里得诉里得案"，1971 年）；宣布联邦法律中女性军人的配偶不能与男性军人的配偶享受某些福利上的同等待遇的规定违反宪法（"弗朗蒂埃罗诉理查森案"，1973 年）。

然而，在实践中，政府或雇主采取政策措施，以便在就业、入学等问题上优先考虑那些因种族、性别和宗教不同而受歧视的人的做法也引起争议。1987 年，在"乔伊斯案"中，最高法院以 6 票对 3 票作出引人注目的裁决：为了纠正"传统上存在着种族和性别隔离的那些工种中明显的不平衡"，雇主在雇佣和晋升雇员时，可以将性别、种族因素考虑在内。该案的原告约翰逊与加利福尼亚州圣克拉拉县交通局的女工乔伊斯同时申请一个调度员的工作，约翰逊的考核成绩虽然高出乔伊斯但仍落选，于是以"反向歧视"为理由提起诉讼，结果败诉。

2. 对于歧视非婚生子女的法律的检验

非婚生子女的法律分类自 20 世纪 60 年代以来一直按中级检验标准接受审查。最高法院认为："非婚生子女的法律地位，同种族和民族血统一样，是一种由不在非婚生女子个人控制范围之内的原因所决定的特性，而且同该

---

① 卡尔维因－帕尔德森：《美国宪法释义》，徐卫东、吴新平译，华夏出版社 1989 年版，第 281 页。

个人参与社会和对社会所做贡献的能力无关。"①

在最高法院审查的这类法律中，绝大多数被宣布为违反"平等保护"条款。其中包括：禁止非婚生子女因其父或母非正常死亡追索财产的法律（"利维诉路易斯安那州案"，1968 年）；禁止非婚生子女领取死亡抚恤金的法律（"韦伯诉埃特纳灾害与担保保险公司案"，1972 年）；禁止非婚生子女继承其父亲死亡时未留遗嘱的财产的法律（"特林布尔诉戈登案"，1977 年）。

---

① 杰罗姆·巴伦、托马斯·迪恩斯：《美国宪法概论》，刘瑞祥译，中国社会科学出版社 1995年版，第 166 页。

本土法与外来法：美国的经验[*]

曾尔恕　郭　琛

Reception（法律继受）这个词，法史学中一般专指发生在中世纪欧洲大陆国家，尤其是意大利和德国的对罗马法的研究和继承。罗马法继受因其对于西方世界文明之深远影响而与文艺复兴（Renaissance）、宗教改革（Reform）被并称为"三 R"运动。但就英美法史而言，Reception 有另一层含义：指美国法对以普通法为代表的英国法的继受。

历史上，现今之美国疆域中先后存在过多种法律制度。如果我们将 1776 年以后逐渐发展起来的美国法作为本土法的话，那么与其相对则存在过多种外来法。[①] 但正如美国法律史学者弗里德曼所指出的，美国法的主要历史要素只有一个渊源，这个渊源便是英国法。纵观其历史，美国经历了从无到有，从继受外来法到形成发展美国本土法的漫长过程。

美国法的形成大致可以分为以下三个阶段：17 世纪早期殖民地时期；18 世纪初至独立战争时期；独立战争后至 19 世纪中叶时期。关于本土法与外来法的讨论也沿着这一线索进行。

一、17 世纪早期殖民地时期的法律

从 1607 年英国人在现今的弗吉尼亚州詹姆斯堡定居起，便开始了其对北

---

[*] 本文原载《政法评论》（2000 卷）中国政法大学出版社；《政法论坛》2000 年第 2 期；《20 世纪外国经济法的前沿》法律出版社 2002 年版；人大复印资料 D410200011，人大光盘版全文政治类 2000 收录。

① 美国历史上曾存在的外来法律体系包括：英国法、荷兰法、法国法、西班牙法、瑞典法、墨西哥法等。参见 Lawrence M. Friedman, A History of American Law, (1985),2nded. pp. 19 – 20.

美洲的殖民生涯。从此以后，殖民地人民也开始了对英国法的继受过程。这种继受始终是由两方因素综合作用而决定的一个双维度的过程：其一是英国即法律制度输出者方面；其二是北美殖民地，即法律制度接受者方面。17 世纪殖民地法制的基本特点正是这两方面因素作用的结果。

就英国方面而言，任何关于法律继受或移植的研究都应从加尔文案（Calvin case，1608 年）着手。① 该案确立的"被征服土地"原则（conquered land）对 17 世纪殖民地法律产生了巨大影响。该原则确立了英王在大英帝国由征服所获得的土地上所享有的绝对的法律上的权威；在该土地上适用英王制定的法律而不是以普通法为主的英国法；对于被征服之土地英王享有高于议会之立法权。根据当时的财产法，英王拥有对本土及本土以外一切其他领土的土地所有权。当时，英国本土所有土地的获得方式均系保有取得，所以本土外任何增加之土地，如殖民地，其获得方式只能是征服取得。在加尔文案的附带意见中，法院对被征服土地的概念作了进一步界定：如果被征服土地原本是一信奉基督教之土地，则在英王未制定新的法律之前，被征服前适用于该土地之法律仍然有效；而如果被征服土地原本是一信奉异教之土地，则被征服前适用于其上之法律从被征服之日起立即全部废除。在英王未制定新的法律之前，英王及其所委任之法官应根据自然衡平原则治理该土地。

加尔文案及其所确定的"被征服土地"原则，为英王在海外殖民地施行君主专制提供了依据。英王可以在殖民地，尤其是在原"信奉异教"之殖民地，根据自己的意志制定法律组织政府，而无须受任何法律的约束。这种绝对、无限的专制权力凌驾于作为立法机关的议会之上。但是，该案中加尔文的律师弗朗西斯·培根爵士提出了与"被征服土地"相对立的"与生俱来的权利"理论。他认为，享受英国法尤其是普通法的保护是英国臣民与生俱来的权利，所以在有英国居民的海外殖民地也应适用全部现有英国法。虽然加尔文案为殖民地法律适用问题提供了法理依据，但 17 世纪北美殖民地的实际

① 77. Eng. Rep. 379，该案内容参见 Joseph Smith and Thomas Barnes, The English Legal System: Carryover to the Colonies, (1975), pp. 4 –5.

法制状况却相当复杂。由于种种原因，殖民地并未全面彻底地继受英国法而是根据自身的情况和能力来构建各自的法律体系。首先，由于大西洋的阻隔和当时航海技术的落后，英国和北美之间联系非常困难。而在各殖民地之间彼此情况千差万别，信息交流同样困难重重。这种客观上的不利决定了当时殖民地不可能大规模、系统地引进英国法。其次，虽然加尔文案为殖民地法律适用提供了解决方案，但包括英王在内的英国政府并未给这块遥远的土地以太多的关注。他们所提供的只是一个很粗略的原则和框架而已。例如，在1611～1612年弗吉尼亚第三宪章和1643年的Providence种植园特许状中，英王仅规定上述地区的法律和条令需与包括普通法和制定法在内的英国法律保持一致或不发生冲突。此外，没有任何具体的法律规定或要求。更重要的是，这一时期殖民地经济不发达，社会生活相对简单，显然并不具备移植英国法的社会基础。布莱克斯通《英律疏议》中指出："……（英国法律应适用于殖民地）这一陈述应被理解为附有众多严格的限制。这些殖民地只能接受英国法中适合其自身情况和条件的部分；例如，关于继承的一般原则和有关人身伤害的法律。……而治安及财政之法律，宗教法庭之管辖范围及其他诸多规定对于殖民地既无必要，也不便利。"上述这一段当时在英国被奉为经典性的法律陈述从一个侧面也反映了早期北美殖民地全面继受英国法的不可能。另外，当时北美殖民地法律人才极度匮乏，极少有人懂得复杂的英国法，更谈不上系统继受英国法。

总体来说，17世纪早期殖民地的法制状况具有多元化与创新性相结合的特点。

首先，法律的多元化表现为：

第一，法律体系多元化。如前所述，早期殖民地无法进行统一的大规模法律继受，各个殖民地只能各自为政地发展自己的法律体系。弗吉尼亚大学法学院哈斯金斯教授曾略带夸张地称"最终北美发展出13个独立的法律体系"。这一特点在殖民地刑法中表现得尤为鲜明。这些彼此千差万别的法律体系共同构成早期殖民地法律的整体。

第二，法律内容多元化。虽然"殖民地的法律深深地植根于英国法及其惯例"，但是早期殖民地法律的构成却并不是单一的，而是受到多种渊源影响，其内容呈现多元化的局面。这种内容的多元化首先表现在当时殖民地所接受的英国法自身就是一个多元的复杂体系。正如弗里德曼所说，殖民地所接受的英国法只是"大众记忆中的法"而不是威斯敏斯特皇室法院所适用的普通法。其结果是殖民地所能做的只是在法律上"复制英格兰的地方多样性"。而且，在这种"大众记忆中"的英国法之外，当时殖民地法律还受包括各殖民地本土地方性因素和意识形态因素等在内的其他因素的影响。前者指北美殖民地所特有的情况对殖民地法的影响。如英国当时并没有大规模的奴隶制度，相应地也没有正式的关于奴隶的法律，所以北美殖民地只能自行发展有关奴隶的法律。后者比较典型的是 1648 年马萨诸塞自由典则。该典则序言中就开宗明义地宣称："民事权威的运用应依据圣经中原则及其推理。"这种宗教痕迹在殖民地刑法中也非常明显：通奸、浸神和崇拜偶像往往会被处以死刑。正如葛贝尔教授所指出的，早期殖民地居民是狂热的宗教分子，所以这一时期殖民地法律受宗教的影响很深。

其次，这一时期殖民地法律并非单纯的制度移植的产物，它还充满了制度创新的倾向。殖民地人民根据本地情况对英国法进行了许多重大的改造。这种基于本土资源的制度创新对日后的美国法律产生了不可磨灭的影响。在普利茅斯殖民地（plymouth）法律中这种制度创新表现得尤为突出，因此普利茅斯殖民地的法律可以看作这一时期殖民地法律制度创新的代表，日后美国法中可以找到它的许多影子。

总之，17 世纪殖民地一方面部分地继受了英国的法律制度，另一方面也作出了许多重要的创新，发展了一些具有本土特点的法律制度。其法律整体呈现出多元与创新相结合的面貌。这一特征直接影响了日后的美国法律，其所表现的创造性精神更是奠定了美国法的性格基础。

二、18 世纪初至独立战争时期的法律

如果说 17 世纪殖民地法律主要是由英国法、殖民地本土法和宗教三种因素构成的话，那么，"在 18 世纪，（美国法中）英国法的因素变得更加重要，并成为一种标准"。这一时期殖民地开始大规模、全面系统地继受英国法。这一现象不是偶然的，其背后隐含着深刻的政治、经济原因。

对于殖民统治者来说，加尔文案的"被征服土地"原则赋予了英王在殖民地不受法律限制的绝对的权威。很显然，这一法律拟制是符合殖民统治者的利益的。他们可以毫无顾忌地以法律的名义对殖民地进行压迫和剥削。所以直至 1765 年，布莱克斯通在其《英律疏议》中仍坚持认为北美殖民地应当被视为"被征服土地"而不能适用英国普通法对于殖民地居民来说，根据"被征服土地"原则，他们无法享受以普通法为主的英国法的保护。在政治上，殖民地居民面对的是国王赤裸裸的个人意志，他们自己的立法常常被英枢密院所推翻。然而，经过 17 世纪的发展，殖民地人民已经开始习惯于自己管理自己的事务了。更重要的是，随着殖民地经济的发展，日益产生了对先进法律规范的客观需要。人们迫切希望能够适用作为主要贸易对象的英国的法律来调整规范自己的经济活动从而推动社会继续发展。有关这方面的情况可以追溯到从很早就开始的殖民地人民利用从统治者手中获得的特许状、委任书和英皇制诰来证明自己完全应该适用英国法，尤其是普通法的许多事实。其中典型的一例是早在 1683 年弗吉尼亚著名律师威廉·菲兹休夫（William Fitzhugh）便著文以"当时所能提出的最完备的理由"详细论述了英国法应适用于殖民地。殖民地人民这种主张其出发点是为了维护自己的利益，争取政治、经济等方面的平等。进入 18 世纪后，殖民地人民一直坚持自己并非被征服者而是征服者，故而不适用加尔文案而应享有普通法的保护。可以说，殖民地人民对于英国法的态度已转变为自觉、全面地继受了。

与此同时，英国法的发展也为这种继受提供了可能。"光荣革命"后，英国确立了君主立宪的政治体制。英王特权遭到普遍的限制，作为维护英王特权工具的加尔文案也不再适应英国国内形势的需要。而且大英帝国也希望通过适用英国法来加强其对北美殖民地的控制。这样，随着形势的发展，培根爵士所提出的"与生俱来的权利"的主张终于得到了官方的认可。在"布兰卡德诉加尔弟案"（Blankard v. Galdy 1693）中，首席大法官霍尔特（Holt）提出了"无主土地"（uninhabited country）原则，即在英国公民新发现的无人居住的土地上应适用所有有效的英国法。1722 年的枢密院备忘录则结合加尔文案进一步确认并发展了这一原则。这样，"布兰卡德诉加尔弟案"和1722 年枢密院备忘录便取代了加尔文案而成为北美殖民地继受英国法的新的法理依据。

在上述原则基础上，殖民地人民对英国法进行了大规模的继受，其形式和内容包括了英国法的三大主要渊源——普通法、制定法和衡平法。结果使得18世纪时期"（殖民地）法律体系无论在南方还是在北方都与英国非常相似"。但是，如前所述，此时殖民地人民"已经习惯了自己管理自己的事务"。所以，他们在继受英国法时都坚持了根据各殖民地自身特点和情况选择英国法中适合自己的部分加以移植的"可适用性"原则（applicability）。

在普通法的继受上，殖民地人民表现出的态度最为积极、主动。一般来说，各殖民地均声称自己全部继受普通法。这是由于普通法是英国法中最主要的组成部分，更重要的是由于普通法以及以科克为代表的普通法法官曾经在历史上参与了反对王权的斗争，殖民地人民自然地将其视为保障自身权益的重要武器。他们尤其强调在殖民地应适用普通法上的陪审制度。

由于普通法的判例法性质，司法继受是最自然和最直接的方式。这一时期殖民地法院在审判中普遍大量引用英国判例。"法官们的感觉是普通法是唯一伟大的法律语言。"甚至直至美国独立后各州许多法院仍有或多或少引用英国判例的习惯。萨克斯顿（Saxton）编纂的1830～1832年新泽西州衡平法院判例集第一卷中，法庭所引的判例一大半都是英国判例。葛贝尔教授在大量研究纽约州殖民地时期各级法院的诉讼文书后指出："在纽约集中了许多最富技艺的律师，而从18世纪初开始城市法院便被有着良好法律训练的人所充斥。"所以，在"欧洲以外的这些地方诉讼的进行就如同在约克郡或布里斯托那里一样富有技巧"。殖民地法院对普通法中令状制的移植甚至达到了有过之而无不及的地步。

立法是继受普通法的另一种方式。殖民地议会制定法律继受普通法时往往会因"可适用性"原则将其中的某些部分加以排除。南卡罗来纳1712年制定的继受普通法的法案规定："除明确列举的不适用的部分外，其余部分英国普通法在本殖民地享有与其在英国所享有的相同的完全之法律效力。"北卡罗来纳1749年也制定了一项相同内容的法案。在罗德岛也有此类的立法。美国独立后，一些州仍然保持了立法继受普通法的方式，如马里兰州便以宪法保障普通法适用于该州。

与对普通法的继受相比较，殖民地对英国制定法的继受情况则较为复杂。① 继受制定法时，各殖民地更多地受到政治因素的影响而采取了比较审慎的态度。这一时期殖民地人民已逐渐发展出"人民主权"的法治观念。因为英国制定法的制定没有殖民地代表的参与，不能代表殖民地人民意愿。故而继受制定法时，殖民地人民的自由意志成为一项主要标准。如果说殖民地普通法在法律传统上是基本整体继受的话，对制定法则是在强调"可适用性"前提下有条件、有选择地进行继受的。需要说明的是，进入 18 世纪后，英国统治者加强了对殖民地的控制，通过议会颁布了大批不利于殖民地发展的制定法，这些制定法中都包括规定该法案适用于北美殖民地的所谓"特殊条款"。在独立战争前，这些制定法在殖民地当然有效，但因其是英国统治者强加于殖民地之上的，独立后各州均全部对其加以废除。所以这部分制定法并不能算在"继受"之列。

各殖民地继受制定法时，往往以立法明确规定哪些制定法在殖民地有效。例如，南长罗来纳 1712 年法案中明确列举了 170 余项英国制定法在该地有效，除此以外，其他英国制定法在该地无法律效力。此外，对于那些在殖民地尚未拥有自己的立法机关之前所制定的英国制定法，只要它们可适用殖民地，各殖民地一般也予以承认。

由于英国法上普通法与衡平法对立的特点，各殖民地对于英国衡平法的继受情况也比较复杂，普通法和衡平法的对立不仅表现在作为法律规范的二者间的对立，更表现在作为司法机关的普通法法院和衡平法法院的对立上。就前者而言，衡平法具有普通法不可比拟的优越性，尤其适合殖民地发展经济的客观需要。而就后者而言，由于衡平法院历史上与王权过从甚密，人们则对其心存芥蒂。② 所以"所有的人都赞成接受衡平法，但问题却在于是否接受实现衡平正义的衡平法院上"。③ 各殖民地对此采取了不同的办法。总体

---

① Huskins 教授曾指出"对一项英国制定法在某一特定时期是否是殖民地法这一问题的回答应建立在探索和研究的基础上，而不能凭假设"。Law and Authority in Early Massachusetts: A Study in Tradition and Design(1960),pp. 5–6. 因资料有限，关于这一问题尚祈专家指教。

② 除此之外，衡平法院审判为书面审而非陪审制，这一点也令殖民地人民难以接受。

③ Lawrence M. Friedman and Harry N. Scheiber,Ed. American Law and the Constitutional Order,1978.

来看包括以下两种方式：一部分殖民地，如马萨诸塞、宾夕法尼亚不设衡平法院，它们所采取的是以"普通法形式继受衡平法"的方式。也就是说，由普通法法院适用衡平法来审理案件；另一部分殖民地，如南北长罗莱纳、密西西比、马里兰、纽约、新泽西、特拉华等则设有专门的衡平法院来审理衡平法案件。但是出于前述原因，在这些地区衡平法院也并未像在英国那样被完全视作一个独立的司法机构。例如，在特拉华，普通法法院每年中有四次会充当衡平法院来审理衡平法案件。总体上看，在相对更为保守的南方殖民地，英国模式被大部分加以接受，一般都设有衡平法院。

综上所述，足以说明在对英国法大量继受的基础上，殖民地的法律有了很大的发展。

三、独立战争至 19 世纪中叶美国"本土法"形成时期

从独立战争胜利到 19 世纪初叶，美国法经历了数十年的孕育时期。在此阶段，美国的法律状况可以概括为以下三点：（1）法律呈现出多元、混乱的局面；（2）立法机关主导了法律创制活动，在法律生活中扮演着主要角色；（3）法律仍然是以英国法为基础。

首先，这一时期的法律状况同 17 世纪早期殖民地时期法制状况颇为相似，呈现出多元化的混乱局面。1789 年联邦宪法虽然经 9 个州的批准而正式生效，但它只是一个框架，并未能给新大陆提供清晰、具体的制度安排。以汉密尔顿为代表的联邦党人和以杰弗逊为代表的共和党人就国家的发展道路展开了激烈的争论。由于当时美国社会经济整体上仍处于农业社会状态，所以后者所主张的"有限政府论"在斗争中占据了上风。这种主张在法律上表现为只承认各州有自己的普通法而否认联邦普通法的存在。联邦法院作为一个整体只能运用各州的普通法来审理案件，这样，一个系统的一致的美国法当然也就无从产生了。在联邦和州之间，作为一个整体的联邦法院只能坐视州在法律上各自为政，其结果只能是各州多元发展了。

其次，虽然宪法确立了三权分立制衡的原则，但这一时期立法机关在法律生活中占据了主导地位，成为法律的主要创制者。这主要是因为随着"人民主权"思想的进一步深入，人们普遍认为只有立法机关才是真正体现人民

意志的机构。在独立战争时期，殖民地立法机关代表本土居民同英国统治者进行了彻底的斗争，在政治生活中扮演了最重要的角色，所以独立后一段时期内立法机关享有极高的威望。同时，宪法也赋予了立法机关非常大的权威。例如，联邦宪法规定：国会有权制定一切"必要和适当"的法律（第 1 条第 8 款）；国会有规定"征税"和管理"贸易"的权力（第 1 条第 8 款）。各州宪法也赋予州立法机关以财政权。这一点对于一个新成立的国家来说无疑意味着将制定公共政策的权力赋予了立法机关。

在各州，这一时期立法机关的主要活动是制定了大批"继受法案"（reception statutes）。独立战争后，美国人普遍对英国和英国法持敌视态度。但此时经过殖民地时期尤其是 18 世纪的发展，英国法已成为美国社会生活的基础。那么，怎样来对待这些"令人厌恶"的法律？新的国家中又该适用什么样的法律？解决问题的主要办法是以立法的方式来决定是否继续承认英国法的效力。其结果是有的州彻底废除了英国法。例如，新泽西州 1799 年立法规定禁止在该州法院中适用甚至援引英国法。肯塔基州 1808 年也通过了立法禁止在该州法院宣读或引用 1776 年 7 月 4 日以前出版的英国法律书籍和英国判例。1810 年密西根州也制定了类似的立法。有些州则通过"继受法案"正式确定英国法为本州之法律。例如，特拉华 1776 年宪法第 25 条规定英国普通法及部分制定法在该州有效；1786 年纽约州也以立法确认英国普通法及衡平法在该州有效。总之，这一阶段"立法机关获得了在作为整体的国家和各州中成为法律主要创制者的机会"。

最后，无论"继受法案"拒绝或接受英国法，这一时期英国法仍是美国法律的基础，如弗里德曼所说："这一时期美国继续借用英国法。"因为放弃英国法就如同放弃英语一样不可能，英国法已成为美国社会中不可或缺的部分。从操作的角度上，对于一个普通法系的法律家来说，判例是其须臾不离的必备工具。而在当时，美国还很少有广泛传播的判例集，更不要说是美国法的判例集了。"为了填补这一空缺，人们仍然使用英国法的资料，引用英国的判例，并将英国法官的判决视为权威而援引。"即使在那些"继受法案"中禁止援引英国判例的州中，实际上法院也不得不经常援引英国判例。例如，在宾夕法尼亚，州议会立法禁止在该州法院宣读或援引 1776 年 7 月 4 日之后的任何英国判例或判决。但事实上在这项立法被最终修改之前的时间内，法院仍经常准许援引上述日期后的英国判例。该项立法的效果只是表现为法院不再严格遵循英国的判例罢了。而在密西根州，衡平法院法官审理案件时仍"小心翼翼地遵循着英国衡平法院的规则与程序"。从法律教育的角度上，英国法更是人们获得法律知识的唯一来源。布莱克斯通的巨著仍然极为畅销，并被加以诸多"美国附录"而多次再版。在1790年6月11日托马斯·杰弗逊写给他堂侄的信中，他为这位立志从事法律职业的晚辈开列了一个必读书目，其中除部分涉及历史的书籍外，法律书籍绝大部分都是英国著作。同样，在19世纪初一位底特律师在笔记本上所记录的"开业律师必读书目"中，也是充满了英国判例集和英国法著作的名字。总之，虽然独立战争割断了英美两国政治上的联系，但二者在法律上却是藕断丝连。对于从事实际法律工作的人来说，"在1780年后所可以想象的唯一职业出路便是彻底地借用英国法"。

随着时间的推移，进入19世纪后美国逐渐发展为工商业社会，社会生活的变迁客观上需要法律作出相应的发展。同时，上述妨碍美国法形成的不利条件也逐渐一点一滴地向有利于美国法形成的方面转化。最终，积累导致了质变，到19世纪中叶，新的土壤上产生了新的法律——本土意义上的，从基本内容和精神上与英国法迥异的美国法。这些决定美国法产生的条件包括：（1）司法独立；（2）一个强有力的法院组织代替立法机关成为法律的主要创制者；（3）对宪法的联邦主义原则解释的最终确立；（4）美国本土法学的形成与出现。

首先，在这一时期，美国逐渐形成独立的强有力的司法体系。三权分立原则虽然早在18世纪末便得以确认，但司法独立却是后来逐渐发展起来的。这种司法独立表现在司法权独立和法官独立两个方面。

美国宪法第3条仅规定了联邦司法权（judicial power）的归属及其适用的案件。司法权的范围的真正确立是由法官们完成的。1792年赫彭斯案（Hayburn's case）是法官们界定联邦司法权的重要案例。该案中，国会立法授权联邦巡回法院法官对士兵津贴申诉主持听证会，并要求其将结果向国防部报告，同时授权国防部长在认为法院结论有误时可以暂停发放津贴并向国会报告。也就是说，这项立法意味着国防部长和国会有权改变法院的结论。它遭到各巡回法院法官们的一致反对。其中，宾夕法尼亚巡回法院法官的意见最为尖锐。他们在给总统的信中指出主持听证会并不具备司法性质，所以不属于司法权范围之内。而且法院行使司法权也不应受国会和行政机关的牵制。最终，在联邦最高法院作出判决前国会放弃了这项立法。此前，法官们界定联邦司法权的另一重要事件是在华盛顿总统任职期间，联邦最高法院明确拒绝了他就美国是否应在英法冲突中保持中立立场问题向其征求意见和建议的请求。法官们再一次强调了宪法所规定的分权原则，指出宪法第 3 条不仅是一种授权（grant）更是一种对权力的限定（limitation）。这两次事件中法官们一致坚持了司法权与行政权、立法权相分离，从而确立了司法机关独立行使司法权的原则。

法官的独立原则更加来之不易。在早期法官们也卷入了联邦党人同共和党人的大论争之中。许多联邦党人法官往往在审理案件时公开表露自己的政治观点并以此引导陪审团作出裁决。共和党人则对此坚决予以反击。他们一方面废除了 1801 年《司法法案》，削减联邦法院的数量与规模；另一方面更运用"弹劾"来除掉那些联邦党人法官。在 1803 年宾夕法尼亚州法官阿迪生就成为这种斗争的牺牲品，因弹劾遭到解职。1804 年对联邦最高法院蔡斯法官的弹劾更使派别斗争达到了高潮。作为历史上唯一一起弹劾联邦最高法院法官的案件，蔡斯案一方面反映了共和党人与联邦党人的冲突，另一方面也体现了司法权与立法权之间的斗争。在该案中蔡斯法官共面临 8 项指控，但弗吉尼亚州共和党参议员威廉·吉尔（William Gile）的谈话则说明了该案的实质："如果最高法院法官胆敢……宣布国会的立法违宪……那么毫无疑问众院有权弹劾他们，参院则可以解除他们的职务。……根据弹劾而审判并解除法官的职务并不意味着法官犯有罪行或者腐败。国会的权力只控制职位而不及于个人。"蔡斯案之后，再未有联邦法官因政治观点或对法律的解释而遭到过弹劾。

在确保司法独立的同时，司法组织的力量也逐渐强大起来。与他们的英国同行不同，美国的法官们在审判中以一个声音说话。马歇尔就任联邦最高法院首席大法官之后，取消了原先英式的由主审法官各自发表自己的判决的方式而代之以一位法官代表法院进行判决。这种方式逐渐为美国各级法院普遍采纳，法院的威望和力量也得以加强。更重要的是，这一时期联邦法院的管辖权也大大扩展，在私法领域尤其是在海商法上表现得尤为明显。联邦宪法赋予了联邦法院"全部与海事有关的管辖权"，根据普通法中的"潮汐"原则（tideflow），联邦法院的管辖范围是极其有限的。但联邦法官们通过审判案件解释法律而不断扩大自己的管辖权。

联邦法院私法管辖权扩大的里程碑是 1842 年的斯威夫特诉泰森案（Swift v. Tyson，1842）。在该案中，最高法院法官斯托里（Story J.）宣称："我们可以毫不犹豫地说……对于合同以及其他商业性质的法律的真正解释应是根据一般的商法原则和理论，而不是各州地方法院的判决。"也就是说，联邦法院在审理商事案件中不再以各州的法律而是以"普遍的一般的原则"为根据，其实质就是在私法领域法律的联邦化。这种观点立即得到了包括各州法院在内的整个司法体系的普遍赞同。此时，法官们已完全认识到了自己所肩负的创造"美国法"的责任了。

其次，这一时期法院成为法律创制的主角。就判例法特点而言，法官事实上总是在进行着创制法律的工作：他们通过审判而解释、适用并宣示法律。进入 19 世纪后，美国法官创制法律的活动日益频繁，法院取代了立法机关而成为法律创制的主角。这种角色变换在著名的马伯里诉麦迪逊案（Mabury v. Madison，1803）中得到了最具体的表现。马歇尔大法官所确立的"司法审查"制度将立法机关置于联邦法院的直接制约之下。在《美国的民主》中，托克维尔论及司法权时指出，美国与其他国家司法权基本特征相同，但是司法审查制度却使美国司法机关享有远远超出其他国家司法机关的权力——事实上的制定和修改法律的权力。此后，联邦最高法院运用司法审查权宣布许多州的制定法违宪，从而在一定意义上重新整合了各州的法律。至 19 世纪中叶，各州法院也开始宣布州立法应受"自然法和普通法所确立的权利与正义的一般原则"的限制，从而更加强化了司法对立法的控制。同时，立法机关的权威也被逐渐削弱。1840 年开始，各州纷纷在州宪法中从程序和实体上对州立法机关的立法权加以限制。立法机关的财政权也被逐步缩减。于是，这一时期"法官已经占据了法律创制的主导地位，……法院构建了美国的普通法——一整套管理人们公、私事务的法官建立的原则。"

再次，与司法权崛起相呼应的，是联邦主义原则的确立。联邦最高法院在马歇尔的领导下通过一系列的重要案件确立了有利于建立一个强有力的中央政府的联邦主义原则。其中，最具代表性的案件为 1819 年的麦考洛克诉马里兰（McCullcoh v. Maryland）和 1824 年的吉本斯诉奥格登案（Gibbons v. Ogden，1824）。在前一案件中，马歇尔称联邦政府之权威源于合众国人民而非各州，故而联邦政府可以直接面对人民行使权力。此案所确立的"默示权"理论极大地扩大了联邦政府的权力范围。在后一案件中，马歇尔则通过对《美国宪法》第 1 条第 8 款"贸易条款"的广义解释为联邦政府干预经济活动提供了依据。自此"贸易条款"同其他一些宪法条文一起成为扩大联邦权力的有力工具。①

最后，这一阶段美国本土法学的出现也为美国法的形成奠定了基础，从 18 世纪末开始，美国开始出版美国法院的判例。自从达拉斯出版联邦最高法院的判例开始，这一最具权威的司法机关便有了自己持续至今从未中断的判例集。各州法院也纷纷出版了自己的判例。至 1847 年安格尔出版罗德岛判例集时，各州都拥有了自己法院的判例集。美国判例的大规模出现可以说是法律界自觉努力的结果。在早期，一些法官往往主动独立搜集自己或同行的判决。另一些法官则同他人合作来完成这项工作。后者中最著名的当数在肯特大法官帮助下约翰逊出版的纽约州最高法院的判例集。最终，官方的判例集取代了私人的判例集，使其变得更完整、准确和标准化。如果说蔡斯弹劾案后法官们获得了独立的话，那么美国判例的流行又使法官们获得了摆脱英国法的控制的自由。在这种氛围内，法官们获得了创制美国普通法的机会。

除本土判例外，这一时期还出现了一系列的本土法学著作。开始时，它们只是对英国法著作的修正和发展。1803 年，塔克出版了五卷本的美国版《英律疏议》，其中已经包含了大量的原创内容。渐渐地，美国人出版了越来

---

① 其他一些条款包括：诚信原则（full faith and credit）、正当法律程序原则（due process of law）以及平等保护原则（equal protection）等。

越多的本土法学著作。它们"除在最一般的意义上以外，与英国著作几乎无任何联系可言"。这些著作很多以美国法命名，如沃克的《美国法概论》（Introduction to American Law, 1837）和戴恩的《美国法大全》（General Abridgement & Digest of American Law）。到肯特和斯托里的著作出版时，可以说美国已经拥有了自己的法学家和法家。他们的成就获得了广泛认可。斯托里关于冲突法、衡平法、票据法、代理、合伙等的著作和肯特的《美国法释义》一起奠定了美国法学的基础。

在这些有利条件之上，19世纪中叶美国的法律呈现出了与英国法截然不同的风貌，并且随着时间的推移，美英两国司法技术也发生了一些差异——两国法官对于判例法的核心遵循先例原则有了不同的理解。在英国法官眼中，对遵循先例原则应不折不扣地加以遵守。相比之下，美国法院更倾向于灵活解释遵循先例原则。联邦最高法院和各州最高法院都从未表示他们应严格遵循自己的判决。古德哈特教授认为，整个19世纪美国法院基本上奉行了遵循先例原则，但进入20世纪后他们就开始灵活地解释该原则。无论是从法律内容还是从司法技术上来看，美国法与英国法相比都显得更为灵活、更富创造力。也正是这种灵活性和创造性使美国能在英国法的沃土上培育出独立的具有美国特色的法律之树。

四、结论

从以上的历史回顾可以看出，本土法、外来法的相互交织、相互作用几乎贯穿了美国法形成的全部过程。在几乎没有本土法的情况下，美国通过继受、移植外来法而最终发展出了自己的法律。我们应予以注意的是，美国的本土法与外来法互动是在一个较为特殊的背景之下进行的。美国同英国有着相同的文化背景，两国人民在语言、风俗和文化传统方面大致相同或有着千丝万缕的联系。这一点在世界范围内法律移植或继受中也是少见的。这种同质性减轻了继受国继受外来法时的阻力和困难，使外来法易于在继受国扎根。在这一同质移植的前提下，总结美国的经验，大约可以得出以下结论。

（一）在移植或继受外来法的基础上，本土法的产生以及其对外来法取而代之是一个渐进的、演变的，试与误（trial & error）的过程

美国从 17 世纪早期殖民地时期开始继受英国法，到 19 世纪中期本土法最终形成，这期间经历了两个多世纪的漫长过程。这是一个有机的、渐进的过程，不可任意割裂。从前面的历史回顾可以看出，17 世纪早期殖民地法律便奠定了美国法灵活、充满创造力的基本性格。18 世纪殖民地法则进一步从英国法中汲取养料。在此二者基础上才在 19 世纪上半期形成了美国法。美国法形成的这几个阶段有机地联系在一起，彼此相互依赖，以本土法为线索，构成贯穿始终的整体，没有 17 世纪的大胆创新就不会有日后的美国法；没有 18 世纪的积累也不会有日后的美国法。

（二）在移植外来法、形成本土法的过程中，本土资源的重要性不容忽视

从 17 世纪早期殖民地时期开始，美国人民便根据自己的理想和本土的实际情况建构自己的法律。而在 18 世纪全面继受英国法时期他们也仍然坚持了"可适用性原则"。独立之后对"可适用性原则"的强调更是随处可见。可以说，对法律本土资源的强调贯穿了本文所论及的整个美国法发展阶段。唯其如此，美国人民才有可能在继受外来法基础上从无到有地缔造自己的本土法。

（三）本文希望着重指出的是，法律移植过程中初级规则和次级规则发挥着不同作用

从前述回顾中我们可以看出，在法律移植过程中初级规则——要求人们为或不为某种行为的禁止性规则——最先被本土化。而次级规则—允许人们通过为某一行为而创造新的初级规则，变更旧的初级规则的授权性规则——则较晚被本土化。如司法审查制度在独立后数十年才产生，而遵循先例的松动更是 20 世纪的事情。时间上的差异尚在其次，此二者在本土化中所起的不同作用更加值得重视。我们认为，对外来法本土化的决定因素是对其次级规则的本土化。也就是说，当像美国这样整体移植一个作为初级规则和次级规则相统一的外来法律体系时，次级规则的本土化比初级规则的本土化更为重

要。只有当次级规则本土化开始后才可以视作是外来法体系本土化的开始。如果这个假设成立的话，再结合初级规则和次级规则本土化时间上的差异似乎也就反证了前文中关于移植、继受外来法并加以本土化是一漫长、渐进过程的观点了。

现代德国法的中古渊源[*]

曾尔恕　张彩凤　崔琳琳

　　德国自 19 世纪下半叶实现了国家统一，并进行了大规模的统一法制建设，到 20 世纪初已建立了近代法的完整体系，成为大陆法系的典型国家。德国法近代的发展及其现代化是建诸于中世纪法的基础之上的，受到中世纪法的强烈影响。因此，研究中世纪德国法的法源，有助于理解形式意义上的近现代德国法及蕴藏于现代德国法律体系之中一脉相承的德国法律传统。

　　法源，即法律渊源，在法学上虽说有诸多含义，但本文所论仅限于法理学上通常所讲的形式意义上的法源，是根据法的效力来源的不同对法所作的一种基本分类，即法的创制方式和外部表现形式。就中世纪德国而言，这种意义上的法源是多种多样的，并随着国家、社会、经济、政治和文化的近代化而不断融合、分解，最终在致力于促进民族国家统一进程中，伴随着近代意义上统一德国的诞生而走上了成文法典化的典型的大陆法系的道路。

一、中世纪德国法律渊源样式

　　919 年，分裂后的东部法兰克王国萨克森公爵被推举为国王，萨克森王朝的建立，标志着德意志国家的初步建立。962 年，德王奥托一世接受罗马教皇的加冕，建立"神圣罗马帝国"，国势强盛，是当时罗马天主教皇范围内最强大的封建国家。此后，封建割据态势逐渐加强，从 12 世纪开始，德国

＊　本文原载《河南省政法管理干部学院学报》2002 年第 1 期。

虽然在表面上仍然维持帝国的称号，但事实上已是邦国林立，诸侯称雄，国王徒具虚名，德国完全陷入四分五裂的封建割据状态。名义上统一的帝国在1806年被拿破仑率领的法国军队摧毁，1815年成立的德意志联邦仍然是一个松散的政治联盟。19世纪中期以后，普鲁士邦日渐强盛，并以武力为实现德意志境内各邦的统一扫清了道路。

与这种分裂割据的社会政治经济环境相对应，德国封建法以法律的分散性和法律渊源的多样化为主要特征，而且发展极为缓慢。多样化的法律渊源主要包括：日耳曼习惯法、帝国法令、地方法、城市法、罗马法、教会法。

二、中世纪德国法典编纂

虽然德国中世纪时期的法律以其规范的分散性和多样性为主要特征，法律渊源呈现出多样化，并且与长期割据的政治社会相适应，法律规范的效力表现出属地性。但是，综观德国中世纪法发展的历史，可以看到编纂法典，力图实现邦法的成文化、系统化，实现国王、教会、地方诸侯的权力分配，以及调整封建土地关系和财产关系是德国中世纪的又一特色，在这一现象中，罗马法以其固有的系统性和稳定性发挥着重要作用。德国中世纪时期编纂的法典大致可包括如下几类。

（一）有关国家制度的法典

13世纪初，德国出现了习惯法的编纂。1230年，安哈特的法官爱开·封·李普高编纂了《萨克森法鉴》，其中包括萨克森东部的习惯法和其他地区的习惯法。该法鉴最初是用拉丁文写成的，后被译成德文。它在结构上分为两部分：（1）地方法；（2）采邑法。前者包括民法、刑法、诉讼法及有关国家领地的法律，后者是有关封建主之间相互关系的法律规定。这部法鉴反对罗马教皇对封建国家的领导地位的要求，并且主张大封建主应当有权对皇帝实行裁判，反映了大封建主力求脱离中央控制，反对限制割据势力的愿望。1273～1282年，德国出现另一部封建习惯法的汇编——《士瓦本法鉴》。这部法鉴是根据《巴威略法典》和《阿勒马尼法典》，以及罗马法、教会法的有关内容编纂的，因为它大多表现德意志南部的习惯，特别是士瓦本习惯，以后被称作《士瓦本法鉴》。法鉴中有一节单独叙述罗马法，这表明中世纪德国法律孤立发展的时期已临近结束，接受罗马法的时代即将到来。与《萨克森法鉴》相反，《士瓦本法鉴》详细解释了皇帝和罗马教皇的关系。

1356 年，德皇查理四世确认了《士瓦本法鉴》关于皇帝的选举由侯选的多数决定的规定，颁布了《黄金诏书》。它确认了当时德国七大诸侯（1254 ~ 1273 年，德国的政权掌握在勃兰登堡伯爵、捷克国王及科隆、马因斯、特列尔三大主教、萨克森公爵和帕拉丁公爵的手中）的割据势力；规定皇帝由选取协会的多数票选出；每年召开一次选侯代表大会以决定全国性的事务；选侯保留在各自邦内享有的种种特权，包括矿藏所有权、收税权、货币铸造权等；选侯在司法上也有一系列广泛的权利并有权参加帝国法院，行使最高司法权。

由于经济发展的不平衡，整个德意志在很长时间里保持政治割据的局面。1648 年的《威斯特伐利亚和约》是促成和确立德国各邦的专制君主制的国际和约。和约的基本条款包括：皇帝保证保护基督教和教皇权，保证保留各邦，保证各等级在参加管理及选举帝国国会方面的权利；皇帝允许各等级享有领地，并不干涉这些领地内部的管理；不应确定帝权的世袭制度；继续确认《黄金诏书》及帝国其他法律的效力；解决国事应召开选侯代表大会；决定重要问题时应征求各等级的意见，不征得各等级的同意不能宣战；不得建立敌视帝国的任何同盟。《威斯特伐利亚和约》的条款还涉及商业规则、关税等内容。

（二）城市法典

10 世纪末，在经历了长期的经济衰退后，西欧的商业和手工业开始复苏，出现了城市，在城市取得自治地位后，市民阶级在其他居民中成为特权阶级，取得特殊的法律地位。由于他们的生活条件、经济活动方式突破了封建制度的种种限制，在自治城市中已然存在的封建法是不适用的，城市法在封建制度的缝隙中获得发展。最初的城市法法律渊源复杂，既包括管理工商贸易的行会章程、法规文件，又包括城市习惯法。12 世纪后，随着大批城市的涌现，城市法进入到法典编纂阶段。13 世纪后，各城市法典相互吸收、渗透，城市立法相当活跃。德国最早的城市法《萨克森城市管辖法》产生在 13世纪末，是一部法院判决汇编。与其他法院判决不同的是，这部汇编的编末附有讨论城市法院管辖权和诉讼程序的论文。汇编被译为波兰和波西米亚文，在波兰和波西米亚的城市被广为援引。其他较为著名的城市法还有《科伦法》《汉堡法》《马德堡法》等，这些法典都详细地规定了有关调整商品经济关系的法律规范。

（三）刑法和刑事诉讼法典

1532 年，德国出现了一部在德国法律史上有重大影响的法律文献，这部法律文献是根据皇帝查理五世的命令编纂的，因而得名《加洛林纳法典》。法典没有周密的体系，分为刑事诉讼法和刑法两部分。其刑事诉讼规范具有纠问式诉讼的特点，分为侦查和审判两个阶段。侦查又分为一般侦查和特别侦查两个阶段，实行"有罪推定"以书面形式秘密审理。判决分为有罪判决、无罪判决、存疑判决。刑法部分的特点是：以威吓为惩罚的指导原则，广泛采用死刑和体刑；借用了罗马刑法的规范，对宗教罪的处置非常残酷；对犯罪未遂、帮助行为和共犯行为作出区分，并规定了相应的刑罚（帮助行为分三种：犯罪前的帮助行为，其中又分为较近和较远的帮助行为；犯罪中的帮助行为，此种行为被视为共同犯罪；犯罪后的帮助行为）；规定正当防卫的概念。《加洛林纳法典》虽然是帝国议会颁布的，但是由于受到各地诸侯的限制，并无强制力，并不是全帝国必须遵行的法典，只是被作为范本推行到各邦。直到 18 世纪，在德国除各邦的法律之外，被采用的罗马法还继续生效，但唯一的全德意志法典就是《加洛林纳法典》。

（四）民法典

18 世纪末，德国的一些邦国进行了法典的编纂。制定于 1756 年的《巴伐利亚民法典》以罗马查士丁尼《法学阶梯》为蓝本，分为人法、物法、继承法和债务法四编，在以罗马法为基础的同时，吸收了当时通用的习惯法。该法典在莱茵河右岸巴伐利亚地区一直适用至 1900 年《德国民法典》生效为止。地方法典的编纂中最有代表性的法典是 1794 年的《普鲁士民法典》，这部法典也称作《普鲁士地方法》。这部法典的渊源是罗马法的《国法大全》

《萨克林法鉴》《马德堡法》《卢卑克法》和自然法学派的代表人物的观点等。此外，还采用了柏林高等法院的判例。《普鲁士民法典》由序编和上下两编组成。序编规定了法的一般原则。上编是私法的规定，包括人、债、物权各章；下编包括亲属法，商法的票据、保险、海商方面的规定，以及公法包括宪法、行政法、刑法、警察法方面的规定。虽然法典确认了君主专制制度、农奴制度和贵族特权等封建法律关系，但是其中已经出现了典型的资产阶级法的内容，反映了当时德意志已经出现的资本主义的经济关系和社会关系。如法典采用近代民法中的有关契约、所有权、代理等方面的法律概念，规定所有权是人的最重要的和绝对的财产权，是民法的全部实体的基础等。法典民商法部分在普鲁士施行了 100 余年，直至 1900 年才被《德国民法典》所取代。

1811 年的《奥地利民法典》是 19 世纪初欧洲大陆法典化运动中产生的一部重要法典，这部法典几经修改适用至今。法典的渊源是罗马法、普鲁士地方法及若干奥地利的地方法。由于法典是在自然法盛行时制定的，因此其内容还包括了自然法的原则。如法典中规定，当法令中有缺陷而又不可能以类推来弥补时，法官应根据自然法规范进行裁判。法典采用盖优斯《法学阶梯》的体系，包括序言和三编。三编分别是：人法，其中包括婚姻法；物法，涉及物权、债权和继承；人法、物法的共同规定，包括时效、权利的确认及改变等。《奥地利民法典》的内容既保留了许多封建土地所有权制度，又保留了教会婚姻制度，因此基本属于封建法典。但是，它的许多规定，特别是契约自由原则的规定表现出正在成长的资产阶级的利益。

三、考察分析

从上述中世纪德国法源的样式及成文法典化趋势的考察来看，德国中世纪法不仅具有西方古代文化传统和中世纪欧洲所有民族和国家共有的特征外，还具有其地方性风格。

（1）上述法律渊源多样性这一特征是中世纪德国多种社会要素作用下的产物，受到当时德国政治结构、社会经济条件、道德、宗教、科技发展水平和思想文化程度的限制，它们都对这种别样的法律渊源产生了不同程度的影响。接受罗马法之前的德国，较之同时期的英国和法国，其独特的社会景观是：法律制度上的多样性；政治上的分隔和经济上的独立分散；教会的严格控制和不能给城市和商业经济提供有效的保护的微弱王权；一团散沙的社会充斥着暴力和犯罪；封建贵族、教士和自治市镇及商业同盟各有其不同地位、法律和习俗。也许可以这样说，因各种社会力量的社会地位、政治和经济利益的不同，即便是相互间存有某种关系，但因其缺乏制度和利益上的真正意义上的联合，对一致性的共同利益一时难以认同，都愿意服从其本身的规则和权力的统治。当然，受制于当时缺乏共同的权力管辖和所有人所服从的独特的法源情形又在某种程度上助长和复杂化了原本就分散和多样的社会。接受罗马法之后的德国，社会危机和宗教危机并存，这种危机预示着一场天翻地覆的社会革命。宗教革命后的德国，虽解除了精神霸权，恢复了心灵的自主，但在社会层面上并未获得政治自由和制度上的一统化，反而因思想上的混乱在某种程度上加强了因宗教革命而恢复其独立权力的封建地主阶级的专制统治，这也是德国农民战争爆发的导因。这种异于英国和法国的社会情形，使得德国民族国家统一的进程和资本主义化以及法制的统一在其原有的环境和制度框架内运行的难度愈益加深。事实上，控制人精神世界因共同信仰凝聚而成的、主要靠道义力量维持管理的基督教社会，于16世纪在宗教革命的重创下在德国四分五裂了，而由共同习俗和特定利益组成的大大小小的蛮族世俗社会，则因基督教社会的崩溃而重整权威，并由封建贵族主宰达两个多世纪，这就深刻地影响了这一国度法源的特质。

（2）上述法源极其分散的表现样式，反映了典型的中世纪社会的任意性、混乱性和非理性，但也表现了其丰富性、持续性和顽固性特征。多样而分散的法源以无可置疑的存在事实为"中世纪是一个法律的世纪"提供了进一步的佐证。而萨拜因则将法律无所不在的中世纪描述为，中世纪人们心目中的法律绝不仅仅在天上，它却更像是缭绕的大气，从天上一直延伸到大地，深入人与人关系的每一个角落。可见，当时的法律，作为一种社会的整合手段已散布到城市、乡村、城堡、教堂，渗透到王公贵族、富商大贾、平民百姓和教阶教徒之中，伸入社会生活的角角落落。各种法源犹如张张法网，从国家政治生活、宗教生活、经济生活、家庭生活，从物质世界到精神世界，规定得真是有一点疏而不漏的味道。人们的关系和活动似乎以法律和契约这种形式来表述更加明确、安全和可靠。其多元性的成因或决定性因素，总体上讲，是历史的、本土的或政治、经济和文化差异。这一存在的合理性有其深刻的思想渊源和认识论基础，应当在历史和当时的社会发展及其意识形态中寻求。在一个本质上静态的封建社会中，上帝统辖着人们的灵魂和世界观，罗马法复兴后的欧洲盛行的权威性知识体系是神学和法学。特别是在将基督教作为国教，又以神圣罗马帝国嫡系而自居的德国，神学和法学相辅相成，结果在事实上造就了这种凡有神的地方就有法存在的法源的多样性和分散性局面。而且，长期的国将不国，社会处于长期的动荡之中，缺乏类似英国那样的坚强的王室权力和制度上的表现与支撑，维持秩序保护自身利益的法律必然会"政出多门"、形式多样。如16世纪的德国的封建割据状态是：七大选候，十几个大诸侯，二百多个小诸侯，上千个独立的帝国骑士，为数众多的自治城市和城市同盟。这些力量和利益的冲突及内耗致使其资本主义生长的艰辛和生活方式转变的缓慢。因此，反映这种生活方式和生存状态的法源也是丰富的、持续性的和顽固的。而且，这种法源的内容和性质，无论是国家的、地区的、国际的，还是城市的、庄园的、商人的，无论是成文的、还是习惯的，无疑，其主体是典型的封建主义的。它反映了当时各社会阶级力量的对比和各阶层、团体的生活准则和社会价值理念及其复杂的利益关系，它还是一幅传统的农业社会的关系图。同时，不容否认的是，对不可阻挡的近代意义的物质力量即缓慢显现的资本主义简单商品经济关系的规范的比重在显著增加，如城市法、商法和复兴的罗马法的大量采用。总体而言，这些法源其形式和方法上的意义居多，在内在精神方面因时代所使然大致是相通的。

（3）法源存在的合法性、正当性的根据和效力，是自古希腊罗马以来盛行于中世纪西方社会的法律至上原则、自然正义原则和自治性原则，而这些原则在当时意识形态由神学垄断而国家权力伯仲难决的社会中，因其自身的道义性、超验性、民主性和传统的力量，是受到各方社会力量支持的。法律至上的原则和自然正义原则都源于古希腊罗马的自然法观，而中世纪的基督教在利用理性扶持信仰的同时在不经意中又进一步强化了这一观念。中世纪是一个信仰的世纪，也是法借助神的威力大肆扩张其神圣性的世纪。无论是教会、世俗君主、日耳曼人、罗马人，还是封建主、市民、农民，出于自身利益的考虑和自古以来所持的信念，关于法的正当性及在社会中具有最高的权威的认识是相妥协和基本一致的。当时的人认为，法是"发现"的，是正确理性即正义的体现。罗马法和日耳曼法都是以人民为正当性的来源的法。教会法的正当性根据自然是无与伦比的上帝。这种观念的重要性恐怕主要在于，以此表述其已存的法律秩序的正当性、合法性根据及其效力上的说服力。因为无论哪一种法源，都要求执行和服从。自然法便是遵守和执行法律的公认的道德和正义的最终正当性和合法性基础。而上帝的永恒法的加盟更加强固了这一超验价值观基础。自然法理论认为，真正的法是正确理性的体现，是古已有之、至高无上、普遍的和永恒的。而罗马法一度被认为是自然法。自治性原则主要反映了日耳曼民族的民主性、自主性、平等性和独立性，以契约结成的封建的权利义务关系预设的平等性也强化了个人利益观及个体自治性，同时也受到基督教关注心灵和来世观念的影响。它体现在公法领域中，关注的不是宏大而一统的组织结构和整齐划一的意志制度，而是注重差别性、相对性和小集团的利益规定。在当时封建等级制的社会中，日耳曼人虽有参与立法司法的传统，但同时因寻求更大的自由生活空间而在心态上始终是疏离政治秩序的，不愿意与自己切身利益无直接关系的所谓国家干涉其活动，这样，就必然以自治的方式获取团结的力量，并形成约束其自治成员的社会规范。如活跃于 13 ~ 15 世纪的德国北部的汉萨同盟，它在不同时期内联合了约 70 到 200 个北欧城市，有同盟议会和同盟决议及规则，遵守共同的商法、城市法和自己的法庭，违者出盟，必要时联合对侵犯者作战。自治性原则以团体主义拒绝国家主义，这种实质上分散权力的倾向虽然是商品经济和市民社会的必要理念，但它同时因其组织化和制度化而必然导致的是大大小小的自治共同体和分散的法律体系，这就在某种程度上助长了分裂而消解了国家对社会的整合能力，影响了国家政治、经济和法律的统一进程和资本主义生产方式的德国化。因为从更广阔的社会变迁着眼，民族国家这种组织形式是社会进步的权威体系和秩序系统。如果过分强调自治性，就会破坏共同的信念和共同的社会秩序，一个处于无序和困境中的社会在意识形态上很容易出现非理性的极端的观点，如民族的整体精神和极权主义并滋长以强力制造秩序并强加于社会的专制政府和法西斯主义。

（4）这些法源在社会中的地位和作用及其命运，是有着一定程度的差别的。不管是哪一种法源，它所负载的目的（政治的、道德的、宗教的、经济的、集体的、个人的）和价值（工具价值、伦理价值）及历史文化传统内涵都有其特定的一面。因其目的和价值倾向、文化内涵及历史的不同，每一种法源在社会中的地位和作用是不太相同的，而且，并不决定于其是否出自国家，是否是正式意义的法源。例如，1356 年皇帝查理四世（1347～1378 年）颁布的"黄金诏书"，它主要是关于选候的规定，其目的是为封建诸侯割据的存在提供法律依据。1520 年，马丁·路德在维腾堡焚烧的教皇利奥十世将他定罪的法令旨在维护天主教的神圣统治。日耳曼习惯法，作为德国民族的固有法，一直占有重要的地位，因为德意志人深信，"习惯是最早的和最好的法律解释者"，法律植根于习惯。特别是，伴随着法源的规范化和统一化，于 16 世纪后期日耳曼法一改其早期粗糙混乱模式而发展为一种通行于全国的普通公法。如第一部通行于全德国的并沿用了 3 个世纪之久的刑法典——《加洛林纳法典》。该法典主要体现的是日耳曼人的观念和制度技术，同时也结合了罗马法理念。这也表明，该种法源曾经维护的主要是有利于传统日耳曼社会的价值，在此时仍旧是某些强有力的社会力量所追求的对象，有其存在的基础和条件。当然，从法的形式的理性化程度讲，日耳曼习惯法作为一种长期的行为规范和重要的法律渊源，虽然是一种历史的援引，是人类社会经验的累积和提炼，但因其非理性化的表现形式，迟早将让位于那些具有理性程度高的对现存规范加以明晰阐述和系统化的制定法。这种历史的必然并非会将习惯法完全逐出其领土，因为习惯法作为法律文化中一个至关重要的法源，它代表着传统，代表着历史，代表着法的根本，代表着地方性的最稳定的价值观念或者说民族精神。城市法，因其产生、形成、适用和发展与城市的政治、经济状况及城市人的权利息息相关，是早期资本主义商品经济和民主政治发展的产物及推进器。而地方法，主要维护的是各地方封建主的利益，体现的是狭隘的和封建性的地方保护主义。具有普遍性、抽象性和平等性的罗马法，作为中世纪德国一重要的、具有普通法地位的法源，能在其复兴后于 15 世纪之后被全盘继受，是罗马法的品性所致。同时，决定于当时德国社会的存在及其内在资本主义发展的需求，它对德国资本主义的确立和法律体系的建立是基础性的，实在是功不可没。因为自 15 世纪之后，在德国出现了一个不断发展着的民族的近代性质的普通私法体系，而这个体系的思想理论基础是古典自然法和人文主义，其制度基础和框架是罗马法。而这一以罗马法为基础以理性主义为主旨的普通私法体系，突出强调的是人的因素和民族国家概念。上述诸种法源并存，难免为了争得自己的地盘和利益而相互冲突，它们所导致的法律秩序的混乱和不公正也是实情。但不可否认的事实是，它们同时对社会发生着不同程度和不同性质的作用，如果它们所提供的不是安全和进步、事物的法则，必然会求助于它种原则和手段。

（5）这种多样性的法源样式及其特性，就对近现代德国法律体系和历史渊源及其表现形式的历史支持性资源的意义而言，多样性要胜于同一性。有限的理性和知识使人类不得不承认，历史性的事实就其内涵和意义总是在其后的人类社会过程中才得以全面展开，而在其存在的当时则还只是隐含的、内在的。事物的过去、现在和未来总是互通互融的。这一时期的法源不仅因保留了诸多法律文化和多元价值特质因此而获得其重要性，如基督教法律文化、日耳曼法律文化、罗马法律文化等，而且，它对以后德国法律意识的特质和制度领域的发展性格以及实现社会各要素"求大同存小异"的融合及其生存空间和统一方式也有极大影响。同时，就现代多元文化社会和混合经济而言，正式意义的法源和非正式意义的法源，都有其存在的必要性。毕竟，它们的存在，是对多方法律人格、关系和利益的承认和尊重。这些具有不同信念、相互冲突的价值和目的的法源是服务于有着不同需求的人类的，其存在是合理的、可以理解的。当然，不容否认的事实还有，法律作为一种人类社会生活的行为模式，其表现是以一般规则为基础的，这是法治社会所要求的法律的一般性和普遍性的理想要素之一。中世纪德国法源，作为一种文化现象和制度文明，它既是西欧共同文明的表现，又是地方性文明的表述。可见，全面了解和重新评估 12～19 世纪的德国法律渊源对现代理性化程度较高的以德国法为代表的大陆法系的表现形式及其丰富发达的制度内容的影响和持撑具有重要意义。

美国宪法对调整经济生活的作用[*]

曾尔恕

经过 200 多年的演变，以市场经济为基础的美国经济已发展为"混合"经济，即自由的和受管制的市场经济。这种发展无不与美国宪法密切相关。美国宪法不仅奠定了美国政治制度的基本框架，而且其多项规定直接影响到美国的经济生活。相关规定包括宪法第 1 条第 8 款、宪法第 1 条第 10 款、宪法第 4 条、宪法第 6 条等。由于美国宪法条款用语笼统，为立法和司法解释留有巨大的空间，因此宪法中关于调整美国经济生活的规定在不同历史时期和社会经济生活的不同方面，演绎出丰富的内容。本文仅对上述美国宪法的相关条款的具体适用进行讨论，以明确与美国经济生活有关的比较重要的宪法概念，进而了解美国宪法在指导美国经济发展中的作用。

一、促进和保护美国国内统一市场的形成与发展

美国是联邦制国家，在联邦制下，各州经济发展不可能整齐划一。如何在合众国范围内建立统一的经济区域，协调联邦和各州的关系，保障经济的平衡发展呢？

美国宪法第 1 条规定立法权，共 10 款。其篇幅约占全文的一半。其中第 8 款是关于国会的权力，列举了 17 项。涉及经济方面的权力包括课税及征收关税；募集国债、铸造货币及规定度量衡制度；监督州际贸易、对外贸易以

---

* 本文原载《20 世纪外国经济法的前沿》，法律出版社 2002 年版。《比较法研究》2002 年第 3 期。

及与印第安部落贸易；设立邮政；制定破产法律；保护著作权和专利权；惩罚伪造货币的罪行。征税权是宪法列举的国会的第一项权力。宪法第 1 条第 8 款规定："国会有权规定并征收税金、捐税、关税和其他赋税，用以偿付国债并为合众国的共同防御和全民福利提供经费；但是各种捐税、关税和其他赋税，在合众国内应统一征收。"从中可见，规定国会征税的宪法目标是：(1) 偿还债务；(2) 供给国防需要；(3) 增加全民福利。

在制定联邦宪法时，在邦联时期业已存在的各州已经行使征税权了，因此联邦宪法没有将划分联邦和各州征税权的内容包括在内。但是，宪法赋予了联邦以广泛的征税权，并且为了防止各州重蹈邦联时的覆辙，通过税收壁垒分裂联邦，宪法要求各种税金、捐税、关税必须统一，以在合众国范围内建立统一的经济区域。根据最高法院的解释，所谓"统一"征税是指地域上的统一，即同一项目的税收在全国应当实行一律的税率，联邦不得通过较低的关税率给予一州商港优越于他州商港的特惠。与此同时，在宪法第 1 条第 9 款中列举了两项限制性规定："除非按本宪法所规定的人口调查或统计之比例，不得征收任何人口税或其他直接税；对各州输出之货物，不得课税。"前一项宪法限制在 19 世纪末曾引起所得税是否是直接税的激烈争论。1895 年，美国联邦最高法院在"包洛克诉农民贷款信托公司案"（Pollock v. Farmmer's Loan Trust Co；1895 年）中对直接税的概念作出扩大解释，将直接税的范围扩大到一切财产税，这一宪法解释限制了联邦的征税权范围。并且，根据宪法规定联邦的所有直接税必须按人口比例分配于各州，这使得征收联邦所得税实际成为不可能。直到 1913 年宪法第 16 条修正案得到多数州的批准，才在实际上取消了对联邦征税权的限制（第 16 条宪法修正案规定："国会有权对任何来源的收入课征所得税，无须在各州按比例进行分配，也无须考虑任何人口普查或人口统计数"）。

美国宪法在赋予联邦以广泛的征税权的同时，作出了限制各州征税权的规定："未经国会同意，各州不得对进口货物或出口货物征收任何税款"（宪法第 1 条第 10 款）。最高法院又通过对宪法"必要和适当"条款的解释、关于联邦对州际贸易和对外贸易的管辖权，以及从"法律正当程序"条款中分析出的各州征税权受到的其他限制，创制了一些原则。例如，1819 年的"麦卡洛克诉马里兰州案"（McCulloch v. Maryland；1918 年），最高法院首席法官马歇尔（John Marshall，1755～1835 年）重申了建国之初联邦党人的中央集权联邦制理论，提出联邦政府的权力直接渊源于人民而非各州，宪法允许联邦政府有权建立一切"必要和适当的法律"。他指出：课税权包含着一种破坏性的权力，容许州对联邦机构征税，无异于容忍州任意控制联邦的生存。他援引了 1790 年汉密尔顿（Alexander Hamilton，1755～1804 年）在创设国家银行时的报告中提出的"默示权"理论，强调一个"有益的对宪法的解释"必须考虑给予国会一定的、实际操作的"任意性"权力。因此，联邦银行是合宪的，州对联邦银行的分行课税是违宪的。从形式上看，征税权是一种财产权，而不是管理权。20 世纪早期，最高法院采取"惩罚"理论，在确定有关法律在实际上是在实施管理性的惩罚时，就否认那种名义上的征税权。在现代，"惩罚"理论已让位于客观合理性理论。最高法院在维护对赌场老板征收开业许可税的"合众国诉卡里格"案（1953 年）中解释说：除非有与征税不相干的规定，法院没有权力限制征税权的行使。只要联邦法律从字面上看是为了增加收入，最高法院就不去查究和发现所隐藏的管理动机，就不过多地去问这项法律的执行是否侵犯了传统的州警察权（police power）。[1]

二、管理州际贸易和对外贸易

联邦政府调整商业活动的权力见于宪法中的"贸易条款"，即宪法第 1 条第 8 款的规定：国会有权"管理与外国的、州与州之间的，以及对印第安部落的贸易"。根据"贸易条款"，国会制定法律控制全国经济；最高法院则通过对"贸易条款"作出的解释影响经济的发展。

（一）州际贸易法和反垄断法

根据美国宪法授权，美国国会在 1887 年和 1890 年相继通过《州际贸易法》和《谢尔曼反托拉斯法》，对国家经济进行有系统地干预。《州际贸易法》规定设立州际贸易委员会，它有权调节通过铁路或水路从事客运或货运

---

① ［美］杰罗姆·巴伦、托马斯·迪恩斯：《美国宪法概论》，刘瑞祥译，中国社会科学出版社1995 年版，第 51 页。

的公司，有权禁止一切不公正或不合理的运费以及歧视性收费。《谢尔曼反托拉斯法》是作为"保护贸易和商业免受非法限制和垄断之害的法案"被通过的，其中第1条、第2条是最关键的条款。第1条规定：任何以托拉斯或其他形式作出的契约、联合或共谋，如被用以限制州际或与外国间的贸易或商业，均属违法。第2条规定：任何垄断或企图垄断，或与他人联合或共谋垄断州际间或与外国间的贸易或商业之任何一部分者，均被视为刑事犯罪。《谢尔曼反托拉斯法》是美国联邦政府第一次明确宣布对付垄断的公共政策的法律。正如最高法院的布莱克法官在反托拉斯的判决中指出的："《谢尔曼反托拉斯法》基于的前提是，无限制的竞争力的相互作用将产生最佳的经济资源分配、最低的价格、最高的质量和最大的物质进步。由此所提供的环境将有助于保持我们民主的政治和社会制度。"[①] 此后，联邦政府又于1914年颁布了《克莱顿反托拉斯法》和《联邦贸易委员会法》；于1936年颁布了《鲁宾逊—帕特曼法》。20世纪30年代经济危机以及"二战"以后，美国国会还通过了一些反垄断法令用以补充和修正谢尔曼法和克莱顿法。目前，不但美国联邦有专门的反托拉斯法，而且大多数州也制定了类似的法律。美国司法部的反托拉斯司是1936年建立的一个独立机构，至今仍作为执行谢尔曼法和克莱顿法的一个政府机构存在。美国司法部长和地方检察官有义务禁止和限制违反联邦反托拉斯法的行为。根据克莱顿法第4条的规定，任何个人，如果其经营或财产所受到的损害是由于反托拉斯法所禁止的任何行为而引起的，都可以在任何地区法院提起诉讼，并且得到所蒙受的实际损失的3倍赔偿以及诉讼费用。

除了上述反垄断法外，美国还制定有一系列专业性反垄断法，如在金融业方面的银行法等。

（二）联邦最高法院对"贸易条款"的解释

从美国宪法史的角度观察，联邦最高法院对"商业条款"的解释可分为三个阶段。

---

① ［美］马歇尔·C.霍华德：《美国反托拉斯法与贸易法规》，孙南申译，中国社会科学出版社1991年版，第3页。

1. 建国初期阶段

如前所述，消除州际贸易的障碍是制定联邦宪法的目的之一，因此，在这一阶段，最高法院对宪法"贸易条款"的解释主要表现于扩大"贸易"范围，建立联邦和各州调控州际贸易的权限。

"吉本斯诉奥格登案"（Gibbons v. Ogden，1824）是有关州际贸易的第一个重要案例。该案提出三个问题：第一，何为"州际贸易"？第二，如果航运是州际贸易的一部分，那么宪法是否禁止各州制定法律限制航运？第三，如果宪法赋予联邦调整州际贸易的权力，是否绝对禁止各州行使对贸易的调控权？联邦最高法院首席法官马歇尔在该案中作出裁决："贸易无疑是交通（traffic），但它的含义超过了交通的范围，它应当是交流（intercourse）之意。它表明国家之间或其部分之间的商业交流，并受进行这种交流的规则的控制"。"把贸易限于交通、买卖或商品交换，而不承认它包括航运，这将把一个适用于许多事物的普遍措辞，限于其中的一层含义"。马歇尔指出：宪法"贸易条款"赋予国会的权力是"调控权，即制订贸易管理的规则，和授予国会的其他权力一样，这项自身完备的权力可被行使最大限度，且除宪法规定之外，它并不承认其他任何限制"。"因此，只要航运以任何方式与'国际、州际或印第安部落'的贸易相联系，那么国会权力就包括了在联邦每个州界内的航运"。在肯定了联邦具有宪法授予的足够的权力调整全国的经济贸易的同时，联邦最高法院认为："完全在一州内部的贸易，可被认为保留给该州本身。""只有为全国目的，联邦的立法权力才能触及它们；权力必须为特殊目的而明确授予，或明显附属于某项明确授权……因此，如果在对其控制范围内的事物制定法律时，一州采取了类似于国会可能采取的措施，那么它并非来自授予国会的特殊权力，而是从其他仍旧保留给各州的权力中获得授权"①。

吉本斯案的判决扩大了联邦政府对贸易的调控权，对于全国的交通发展起到极大的促进作用。正如当时新泽西的一家报纸评论："水域至今终于自

---

① Craig R. Ducat；Constitutional Interpretation，p. 341.

由了!"① 航运独占解除后，全美各主要河流，汽船通行无阻，主要港口进出的汽船络绎不绝。数年之后，美国的火车也得以在全国纵横畅行。20 世纪后，最高法院更从"贸易条款"中引申出联邦国会对"合众国通航水域"的全部权力，包括通过"合理改善"可供通航的水域。最高法院认为：这些水域"由国家计划和控制"，国会对这些水域的管辖权，"与贸易的需要一样广泛"，"洪涝保护、流域发展、通过使用电力改善水域的经费的回收等，都是……贸易控制的组成部分"②。

这里有两个问题需要说明。第一，如果各州依据它们的一般"警察权"行使权力，联邦在"州际贸易和对外贸易"方面的权力能在多大程度上抑制州的权力呢？最高法院在"库利诉费城港管理委员会案"（Cooly v. Board of Wardens of Port of Philadelphia，1851 年）中提出一项原则，现在称作"库利原则"。该项原则的含义是指：某项立法的合法性取决于该项立法所调整的内容，如果它涉及的立法主要是地方事务，那么该项立法可以存在下去，反之则无效。判词中说："宪法授予国会的贸易权力并不包含任何文字，去明确排除各州对贸易事务行使权力。如果各州受到排除，那一定是由于权力的性质：对国会的授权，要求各州不应具有类似权力。"③ 第二，如果各州企图调整某项商业活动，而该项活动也是联邦政府所调整的，那么宪法第 6 条"至高无上条款"（本宪法和依本宪法所制定的合众国的法律，以及根据合众国的权力已缔结或将缔结的一切条约，都是全国的最高法律；每个州的法官都应受其约束，即使州的宪法和法律中有与之相抵触的内容）就发挥作用。这方面的判例多不胜数。

2. 20 世纪 30 年代之前，法院限制政府职能阶段

"南北战争"后的 30 年内，是美国资本主义自由竞争时期。在经济理论上亚当·斯密（Adam Smith，1723～1790 年）所代表的古典经济学所鼓吹的劳动是价值的源泉，个人利己主义的经济学理论风行一时，影响甚深。与此同

---

① 朱瑞祥：《美国联邦最高法院判例史程》，黎明文化公司 1984 年版，第 49 页。
② ［美］卡尔威因 - 帕尔德森：《美国宪法释义》，徐卫东、吴新平译，华夏出版社 1989 年版，第 86 页。
③ 张千帆：《西方宪政体系》，中国政法大学出版社 2000 年版，第 138 页。

时，英国的思想家达尔文（Charles Darwin，1809～1882 年）、斯宾塞（Herbert Spencer，1820～1903 年）、柯布顿（Richard Cobden，1804～1865 年）等人关于生存竞争以及要求政府对人民经济生活少加干涉的思想也流行于美国。这种情况发展的必然趋势是垄断组织形成，大托拉斯在掠夺小企业的基础上聚集了大量财富，财富的分配日益不平等。1890 年，哈利逊政府颁布《谢尔曼反托拉斯法》，开始对国家经济实行干预，各州也制定了劳工保护的法律。然而，最高法院仍然坚守最少政府干预和财产权利不可侵犯的观念，运用违宪审查权限制政府职能。

1895 年的"美国糖业公司案"（Suger Trust Case）是联邦政府的第一宗反托拉斯诉讼案。在该案中，最高法院宣布：制糖工业不是商业，不在州际贸易之内，因而不属于联邦调整经济的范围；即使制糖业的垄断会对州际贸易产生一些影响，这种影响也是间接的。

最高法院对"州际贸易"范围的狭义解释在 1904 年的"北方证券公司诉联邦政府案"（Northern Securities v. U. S.，1904 年）和 1905 年的"斯维佛特肉类加工厂诉美国案"（Swift & Co. v. U. S.，1905 年）中有所变化。前者，支持政府关于解散控制了三条铁路干线的北方证券公司的决定，驳斥了北方证券公司关于联邦反托拉斯法侵犯了契约自由和州权的论点；后者，提出"贸易流"（current of commerce）的理论，认为联邦政府有权调控某些地方活动，并非一定因为它对州际贸易有直接影响，而是它本身即应被考虑为州际贸易整体的一部分。[①]

从整体上看，最高法院的保守态度一直持续到"新政"。1933 年，罗斯福政府制定《全国产业复兴法》，授权行政机构确定"公平竞争标准"，力图对垄断资本的工业生产计划、产品价格、销售市场的分配、工人的工资标准和劳动时数、劳资关系、消费品供应等方面进行调节。在该法生效的一年半时间里，罗斯福政府制定的"公平竞争"法规已达到 750 多个。然而，这项法律却在"谢克特家禽公司诉美国案"（Schechter Poultry Co. v. U. S.，1935 年）中，被最高法院宣布违宪。其理由就是根据"贸易条款"，《全国产业复

---

① 张千帆：《西方宪政体系》，中国政法大学出版社 2000 年版，第 141 页。

兴法》所调控的商业是州际商业，该案的家禽买卖则属于州内商业，虽然对州际通商有影响，但只是间接的而不是直接的，因而不在联邦政府管制之内。

总之，在"新政"之前的年代里，最高法院对国会的贸易管理权的解释是：国会有权管理"直接"影响州际贸易的地方性活动，而无权管理只是"间接"影响州际贸易的地方性活动。"这种概念化的方法产生的实际效果是，排除了关于地方性活动对州际贸易影响程度的任何调查，排除了联邦管理美国国民经济的必要性"，加剧了市场上的不道德竞争。①

3. "新政"之后法院放宽对政府经济调控权限制阶段

从 1937 年的"国家劳资关系委员会诉琼斯和劳克林钢铁公司案"（NLRB v. Johns & Laughlin Co, 1937 年）开始，最高法院开始调查对州际贸易自由流通的妨碍程度，对"贸易条款"的解释采取了宽泛的态度，放宽了对政府经济调控权的限制。琼斯和劳克林钢铁公司的几位员工因参加工会活动，遭到公司解雇。钢铁公司以该公司业务属于"制造业"而非"贸易"为理由，辩称其不属宪法"贸易条款"调控的范围。而最高法院抛弃了先前案例中确立的"贸易"和"制造"的形式区别，坚持政府有权保证工人组织工会的权力，以避免工人罢工致使生产过程中断而影响州际贸易。在 1938 年的"圣克鲁斯水果包装公司诉全国劳工关系委员会案"（Santa Cruz Fruit Packing Co. v. NLRB, 1938 年）中，最高法院宣布，虽然该公司只有 37% 的业务与州际商业有关，联邦全国劳工关系委员会仍有权对其进行管理。同年，在"爱迪生公司诉全国劳工关系委员会案"中，最高法院称虽然该公司的电力生产是在州内进行的，但是其电力卖给了广播电台、飞机厂等从事州际贸易的企业，因此，联邦政府有权对该公司进行管理，有权对其实施全国劳工关系法。在 1941 年的"美国诉达比木材公司案"（U. S. v. Darby Lumber, 1941 年）中，最高法院推翻了 1918 年"罕默尔诉达镇哈特案"（Hammer v. Dagenhart, 1918 年）的判决，判定 1938 年的《公平劳动标准法》合宪。法院认为：国会有权管理规定公平劳动标准，有权采取禁止措施，并对那些影响州际贸易的

---

① ［美］杰罗姆·巴伦、托马斯·迪恩斯：《美国宪法概论》，刘瑞祥译，中国社会科学出版社 1995 年版，第 47 页。

州内贸易进行管理。1942 年，最高法院在"威卡特诉费尔本案"（Wickard v. Filburn，1942 年）中宣布，1938 年的《农业调整法》并不违宪。费尔本在家庭农场上生产供个人消费的小麦，因超出根据农业调整法规定的耕种面积和产量而被指控。费尔本以他的农产品是自产自用的，没有进入市场为由为自己辩护。最高法院认为："即使农场主的活动是地方性的，虽然这种活动可以不被看成是贸易，但是如果它对州际贸易产生实质性经济影响，国会仍有权管理，不论这种活动的性质如何，也不论这种影响是否属于前面所说的'直接'或'间接'的影响。"[1] 这一判决被美国法学家看作"开始了现代互相影响理论的时代"，影响至今。[2] 自"新政"以来，没有一项以贸易权为依据的国会立法因缺乏联邦立法权被裁定违宪，联邦政府管制贸易和经济的权力渗入美国经济生活的方方面面。

三、限制不公正经营、维护财产权

除了那些与经济活动直接发生影响的法律之外，美国国会还根据宪法"贸易条款"通过了一系列有关劳工关系的法律和有关工人福利的法律。如有关劳工关系的法律有：1932 年的《诺里斯—拉瓜迪亚法》，在美国历史上首次给予全国范围的工人以签订集体合同的权利；1935 年的《国家劳工关系法》授权成立国家劳工关系委员会，其主要职能是保证工人有组织工会及同雇主进行集体谈判的权利，听取和裁定工人对于"不正当劳工行为"的控诉；1947 年的《美国劳资关系法》规定工会的"不公正劳动行为"为非法行为，授权总统在"危害国家安全"时指令司法部要求法院发布禁止罢工的禁令（该法于 1959 年被修正，其目的在于调解影响到商业的劳资纠纷，以利于州际贸易的通畅）；1959 年的《工会管理报告和揭露法》，建立联邦对工会内部事务的控制；等等。有关工人福利的法律有：1916 年的《联邦童工法》，规定顾主若雇佣未满 14 岁的童工，强制每天工作 8 小时，或每星期工作超过 6 天者，其产品不得越过州界成为州际贸易商品；1938 年的《公平劳动标准

---

① ［美］杰罗姆·巴伦、托马斯·迪恩斯：《美国宪法概论》，刘瑞祥译，中国社会科学出版社 1995 年版，第 47 页。

② 同上。

法》，针对商品生产产业中存在的不利于劳动者的劳动条件和生活标准，规定最高工时和最低工资标准，凡超过最高工时标准应付加班报酬，禁止在有害未成年人健康的情况下，雇佣未成年人；等等。

"贸易条款"规定的国会调整州际贸易的权力还对《民权法》产生重大影响，进而限制了企业的不公正经营。1964 年的《民权法》禁止一切餐馆、旅馆、加油站、电影院、运动场等因种族、肤色、性别、宗教等原因实行种族歧视；禁止企业、工会、学校在雇佣、开除、工资待遇方面因种族、肤色、性别等原因实行种族歧视。这些规定得到了"贸易条款"的支持。如在《民权法》公布不久就发生的"亚特兰大汽车旅馆诉美国案"（Heart of Atlanta Motel v. U.S.，1964 年）中，联邦最高法院所有大法官对《民权法》表示一致支持。最高法院称，国会有权在州际商务中禁止种族歧视，该汽车旅馆的营业已涉及州际商务范围，应当受到管制，从而宣布《民权法》合宪。

美国宪法中的"法律正当程序"条款是指：第 5 条修正案规定的"任何人……不得未经法律正当程序，即被剥夺生命、自由或财产"；第 14 条修正案规定的"任何州不得未经法律正当程序，即剥夺任何人的生命、自由或财产"。从文字上看，第 5 条修正案与第 14 条修正案关于"法律正当程序"的规定基本相同，但其针对的对象却有别，前者是针对联邦政府，后者是针对各州。经过最高法院的解释，"正当程序"已分为"程序"和"实体"两方面。程序性的"法律正当程序"涉及法律实施的方法，如适用于当政府在法院未作出定罪判定时就剥夺公民的自由或财产的情况。而实体性的"法律正当程序"则要求法院确信法律不仅仅是使法律付诸实施的程序，而且它自身的目的就是公正、合理、正义。最高法院将实体性"正当程序"运用于奴隶制经济生活，维护奴隶主阶级的"财产"和"自由"的典型案例是 1857 年的"蓄奴案"（Dred Scott v. Sandford，1857 年）。1890 ~ 1937 年，随着"法律正当程序"的实体性意义的运用，最高法院发展了"财产"和"自由"的含义。以至任何州或联邦的法律、法令或行政命令，只要对私人财产或契约自由权利予以任何限制，最高法院便以"法律正当程序"予以干涉。这种做法与"贸易条款"的运用相呼应，形成了 19 世纪最后 25 年美国的"公司的时代"。

与私人财产和经济活动有关的宪法条款还有《权利法案》。第 1 条宪法修正案规定了五项基本自由权利：宗教自由、言论自由、新闻出版自由、集会自由和向政府请愿的权利。出于宗教目的而颁布的星期天停止营业的法律，使宗教自由变成了商业问题。商业广告成了法院探求宪法保护言论自由的界限的问题。将私有财产充作公用的权力，普遍存在于所有的政府之中。根据美国宪法第 5 条修正案的规定，私人财产也可以被充作公用，其条件是必须依据征用权的规定，并给予"公平赔偿"。当政府与个人未能就征用财产的价格达成协议时，应由陪审团作出判决。根据第 7 条宪法修正案，在普通法诉讼中，其争执所涉及的价值超过 20 美元的，当事人有权要求陪审团审判。

美国网络隐私权的法律保护[*]

一、美国法上隐私权的涵义

"隐私权"的概念是布兰代斯和华伦创设的，但他们仅仅把其描述为一种"不受外界干扰的权利"，侵犯隐私权被认为是一种精神损害，属于侵权法。考察隐私权的历史，可以看到它在美国的发展经历了一个漫长的过程。

纽约州是最早接纳隐私权观念的州。1960 年，著名侵权法专家威廉·普罗塞尔（William Prosser）教授对各种侵犯隐私的案例作了分析，并将其归纳为四类：（1）入侵（intrusion），即具有高度冒犯性地侵犯他人（肉体上或其他方面）之独立性；（2）公开披露私人事务（public disclosure of private facts），即具高度冒犯性地公开与大众无关的私人事务；（3）误导（false light），即具高度冒犯性地宣传造成他人的误解；（4）盗用（appropriation），即未经许可利用他人姓名、喜好或其他与身份有关的资料获得不当利益。[①]这一分类为许多州所接受，并为《美国侵权行为法（第二次）重述》所采纳。

在联邦一级，最高法院最早是通过第 4 条宪法修正案和第 14 条宪法修

---

* 本文原载《中国人民公安大学学报》2003 年第 6 期，收入本书时有删节。

① David Brins：《透明社会：个人隐私 vs. 资讯自由》，萧美惠译，先觉出版社 1999 年版，第 113～114 页。

正案来保护隐私权有关内容的。尽管美国法律对隐私权缺乏一个统一的定义，但以上表述仍有一个共同的核心内容，即公开披露与公共无关的个人信息或私人事务，破坏个人正常的安宁生活都被视为是对隐私权的当然侵犯。

二、网络隐私权问题的提出

自 20 世纪 80 年代以来，互联网的飞速发展从根本上改变了传统的信息收集、加工和传播模式，网络的实时性使这些工作的完成时间几乎可以忽略，而网络的广泛性和开放性则意味着所有的用户都可以分享网上的一切信息。但科学技术是一把双刃剑，在人们的信息控制和处理能力得到空前提升的同时，网络也引起了新的隐私权问题。

（一）个人数据问题

本文中的个人数据是指互联网上足以识别个人的一切信息，[①] 它包括个人的自然情况和婚姻家庭情况等。具体地说，个人数据方面的隐私侵权主要有下列几种：（1）未经当事人同意收集其个人数据；（2）个人数据二次开发利用；（3）非法交易个人数据；（4）在非法个人数据收集、使用和交易中，当事人无从对本人数据的正确性进行监控，而收集、使用和交易者也不会对此负责，因此可能造成不必要的错误，给当事人带来潜在的危害。

（二）干扰个人网上通信

随着互联网的发展，越来越多的人选择网络作为通信工具。与传统的电信、邮政相比，网络通信具有方便快捷、费用低廉等突出的优点，但是网络本身的开放性又决定了它比传统的通信方式更易受外界的干扰。目前，网络通信主要方式是电子邮件，对网络通信的干扰也主要是两种：垃圾邮件泛滥和监看电子邮件。

当然，这两大问题并不能覆盖网络隐私权所有内容，但它们是网络隐私权的核心。总之，技术的飞跃和网络的普及使得对个人隐私的刺探和传播都

---

① 一般来说，个人数据是指足以识别个人的一切信息。但本文讨论的是网络环境下与个人数据相关的隐私权问题，暂且将个人数据的范围限定于网上足以识别个人的一切信息。

变得更为方便快捷，侵权的危害程度也因此大为增加。面对这一新的挑战，一向在隐私权保护方面走在世界前列的美国也感到了明显的压力，如何应对网络隐私权问题已成为美国法律界的当务之急。

三、对网络隐私权的法律保护

1974 年，国会在制定《隐私权法》时曾经指出，计算机和信息技术的广泛应用对政府的高效运转是必要的，但对个人隐私的危害也大大增加了。在 1977 年"华伦诉罗伊案"中，最高法院也认为："我们根本没有觉察到电子资料库中累积的大量私人资讯和政府大量的档案对隐私权的威胁。"① 从那时起，美国政府显著增进了对隐私权的法律保护。不过，对网络隐私权的关注是在 90 年代以后，随着互联网的迅速崛起而产生的，隐私权法律保护也随之进入一个新的阶段。

（一）对个人数据的保护

1. 个人数据保护原则与行业自律

1995 年 7 月，克林顿政府成立的信息基础设施特别工作组（IITF）下属的保护隐私工作组公布了一份题为《个人隐私和国家信息基础设施（NII）：个人信息的使用和提供原则》的报告，提出了一整套关于个人信息的收集、加工、存储和再利用的原则，这是美国政府第一次正式提出个人数据的保护原则。1997 年 7 月 1 日，白宫发布《全球电子商务纲要》，它把私营部门应处于领导地位作为第一原则。在政府的鼓励和督促下，行业自律已成为美国网络隐私保护的支柱之一。

2. 国会立法

美国国会在保护隐私权方面也作了不少立法工作，特别是现代科学技术突飞猛进，法院常常赶不上前进的步伐，而立法机关相对而言反应更为灵活。在个人数据保护领域，最重要的立法有：（1）《隐私权法》；（2）《儿童网上隐私保护法》；（3）《格莱梅—里奇—布利雷法》。

---

① 爱伦·艾德曼、卡洛琳·肯尼迪："隐私的权利"，吴懿婷译，见《商业周刊》2001 年版，第 194 页。

3. 法院的态度（略）

（二）对个人网上通信的保护

1. 反垃圾邮件

从 20 世纪 90 年代后期开始，垃圾邮件越来越成为互联网上的一大公害。除了普通用户以外，网络服务商更深受其害，在其他方法都不能奏效的情况下，人们开始寻求法律的帮助。

较早的一个著名案例是 1997 年"康普生诉网络广告公司案"（Compu Serve v. Cyber Promotions，Inc.）。[1] 到目前为止，这些案件多是由网络服务商提起诉讼的，由于其所受损害比较明显，容易得到法院的支持；而个人起诉的案件较少，胜诉难度也较大。

在法院行动的同时，立法机关也开始参与这个问题。1997 年 7 月，内华达州首先对电子邮件进行立法，限制滥发电子邮件的行为。到 2003 年，已有 35 个州专门制定了关于垃圾邮件的法律。

2. 电子邮件隐私保护

虽然电子邮件与传统信件并无本质的区别，但在美国，对电子邮件的隐私保护另有一个框架，它是由《电子通讯隐私法》和一些相关的判例组成的。

总的来说，美国在电子邮件隐私保护上趋向两个极端，即对国家监看私人电子邮件加以严格的限制，而对工作场所监看电子邮件则极为宽松。这与美国一贯主张严格限制政府权力，扩大公民自由与权利，特别看重财产权的保护的法律传统是一致的。

美国是世界上网络最发达的国家，且有隐私权保护的传统，所以，网络隐私权问题是美国人关心的热点之一。如上所述，美国的确在网络隐私权法律保护方面作了许多努力，其总体水平在世界上处于领先地位，但是，美国对隐私权的保护仍然存在几个严重的问题：

（1）由于政治体制的制约，行政、立法、司法三部门在这一问题上配合不够，各州也是各自为政，缺乏整体设计，因而难免出现一些漏洞。

---

① 962 F. Supp. 1015（SDOhio 1997）.

（2）对于个人数据的保护，行业自律不尽如人意，进行立法保护的呼声日高，但还存在许多争议，对以法律保护个人数据的必要性认识不足影响了整个保护工作的进行。

（3）在观念上，美国向来把隐私权当作一种与个人财产有密切关系的权利，而欧盟把它看作是一种人权。这大概是与欧盟相比，美国对网络隐私权的法律保护明显不足的关键原因。

试论《独立宣言》的思想渊源及理论创新[*]

曾尔恕

如果将美国的成长进行拟人化的考察，应当从他的襁褓时期开始，"应当追溯他的过去，应当考察他在母亲怀抱中的婴儿时期，应当观察他最初目击的事物，应当听一听唤醒他启动沉睡的思维能力的最初话语，最后，还应当看一看显示他顽强性的最初奋斗"。[①] 1776 年 6 月 11 日至 28 日，托马斯·杰斐逊（Thomas Jefferson，1743~1826 年）在他费城的住所起草了《独立宣言》。7 月 4 日，《独立宣言》被印刷成文，向全世界发出新大陆初生的 13 个联合诸州独立解放的第一声震撼人心的呐喊与呼吁，显示了这个刚刚与它的宗主国英国母体剪断脐带的新生儿最初的反叛性格："我们认为下述真理是不言自明的：一切人生来平等；造物主赋予他们以某些不可剥夺的权利，其中包括生命、自由和追求幸福；为了巩固这些权利，在人们中建立了政府，政府的正当权力来自被统治者的同意；无论什么时候一个政府破坏了这些目的，人民就有权改变这个政府或者把它废除，并成立新的政府，这个政府所根据的原则及组织权力的方式在人民看来最可能实现他们的安全和幸福。"[②]《独立宣言》列举了种种英政府的"不断伤害和篡夺的历史"，而后郑重宣告：联合殖民地"理所当然是自由和独立的州；他们取消对英国国王的全部忠诚，完全解除而且也理当解除他们与英国之间的一切政治关系；作为独立

---

* 本文原载《比较法研究》2004 年第 6 期。
① ［法］托克维尔：《美国的民主》（上卷），董果良译，商务印书馆 1988 年版，第 30 页。
② ［美］托马斯·杰斐逊：《杰斐逊选集》，朱曾汶译，商务印书馆 2011 年版，第 49~50 页。

的州，它们有全权宣战、媾和、结盟、通商以及从事独立诸州有权从事的其他一切活动。"①

《独立宣言》既是美国民族独立的战斗檄文，还是美国立国的宪法性文件，它对天赋人权的强调"融汇了启蒙运动的两大思想传统——自由主义（强调对个人权利和自由的保护）和共和主义（强调公民对公共事务的参与）——构建了新的美国自由的传统"，② 奠定了美国宪法的思想基础。杰斐逊本人为他在《独立宣言》中的贡献而自豪，在为自己撰写的墓志铭中他写道："美国独立宣言和弗吉尼亚州宗教自由法规的起草人，弗吉尼亚大学之父。"在《独立宣言》发布多年以后，谈到它的理论渊源时杰斐逊表示："《独立宣言》既不想独树一帜地创造原则或情感，也不是抄袭任何前人的著作，它的目的在于表达美洲殖民地人的心愿，并使那种表达的方式具有当时形势所要求的风格和精神。因此，它的全部根据就是以当时和谐一致的情感为依据的，这种情感有的表现在日常的谈话里和信件里，有的表现在出版的论文里或亚里士多德、西塞罗、洛克、悉尼③等人所著的有关公权的基础读物里。"《独立宣言》凝练了在它之前诸多思想家、法学家的政治法律思想的精华，连接着爱国者和热爱自由的人们的情感，得到世界的普遍赞誉。④ 本文意在通过对《独立宣言》的思想渊源及理论创新的探讨，进一步认识和理解构建美国政治制度和法律制度的那些基本价值要素。

一

许多有代表性的美国历史教科书或著作都认为，在所有的政治思想家中，给杰斐逊影响最大的，首推约翰·洛克（John Locke，1632～1704年）。⑤ 洛

---

① ［美］托马斯·杰斐逊：《杰斐逊选集》，朱曾汶译，商务印书馆2011年版，第53页。

② 王希："自由：一个尚未结束的美国故事"，载《美国研究》2002年第2期。

③ 菲利普·悉尼爵士（1554～1586年），英国诗人、军人，著有小说《亚加狄亚》。参见［美］菲利普·方纳编：《杰斐逊文集》，王华译，商务印书馆1963年版，第8页。

④ ［美］菲利普·方纳编：《杰斐逊文集》，王华译，商务印书馆1963年版，第8页。

⑤ 对这一观点提出质疑的美国宪法理论学者拉塞尔·柯克认为，洛克并不曾决定18或19世纪美国人的政治信念。在为美国宪法作出贡献的若干重要政治人物中，洛克仅是其中之一。参见［美］肯尼思·W.汤普森编：《宪法的政治理论》，张志铭译，三联书店1997年版，第42页。

克在他的主要的政治思想著作《政府论》中论证英国资产阶级有权推翻封建专制君主的时候，提出每个人都享有生命权、自由权和财产权等个人权利的主张。他认为，政府的唯一目的就是保障这些天赋的权利，当这些权利受到君主的蹂躏而不是维护时，社会契约便遭到破坏，人们就有权推翻统治者。杰斐逊笃信洛克提出的天赋人权的基本原则，甚至认为洛克的"《政府论》这本篇幅不大的著作，就其本身而论，是完整无缺的"① "杰斐逊正是在洛克的著作中发现了表达得很完善的思想，把这些思想纳入了《独立宣言》中"②。然而，《独立宣言》反对英国殖民者所依据的理论并没有照搬洛克的思想，而是与北美当时已经流行的政治思想情感及政治实践密切关联的、"稳固地建立在本土制度之上的思想"③。1774 年，杰斐逊本人在启程参加弗吉尼亚会议时写的《英属美利坚权利概观》（A Summary View of the Rights of British America）中就提出过一个毫不妥协的论据："我们的祖先在移居美洲之前，是英国在欧洲领地的自由居民，享有大自然赋予人的一切权利：离开那个是机缘而不是选择使他们置身其中的国家，去寻找新的住所，并在那里按照在他们看来最有可能促进公众幸福的法律和规章建立新社会。……美洲之被征服，它的居留地之建立和牢固地确立，是由个人付出代价，而不是由英国公众付出代价。在获取供他们居住的土地时，他们流了自己的血，为了在那里安居乐业，他们耗尽了自己的资财。他们为自己而斗争，为自己而征服，因此也有权仅仅为自己保留。"④ 在起草《独立宣言》的前两年里，大陆会议、各殖民地也已经宣布了许多保卫自由的《权利宣言》。大约在《独立宣言》发表 6 周以前，弗吉尼亚州议会通过的《弗吉尼亚权利宣言》的开头这样写道："弗吉尼亚善良人民的代表，在全体和自由的大会上制定一项权利宣言；宣言中所列权利属于他们及其后裔，是政府成立的根据和基础。所有人生来都是同样自由和独立的，并享有某些天赋的权利，当他们组成一个

---

① ［美］菲利普·方纳编：《杰斐逊文选》，王华译，商务印书馆 1963 年版，第 8 页。

② ［美］卡尔·贝克尔：《论独立宣言》，彭刚译，《18 世纪哲学家的天城》，三联书店 2001 年版，第 206 页。

③ 爱德华·S. 考文：《美国宪法的"高级法"背景》，强世功译，三联书店 1996 年版，第 85 页。

④ ［美］托马斯·杰斐逊：《杰斐逊选集》，商务印书馆 2011 年版，第 292～293 页。

社会时，他们不能凭任何契约剥夺其后裔的这些权利。也就是说，享有生活与自由的权利，包括获取与拥有财产、追求和享有幸福与安全的手段。"① 从北美殖民地本土的情况和经验出发，《独立宣言》至少在三方面提出与洛克的人权理论不同的新的命题。

（一）与人类的其他权利相比，平等权是首要的权利，是不言而喻的天赋权利

"美利坚民族意识诞生于争取平等的斗争。自从 1760 年乔治二世去世以来，英国政策的几乎每一个举措都在某种意义上使美国人感到，他们在英帝国之内以及英国议会的统治下被认为没有平等的法律权利和政治地位。这种法律面前的不平等在美国人的情感中被折射成为一个他们深恶痛绝的形式——受尊重的平等。"② 从历史上看，1763 年以前，北美人民并没有独立的想法，一般人们仍把自己看作英王的臣民、大英帝国平等的成员，与英国人同族同语，生活在同一宪法之下。他们相信"英国宪法一直是'英国自由制度的精华''人权自由的守护神……国家安定的基石''智慧累计的纪念碑'和来自世界的赞美"。③ 他们认为根据《英国大宪章》和英国人"与生俱来"的权利，他们原本享有与英国人同样的不得被剥夺的权利和自由。就在 1763 年，本杰明·富兰克林在英国下议院被问及殖民地对大不列颠的态度时的回答仍是：殖民地人民认为英国政府是世界上最好的政府，殖民地人民"愿意服从国王政府，在所有法庭内，服从议会制定的法令"，"对大不列颠，对它的法律、习惯、风俗，他们都不只尊重，而且深爱，甚至狂热地喜爱着显著促进贸易发展的不列颠的时尚商品"。④ 甚至迟至 1774 年，约翰·亚当斯还把独立比喻为"一种面目狰狞的恶鬼，会使孱弱的人当面邂近而大惊失

---

① ［美］玛丽·莫斯特：《独立宣言——渴望自由的心声》，刘永艳、宁春辉译，中共党史出版社 2006 年版，第 110 页。

② ［英］J. R. 波尔：《美国平等的历程》，张聚国译，商务印书馆 2007 年版，第 26 页。

③ Gordon S. Wood：The Creation of the American Republic 1776 - 1787，New York. London，1972，p. 11.

④ Thomas Paine：Common Sense，Edited With An Introduction By Isaac Kramnick，p. 10.

色"。① 那么，究竟是什么伤害了北美人民对英国的尊敬和热爱之情，使他们与英国的关系严重变质，以至 12 年后发展到开战的地步？美国霍普金斯大学教授杰克·哥瑞恩（Jack Greene）指出，尽管表面平静，在 1660 年至 1760 年这一个世纪中，英国和殖民地之间已经发生了重要的结构性的变化，正是这种变化造成双方关系的紧张并为美国革命提供了前提条件。② 实际上，在政治上，当时大多数殖民地已经具备了自治的先决条件，殖民地当地的精英都有效地支配了当地的政治和社会生活，各殖民地都拥有了本地的行政和政治权力的自治中心，特别重要的是每个殖民地都有了经由选举的议会下院。因此，"在大革命发生前的这个世纪中，殖民地的美利坚人比起他们英国的表兄更广泛地参与了政治的进程"。③ 在经济上，1660～1673 年，英国通过一系列贸易和航海条例，形成对殖民地进行掠夺和控制的经济政策。为了加强对殖民地的经济管理，1675 年英国还在殖民地设立了"贵族贸易委员会"。然而，这些限制并没能够阻止各殖民地在条例颁布后的 1 个世纪里的成长和繁荣，殖民地对英国经济却变得至关重要。1700 年，北美殖民地的人口是257 060，60 年后激增至 1 593 625。④ 人口的增长为英国大量的制造品提供了销售市场，反过来又为英国提供了大量的廉价原材料。在 1756～1763 年的英法"七年战争"中英国花费了巨额战争经费，并且购买了整个法兰西的加拿大和除路易斯安那以外密西西比河以东的所有土地。据估计，"保卫这样一个美利坚帝国需要一支 1 万人的常驻军队，每年需要 30 万英镑的军费"。⑤ 战争中财政的枯竭，使英国政府盯上了殖民地的税收。因此，不是北美殖民地经济需要依赖英国，恰恰相反，由于北美殖民地在英国的贸易中发挥了重要作用，英国的经济正迅速地变为越来越依赖于北美殖民地。1763 年，英国殖民当局颁布《宣告令》，禁止殖民地人民到西部去购买土地和定居，并宣布在北美建立四个新的行政管理区域，且由英国军队维持秩序。1764 年，克

① 陆镜生编著：《美国人权政治——理论和实践的历史考察》，当代世界出版社 1997 年版，第117 页。A. T. Mason, Free Government in the Making, New York, 1956, p. 84。
② Thomas Paine: Common Sense, Edited With An Introduction By Isaac Kramnick, p. 11.
③ Ibid.
④ Ibid. , p. 12.
⑤ Ibid. , p. 13.

伦威尔向下议院提出包括《税收法令》和《印花税法》在内的一系列关于从美洲取得收入的决议案；违抗法令者，应受不设陪审团的海军法庭审判。英国政府这一切所作所为使殖民地人民警醒地认识到，他们的母国其实并不承认他们是大英帝国的子民，他们与英国人并不生活在同一个宪法原则之下。"在英国的政治体制中，北美只是处于从属地位。只有符合英国本身的目标时，英国才会考虑到这个国家的利益。因此，在任何不能增进它的利益的情况下，它自身的利益就会促使它压制我们的成长，或者至少要进行干涉阻挠。"①

　　按照英国宪法传统的自由观念，税收应当来自臣民自愿的输捐，而非政府的课征，既然各殖民地在英国议会中并不享有代表权，按照"无代表不征税"的宪法原则，《税收法》就实在是对祖制的大变。1765 年 10 月，北美殖民地各主要城市的代表集会于纽约城，宣言反对《印花税法》，并经一致同意发表决议："国王陛下之殖民地忠顺臣民，有权享受在英国国内出生之臣民所有继承权利与自由"；"就人民的自由而言，不可或缺的真理是，它同样是英国人原已拥有的权利，即未经本人或代表同意，政府不得征税"；"唯殖民地的议员才是人民自己推选的代表。除非经由当地立法机关批准，任何人从未亦不得对他们合法征税"；"殖民地上缴军需，是他们自愿献给王室的礼品，若将殖民地人民的财产交纳于国王陛下，势必与大英帝国人民共同享有的英国宪法的原则与精神相背离"。② 从反《印花税法》决议到《独立宣言》发表的 10 年间，关于北美殖民地与英国的关系问题的辩论一直持续，涌现了一大批政治家，其中一些人的雄辩对鼓动和组织殖民地人民有重要影响。《独立宣言》所表明的殖民地人民享有与英国人同样的平等权利的思想，曾被那些后来成为美国开国领袖的政治家大胆而有力地表述过。迪金森③宣称："我们的自由并非来自特许状；因为特许状仅仅宣告了先在的权利。它们不

---

① Thomas Paine: Common Sense, Edited With An Introduction By Isaac Kramnick, p. 93.

② David E Shi and Holly A. Mayer: For the Record: A Documentary History of America Volume1, Stamp Act Congress from Declaration of rights and Grievances of the Colonies(1765).

③ 约翰·迪金森（1732~1808 年）：美国政治家。

依靠羊皮纸文件或御玺，而是来自上帝和万物之灵。"约翰·亚当斯①说：权利建立于"人性的结构，扎根于智力和道德世界"，来自"宇宙的伟大立法者"。汉密尔顿②断言："人类的神圣权利不能从老的羊皮纸文件或发霉的档案中去寻找。它们是由上帝亲手写在人性的全部篇幅上，宛如阳光普照，绝不能被凡人的力量消除或遮蔽。"③ 所以，《独立宣言》提出的平等权是人类的首要权利，不过是北美殖民地人民一直进行的维护权利斗争的继续，也是在北美已经延续了 10 年之久的政治辩论的继续和总结。关于《独立宣言》宣告的平等权，杰斐逊曾明确表示："愿《独立宣言》在全世界成为唤起人类的信号，……科学之光的全面传播已经使每一个人都能清楚地认识到这样一个明显的真理，即广大人类并不是生来在背上就有一付鞍子的，而少数的幸运儿也不是生来就穿着马靴和装上马刺，蒙上帝的恩惠可以随时理所当然地骑在他们身上的。"④《独立宣言》宣布殖民地独立的逻辑思路是如此清晰：

首先，北美殖民地和英国原本是平等地由一个君主进行统治，殖民地政府原本是存在于英国宪法之下的。在 18 世纪所有启蒙的地方，在殖民者的心目中，英国曾经的宪法是"完美的制度""它根深蒂固""它的原则来自上帝，能为每个坚持它的人所用"。⑤ 在被删除的《独立宣言》的文字中承认"在建立我们各自的政府体制时，我们的确承认了一位共同的国王，从而为与他们永久联盟和友好奠定了基础"。⑥ 而这种平等的关系被打碎是由于英王"和别人勾结起来使我们屈从于一种不符合我们宪法、不为法律承认的管辖权"，并且准许制定种种立法，"取消我们的特许状，废除我们最有价值的法律，从根本上改变我们的政府体制；终止我们立法机关的活动"，"宣布我们不受他保护，并对我们发动战争"，所以，英王"其一言一行都可以作为暴

---

① 约翰·亚当斯（1735~1826 年）：1797~1801 年任美国总统。

② 亚历山大·汉密尔顿（1757~1804 年）：美国宪法制定者之一，美国首任财政部长。

③ ［美］梅里亚姆：《美国政治学说史》，朱曾汶译，商务印书馆 1988 年版，第 26 页。

④ ［美］菲利普·方纳编：《杰斐逊文选》，王华译，商务印书馆 1963 年版，第 38 页。

⑤ Gordon S. Wood：The Creation of the American Republic 1776 - 1787，New York. London，1972，p. 11.

⑥ ［美］托马斯·杰斐逊：《杰斐逊选集》，朱曾汶译，商务印书馆 2011 年版，第 52 页。

君的特征，是不配做一个自由的民主的统治者的"。①

其次，殖民地人民与英国人同族同语，原本有着平等的自由和权利。《独立宣言》的署名者之一——霍浦金斯曾感叹于此，他说："普天之下，为了失去自由而甘愿离开祖国，在一个新的和未开垦的国家历尽千辛万苦，这样的人是绝无仅有的"。② 是英国政府不履行自己的义务、对殖民地人民实施暴政，侵犯了殖民地人民原本就应当享有的法定的权利，从而丧失了统治的合法性，殖民地人民才宣布独立，以维护自己的自由与权利。对此，1775 年11 月 29 日，杰斐逊在给他战争初期移居英国的朋友约翰·伦道夫的信中曾经这样表达："在这次斗争的早期，我们曾多次向国王请愿，声明我们对他只有一个要求。这个忠告被置若罔闻，还向我们反咬一口。要毁掉他的帝国的前程，他只需要再认识一个事实：殖民地在决心以武力反抗后，只有一条路可走。现在他们通过采取的措施把这条路强加于我们，好像他们生怕我们不走这条路似的。相信我的话，亲爱的先生，大英帝国没有一个人比我更真心诚意与大不列颠联合。但是，我对天起誓，如果我同意按照英国议会提出的条件进行联合，我就不复是我了，在这一点上，我认为我说出了美国人民的心声。……让掌握王权的暴君知道我们并非奴才，会跪在他面前，吻他打算用来抽打我们的鞭了。"③ 不到一年后，《独立宣言》几乎以同样的文字表达了殖民地独立的心声："我们对我们的英国同胞也没有掉以轻心。我们曾屡次就他们的立法机关企图把一个没有法律依据的司法权强加给我们而对他们提出警告。我们提醒他们关于我们移居到这里并在这里定居的情况，……我们曾经恳求他们看在血缘关系份上拒绝承认这些必然会影响我们的关系的侵略行为，"然而，英国政府对这些呼吁置若罔闻。既然如此，殖民地人民"必须承认宣布分离的必要性，……战是敌，和是友！"④

最后，既然英国臣民的权利是北美殖民地人民应得权利的依据，如果不获承认，那么，不言自明的、直接来自造物主的意志的、人人都平等享有的

---

① 同上书，第 51~52 页。
② ［美］梅里亚姆：《美国政治学说史》，朱曾汶译，商务印书馆 1988 年版，第 24 页。
③ ［美］托马斯·杰斐逊：《杰斐逊选集》，朱曾汶译，商务印书馆 2011 年版，第 356 页。
④ 同上书，第 52~53 页。

天赋权利便是实现独立的论点的基础。因为"如果接受这个前提，推论就不容置疑；如果不接受这个前提，真理就不能不言自明"。① 因此，"英国政府的行为即使是绝对合法的，也仍然被视为违反人的固有的权利"。② 关于平等权利，《独立宣言》中原本还有另一层意思，即杰斐逊认为奴隶制侵犯了黑人奴隶最神圣的生命和自由权利，从而破坏了人类的天赋权利。在杰斐逊的自传中记述了 1769 年在他刚刚开始他的政治生涯后即向州议会提出过一项解放黑奴的法案。作为种植园主，他曾经表示："世界上没有一个人比我更愿意牺牲自己，以求通过任何切实可行的办法使我们摆脱这种严厉的指责。如果能用那种办法全面解放和遣返奴隶，那么，舍弃那种命名不当的财产（奴隶），是一件不会使我有所犹豫的小事。"③ 在杰斐逊起草的《独立宣言》中原本有着大段谴责英国政府进行奴隶贸易罪恶的文字："他发动一场灭绝人性的残酷战争，侵犯一个从未冒犯过他的遥远民族的最神圣的生命和自由的权利，将他们捉住，运往另一个半球当奴隶，或者在运送中死于非命。这种海盗式的战争，臭名昭彰的异教徒强权，就是英国信基督教的国王发动的战争。他决心继续开放买卖人口的市场，故而滥用他的否决权，将一切试图禁止或限制这种丧尽天良的贸易的立法予以扼杀。……"④ 尽管为了保证仍在进行奴隶买卖的佐治亚和南卡罗莱纳对《独立宣言》投赞成票，大陆会议删除了以上这段文字，然而直到 1782 年杰斐逊仍旧对奴隶制表示出他的愤慨："人们坚信自由是上帝的恩赐，这是自由唯一的牢固基石。当我们铲除了这一基石，谁还会认为一个国家的自由是安全的？……自从我们当前的独立革命开始以来，我发现了一种显而易见的变化。主人的观念以及奴隶是尘土做成的观念正在消退……"⑤

不过，《独立宣言》并不主张自然平等，并不承认人类在一切方面都是平等的。正如当时多数激进的共和党人所承认的那样，某些自然差别是不可

① ［英］J. R. 波尔:《美国平等的历程》，张聚国译，商务印书馆 2007 年版，第 31 页。
② ［美］梅里亚姆:《美国政治学说史》，朱曾汶译，商务印书馆 1988 年版，第 26 页。
③ 袁华音:《西方社会思想史》，南开大学出版社 1988 年版，第 228 页。
④ ［美］托马斯·杰斐逊:《杰斐逊选集》，朱曾汶译，商务印书馆 2011 年版，第 52 页。
⑤ ［美］玛丽·莫斯特:《独立宣言——渴望自由的心声》，刘永艳、宁春辉译，中共党史出版社 2006 年版，第 119 页。

避免的，"弱小与强大，聪明和愚蠢，甚至贫穷与富有，博学与无知都是不可避免的。在真正的共和社会里，只要不是由自然的差别产生的，那些人为的差别就绝不会是极端的"。① 《独立宣言》只是宣布人民平等地享有某些不可转让的权利，其中包括生命权、自由权和追求幸福的权利。这些权利既不来自政府的恩赐，也不来自任何人的赠与，而是与生俱来的。对此，《独立宣言》起草委员会的成员约翰·亚当斯（John Adams，1735～1826 年）于1814 年阐释道："人们生来就有平等的权利，这是不言而喻的事实。每个人都与其他任何人一样享有属于自己的、明确的、合乎道德的、神圣的权利。这在世界上无疑是一种合乎道德的政府。关于一切人生来就具有平等的权利和才能、平等的社会影响、平等的财产和平等的终身利益等的说教，就如和尚、巫师、婆罗门教徒、喇嘛教徒或者那些自命的法国革命的哲学家们所布讲的教义一样，是企图使人轻信的十足的谎言。"②

（二）《独立宣言》将"追求幸福"的权利视为人权的主要原则，以"追求幸福"的权利涵盖"财产"权

"当洛克将自然法改变为人的权利之后，紧接着又将人的权利改变为所有权。而最终的结局是将国家建立在多数统治和保护财产安全这两个平衡且对立的概念之上。"③ 洛克认为，财产权与生存权有同等重要的地位，因为没有财产人就无法生存，人进入社会的原因就在于保护其财产，所以相对于生命权和自由权的论述，洛克对财产权的论述要更多。在《政府论》（下篇）的第五章中，他用劳动价值论为占有财产的不平等作辩护，并努力证明这种不平等合乎社会契约。在杰斐逊看来，洛克的理论对财产权的强调还不够透彻，他以"追求幸福"这一高尚的词汇涵盖了"财产权"。有学者对此评价："追求幸福的权利，意味着社会和政府要向人民提供他们所需要的幸福。拥

---

① Gordon S. Wood：The Creation of the American Republic 1776 – 1787, New York. London，1972，p. 72.

② ［美］卡尔威因·帕尔德森：《美国宪法释义》，徐卫东、吴新平译，华夏出版社 1989 年版，第 4 页。

③ 爱德华·S. 考文：《美国宪法的"高级法"背景》，强世功译，三联书店 1996 年版，第 71 页。

有财产或经济平等，肯定就是这些提供的条件。"① 换言之，杰斐逊是欲将经济或财产平等的原则作为实现他的政治革命的目的的物质条件。果然，出于有利于吸引民众参与共和政体的目的，在与《独立宣言》发表的同一年，杰斐逊在弗吉尼亚宪法提案（Proposed Constitution For Virginia）中写进了一项相对经济平等条款："每个现在没有、原来不曾有 50 英亩土地的成年人，都应该有权分得 50 英亩土地或者价值相当的财富，并对这些土地或财富拥有充分而绝对的所有权。"② 杰斐逊认为，相对经济平等的存在，"使人们得以为了共同的利益自由地参与公共生活，而不至于被迫一心想着个人的经济问题，从而使政治生活成为私人利益的角逐。那时政治生活可以真正服务于公共目的"。③

从实质意义来看，联系 17 世纪中期以来英国殖民政府对北美殖民地的经济掠夺及其遭遇反抗的历史，《独立宣言》所维护的"追求幸福的权利"的核心仍然是财产权。17 世纪中叶，"一般称为重商主义的那种经济学说，即追求经济实力以谋国家自足，是所有欧洲国家都认为理当奉行的"。④ 正处于从封建社会向资本主义社会转型时期的英国不例外地接受了重商主义的经济学说，逐渐形成对殖民地的经济政策。为了加强对殖民地的经济掠夺和经济管理，从 1660 年至 1673 年，英国通过了一系列贸易和航海条例；1675 年还在殖民地设立了"贵族贸易委员会"。凡此种种直接影响了北美的贸易，例如，"在克伦威尔当政时期原曾实行过向欧洲大陆直接输出烟草，这项贸易遭到禁止，就促成了弗吉尼亚的烟草价格下降。随着时间的推移，越来越多的殖民地产品被载入列举单内，到美国革命前夕，唯一没有被列举的重要产品就只剩下咸鱼一项。"⑤ 除了对殖民地贸易权的控制外，英国殖民当局还发

---

① Joseph Wronka: Human Rights and Social Policy in the 21st Century,（University Press of America, 1998, p. 66. 转引自李世安：《美国人权政策的历史考察》，河北人民出版社 2001 年版，第 55 页。

② ［美］肯尼思·W.汤普森编：《宪法的政治理论》，张志铭译，三联书店 1997 年版，第 135 页。

③ 同上书，第 136 页。

④ ［美］塞缪尔·埃利奥特·莫里森等：《美利坚共和国的成长》（上卷），南开大学历史系美国史研究室译，天津人民出版社 1980 年版，第 87 页。

⑤ 同上书，第 88 页。

布法令禁止殖民地人民向北美西部迁移，1763 年英王下令在北美建立包括东佛罗里达、西佛罗里达、魁北克和格林纳达在内的四个新的行政管理区域，将其以西的土地保留给印第安人，并由英国军队维持秩序。这一行动严重损害了殖民地政府的管理权，威胁和打击了那些企图到西部扩张的北美农场主的利益。为了缓解英国本土的财政困难，英国颁布了一系列对北美殖民地增加税收的条例，如 1764 年的《糖税法》、1765 年的《印花税条例》等，更是增加了殖民地人民在经济上的沉重负担。所以，"敌视英国的重商主义和期望实行经济上的自由放任主义是美国革命的最重要的因素"①，维护北美人民的财产权自然作为一项关乎北美人民实质性利益的重大权利，在《独立宣言》中得到突出反映。在《独立宣言》痛斥和列举的英国殖民者对北美人民犯下的恶贯满盈的罪行中，关于侵犯财产权的内容占有相当大的比重："他竭力阻止这些殖民地增加人口，为此目的而阻挠外国人入籍法，拒不批准其他鼓励外国人向这里移居的法律，并提高新拨土地的条件。""他掠夺我们的海洋资源，蹂躏我们的海岸，焚烧我们的城市，并杀害我们的人民。""切断我们与世界各地的贸易，未经我们同意就擅自对我们征税。"② 与列举的这些内容相呼应，在《独立宣言》宣布完全解除与英国的一切政治关系的文字后，紧接着表明作为自由独立的各州，有权从事包括"通商"在内的一切活动。可见，"追求幸福的权利"表达的是北美人民期望平等地进入世界自由贸易和自由市场的迫切要求，以及捍卫他们既得财产权的心愿。

（三）《独立宣言》表达了建构一种新的政府理论的观点

这种新的观点即"在一个实践领域里由被统治者决定政府的大政方针"。③ 在美国革命时期的政治法律学说中，除了对自由、平等和人类的天赋权利的信仰以外，还伴随着作为一切合法政府的必要基础的社会契约说。这一理论认为，如果人人生而平等，那么除非自愿，任何政府都不得要求他们效忠或服从，一个公正和自由的政治社会只能建立在被统治者同意的基础上。

---

① 陆镜生编著：《美国人权政治——理论和实践的历史考察》，当代世界出版社 1997 年版，第 126 页。

② ［美］托马斯·杰斐逊：《杰斐逊选集》，朱曾汶译，商务印书馆 2011 年版，第 50～51 页。

③ ［英］阿克顿：《自由与权力》，商务印书馆 2001 年版，第 398 页。

如果政府违背了被统治者的意志，人民（"被统治者"）就有权利去改变或推翻它，其最高形式便是革命。"被统治者同意"理论是在英国过去从未产生过的、纯粹的革命理论，它出自卢梭（J. J. Rousseau，1712～1778 年）和潘恩（Thomas Paine，1737～1809 年）的思想，"它完全宣告了欧洲政治学在美洲的不适用"。① 法国大革命的思想先驱者卢梭是从两方面论证人民革命的正当性的：其一，社会契约。在他的《社会契约论》首卷中论证政府权力的合法来源时，针对封建王权专制论的"人是生而不自由的"命题，提出："人是生而自由的，但却无往不在枷锁之中。"② 解除桎梏人类自由的枷锁、恢复人类原有的自由权利的关键是建立民主共和政体。卢梭假定，人类在进入社会之前处于自然状态，并且由于自然状态中不利于人类生存的障碍在阻力上"超过了每个个人在那种状态中为了自存所能运用的力量"，所以"要寻找出一种结合的形式，使它能以全部共同的力量来维护和保障每个结合者的人身和财富，并且由于这个结合而使每一个与全体联合的个人又不是在服从自己本人，并且仍然像以往一样地自由"。③ 卢梭认为，这种足以抵御对于个人人身和财产的侵犯的结合的形式便是社会契约，并且"为了使社会公约不至于成为一纸空文，它就默契地包含着这样一种规定，——唯有这一规定才能使其他规定具有力量——任何人拒不服从公意的，全体都要迫使他服从公意"。④ 其二，人民主权。卢梭认为：人民主权是公意的运用，所以就永远不能转让；并且主权者既然只是一个集体的生命，所以只能由他自己来代表自己；权力可以转移，但是意志却不可以转移。⑤ 由于主权不可转让，因此也就不可分割。"被人认为是主权的各个部分的那些权利都是从属于主权的，并且永远要以至高无上的意志为前提，那些权利都不过是执行最高意志而已"⑥。政府和主权者往往被混淆，政府只不过是主权者的执行人。"在那里，他们仅仅是主权者的官吏，是以主权者的名义在行使着主权者所托付给他们

① ［英］阿克顿：《自由与权力》，商务印书馆 2001 年版，第 398 页。
② ［法］卢梭：《社会契约论》，何兆武译，商务印书馆 1980 年版，第 8 页。
③ 同上书，第 23 页。
④ 同上书，第 29 页。
⑤ 同上书，第 35 页。
⑥ 同上书，第 38 页。

的权力，而且，只要主权者高兴，他就可以限制、改变和收回这种权力"。①
在这里需要附带提出的是，在谈到宪政与自由的问题时，卢梭的人民主权的
理论受到当时及后来的自由主义者的诸多阐释与评说，甚至将他作为集权主
义的先驱。例如，法国的贡斯当（1767～1830 年）从法国革命的实践经验中
得到的认识是，不受限制的人民主权的理论可能会成为对专制政治的支持。
他警告道："对人民主权的抽象承认丝毫不会提高给予个人的自由的价值。
如果我们认为那种主权具有它未必具有的广泛涵义，尽管有那个原则，或者
正是因为那个原则，那么，自由可能就会丧失。"② 就民主制度的合宪性而
言，美国法学家罗纳德·德沃金认为："在民主制度中，政治决定由某一特
别实体（人民）作出的，而不是由某个由个体组成的一部分人来决定"，是
卢梭式的"政府反映普遍意愿"的思想。这一思想反映的是"共同兼顾民主
概念"，而非"统计性的民主概念"。对于"政府来自人民"这一概念的统计
性理解在美国的政治理论中更为人熟知；而共同兼顾性的民主这一概念似乎
神秘莫测，而且听起来像是危险的集权主义。他认为，自我决定论（self-
determination）是我们这个时代最具影响，也是最危险的一种政治理想。人民
热切希望被他们中的一部分人来统治，"对于人民来说，他们不仅仅归属于
这一部分人，而且以某种特殊方式可以从这部分人中确认自己。他们只想被
属于同一法律、同一种族、同一语言团体或同一历史背景的成员们所统治，
而不是除此以外的其他人。他们把不能满足这些要求的政治团体看作专制统
治，不管事实上这种统治是多么公正和令人满意"。③ 在《独立宣言》发表的
前夕，1776 年 1 月，一本名为《常识》的著作，用辛辣犀利的言辞向殖民地
人民描述了乔治三世作为暴君的新形象，号召美洲人民推翻一切君王。作者
托马斯·潘恩（Thomas Paine，1737～1809 年）原籍英国，1774 年赴北美投
身独立革命运动。潘恩宣称："这个新世界曾经成为欧洲各地受迫害的酷爱

① ［法］卢梭：《社会契约论》，何兆武译，商务印书馆 1980 年版，第 76 页。
② ［法］邦雅曼·贡斯当：《古代人的自由与现代人的自由》，阎克文、刘满贵译，商务印书馆
1999 年版，第 58 页。
③ ［美］罗纳德·德沃金："自由的法：美国宪法的道德解读（导言·续）"，载《华东政法学
院学报》2001 年第 1 期。

公民自由与宗教自由的人士的避难所。他们逃到这里来，并不是要避开母亲的抚慰，而是要避开吃人怪物的虐待；把最初的移民逐出乡里的那种暴政，还在追逐着他们的后代，这话对英国来说，至今仍然是适用的。"① 他预言："由于问题从争论转到用武力对付，一个政治的新纪元开始了，一种新的思想方法已经产生了。"② 《常识》的出版预示美国的思想将发生巨变，在该书出版后 6 个月内，赞成独立和共和政体的情绪迅猛高涨。《独立宣言》关于"政府的正当权力来自被统治者的同意"这一理论表述，即表明了美国人民思想的深刻变化。

美国革命既是争取个人自由的斗争，又是一场争取民族独立的斗争。"事实上，这两种动机并不是相互竞争的，而是相互补充的。对殖民地政治史（尤其是最后几十年）的发展进程进行逻辑推导，就会发现对个人权利最完善的保护，体现在维护殖民地立法机关针对王室总督的、来之不易的特权之中；换句话说，体现在他们在当地称为他们的'宪法'之中。"③ 在"被统治者的同意"这一理论之下，殖民地人民对英国的反抗有了双重理由：其一，英国政府对殖民地的行为是违反宪法的；其二，即使英国政府的行为是合乎宪法的，也仍然是违背殖民地人民与生具有的天赋权利。在这一理论之下，长期以来被尊崇的价值观仍被保留。美国人并没有创造出任何应该拥有和遵守的新的权利或是新的原则，而只是宣布了他们应该保持的、过去一直拥有并遵守的英国人的传统权利和原则。《独立宣言》发表后，殖民地各州在它们的公告和州宪法中都表达了类似的语言——《马萨诸塞公告》（1776年）明确表示："主权永远属于人民的主体；它从未授予也不能授予一人或少数人，伟大的造物主从未赋予人在持续的时间上或程度上无限压迫他人之权。"新罕布什尔州宪法断言不抵抗主义是"奴性、荒谬、破坏人类的福利和幸福"。宾夕法尼亚州宪法说："社会有不容置疑、不可剥夺和不能取消的权利以该社会认为最有助于共同福利的方式改变、改革或废除政府。"特拉

① 潘恩：《潘恩选集》，马清槐等译，商务印书馆 1981 年版，第 22 页。
② 同上书，第 20 页。
③ ［美］爱德华·S. 考文：《美国宪法的"高级法"背景》，强世功译，三联书店 1996 年版，第 84 页。

华州宪法指出："委有立法和行政权之人民是公众的受托人和仆人，应以此种身份对其行为负责；因此，一旦政府的宗旨被歪曲，公民自由明显地遭到立法机关单独地或立法机关与行政机关狼狈为奸地破坏的威胁，人民可以而且应该建立新政府或改革旧政府。"①

二

《独立宣言》中表述的北美独立的理论依据，是作为欧洲文化理论而被广泛传播的自然法思想。当英国在北美建立殖民地时，这种理论在英国本土就已盛行，而"具有历史讽刺意味的是，一个半世纪之后，它成为导致北美殖民地与宗主国相分离的主要理论依据"。② 追溯历史，可以看到《独立宣言》所宣示的人民主权、社会契约、人民有起义的权利等理论，都是在自然法思想那里受到过浸染，结合本土的具体环境而形成的一种原创性理论。

（一）法的自然正义的概念

许多法学家在谈到自然法思想时都会联系到亚里士多德在《伦理学》中提出的"自然正义"的概念。亚里士多德提出：在政治正义中，一部分是自然的，一部分是法律的。自然正义在每个地方都具有相同的效力，不依赖于人们的思想存在；而法律正义则是从自然中发现的，是对自然永恒不变性的模仿。古罗马法学家西塞罗的法哲学思想承袭了古希腊哲学。关于法的概念，西塞罗认为："法律不是由人的才能想出来的，也不是什么人民的决议，而是某种凭借允行禁止之智慧管理整个世界的永恒之物。"③ 他反复强调："法律乃是自然中固有的最高理性，它允许做应该做的事情，禁止相反的行为。当这种理性确立于人的心智并得以实现，便是法律。"④ 在法与正义的问题上，西塞罗否认和抨击了那些视一切由人民制定和通过的法律就是正义的法

---

① ［美］梅里亚姆：《美国政治学说史》，朱曾汶译，商务印书馆1988年版，第29、31页。

② ［美］爱德华·S.考文：《美国宪法的"高级法"背景》，强世功译，三联书店1996年版，第Ⅳ页。

③ ［古罗马］西塞罗：《论共和国　论法律》，王焕生译，中国政法大学出版社1997年版，第217页。

④ 同上书，第189页。

律的观点。他认为，"法律的制定是为了保障公民的福祉、国家的繁昌和人民的安宁而幸福的生活；那些首先通过这类法规的人曾经向人民宣布，他们可生活在荣耀和幸福之中"。"同样，如果人民通过了有害的决议，不管这些决议是什么样的，它们也不应被称为法律。因此，法律是根据最古老的、一切事物的始源自然表述的对正义的和非正义的区分，人类法律受自然指导，惩罚邪恶者，保障和维护高尚者"。① 西塞罗的法律概念在罗马人那里被赋予法律的实践，成为制定法律的准则。近代自然法理论的主要代表人物之一的洛克，在为英国 1688 年的资产阶级革命后建立的新制度辩护时提出的理论，也是建诸在自然法理论之上的。他用整个《政府论》的上篇来驳斥君权神授学说，其结论扼要地见于《政府论》下篇的开端。他写道："第一，亚当并不基于父亲身份的自然权利或上帝的明白赐予，享有对于他的儿女的那种权威，或对于世界的统辖权。第二，即使他享有这种权力，他的继承人并无权享有这种权力。"因为"没有自然法，也没有上帝的明文法，来确定在任何场合谁是合法继承人，就无从确定继承权因而也无从确定应该由谁来掌握统治权。"因为如此，洛克的结论是："现在世界上的统治者要想从以亚当的个人统辖权和父权为一切权力的根源的说法中得到任何好处或从中取得丝毫权威，就成为不可能了。"② 洛克认为：虽然在自然法的范围内，人们处于自由的自然状态，但并不可以放任。他说："理性，也就是自然法，教导着有意遵从理性的全人类：人们既然都是平等和独立的，任何人就不得侵害他人的生命、健康、自由或财产。"③"罪犯在触犯自然法时，已是表明自己按照理性和公道之外的规则生活，而理性和公道的规则正是上帝为人类的相互安全所设置的人类行为的尺度，所以谁玩忽和破坏了保障人类不受损害和暴力的约束，谁就对于人类是危险的。这即是对全人类的侵犯，对自然法所规定的全人类和平和安全的侵犯，因此，人人基于他所享有的保障一般人类的权利，就有权制止或在必要时毁灭所有对他们有害的东西，就可以给予触犯自然法

---

① ［古罗马］西塞罗：《论共和国 论法律》，王焕生译，中国政法大学出版社 1997 年版，第 219～220 页。
② ［英］洛克：《政府论》（下篇），叶启芳、瞿菊农译，商务印书馆 1964 年版，第 3 页。
③ 同上书，第 6 页。

的人以那种能促使其悔改的不幸遭遇，从而使他并通过他的榜样使其他人不敢再犯同样的毛病。"①

《独立宣言》吸纳了源自希腊、罗马的自然法思想和当时流行于美洲的、包括洛克在内的哲学思想。要北美殖民地人民接受这些思想毫不困难，因为"他们的祖先在许多情形下正是为了按照上帝的法则生活而离开了欧洲的，对于感念着祖先的这个民族来说，人类的行为和制度应该遵从上帝的意志乃是老生常谈，很少有人会对此发生疑问"。② 不过，法的自然正义的概念在《独立宣言》中得到了重新表达。它在开始即阐明："在人类活动过程中，当一群人必须割断使他们与另一群人联系起来的政治纽带，并在世界各国中取得自然法则和造物主赋予他们的独立和平等的地位时，为了尊重人们的意见起见，必须把促使他们独立的原因公之于众。"③《独立宣言》所列举的脱离英国的控制、实现民族独立的理由，主要集中在英国法律的非正义性方面。它提出：正是由于英国政府拒不同意那些对于公共福利最有益和必要的法律，拒绝批准那些紧急而迫切需要的法令，使北美人民屈从于一种不符合宪法、不为法律承认的管辖权，宣布北美人民不再受英国政府的保护，北美人民才被迫改变原先的政体。宣言的签署者们表示："因此，我们美利坚合众国大陆会议的代表们集会，请最高审判者裁定我们的意图正确，以这些殖民地的善良人民的名义和权威庄严宣布：这些联合起来的殖民地是而且理所当然是自由和独立的州……"并且"为了支持这个宣言，我们互相以我们的生命、财产和神圣荣誉保证"。④

（二）法的民众选择性

在西塞罗那里，自然法思想融入了民众选择的概念。在《论法律》中，他以自然法为基础，在探讨法律的起源时指出法具有民众选择性。他说："一些知识渊博的人认为应该从法律（lex）这一概念谈起。他们也许是对的，

---

① ［英］洛克：《政府论》（下篇），叶启芳、瞿菊农译，商务印书馆 1964 年版，第 7～8 页。
② ［美］卡尔·贝克尔：《论独立宣言》，彭刚译，见《18 世纪哲学家的天城》，三联书店 2001 年版，第 213 页。
③ ［美］托马斯·杰斐逊：《杰斐逊选集》，朱曾汶译，商务印书馆 2011 年版，第 49 页。
④ 同上书，第 53 页。

只是如果像他们界定的那样，法律仍是自然中固有的最高理性，它允许做应该做的事情，禁止相反的行为。当这种理性确立于人的心智并得到实现，便是法律。因此，他们通常认为，智慧即法律，其含义是智慧要求人们正确地行为，禁止人们违法。他们还认为，法律在希腊文中那样称呼是因为它赋予每个人所应得，我认为我们的'法律'一词来自'选择'。① 希腊人赋予法律以公平概念，我们赋予法律以选择概念，实际上二者兼而有之。如果这些看法是正确的——我个人认为，这些看法一般说来是正确的，——法（jus）的始端应导源于法律，因为法律乃是自然之力量，是明理之士的智慧和理性，是合法和不合法的尺度。但是，因为我们的语言离不开民众的观念，所以必然有时按照民众的观念说话，从而像民众称呼的那样，称那些成文的、对他们希望的东西进行限定——或允许或禁止——的条规为法律。"② 罗马大学的皮朗杰罗·卡达拉诺教授认为，"西塞罗对数千年来的政治思想作出了如此重大的贡献，就是因为他传播了'法律'的罗马概念。由于让·雅克·卢梭的思想的影响，我们看到，这一概念在法国大革命期间再现于1793年雅各宾派的宪法中"。③ 如同"共和国"的概念一样，西塞罗关于法律的民众选择性的概念也来自罗马的"人民"的概念。在对话《论共和国》中，他提出"国家乃人民之事业，但人民不是人们某种随意聚合的集合体，而是许多人基于法的一致和利益的共同而结合起来的集合体"。④ 在这个"人民"的定义中，体现出契约主义、意志主义和功利主义的色彩。

洛克在他的《政府论》（下篇）中论及自然法的时候，也涉及法的民众选择性的概念，不过他是在论述立法权时提到这一概念的。他认为：人的自然自由是存在于自然状态中的，只受自然法的约束；而人的社会自由，是"除经人们同意在国家内所建立的立法权以外，不受其他任何立法权的支配；

① 西塞罗认为，希腊文中的"法律"（nomos）一词源自动词（nemo）（分配），拉丁文中"法律"（lex）一词源自动词 lego（选择）。参见［古罗马］西塞罗：《论共和国 论法律》，王焕生译，中国政法大学出版社1997年版，第190页。
② ［古罗马］西塞罗：《论共和国 论法律》，王焕生译，中国政法大学出版社1997年版，第189~190页。
③ 同上书，第172页。
④ 同上书，第39页。

除了立法机关根据对它的委托制定的法律以外，不受任何意志的统辖或任何法律的约束"。① 虽然洛克解释这个立法机关是体现"大多数的人的同意和决定"的机构，但是他又说"只有人民才能通过组成立法机关和指定由谁来行使立法权"。② "当人民发现立法行为与他们的委托相抵触时，人民方面仍然享有最高的权力来罢免或更换立法机关"。③

"杰斐逊对人民群众有无限的信心。首先他深信普通人民的善良和判断能力。"④ 在1823年杰斐逊致科雷先生的信中谈到代议制时表示："当代还有一个极大的优越性，就是已经发现了巩固这些权利的唯一办法，即由人民实行统治，人民不是亲自统治，而是由他们自己选出来的代表统治，……的确，人民，尤其是受过一定教育的人民，由于他们是公共权利的唯一诚实的，因而也是唯一可靠的保管者。"⑤ 正是基于对人民的信任，在《独立宣言》中，同样可以看到法的民众选择性的意思表达。"人民就有权利""人民就有义务""人民看来""对人民来说""广大人民的手中""人民自己""以这些殖民地的善良人民的名义"等短语频频出现在这一文件之中。这说明，在《独立宣言》发表时，基于共同人性而主张共同权利的单一共同体的意识已非常明确。

（三）平等的法律观

"在西塞罗的自然法观的其他论点中，最突出的就是他的人类平等观"。⑥ 在《论法律》中论及人的独特属性时，他多次提出人类平等的观点："如果我们深入观察人类社会和人们之间的联系，这一点便会很清楚。没有哪一种生物像我们相互之间如此近似、如此相同。只要风俗的堕落和认识的空乏没有能使我们软弱的心灵向它们起初希望的方向倾斜和扭转，那么我们每个人

---

① ［英］洛克：《政府论》（下篇），叶启芳、瞿菊农译，商务印书馆1964年版，第16页。

② 同上书，第88页。

③ 同上书，第91页。

④ 刘祚昌："略论托马斯·杰斐逊的民主思想"，见黄安年、任东来、杨玉圣主编：《美国史研究与学术创新》，中国法制出版社2003年版，第214页。

⑤ ［美］托马斯·杰斐逊：《杰斐逊选集》，朱曾汶译，商务印书馆2011年版，第708页。

⑥ ［美］爱德华·S.考文：《美国宪法的"高级法"背景》，强世功译，三联书店1996年版，第8~9页。

便仍都能像他自身，就像我们所有的人彼此相像一样。因此，不管对人作怎样的界定，它必定也对所有的人同样适用。"① 洛克则从"论自然状态"中得出结论——自然状态有一种为人人所遵守的自然法对它起着支配作用；而理性，也就是自然法，教导着有意遵从理性的全人类：人们既然都是平等和独立的，任何人就不得侵害他人的生命、健康、自由或财产。《独立宣言》对于平等思想的吸纳和发展，如前所述不再赘言。一个值得注意的变化是，美洲人与英国人是同一民族，还是两个不同的民族，一直是独立战争前美洲殖民地居民与英国政府之间的争论要点之一；作为殖民地本身是否应当形成一个共同体，在《独立宣言》发表20年前的奥尔巴尼会议上②，殖民地人民还曾经拒绝关于联合的建议。而在《独立宣言》的序言中使用了"一群人必须割断使他们与另一群人联合起来的政治纽带"的话语。这清楚地表明，英国人已经被当作"另一群人"，而北美殖民地各州人民自己则已经成为一个利益与共的"一群人"了，在这两个"一群人"之间唯有平等相处才符合人类生存的自然法则。

三

《独立宣言》第一次以政治宣言的形式，阐释了"天赋人权""主权在民"及人民有"反抗的权利"的理论，并通过革命的实践使之家喻户晓。亚伯拉罕·林肯对杰斐逊在《独立宣言》的发布上所作的伟大贡献作出高度评价："一切光荣属于杰斐逊，属于这样的一个人：在单独一个民族为其独立而进行的艰苦斗争中，他具有足够的冷静、远见和聪睿，把一条可以适用于任何民族和任何时代的抽象真理纳入一个纯粹革命的文献，并使这条真理在那里永垂不朽，以致无论是在今天或永远的未来，它对于死灰复燃的暴政和压迫的先兆，都必定是一种谴责和阻碍。"③

---

① ［古罗马］西塞罗：《论共和国　论法律》，王焕生译，中国政法大学出版社1997年版，第194～195页。

② 1754年各殖民地的代表在奥尔巴尼开会，讨论组成各殖民地之间的一个永久性联盟。各殖民地议会拒绝了会议计划的这一行动。

③ ［美］菲利普·方纳编：《杰斐逊文选》，王华译，商务印书馆1963年版，第9页。

《独立宣言》是指引美国人民献身于对自由、平等的理想王国的追求的理论，它包含着创建合众国的那一代人在 18 世纪对启蒙运动思想的理解和选择，"把他们自己对理性、对人性的可以完善、对道德感、对天意论、对进步的不可避免性或至少可能性等的看法，适用于他们自己在一个新国家的经验"①。它所提出的关于人类平等的学说"不仅要树立一个一切人应为之奋斗的目标，而且还要防止复辟——向'所有那些往后企图使自由人民重新回到专制主义这条可恶的老路上去的人'敲起警钟"。② 它照耀着美国宪法建立和不断发展的道路，成为初生的美国进行社会和政治改革的强有力的杠杆。

《独立宣言》意味着在北美正在发生和将要发生的更为广泛的社会革命。"到 1776 年为止，共和主义不仅成为是否适应于美国人的问题，而且成为一件要急迫决定的问题"。③《独立宣言》使美国人意识到了共和主义的特点以及它对于人们的社会和道德要求。而在如此短的时间内就能"把对君主体制的盲目崇拜和对贵族傲慢的屈从，从如此众多的人的心目中完全根除"，不但令当时美国的建国领袖感到惊讶，更增强了他们的信心。

《独立宣言》强化了美国人民的法治观念，它所阐释的"天赋人权""人民主权"和人民有"反抗的权利"的权利理论深深植根于美国民众的思想之中，并化作美国革命的实践。自由、平等和反抗压迫的概念从此铭刻在美国人民的心中，成为持久不灭的感情。《独立宣言》的发表，使美国人民相信为美国独立而进行的战争不是一般意义上的战争，它同时是一场法律上的斗争，"它至少是以解决法律问题的名义发动的，导致革命的冲突的原因，主要是对英国宪法上殖民地地位的解释存在差异"。④ 因此，独立战争以来，在美国人的观念中形成政治问题可以通过法律手段解决的普遍意识。而这正是宪法制定的思想基础。

《独立宣言》发表后，关于平等的理论首先在禁止奴隶贸易的问题上引

---

① ［英］阿伦·布洛克：《西方人文主义传统》，董乐山译，三联书店 1998 年版，第 121 页。
② ［美］梅里亚姆：《美国政治学说史》，朱曾汶译，商务印书馆 1988 年版，第 116 页。
③ Gordon S. Wood: The Creation of the American Republic 1776 – 1787, New York. London, 1972, p. 91.
④ Bernard Schwartz The Law in America: a history, New York, 1974, p. 2

起极大反应，及至 1787 年制宪会议上北方资产阶级代表与南方奴隶主代表在奴隶制问题上爆发剧烈争议。北方各州通过法律表示，已在其州范围内的奴隶将最终一律获得解放。各州宪法响应《独立宣言》，声明"人人生而自由平等"。南北战争后宪法第 13 条、第 14 条、第 15 条修正案的制定和通过，虽然结束了黑人的奴隶地位，但"平等"的原则与不平等的现实之间的巨大冲突，一直向美国宪法提出严峻挑战。

平等的原则同样反对贵族特权主义。在 1787 年《美国宪法》第 1 条第 9 款规定："合众国不得授予任何贵族爵位。凡是在合众国政府受俸或任职的人，未经国会许可，不得接受外国国王、君主或国家所赠予的任何礼物、俸禄、官职或爵位。"各州宪法也都禁止其公民接受外国政府授予的贵族爵位。

《独立宣言》中提出政府是"被统治者"同意才成立的，是人民委托的结果，不得侵犯人民的利益与安全，这促使大多数州宪法中都包括了一个"权利法案"。据统计，从 1776 年至 1787 年，至少有 8 个州通过了专门的权利法案，其他州则在州宪法中写进了权利保护的专门条款。正是由于《独立宣言》对人权的强调体现了美国人民对权利的理想与渴望，在 1787 年《美国宪法》制定后，交由各州批准的时候，遭到各州一致抵制，进而才在 1789 年第一届国会中以修正案的方式通过《权利法案》，并得到 10 个州的批准，正式成为联邦宪法的组成部分。

犹太律法和中国古代法的伦理特点分析*

曾尔恕　费晶晶

一、概述

宗教、道德、法律都是伦理的实体化途径，三者均为人类调整伦理关系的重要机制。在这一前提下可以把法律的形式化发展过程划分为三个阶段：一是混沌法阶段，这一阶段的法律与宗教、道德浑然一体；二是伦理法阶段，这一阶段法律和宗教分离，但是没有走出道德的樊篱；三是独立法阶段，这一阶段法律在形式上进一步与道德分离，成为形式上独立的法律。

古希伯来法属于混沌法的典型样式，因为在古希伯来法的发展过程中，宗教与法律一直密不可分。而中国古代法的发展在事实上经历了三个阶段：第一阶段是神权法阶段，这一阶段主要集中于青铜时代。在春秋战国时期，法律与宗教、伦理分离，中国古代法受法家思想的影响，出现了独立发展的运动趋势，这一阶段法律的发展从时间上而言虽然较为短暂，但是却说明中国古代法曾经出现独立发展的现象。这种独立发展的运动在西汉政权建立后逐渐停止下来开始转向了伦理法的阶段，伦理法的发展一直持续到清末，由此，中国古代法被看作伦理法的典型。①

就犹太律法和中国古代法的法文化背景来看，它们均属于古代东方法的

＊ 本文原载《中国与以色列法律文化国际研讨会文集》，中国政法大学出版社 2005 年版，收入本书时有删节。

① 张中秋：《比较视野中的法律文化》，法律出版社 2003 年版，第 170 页。

范畴，可是似乎二者的相似之处仅存在于中国古代法在青铜时代的发展——神权法阶段（混沌法样态），但是如果从法律伦理的角度来分析，就会发现两者均体现了法律的伦理特点。尽管他们有着不同的倾向——古希伯来法的伦理特性属于宗教伦理范畴，中国传统法律所体现的是一种世俗伦理，然而，二者都体现了对人类社会关系的一种规制，可以看作对伦理的一种法律诠释，因此，就这一点讲，这两种不同的法律文化其实存在着相通的地方。

二、犹太律法伦理特点之分析

（一）犹太律法的发展简况

犹太律法指《摩西五经》收录的大批法律条文及其所含的法制观念，产生于公元前 13 世纪至公元前 5 世纪，由"摩西十诫"经历代帝王、祭司的修订、扩充而成。它的形成和发展经历了四个主要阶段。

第一阶段是摩西时期（公元前 13 世纪前后），第二阶段是王国时期（公元前 11 世纪至公元前 6 世纪），第三阶段是祭司时期（公元前 6 世纪至公元前 5 世纪）。希伯来法发展的第四个阶段可以划归到公元 1 世纪至公元 5 世纪。

（二）古希伯来法典籍中体现的犹太律法的伦理特点

犹太宗教和法律是密不可分的，犹太教不仅仅体现为一种信仰，外在表现为宗教经典、文献以及宗教观点，而且也是一种独特的民族文化，外化为道德行为规范和生活习俗的制约。犹太教这种法律和信仰合一的特点对犹太律法和犹太法文化产生了巨大的影响。在摩西接受上帝律法后，犹太律法成为一种崇尚伦理道德的法律，这种鲜明的伦理特点集中体现于《摩西十诫》和第 613 条诫律中。

犹太人的家庭观念较重，与它人数较少的这一事实是密不可分的。犹太人经常受到强国的侵略和骚扰，因此，为了应付外部险恶的环境，家庭的和睦和稳定、以家庭内聚力的强化保持民族的凝聚力是十分必要的。但是，上述所提到的这些家庭方面的伦理规范事实上是以宗教伦理为其基础的，宗教的伦理价值观是与生俱来的，因此犹太律法中的伦理性格是自然而然的一种外化表现。

三、中国古代法伦理化之分析

（一）中国古代法伦理化之进程

中国古代法的伦理化进程经历了较为漫长的过程。从法律发展史的角度分析，中国古代法在青铜时代处于"混沌法"状态，法律与宗教伦理相混合，神权、王权和族权合一，也就是说神权政治和宗法家族政治联合统治。这时的法律当然也不可避免的以神权政治思想为指导。这种神权政治的法律思想源于对天命和鬼神的恐惧与崇敬，在当时的司法实践中体现为"天罚神判"，它的存在使王权神圣化，同时也使法律披上了神的外衣，以神权法的姿态出现。到西周时，神权政治的巨大影响开始动摇，神权法和天命思想逐渐淡出，法律和宗教出现分离的趋势，但是二者真正的分离是在春秋战国和汉初时期。这一时期神权法进一步弱化，同时法家思想成为战国至汉初时期国家意识形态和上层统治者的主流思想，并占据了绝对优势的地位。法家崇尚"严刑峻法"，排斥轻视礼治，法与伦理的混合局面被打破，法律开始走向独立发展之路。这一运动趋势在西汉政权建立之后逐渐停止下来。在经历了黄老思想的短暂实践之后，董仲舒提出的"独尊儒术，罢黜百家"的主张得到了汉武帝的支持，尊儒思想和"春秋决狱"大大推进了汉代"以礼入法"的进程，中国古代法开始受到儒家伦理的影响，从此走上了法律伦理化的道路。

学界通常认为，中国传统法律伦理化进程从汉武帝起止于唐律诞生，前后大约经历了7个半世纪，它大致可以分为三个阶段。第一阶段是从汉武帝开始至东汉末年，是中国古代法伦理化的初级阶段。引经决狱和以儒家思想解释法律使得法律开始被礼的思想所浸透。第二阶段是三国两晋南北朝时期。这一时期受过儒家思想熏陶和礼教教育的士族控制了国家政权，与此同时还重用了大批的儒生共同参与立法，因此，借着立法手段将儒家的伦理思想和精神直接输入到法律中。第三阶段是在隋唐时期。隋唐时期是法律伦理化的完成时期，也是集大成时期。

（二）从《唐律疏议》看中国古代法之伦理特点

《唐律疏议》是一部以礼教思想为指导的标准的伦理化法典，在中国传统法律文化史上具有承前启后的特殊性和重要的历史地位，其"一准乎礼"的特点揭示了中国古代伦理法的蕴义，即凡是礼教所认可的就是法律所赞同的；反之，礼教之所去亦是法律所禁止的，把儒家的礼教奉为最高的价值评判标准。

《唐律疏议》的伦理化表现可以分为两个方面，一是国家政治领域，二是家庭社会领域。就《唐律疏议》上述两个方面可以看出，作为伦理法的中国古代法具有以下特点：（1）世俗性；（2）宗法性。

中国古代法的伦理化实质是礼教化，礼教的精神和原则贯彻到法律中，成为立法和司法的指导思想，外化为具体的法律原则和制度，即是伦理化的实现。① 也就是说，中国古代伦理法的基本含义大致包括三个层面：（1）宗法家族伦理是中国伦理法的根基。（2）宗法家族伦理被视为法的渊源、法的最高价值。伦理凌驾于法律之上，伦理价值代替法律价值，伦理评价统率法律评价，立法司法都以伦理为转移，由伦理决定其取舍。（3）在现实的社会生活和政治生活中，伦理与法律之间没有明显的界线，宗法伦理道德被直接赋予法的性质，具有法的效力，从而形成法律伦理化和伦理法律化的双向强化运动。②

四、关于古希伯来法和中国古代法在伦理特点方面的思考

犹太律法中法的观念是和它的宗教信仰紧密联系在一起的：只有上帝才是立法者，法律是上帝的命令，是上帝对人类的启示，是上帝用来指导人们在生活中的一言一行的规则；同时，上帝又为自然万物立法，以法律来规范自然界的一切。所以，在犹太民族看来，宗教经典同时也是他们的法典。在

---

① 张中秋：《比较视野中的法律文化》，法律出版社2003年版，第175页
② 耕耘："儒家伦理法批判"，见法苑精粹编辑委员会编：《中国法史学精粹》（2002年卷），机械工业出版社2003年版，第98页。

犹太人的观念中，法律的神圣性是与生俱来的，它代表着公平和正义，其目的是制约人的罪恶、贪婪、不义和人世间的不平，辨别善恶，规范每个人的职责，借以形成整个人类的文明。犹太律法的核心"摩西十诫"包含了人类早期法律中一些最基本的东西，只不过它的体现方式是上帝与人订立契约，这赋予了法律以神圣性和相互在责任上的关联性，同时使得法律的实现除了通过强制手段之外，还有了人的内在自觉性，使得法律不仅仅是他律同时也是自律。因此，犹太律法中的伦理特点是一种宗教伦理，尽管它和世俗伦理在内容的规定上有着极大的共性，但是这种伦理特点的基点立足于信仰。犹太律法所体现的宗教伦理特点是有其存在的内在价值和历史意义的。众所周知，犹太民族从公元前就开始了他们颠沛流离的生活，国家的法律此时已经没有任何的意义，所以犹太律法借以传承的载体是人，而犹太民众这种传承律法的责任心如果离开对信仰的虔诚和坚持就成为无源之水。在前面的论述中，可以发现，犹太律法是由摩西十诫所涵盖的单纯的伦理观念逐渐演化发展出的一系列颇具操作性和合理性的法律规则，其中所孕育出来的伦理精神足以为其在后来的发展提供一种根本性的精神价值和道德支撑。所以犹太律法的伦理特点为它的发展提供了内在的契机，它所体现的伦理路径和中国古代法的路径是不一样的。

中国古代法最初是随着部落之间的征战而逐渐成长起来的，在这一过程中，血缘关系始终是当时法律区分敌我、确定罪与非罪的主要标准，也就是说，中国古代法从它的源头开始就有浓厚的血缘性根植于其中。氏族部落组织在后来向国家组织的转变过程中，血缘的纽带始终没有断裂解体，只是转化为新的宗法血缘关系。因此，中国古代的社会结构虽然几经变化，但是血缘宗法的纽带一直没有受到根本的触动，在青铜时代以及之后的封建时代的家庭和国家都是以个体血缘家庭为核心的。所以，个体血缘家庭是中国古代法伦理精神滋生的原始母体，因此，可以说中国古代法以个体血缘家庭为核心，而这个核心是传统伦理的母体，那么中国法律以伦理为核心具有伦理性也是顺理成章的。这种伦理化的中国古代法的存在具有其自身的合理性。因为它是古代中国的政治、经济、文化以及历史传统这些特定条件在法律领域内共同作用的结果，适应并且推动了中国古代社会的发展。

犹太律法和中国古代法均体现了伦理法的特点，但是二者所属的伦理范畴是不同的——古希伯来法所体现的伦理特性属于宗教伦理范畴，而中国传统法律所体现的则是一种世俗伦理，但是二者都体现了法律所蕴含的伦理特征，是对人类社会伦理关系的一种法律诠释，从某种角度而言，它们是古代东方所孕育出的调整社会秩序的法律，体现出一种不同于西方社会控制模式的智慧。

试论美国宪法制定的法治渊源[*]

——英国的法治传统及其在北美殖民地的保留

曾尔恕

  1835 年法国政治思想家托克维尔在考察美国后就以敏锐的观察力在其著作《论美国的民主》中指出："每个民族都留有他们起源的痕迹。他们兴起时期所处的有助于他们发展的环境，影响着他们以后的一切。"[①]

  在法学家和思想家那里，类似的话语还有："每个民族都有民族起源的神话，这些神话将这一话语根植于对该民族早期形成所涉及的历史事件的解说之中。如同他们在英国的同胞一样，早期的美国人相信他们的权利是来自 11 世纪益格鲁撒克逊人的古代宪法"；[②] "制定美国宪法的这一代人总是习惯于将普通法的超验性首先归之于其久远的传统"。[③] 尽管按照现代的标准来衡量，"宪法之父们惯于尊崇的那些所谓古代法令，实际上是些非常贫乏琐碎的东西，其中的大部分内容是'琐细列举对谋杀、伤害及其他暴力行为的各种罚金和赔偿'"。[④] 但是，久远的古代法浸透的观念在政治上却是相当有用的。因为它们从一开始就宣布有一种不依赖于王权而存在的、能够为王权设定界限的法律。总之，考察影响美国宪法制定的因素，法治传统的巨大影响

---

  [*] 本文原载《比较法研究》2006 年第 1 期。

  [①] [法] 托克维尔：《论美国的民主》（上卷），商务印书馆 1988 年版，董果良译，第 30 ~ 31 页。

  [②] 邓正来、[英] J.C.亚历山大编：《国家与市民社会》，中央编译出版社 2002 年版，第 224 页。

  [③] [美] 爱德华·S.考文：《美国宪法的"高级法"背景》，强世功译，三联书店 1996 年版，第 18 页。

  [④] 同上书，第 19 页。

凸显其中。

本文试图通过追溯英国法治传统的历史进路、北美殖民地对英国法治传统的保留，阐述美国宪法制定的法治渊源。希冀说明，发生在美国早期历史上的重大社会转型是如何继承和利用法治传统，使其在新的基础上重新获得合法性并具有权威的。

一、英国法治传统的历史进路

哈耶克在论述自由秩序的法治渊源时曾说过："现代的个人自由，大体上只能追溯到 17 世纪的英国。个人自由最初似是权力斗争的副产品，而不是某个刻意设计的目的的直接结果；而且这种情况可能在任何时候任何地方都是如此。但是，个人自由已存续了足够长的时间，其益处已能为我们所认识。在过去两百多年的岁月中，个人自由的维护和完善渐渐成了英国的支配性理想，而且英国的自由制度和传统也已然成了文明世界的示范。"① 哈耶克又说："正是由于英国较多地保留了中世纪普遍盛行的有关法律至上的理想——这种理想在其他地方或国家则因君主专制主义的兴起而遭到了摧毁——英国才得以开创自由的现代发展。"② 因此，较为详尽地探究从英国自中世纪就提出的法治观念及其发展的历史遗产，对于认识美国宪法制定的法律传统背景，有着极为深刻的意义。

（一）法律至上

一般认为英国的普通法形成始于 12 世纪亨利二世（Henry Ⅱ，1154 ~ 1189 年在位）时期。在他的司法改革中，最耀眼的部分是确立具有中央上诉法院职能的巡回法院制度，与此同时形成一套主要由令状制度和陪审制度组成的诉讼程序和审判方法。令状（writ）本来是王室行使行政管理的主要手段之一，用于命令贵族、主教、郡长，制止引起国王注意的某些不法行为。亨利二世把行政命令式的王室令状转变成这样一种形式："传唤到我的法官面前审问以决定争议的问题——那里有此令状。"换言之，令状的设计是用

---

① ［英］哈耶克：《自由秩序原理》（上），邓正来译，三联书店 1997 年版，第 203 ~ 204 页。
② 同上书，第 204 页。

来引起一个诉讼程序的，原来的"行政令状"在这里已经转变成"司法令状"。令状制度规定，"原告需到威斯敏斯特的国王御前大臣处陈述他的诉讼请求；御前大臣对应负责该审判的当地郡长颁发一项令状，命令郡长提起哪一类诉讼程序，以便在国王所属法官主持的法院解决争议"。① 司法令状的种类以及相应的固定化和格式化形式不断增多，到1300年，司法令状已数以百计。曾在亨利二世手下担任过约克郡郡长的英国王室法院的法官、著名法学家格兰维尔（Ranulf de Granville，1130～1190年）对令状进行了集中探讨，他所撰写的英国普通法的第一部系统论著《论英格兰王国的法律与习惯》，被美国著名法学家伯尔曼（Harold J. Berman）评价为："在令状方面'永垂青史'；通过对特定类型的不法行为确定类型的救济，使其开创了'法律科学的一次革命'。"② 格兰威尔1087～1189年撰写的著述中记载的一个司法令状很具典型性，它这样写道："国王向郡长问候。甲向我控告乙自我上次航行去诺曼底期间，不公正地和未经判决地强占了他在某某村庄的自由持有地。因此，我命令你，如果甲保证他提起的权利请求真实可靠，你务必使该土地和动产得以返还，并以和平的方式将该土地和动产保持到复活节后的星期天。同时，你务必使12名自由的和守法的邻人查看该地产，并将他们的名字签于此令状之上。由合适的传唤人将他们于复活节后的星期天传唤到我或我的法官面前，做好确认的准备。以抵押品和可靠的担保人作保证将乙或他所在小区的行政官（如果不能找到他）传唤到那里，然后开始审理，确认事实。并应有传唤人、本令状和担保人的姓名、证人等。"③

类似这样的令状至少对统一原本分散的地方习惯提供了三方面的贡献：（1）提出案件审理应当具备的程序，以及一种严密的事实检验标准；（2）将事实问题提交给陪审团，使陪审团的调查与"司法化"的令状结合起来，由此成为正规的制度予以运用；（3）确立了王室法院对颁发令状和对陪审诉讼的管辖权。令状制度对程序的强调不仅体现了王室权力的集中，更重要的是

---

① ［美］哈罗德·J.伯尔曼：《法律与革命》，贺卫方等译，中国大百科全书出版社1993年版，第538页。
② 同上书，第553页。
③ 同上书，第540页。

在运用令状的同时也限制了王室权力本身。因为在国王扩展他的司法管辖权的同时，主张王室司法管辖权的条件——救济类型的分类以及对请求这些救济程序的论述——是被明确界定的，王室权力也不得突破。关于这方面的实例，或许可以由以下两个爱德华三世时的案例说明，这两个案例被转载于1921年出版的庞德的《普通法的精神》。案例1："1338年，一皇家税务官扣押了一头牛，从而引起返还财产之诉。看来，此税务官未取得蜡封令状，原告对税务官的答辩表示异议，所以法院对原告作出胜诉的判决。众所周知，在英王国，未获得特别令状许可，任何人无权向臣民征收皇家税，无权扣押臣民的财产。据此，王室法院于次年给雷金纳德的纳尔福及其他强制扣押臣民财产者判罪并颁发'紧急返还财产令状'"。案例2："一位郡司法行政官针对令状辩称，他收到一封盖有国王印鉴的信件，信中写明国王已经赦免了被告，并命令他不得作有损该被告利益之行为。据此，该司法行政官未履行王室法院的令状。但其理由未被法院采纳。法院认为，该司法行政官以一封国王的私人信件为由来为自己拒绝执行王室法院令状的行为辩解是不能成立的。其后，法院对该司法行政官作出了处罚，同时发布新令状宣布被告仍为不法。"① 以上案例表达了令状在诉讼程序中是不可逾越的形式，它所具有的约束力是至高无上的，即使英王爱德华三世可以赦免罪犯，但他却不能命令一个司法行政官员违抗律令。也正是在爱德华三世时，"法律的正当程序"的概念见诸法令之中。1354年爱德华三世第二十八号法令第3章称："未经法律的正当程序进行答辩，对任何财产和身份的拥有者一律不得剥夺其土地或住所，不得逮捕或监禁，不得剥夺其继承权和生命。"② 有理由认为，该法令所指"法律的正当程序"就是令状所规定的法律程序。为了熟悉地掌握普通法复杂的诉讼程序，英国的律师必须经由"四法学会"（Inns of Court）培养和训练，而普通法法庭的法官是从开业律师中选拔的。法律教育包括阅读法官对有争议的案件的意见书和报告，以及参与模拟法庭辩论。但最重要的学习项目是诉讼程序和讼案辩护。以《租佃论集》而著名的、曾任英国高等

---

① ［美］罗斯科·庞德：《普通法的精神》，唐前宏等译，法律出版社2001年版，第46页。

② ［英］丹宁勋爵：《法律的正当程序》，李克强、杨百揆、刘庸安译，群众出版社1984年版，第1页。

民事法院法官的利特尔顿（D. Littleton，1407~1481 年）曾对他的儿子说：
"我们法律中最可敬、最值得称赞、最有利益的事情之一就是具备在物权和
人身诉讼中进行有效辩护的专门技巧；所以我要劝你格外打起精神用心学习
这个。"① 因此，普通法的令状制度的长期存在，不但培育了英国人尊重法律
程序的观念，并且强化了"法律至上"这一古老的传统意识。与司法化的令
状结合使用的陪审调查团制度也是亨利二世统一各地习惯法的媒介。如 1166
年的《克拉灵顿诏令》规定，在巡回法官到场时，经宣誓的陪审员应对犯有
谋杀、盗窃、抢劫、伪造货币、纵火等罪的犯罪嫌疑人提出指控，然后对嫌
疑人立即通过冷水裁判的方法予以审判。这样的陪审制度，要求法官必须在
审判之前，在选任的陪审员面前检查由地方官吏保存的记录；然后根据针对
记录的问题询问陪审员。陪审员来自每个村庄，每村选 4 人，每个百户区选
12 人。可见，"普通法从一开始就建立在习惯之上。事实上，普通法即是习
惯，这些习惯通过上述审判制度逐步发展为全国性的，也就是说，发展为普通
的（common）。但它又不仅仅是习惯，因为当法官们选择承认什么样的习惯
以使其具有全国性的效力，和禁止什么样的习惯通行时，他们实际上运用了
'合乎理性'这一检验标准，一个最初源于罗马和欧洲大陆思想的检验标准。
实际上，普通法体现正当理性这一观念从 14 世纪起就提供了普通法要求被看
作高级法的主要依据"。②

"第一次使正在兴起的普通法直接和罗马法以及中世纪欧洲大陆的高级
法思想联系起来"③ 的人是 13 世纪中期、亨利三世统治时期王座法院的大法
官布拉克顿（Henry Bracton，约 1216~1268 年）。他在其巨著《论英国的法
律和习惯》中提出："国王本人不应该受制于任何人，但他却应受制于上帝
和法，因为法造就了国王。因此，就让国王将法所赐予他的东西——统治和
权力——再归还给法，因为在由意志而不是由法行使统治的地方没有国王。"④

---

① 泰格利维：《法律与资本主义的兴起》，纪琨译，学林出版社 1996 年版，第 211 页。
② ［美］爱德华·S. 考文：《美国宪法的"高级法"背景》，强世功译，三联书店 1996 年版，第 19~20 页。
③ 同上书，第 21 页。
④ 同上书，第 21 页。

布拉克顿还写道，国王的权力是正义的权力而非不正义的权力。只要他实施正义，他就是上帝的代言人，但是当他转向实施不义时，他就是魔鬼的大总管。"因此，让国王依法来驯化他的权力，法是对权力的约束。……同样，对于帝国而言，没有什么比依照法律生活更恰当的了，而使君主统治服从于法比依法维系的帝国要更伟大。"① 布拉克顿甚至提出了约束国王权力的办法："如果国王没有约束，就是说如果没有法律来约束，那么这些法官和男爵们应当给国王施以约束。"② 布拉克顿的这段话又一次显示了"所有权威源于法、故受制于法"这一典型的中世纪思想，并且很容易使人联想到1215年《英国大宪章》第61条强迫国王履行宪章的规定。③ 这一思想后来被许多法律文件一再确认或者重申，成为英国传统法治观念最重要的部分。英国著名法官、法学家爱德华·柯克（S. Edward Coke，约1551~1634年）继承和发展了布拉克顿的法治思想，在理论上为普通法的发展作出重要贡献。美国的开国领袖认为，柯克以评注利特尔顿的《租佃论集》一书而著名。杰斐逊在追忆革命时日的情况时曾经写道："《柯克论利特尔顿》是当时学生普遍使用的法律教科书，没有哪一位比柯克更明智的辉格党人写过这样的书，也没有哪一位在英国宪法的正统理论和被称之为英国人自由权理论方面造诣更深的人写过这样的书。"④ 17世纪初叶，资产阶级与封建势力的冲突非常尖锐，围绕着王权与议会的立法权，国王同议会之间进行了长期的斗争。历任法律的公布人、王室检察长、高等民事法院院长、王座法院大法官和议会议员的柯克有机会站在各种不同职位的角度发表意见。引人注目的柯克的审判意见和法律观点集中在以下几方面。

---

① ［美］爱德华·S. 考文：《美国宪法的"高级法"背景》，强世功译，三联书店1996年版，第22页。

② 同上书，第23页。

③ 1215年《英国大宪章》第61条规定："诸男爵得任意从国中推选男爵25人，此25人应尽力遵守并维护，同时亦使其余人等共同遵守予所颁赐彼等并以本宪章所赐予之和平与特权。"在国王或其官吏违反宪章时，上述25人中的4人可即至要求改正，并可联合全国人民，"共同使用其权力，以一切方法向予施以抑制与压力。"

④ ［美］爱德华·S. 考文：《美国宪法的"高级法"背景》，强世功译，三联书店1996年版，第40页。

1. 普通法表达了"共同权利和理性"

1610 年在"博纳姆案件"（Dr. Bonham's Case）中，柯克坚持认为，尽管博纳姆医生没有取得伦敦医学院颁发的执照就在伦敦市行医，但是医学院没有资格依据它所援引的议会法令而处罚他。原因是：学校的学监们不可能同时是法官、大臣和当事人；法官可以进行审判或判决，大臣可以进行传唤，当事人可以收取一半的罚金，因为任何人不得在自己的案件中担任法官，在自己的案件中充当法官是非法的。柯克认为："在许多情况下，普通法会审查议会的法令，有时会裁定这些法令完全无效，因为当一项议会的法令有悖于共同权利和理性，或自相矛盾，或不能实施时，普通法将对其予以审查并裁定该法令无效，这种理论在我们的书本里随处可见。"①

在上面这个"附论"（dictum）②里，柯克运用了"共同权利和理性"这一短语，并将它的有效性、权威性赋予普通法。透过这些字眼，"我们不仅可以预见到今天美国法官们所运用的、以制定法与宪法相矛盾为理由而否决它们的权力，而且也预见到了使这种权力最终成熟起来的'合理性'检验标准。"③考文教授指出，柯克所提出的"共同权利和理性"就是某种永恒不变的、最基本的东西，它就是高级法。它揭示了美国联邦最高法院司法审查理论的一个必不可少的前提条件，在美国宪法的诉讼史中它被演绎成下述公理或原则："制定法应当是前瞻的，而不能追溯既往"；"任何人皆不应因同一过错而两次受罚"；"每个人的居室就是他的藏身所"；"使用自己的财产不得损及他人的财产"；"自己的代理权不应当委托他人代理"。以上所有这些公理都可以从柯克的《法律报告》或《英国法总论》中加以引证。美国早期的律师和法官所采用的每一条类似的公理，都首先来自柯克的这些著作或来自由此衍生的著作。柯克对普通法的褒扬甚至表现在对衡平法院管辖权的批判

---

① ［美］爱德华·S. 考文：《美国宪法的"高级法"背景》，强世功译，三联书店 1996 年版，第 43 页。

② ［美］爱德华·S. 考文：《美国宪法的"高级法"背景》，强世功译，三联书店 1996 年版，第 42 页译者注："附论"，亦写为 obiter dictum，系法官于判决中发表的一种意见，惟此种意见不构成本案判决的决定性因素，因此被称为"附论"，而有别于"判决根据"（ratio decidendi）。

③ ［美］爱德华·S. 考文：《美国宪法的"高级法"背景》，强世功译，三联书店 1996 年版，第 43 页。

上，针对衡平法院弃置普通法判决的做法，柯克指出：普通法法院裁决的讼案，衡平法院无权在当事人之间进行干预，任何就普通法法院的判决向衡平法法院提起上诉的当事人，均须处以监禁；普通法是至高无上的，高于国王或根据国王特权建立的衡平法院及其衡平法。①

2. 所有案件皆应依照法律和国家惯例交由法院审理

1608 年 11 月 10 日，柯克在詹姆士一世（JamesI，1603～1625 年）召集的、征求全英格兰法官对国王收回部分审判权的建议的会议上，对法官只不过是国王的代表，因而有资格亲自审定案件的论调进行了反驳。柯克记录了这一事件："法官们告诉国王，自从威廉征服英国之后，无论在什么样的诉讼中，再没有出现过国王亲自坐堂问案的情形，这涉及王国的执法问题。这些诉讼只能由法院单独作出裁决……"对此，国王说，"他认为法律是基于理性的，他本人和其他人，与法官一样，也都具有理性"。柯克的回答是："的确，上帝赋予陛下丰富的知识和非凡的天资；但是陛下对英格兰王国的法律并不精通。涉及陛下臣民的生命、继承、动产或不动产的诉讼并不是依自然理性来决断的，而是依人为理性和法律的判断来决断的；法律乃一门艺术，一个人只有经过长期的学习和实践，才能获得对它的认知。法律是解决臣民诉讼的金质魔杖和尺度，它保障陛下永享安康太平。"② 柯克继续写道，"国王大怒"，并说"如此说来，他应当受法律的约束了，这种说法构成了叛国罪"。对此，柯克引用 13 世纪布拉克顿的名言回答："国王在万人之上，但是却在上帝和法律之下。"以上柯克的答辩表达了三层意思：一是国王的特权要受制于普通法院所适用的普通法为他划定的界限；二是法律是最具权威的规范体系；三是法官从事的司法活动具有极强的专业性和实践性，普通法的原则是一种致力于经验的理性原则。

3. 永恒的自然法观念

在与"博纳姆案"同年裁定的"卡文案"（Calvin's Case）的法律报告中，柯克以概括的方式写道："（1）依照自然法，臣民对主权者的忠诚与服

① ［英］R. G. 沃克：《英国法渊源》，夏勇等译，西南政法学院出版社 1984 年版，第 68 页。
② ［美］爱德华·S. 考文：《美国宪法的"高级法"背景》，强世功译，三联书店 1996 年版，第 35 页。

从是正当的；（2）自然法是英国法的一部分；（3）这种自然法先于世界上任何审判所采用的法律或国内法；（4）自然法是永恒的，不能被改变。"接下来，他引用了下面的论述支持他的论点："上帝在造人的时候，为了保全和指导人类而在人心中注入了自然法。它就是 Lex aeterna，即道德法，也称为自然法。这种法由上帝的手指写在人的心灵上，在摩西书写法律之前，上帝的子民长期以来一直由这种法管理着。摩西是世界上第一部法律的公布者和制定者。……亚里士多德在《伦理学》第 5 卷'自然的记录者'中指出，自然法对所有的人具有同样的效力（jus naturale est, quod apud omnes hominess eandem habet potentiam）。布雷克顿①在第 1 卷第 5 节、福蒂斯丘②在第 8 节、第 12 节、第 13 节和第 16 节、《博士与学者》的第 2 节和第 4 节皆同意这种观点。"③

柯克所显露出的对自然法观念率直的接受态度，有如一股清新的活水注入英国，他的自然法观成为连接福蒂斯丘和洛克自然法理论的桥梁，在英国当时对斯图亚特王朝进行的"伟大的宪法斗争"中，具有深远的重要意义。对此，考文教授的评价是："它使得 16 世纪的法条主义和 17 世纪的理性主义结成联盟，而当时结成的这一联盟至今于某种程度上仍然在美国宪法及其理论中起着重要的作用。"④

4.《大宪章》的基本法概念

1616 年，在柯克从高等民事法院调到王座法院 3 年后，他被解除了全部法官职务。4 年后，他被选入下议院，在那里立即担当起反对斯图亚特王朝势力的领导权。1628 年，柯克倡导起草了《权利请愿书》。为了表明新贵族所要维护的权利的合法性，《权利请愿书》首先列举了包括爱德华一世、约翰王、爱德华三世等诸先王在成文法中确认的权利，而后要求国王："自今而后，非经国会法案共表同意，不宜强迫任何人征收或缴付任何贡金、贷款、

---

① 布雷克顿，又译布拉克顿。

② 福蒂斯丘（Fortescue, Sir John, 1394 ~ 1476 年），1442 年被任命为王座法院首席法官。其主要著作是用拉丁文写的《论自然法的性质》《英格兰法律颂》。

③ ［美］爱德华·S. 考文：《美国宪法的"高级法"背景》，强世功译，三联书店 1996 年版，第 44 页。

④ 同上书，第 45 页。

强迫献金、租税或类此负担；亦不宜因此等负担，或因拒绝此等负担，而对任何人命令其答辩，或作答辩之宣誓，或传唤出庭，或加以禁闭，或另加其他折磨或困扰；亦不宜使任何自由人因上述种种致遭监禁或扣押；……"①如果将《权利请愿书》中的上述文字与《英国大宪章》相比较，不难看出二者的相近之处。柯克对《英国大宪章》的关注代表了当时资产阶级反对国王特权的动向，被描绘为"《英国大宪章》这一货真价实、历史悠久但已近风烛残年的法律，长期以来一直足不出户且卧床不起，现在好像……又四处走动了"。针对最初由上议院的议员们附加在《权利请愿书》中的"保留国王主权权力"条款，柯克挺身直言，驳斥了所谓"主权权力是不受任何条件限制的权力"的观点，指出："君主的特权是法律的一部分，但'主权权力'可不是议会说的话。在我看来，承认主权权力将会削弱《英国大宪章》以及所有制定法的地位；因为它们是绝对的，并不受制于'主权权力'，如果我们现在给它们附加上'主权权力'，我们将会削弱作为基础的法律，法律的大厦也必将因此而坍塌。"②

充斥于17世纪英国上层阶级的限制王权的大辩论，伴随着革命运动结出了君主立宪之果。17世纪中叶英国资产阶级革命完成了从专制君主制到君主立宪制的转变，在这一时期议会强制国王签署的一系列法律文件，几乎无例外地明确限制王权，禁止对公民权利和自由的非法侵犯。例如，1679年的《人身保护法》规定除叛国罪和重罪外，被逮捕的臣民及亲友有权要求法院发布人身保护令，命令行政机关在限期内将其移送到法院，并说明逮捕理由；1689年的《权利法案》宣布未经国会同意，国王不得颁布法律或中止法律的效力，不得征收或支配赋税，不得在和平时期征集或维持常备军，臣民享有包括不受法律追究向国王请愿的权利、自由选举议员的权利、议员在国会中的言论免责；1701年的《王位继承法》除规定王位继承的顺序，还规定除非国会解除其职务，国家的一切法律与条例非经国会通过、国王批准均无效。

英国著名法制史学家霍兹沃思（Sir W. Holdsworth，1870～1944年）对

---

① 周一良、吴于廑主编《世界通史资料选辑》近代部分，商务印书馆1972年版，第5页。

② ［美］爱德华·S.考文：《美国宪法的"高级法"背景》，强世功译，三联书店1996年版，第54页。

柯克在普通法上的贡献以极高的评价，他说："作为一名法官和一位国会反对派的首领，柯克的经历对于巩固普通法的至高无上的权威是最重要的因素之一，这种权威，不仅高于 16 世纪出现的各种部门法律，而且也高于除英国国会之外的任何机关和个人。"① 考文教授将柯克对美国宪法起源的贡献概括为："首先，他在 Bonham's Case 中的'附论'提供了一种语辞形式，这种语辞形式最终经过一大批法官、评论者和律师，在不考虑柯克其他思想的情况下，进行专门阐释，从而成为司法审查概念最重要的一个源泉。""他提出了基本法的学说，这是他对美国宪法的第二大贡献。这种基本法既约束议会，也约束国王，而且这种法在很大程度上体现在一个特定的文件之中，并将确定的内容寓于日常制度的习惯程序之中。"②

在探询普通法的"法律至上"原则的时候，不能不联系到普通法的"遵循先例"原则。因为蕴涵在英国普通法中的"法律至上"原则与普通法的"遵循先例"原则有着共同的要素，即涉讼的基础是依照理性而非武断的意志。"法律至上"的原则讲求的是君王及其所有代理机关都必须依照法律原则，而不是依照武断的意志行事；"遵循先例"原则是说依据从过去的司法经验中归纳出的原则裁判案件。正如庞德院说过的那样：普通法"体现出经验将为行为的标准和判决的原则提供最满意的基础。它认为法律不是由君王意志的诏令武断地创制，而是由法官和法学家对过去实现或没有实现正义的法律原理、法律原则的经验中发现的"。③ 为英国法提供经验归纳法，深刻影响了英国法律的思维方法的一个人是不应被忘记的，他就是与柯克同时代的弗兰西斯·培根（F. Bacon，1561～1626 年）。虽然在他任总检察长时与柯克发生冲突，促成了柯克从高等民事法院至王座法院的调动，并且在普通法与衡平法的地位问题上支持确立衡平法的优势地位，但在谈到法官的素质时却与柯克的观点不谋而合。培根说："……为法官者应当学问多于机智，尊严多于一般的欢心，谨慎超于自信。犹太律说：'移动邻居界碑者，必被诅

---

① Sir W. Holdsworth, A History of English Law, Vol V, p. 424.

② ［美］爱德华·S. 考文：《美国宪法的"高级法"背景》，强世功译，三联书店 1996 年版，第 57～58 页。

③ ［美］罗斯科·庞德：《普通法的精神》，唐前宏等译，法律出版社 2001 年版，第 129 页。

咒.'把界碑挪动的人是有罪的。但是那不公的法官,在他对于田地产业错误判断的时候,才是为首的移界碑者。一次不公的判断比多次不平的举动为祸尤烈。因为这些不平的举动不过弄脏了水流,而不公的判断则把水源败坏了。"① 先例原则本身历史悠久,源远流长,只是到 19 世纪才有拘束力。然而,判例汇编的系统发展促成了现代的先例的拘束力原则。《年鉴》是最早通用的法律汇编,最初编辑于爱德华一世统治时期,虽然它不是官方性质,但一直为某些法官作为先例的直接渊源而采用。1535 年以后,随着成批的私人汇编以判例汇编者的名义编制、印刷和发行,先例的援引越来越普遍。在 17 世纪的判例汇编中,出版于 1600～1658 年的《柯克判例汇编》是最有影响的,其中包容了 17 世纪的许多宪法性判例。

（二）英国人的权利

与法律的至尊性传统一样,在英国,以法律确认统治者与臣民之间的权利义务关系的传统也古已有之。例如,早在 7 世纪的《伊尼法典》的序言中写道:"我,伊尼,承蒙上帝恩典的威塞克斯国王,在我的父亲森列特、我的主教欧森伍德的建议和教导下,在所有我的人民的长老们和主要官吏们的协助下,并且还在上帝的一个仆人大会的协助下,曾经讨论了关于拯救我们的灵魂和使我们的国家安宁的问题,认为应当在我们的人民中建立和加强真正的法律和规章,以便以后任何长老或我们的臣民都不敢破坏我们的法令。"② 1066 年诺曼底公爵威廉征服英国后,通过对全国土地的重新分配,确立了全英国的土地均受封自国王的观念,在此基础上建立了王权相对强大的封建国家。按照封建原则,一切土地都是领自该土地之上面的领主,而全国的封建土地最终都源自国王的封授。封建土地领有的公式是"某某向某某……向国王领有那块土地"。由土地的封授所结成的君臣关系,是一种人身关系。在结成君臣关系时,要履行臣服礼,再举行宣誓效忠仪式。格兰维尔认为"除了尊敬这一点以外,一位封臣对他的领主并不比一位领主对他的封臣承担更多的义务;如果领主违背忠诚的义务,那么封臣就得以免除服务的

---

① ［英］丹宁勋爵:《法律的界碑》,刘庸安、张弘译,群众出版社 1992 年版,第 26～27 页。
② 徐浩:"英国中世纪的法律结构与法制传统",载《历史研究》1990 年第 6 期。

义务"。① 英王对他的直接封臣的土地享有的权利，主要是接受封臣的军役。为了争取封臣提供的军事力量，在土地不足的情况下，英王曾实行过货币封土制。14世纪后，在英国的君臣关系中还流行过"合同制"的方式。例如，1346年，爱德华三世在大陆对法国作战时，"和北安普顿伯爵立约由伯爵提供军士302人，和男爵塔保立约提供157人，和爵士德·拉·波尔立约提供5人。国王付给北安普顿伯爵每日6先令8便士，男爵塔保每日4先令，爵士波尔每日2先令，其他骑兵每日6便士，弓箭手每日3便士，步兵每日2便士"。②

为了进行有效的中央集权行政管理制度，避免下级领主新的封建义务层次的成长，1290年英王曾颁布法规确认封建领主的土地可以由租赁人自由售让，但承购人需经上级领主授权方得保有之。1130年国王亨利一世给伦敦市颁布的特许状授权保有该市市民农地及司法特权，而条件是向国王交纳租金。特许状中写道："朕亨利仰承上帝恩宠受命为英格兰国王……今特致意全英所有法裔和英裔忠诚臣民，谕示尔等知晓朕已允准朕之伦敦市民，以包租方式保有米德尔塞克斯为农地，按年合共缴纳200英镑……享有充分权力任命他们所愿的本市之人为市长，并任命任何一人或他们所愿的本市之人为法官，负责处理依朕王法而提出之申诉事项，遇有讼案即审理之；此外无论何人均不得对伦敦人民行使司法权力。"③

普通法强调的由关系而定的权利义务观念根深蒂固，它是通过法官的司法实践为普通民众接受，成为一种普遍性认识的。1176年，北安普顿巡回法院在其颁布的一项规定中写道："在一个自由土地保有人去世时，继承人将占有其父亲在去世的那一天所占有的可以继承的土地；然后，他必须去找领主，履行有关贡献的义务以及其他义务。假如该继承人不到继承年龄，领主将在接受他的效忠的同时，对他进行监护。如果领地的领主否认继承人的占有权，国王的法官们将对12个守法的臣民提出询问，由他们说明死者在去世

---

① ［美］伯尔曼：《法律与革命》，贺卫芳等译，中国大百科全书出版社1993年版，第374页。
② 马克垚：《西欧封建经济形态研究》，人民出版社1985年版，第143页。
③ 泰格、利维：《法律与资本主义的兴起》，纪琨译，学林出版社1996年版，第87页。

的那一天是否占有该土地，并根据调查的结果，将土地交给死者的继承人。"① 正因为如此，庞德院长认为，普通法上的权利义务观念是对司法实践的一种概括。他说："在英国法形成的时代里，法官们经常将他们最熟悉的地主与佃户关系的制度加以类推，解决了一个又一个难题。"② 在英国，与封建土地制度相关的诉讼，就是依据当事人之间权利义务关系的原则得到解决的。13 世纪中叶的案例已经表明，当农民的权利受到领主侵犯时，身为自由人的农民就已经懂得越过他们的庄园领主直接向上级领主或王室当局申诉。下面这个案例能够说明农民与领主对于分辨他们之间的权利义务互惠关系的认识程度："在英格兰的斯塔福德郡有三个佃农与其领主进行了长达 35 年（1272～1307 年）之久的争讼。由于佃农耕种的土地先前曾是王室土地的一部分，佃农根据一个世纪前亨利二世时期的习惯上诉到王室政府。他们宣称，他们只有义务每年支付 5 先令的固定租金，再加上某些需向领主交纳的捐税，而领主宣称，他们应承担大量各类劳役，以实物支付税务，当佃农死亡时其家属承担繁重的遗产税（heriot），女儿结婚时承担'婚嫁费'（merchet）和当发现她不贞时支付'失贞费'（leywrite），以及承担其他义务。"③

在英国封建社会体制下形成的、与封建制权力关系的特殊性质相关的权利义务观念是西方主体性权利观念的渊源。"在 17、18 世纪被'天赋权利'学说替代之前，那种主体性权利观念被视为纯粹实在法上的观念；它意味着中世纪的主权者所面对的乃是在某种程度上根据权利义务加以界定的社会，而这些权利和义务的存在使得主权者有必要先征得同意，方能进行重要变革。"④ 遵守封君与陪臣之间权利的互惠性原则，对英国宪政概念中的社会契约观念的形成有重要影响。因为"在中世纪，国家主权和财产权混淆不分，当地主就是国王时，他很容易按照国王规范其与臣民的关系来规范其作为地主与承租人的关系，令后者承担起如同臣民对国王般的责任"。⑤ 被视为英国

---

① ［英］密尔松：《普通法的历史基础》，李显东等译，中国大百科全书出版社 1999 年版，第 140～141 页。［美］罗斯科·庞德：《普通法的精神》，唐前宏等译，法律出版社 2001 年版，第 18 页。
② ［美］罗斯科·庞德：《普通法的精神》，唐前宏等译，法律出版社 2001 年版，第 18 页。
③ ［美］伯尔曼：《法律与革命》，贺卫芳等译，中国大百科全书出版社 1993 年版，第 394 页。
④ 邓正来、［英］J. C. 亚历山大编：《国家与市民社会》，中央编译出版社 2002 年版，第 12 页。
⑤ ［美］罗斯科·庞德：《普通法的精神》，唐前宏等译，法律出版社 2001 年版，第 17 页。

公法的基石的 1215 年《英国大宪章》主要是英王对直辖地承租人的法律关系中所涉及的责任的概括，其内容是围绕着国王与封建主之间的权利义务关系作出的规定。《英国大宪章》开宗明义地保证："予及予之子孙后代，同时亦以下面附列之各项自由给予王国内一切自由人民及其子孙，并允许严行遵守，永矢勿渝。"① 在这里需要说明的是，《英国大宪章》里所提出的"自由"其实就是"权利"。② 在公法方面，《英国大宪章》列举的贵族的权利有：以封建主的会议约制国王的征税权（《英国大宪章》第 14 条："凡在上述征收范围之外，予如欲征收贡金与免役税，应用加盖印信之诏书致送各大主教、主教、住持、伯爵与显贵男爵，指明时间与地点召集会议，以期获得全国公意。"）；以法院的审判权约制国王的司法权（《英国大宪章》第 39 条："任何自由人，如未经其同级贵族之依法裁判，皆不得被逮捕、监禁、没收财产、剥夺法律保护权、流放，或加以任何其他损害。"）由于《英国大宪章》对征税权的规定，以后的国王在开征新税时必须征得贵族会议的同意遂成惯例。"但是，议会的财政援助并不是有求必应的，而是有附加条件的，其中一条就要求国王宣誓遵守《英国大宪章》。"③ 在 14 世纪国会形成以后，国王的征税计划要在征求上院意见后由下院作出决定，限制国王的征税权成为影响以后议会成长的一个最重要的因素。下院常常利用讨论国王征税计划的机会，向国王提出"请愿"，这些"请愿"实际上就是立法议案。在私法方面，《英国大宪章》规定了封建主对国王有提供协助金、继承金，国王向封建主提供监护等权利义务关系。如《英国大宪章》规定：英王，在"为赎还其本人之身体，册封其长子为骑士，与一度出嫁其长女"时得向自由人即封建主征取贡金（第 15 条）；"任何伯爵或男爵，或因军役而自予直接领有采地之人身故时，如有已达成年且应缴纳继承税之继承人，于按照旧时数额

① 周一良、吴于廑主编：《世界通史资料选辑》（中古部分），商务印书馆 1974 年版，第 180 页。文中引用 1215 年《英国大宪章》的内容均出自于此。

② 根据法律出版社 2003 年版《元照英美法词典》的解释，在《英国大宪章》中 liberty（自由）与 rights（权利）具有相同含义。[美] 爱德华·S. 考文：《美国宪法的"高级法"背景》，强世功译，三联书店 1996 年版，第 26 页。

③ [美] 爱德华·S. 考文：《美国宪法的"高级法"背景》，强世功译，三联书店 1996 年版，第 26 页。

缴纳继承税后，即可享有其遗产"（第 2 条）；"监护人在经营土地期间，应自该项土地之收益中拨出专款为房屋、园地、饲养场、鱼塘、磨坊及其他附属物修缮费用，俾能井井有条。继承人达成年时，即应按照耕耘时之需要，就该项土地收益所许可之范围内备置犁、锄与其他农具，附于其全部土地内归还之"（第 5 条）。可见，"《英国大宪章》的原始形式就不是一种制定法，而是一种契约"。① 所以，当国王想要摆脱由这一纸契约规定的义务时，与贵族的冲突就不可避免地要发生了。正如弗里德里克·海尔所说："撤回忠诚'表明了在欧洲政治、社会和法律发展中的一个基本点。有关反抗权的整个观念就是这种存在于统治者和被统治者之间、高贵者和低贱者之间的契约概念所固有的'。"② 就权利义务关系而言，《英国大宪章》并不只是沿着限制王权这个单一的维度发展，它所承认的开放城市、统一度量衡等市民的权利与自由，扩大了它所保护的阶层和利益的范围。《英国大宪章》规定："伦敦城，无论水上或陆上，俱应享有其旧有之自由与自由习惯。其他城市、州、市镇、港口，予亦承认或赐予彼等以保有自由与自由习惯之权。""全国应有统一之度、量、衡。酒类，烈性麦酒与谷物之量器，以伦敦夸特为标准；染色布、土布、锁子甲布之宽度应以织边内之两码为标准；其他衡器亦如量器之规定。""除战时与予敌对之国家之人民外，一切商人，倘能遵照旧时之公正习惯，皆可免除苛捐杂税，安全经由水路与陆路，出入英格兰，或在英格兰全境逗留或通行以经营商业。"③

从此以后，城市普遍获得特权。"中世纪的城市，本质上是市民的家乡，是为了市民而存在，也是由市民所建立的。"④ 城市的性格是自由，因为市民阶级没有自由，就没有经营与销售货物的权利，因此，城市的发展逐渐瓦解

---

① ［美］爱德华·S. 考文：《美国宪法的"高级法"背景》，强世功译，三联书店 1996 年版，第 25 页。

② ［美］伯尔曼：《法律与革命》，贺卫芳等译，中国大百科全书出版社 1993 年版，第 374 ~ 375 页。

③ 周一良、吴于廑主编：《世界通史资料选辑》（中古部分），商务印书馆 1974 年版，第 182 ~ 183 页。

④ ［比］亨利·皮朗：《中世纪欧洲经济社会史》，乐文译，上海人民出版社 1967 年版，第 153 页。

了封建经济而为资本主义的生产方式创造了前提。与城市的自由要求相匹配的是法律上的变化。传统的法律，程序拘泥而狭隘，其作用主要是调整以土地为生计的人们之间的财产关系，而不能适应城市工商业发展的需要。于是，一种适用超然于地方惯例之外的商业惯例的城市法庭应运而生。随着司法自治而来的是行政自治。"所有这些特权，再加上大宪章中明文规定的对贵族权益的保护，全部都可以归结为一点，即国家应对私有财产，尤其是对个人集聚私有财产的权利进行保护。"① 约翰王之后，他的继承者在贵族争取权利的压力下几度被迫颁布《英国大宪章》，又几度想废除《英国大宪章》。《英国大宪章》的辉煌时代持续了一个世纪，据统计，《英国大宪章》被王室确认的次数约达32次，其中有15次出现在爱德华三世统治时期。② 通过1297年的《宪章确认书》，爱德华一世命令所有的"法官、郡长、市长和其他大臣，凡是由我们任命且听命于我们的执掌王国法律的人"，都要在听命处理的所有诉讼中将《英国大宪章》当作"普通法"来对待。在爱德华三世统治接近晚期的1368年，"在通常形式的王室确认书以外，又以成文法的形式添加了如下宣示：任何成文法规的通过，如与《英国大宪章》相悖，则'必然是无效的'。"③ 至此，《英国大宪章》已有可能被看作类似于近代所理解的成文宪法了，然而它却仍然保留在普通法之中，作为普通法的组成部分，成为维护公民权利诉讼的依据。14世纪末15世纪初，英国宪法的基本原则已被初步确立，当时社会公认的宪法基本原则有五个方面：第一，除非经上、下两院组成的议会同意，国王不得征税。第二，任何法律的制定都必须经议会同意。第三，除非根据法院的令状不得逮捕任何臣民，被逮捕者必须迅速交付法庭审判。第四，刑事诉讼中被告的犯罪事实，必须在发案地区的普通法院的法庭上由陪审团决定。第五，可以对侵犯臣民个人自由和权利的国王大臣和政府官吏提出控告。④ 生活在15世纪的英国法学家约翰·福特斯丘在奉

① 钱乘旦、陈晓律：《在传统与变革之间——英国文化模式溯源》，浙江人民出版社1991年版，第79页。
② ［美］爱德华·S. 考文：《美国宪法的"高级法"背景》，强世功译，三联书店1996年版，第28页。
③ 同上。
④ 程汉大：《英国政治制度史》，中国社会科学出版社1995年版，第134~135页。

威尔士亲王爱德华之命所写的《英格兰法律颂》中概括和颂扬了当时英国的法律制度。该书广为流传并几经再版。福特斯丘把国家政治制度分为"君主型""政治型"和"混合型",他将英国与法国相比,认为英国实行的"混合政治"具有其他国家不可相比的优越性。关于英国人的权利,他写道:"每一个居民皆可充分自由地使用、享受他的农庄里所出产的任何东西,如土地上的各种果实、不断繁殖的群羊,以及诸如此类的东西。他所改进的全部东西——无论是由于他自己劳动,还是由于他雇佣来提供服务的人的劳动——都由他自己使用和享受,任何人不得阻止、侵扰或否认。无论在什么情况下,如果他以某种方式受到侵害或压制,他应当要求侵害方赔偿损失并满足他的要求。……他们皆依据王国的法律受到仁慈和正义的待遇;除非依照国家的法律,并由国王的法官来审理,他们不会因其财产而受到控告,也不会因任何死罪——无论其罪行多么严重——而受到审讯。"①

16 世纪,都铎王朝的专制制度建立在扩大国王的"特权"上,在刑事法律方面,星宫法院构成对臣民自由的严重威胁;在民事法律方面,大法官的衡平法院因为以国王的特权为基础,受到君主的优遇。为了应对衡平法院的挑战,普通法法院与议会联合起来反对国王的专制。这使"本来可以把英国拉进罗马法系的一场彻底改革不曾发生,而终于达成了妥协,普通法法院与大法官法院在一定的力量中继续并存"②,普通法所代表的英国法传统仍旧被保留。以下这个例子即可反映出在那个时期普通法对权利的保护仍然是得到英国上下普遍承认的:1553 年 10 月 21 日,约克郡费特培镇居民向枢密院呈交了一份请愿书,对一个名叫约翰·约克爵士凭借权势,肆行勒索,夺走租契的行为进行控诉。该请愿书中写道:"请愿人和请愿人的祖先一向是按照旧日习惯,交纳地租和罚金的,如同下面明白所示的向来没有提高过,也没有困苦、麻烦。约翰·约克爵士有权有势、富有田产、神通广大。您的贫苦的请愿人深恐被他监禁起来,我们这些穷人,无财无势,对他无如之何。迫

① [美]爱德华·S.考文:《美国宪法的"高级法"背景》,强世功译,三联书店1996年版,第31~32页。
② [法]勒内·达维德:《当代主要法律体系》,漆竹生译,上海译文出版社1984年版,第308页。

不得已，唯有向您仁慈的宽厚的女王陛下及您的枢密院提出申诉，请求陛下与枢密院对于上述情况采取措施，以使您的贫困的请愿人得到公正的处理，按照老习惯，交纳规定的地租和罚金，如同他们的祖先所交纳的一样，太平无事地享用该段田地。"枢密院代表女王对该请愿书的宣判如下："约翰爵士已经应允该起诉人等今后在租佃期内，可以继续享用他们租佃的地产，并按照往常习惯交纳地租，不得无故加以干扰。"①

斯图亚特王朝建立了类似大陆各国的君主专制制度，王权凌驾于议会之上，普通法崇尚权利的传统被国王所蔑视。詹姆士一世（1603～1625年在位）甚至提出"君权神授论"，认为国王受命于上帝，权力无限，创造法律。于是，王权与普通法的自由传统发生全面冲突。1604年，下议院针对国王侵犯下议院特权向国王递交"抗辩书"，是斯图亚特王朝与议会正面冲突的第一个回合。"抗辩书"申述了国会固有的权利："我们知道，并对上帝万分感恩领谢，上帝降赐给我们一位在全世界人君中罕见的、如此明睿哲学的国王。然而，人的智慧无论何等高超，若无长时间的经验和熟悉情况者的忠实教导，皆不能深入明辨一国人民权利和习惯的特点，……""我们……最忠诚地宣告：第一，我们的种种特权和自由皆是我们的权利和应分的遗产，正不下于我们自己的土地和财物。第二，这些特权和自由是不能不给我们的，是不能被取消或被损害的，否则对于王国的全局是明显的祸害。第三，我们进入国会内提出请求享受我们的特权，纯为一种守礼的行为，这并不能削弱我们的权利，……""英格兰众议院的权利和自由主要在于下列三事：（1）英格兰各郡、城市和选邑，均有权根据代议制自由选择他们所信任的人作为代表；（2）当选的人在该届国会期间，无论在开会和休会期间，均不受束缚、逮捕和监禁；（3）在国会内他们可以不受妨碍和控制而自由发表意见，发言时对国会至上法庭表示应有的尊敬，即对陛下和两院表示应有的尊敬，在此情况下，陛下和两院只组成一个政治实体，而陛下即为此实体之首……"②

1621年，针对国王的宗教政策和对外政策，议会在《抗议书》中反驳詹

---

① 齐思和、林幼琪选译：《中世纪晚期的西欧》，商务印书馆1962年版，第225、227页。

② 周一良、吴于廑主编：《世界通史资料选辑》（近代部分），商务印书馆1972年版，第2～5页。

姆士一世关于议员"不能干预国家和政府的重大事务"的论点，以及他的"君权神授论"。《抗议书》针锋相对地宣布："议会的自由、选举权、特权和司法权是英国臣民生来俱有的、毋庸置疑的古老权利和遗产。国内时常发生的涉及国王、教会及国家的紧迫事务，法律的制定与保持，时弊的改革等，都是议会商讨和辩论的正当议题。"[1]

1628 年，议会通过《权利请愿书》。该请愿书在重述《英国大宪章》的基本条款、声明 1352 年国会制定法律明定不得违反《英国大宪章》的精神后，继续提出：非经国会同意不得强迫征收任何租税；非经正当程序的法律审判，不得将任何人逮捕、监禁。

以上陈述的英国法律史，只是其中最普遍地被研究者一再提到的部分内容，它同时向世人展示的是英国从中世纪以来就一脉相承的，以维护英国人的权利为核心的法治思想及宪法原则的发展史。如果说 18 世纪以前，欧洲大陆各国的贵族、僧侣还可以藐视法律，逍遥法外，英国却早在 13 世纪就提出"王在法下"的理念，并且于 17 世纪就已脱离了特权法的时代，进入到法治时期。普通法至高无上的权威性体现了英国宪法的法治原则和精神，英国著名宪法学家戴雪（A. V. Dicey，1835 ~ 1922 年）对英国宪法"法治"含义的界定即包括了对普通法传统的认识。他认为法治的含义有三：其一，法律的至尊性与武断的权力相违背。在全国范围内，一切独裁、特权和政府部门广泛的裁量权均被摒除。英国人民受法律的统治，并且只受法律的统治。其二，在法律面前人人平等。在全国范围内，一切阶级均平等地受到普通法律的管辖，普通法律在普通法院执行。其三，法治表示着解证一件法律事实的公式。这件法律事实是：在其他国家，凡由宪章载明的所有规则都构成宪法法典的组成部分；在英国，宪法不是由法院所确定和实施的个人权利的渊源，而是其结果。[2]

---

① 程汉大：《英国政治制度史》，中国社会科学出版社 1995 年版，第 180 页。

② ［英］戴雪：《英宪精义》，雷宾南译，中国法制出版社 2001 年版，第 244 ~ 245 页。

二、北美殖民地对英国法治传统的保留

（一）传统的保留

尊重传统、依赖对传统法律的承认，实现届时的政治统治目的做法古已有之。1066年，征服者威廉为了证明自己是英国王位的合法继承人，便声称要恢复先王爱德华的法律；亨利一世（Henry I，1100～1135年在位）的外甥斯蒂芬（1135～1154年在位）登位伊始也作出过同样的承诺。亨利二世登上王位时，接受了他父亲的忠告——"切勿试图将安茹和诺曼底的习惯移植到英格兰或相反"①，在最大限度地保留了先前存在的盎格鲁撒克逊的习惯的基础上，以诺曼行政管理的传统精神，根据新的习惯和政策进行制度改革。观察英国法律制度发展的历史，对法律传统的尊重贯穿始终，构成了英国法所谓经验主义的特点。这一特点主要出自法律发生时所处条件的限制，正如庞德所说："我们在法律方面的所作所为会受到许多因素的限制。这种类比必须为我们提供一种以活动为依据的法历史解释，引导我们不仅把法律制度视作固有之物，而且也把它们视作被创造的事物；不仅把法律制度视作传承至我们的传统之物，而且也把他们视作人们在此前某个时代创制的事物并且使那些相信它们和需要它们的人在当下所创制的事物——而且在很大程度上也就是后者相信并需要的那种东西。"② 同样，出于相信和需要，对其母国英国法律传统的尊重、保留与承认，不同程度地贯穿于整个殖民地时期。而殖民地法律境遇的烙印对美国的政治思想、法律观念一直有决定的影响；在美国法律制度中，那些中庸、妥协的内容几乎都可以在殖民地时期的法律中看到它们的身影。如同他们在英国的同胞一样，早期的美国人相信他们的权利是来自11世纪盎格鲁撒克逊人的古代宪法。③ 从第一部《弗吉尼亚宪章》（1606年）颁布时起，殖民地居民就得到保证，将享有英国人的权利和自由：

---

① ［美］伯尔曼：《法律与革命》，贺卫芳等译，中国大百科全书出版社1993年版，第534页。

② ［美］罗斯科·庞德：《法律史解释》，邓正来译，中国法制出版社2002年版，第224～225页。

③ 邓正来、［英］J. C. 亚历山大编：《国家与市民社会》，中央编译出版社2002年版，第224页。

"所有的自由权、参政权和豁免权……就全部的意图和目的而言，他们就像出生和始终居住在英国境内的公民一样。"① 1639 年的《马里兰人民自由权利法案》明确表达：普通法是他们有权得到的英国遗产的一部分。1774 年的第一届大陆会议通过的《权利宣言》断言："各殖民地居民享有英国普通法规定的权利。"1776 年《独立宣言》则充满对英国统治者剥夺殖民地人民"与生俱来"的自由权利的谴责。1789 年第一届美国国会将补充权利法案作为最紧迫的任务，而后通过的宪法第 1～10 条修正案——《权利法案》成为英国普通法和殖民地时期各权利法案的集大成者。在这里，我们看到的是英国法律传统强大的生命力，它的"根基扎得是那样地牢固，即便伴随革命而发生的对英国的敌视情绪，也未能将其拔除"。②

　　然而，早期殖民地立法接受英国法传统的态度基本是被动的，原因主要有三：一是知识范围的有限性。直到独立战争之前，北美殖民地没有出版过任何判例汇编、没有专门的法学著作、没有讲授法律的学校、没有训练有素的律师和法官。立法者承认他们是立法领域的新手，对此他们解释说："如果在我们中间有能干的律师，也许我们可以搞得更精确一些。"③ 出于担心地方长官由于缺乏明确的法律规定而自行其是，按英国的法律处理便成为最简单的补救办法。二是清教徒的神学观点与法律观念的一致性。殖民地时期的清教徒崇尚圣经，他们强调立法应当以"上帝的法律"而不是英国人的法律为出发点。在他们眼里，上帝的法与英国人的法似乎达到巧妙吻合的程度，因此他们力求使自己的行为既不违反上帝的法律又不违反英国的法律；由于时常被指责为异端、违反英王的特许状和英国法律，所以在行动上总是小心谨慎地被迫证明自己的行为是合法的。三是殖民地的地位。英国从本土控制殖民地的一个基本手段，就是对殖民地法令行使审查和废止的权力。据统计，1691～1776 年，殖民地提交英国审查的法律计有 8563 项，其中 469 项被废

---

① Bernard Schwartz The Law in America：a history, New York, 1974, p. 9.
② Ibid.
③ 丹尼尔·布尔斯廷：《美国人开拓历程》，中国对外翻译出版公司译，三联书店 1993 年版，第 25 页。

止。① 在 1629 年马萨诸塞湾殖民地的第一部宪章中，英王授权殖民地议会制定"一切健全和合理的命令、法律、法规、法令、指令和指示"，但条件是"不能违背英格兰国家的法律"。② 殖民地的地位一方面使殖民地的立法者不得不按照宗主国的意志行事，另一方面又以实用主义的态度对待英国习惯法，非常注意尽量使英国法的旧体制适应殖民地的新情况。例如，在刑罚方面，1648 年的法律按照《圣经》对于按英国法律应判处死刑的罪进行了补充，将亵渎罪、绑架罪、通奸罪、伪证罪、公路抢劫罪列在其中。这种实用的态度在 1639 年约翰·温思罗普（John Winthrop）写的大事记中有清楚的记述："人们早就希望有一套法律，他们觉得地方长官决断事情的权力过大，从而觉得他们的处境很不安全。前几届议会（立法会议）已作了多方面的努力，而这个问题也已提交给某些地方长官和社会长者们研究；但迄无结果。……大多数的地方长官和某些社会长者之所以在这个问题上不太积极，有两个原因：第一是不了解人们的脾性和意向，加上当时国家的情况和其他因素，以致他们认为，对我们最适用的法律乃是按每个问题实际需要而直接产生的法律；英国和其他一些国家的法律就是这样发展起来的，因此，英国的基本法就叫作习惯法，或不成文法。第二是他们认为这样做会公然侵越殖民地宪章规定的限制；殖民地宪章规定，我们不能制定与英国法律相违背的法律，而我们曾保证遵守这一规定。"③ 实际上，早期新英格兰的立法史，"是人们起初不断试图为马萨诸塞湾殖民地居民制定一部《英国大宪章》，而后来又想搞一套简便的法律汇编的历史。"④ 1646 年，一位名为罗伯特·蔡尔德（Robert Child）的新英格兰人与其他 6 人向马萨诸塞湾殖民地议会递交一份请愿书，反对该议会制定的许多法律。请愿书指出，由于马萨诸塞湾殖民地已经对英国法律作出几次重大修改，致使该殖民地缺乏"按英国法律建立起来的固定的政府形式"。新英格兰地方长官对这一指摘的回应是："就我们政

---

① 李剑鸣：《美国的奠基时代》，人民出版社 2001 年版，第 287 页。
② 丹尼尔·布尔斯廷：《美国人开拓历程》，中国对外翻译出版公司译，三联书店 1993 年版，第 22 页。
③ 同上书，第 24 页。
④ 同上书，第 23 页。

府而言，它是根据我们的宪章、英国的基本法和习惯而建立和运作的。……把母国和殖民地两种法律体制的特征加以排列对比，这一点就显得特别清楚。"① 在立法的实际操作上，地方长官们将英国的法律，首先是《英国大宪章》的主要条款与马萨诸塞湾殖民地的基本法内容排列成表，以便作出比较。他们在表的左边列出《英国大宪章》的主要条款，右边列出马萨诸塞殖民地法律的相应条款的内容。他们还将英国习惯法的主要规定，与马萨诸塞习惯法的基本内容进行对比排列。虽然缺乏训练有素的法官和律师，但是这并不妨碍殖民地的执法者根据自己外行人对英国法律一知半解的理解，将英国法律中的专业知识，粗略地运用于解决北美洲殖民地的问题。马萨诸塞早期的有关契约、债券、租赁的法律文件格式都表明他们是从指导英国律师的统一手册中抄来的。根据记录，1671～1680年萨福克县法院的审判案件中，约有80%的民事案件属于英国传统的诉讼形式中"根据既定判例审理"的案件。这些案件包括"违约诉讼""债务诉讼""收回不动产诉讼"以及"非法侵占诉讼"等。② 因此，可以认为殖民地法院受理诉讼案件所保护的权利基本上是英国法律承认的合法权利。

为了解决英国法律书籍缺乏的困难，使立法和执法方面得到更多指导，1647年马萨诸塞殖民地议会作出决议，命令购买六种英国法律专业书籍，每种两本。这些书籍包括《柯克论托马斯·利特尔顿》《柯克论大宪章》、柯克的《案例汇编》《法律新词典》《法律新词典》、多尔顿的《治安推事》。③ 据统计，1788年之前，在北美殖民地出版的共约60篇著名法律论文和著作中，没有一篇是专门为专业律师写的，而是诸如《警官手册》之类的普及读物。④18世纪中叶，在美洲出版的英国法律专业著作，如布莱克斯通的四卷《英国法释要》也因为它使杂乱的英国法律变得清晰易懂，受到美洲人的青睐而多次再版，售量几乎与英国同样多。英国法律书籍在美洲的传播不但使许多非

---

① 丹尼尔·布尔斯廷：《美国人开拓历程》，中国对外翻译出版公司译，三联书店1993年版，第25页。

② 同上书，第30页。

③ 同上书，第31页。

④ 同上书，第231页。

科班出身的法官有机会广泛涉猎，而且使北美人民普遍了解了最基本的英国法律及其方法术语，为造就未来美洲新世界的领袖人物作出准备。美国学者对此评论说："一般来说，在我们北美殖民地，特别是新英格兰，人们对法律书上的遁词很上瘾，一个普通的新英格兰乡下人，几乎有资格充当英国乡下的事务律师。"① 爱德蒙·柏克在他主张同美洲和解的著名讲演中曾经指出：美洲的"法律研究的普遍，也许世界上没有一个国家是如此之甚的。……所有识字的人、大多数读书的人，莫不努力从这一门科学里，获取一星半点的知识"。② 他从律师垄断地位在美洲的解体这一现象中看出它具有的非常意义，他判断："假如法律知识不被高官厚禄赢取来服务于国家，那么就是政府的可怕对头。假如不以这些巧妙的手段，去驯服、打垮这精神，则它就是不可驾驭的，好讼成性的。……法律的研究，使人敏锐、善察、机巧，使人果于杀伐，巧于防御，富于智谋。他国的人，头脑较他们单纯，性格比他们迟钝，只依既成的苦难，论断政治中的病因；而在美洲，他们则依据原则的不良，预见弊端、判断苦难的轻重。他们卜见秕政于千里之外；从每一缕腐臭的微风里，嗅知暴政的来临。"③ 柏克言中了！懂得法律的人民是不会俯首让人压迫的，对于权利的共同理解必然使殖民地人民团结起来。整个 18 世纪，在寻找与英国统治的争议的论据，用以解释和证明美国人的背离与自由是正确的反抗活动中，北美殖民地人民出版、阅读，甚至抄袭带有强烈自由主义言辞的英国法著作。通过这些著作，他们很容易认为他们保留住了英国人长久以来的价值观，认为"他们没有创造任何应该拥有和遵守的新权利或新原则，而只是宣布了他们应该保持的权利"。④

（二）关于英国宪法原则的争辩

1776 年《独立宣言》宣布北美各殖民地成为自由和独立的诸邦，"这一

---

① 丹尼尔·布尔斯廷：《美国人开拓历程》，中国对外翻译出版公司译，三联书店 1993 年版，第 25 页。

② ［英］爱德蒙·柏克：《美洲三书》，缪哲选译，商务印书馆 2003 年版，第 93 ~ 94 页。

③ 同上书，第 94 ~ 95 页。

④ Gordon S. Wood：The Creation of the American Republic，1776 – 1787，New York. London，1972，p. 12.

措辞不仅象征着为脱离英国独立而艰苦战斗的开始，还象征着为把各自为政、经常冲突的美国各利益集团、各地区和各州统一起来而努力奋斗的开始。"①此后，美国宪法的制定经历了长达 10 年之久的艰难的历史实践才得以完成，并且作为新生国家的法律基础为美国人民所接受和尊重。然而，美洲革命却并未切断英国法传统对于美国的影响，即便在殖民地人民反对英国殖民压迫时，对英国宪法的广泛赞扬之声也仍不绝于耳。"对美国人来说，英国宪法一直是'英国自由制度的精华'，'人权自由的守护神……国家安定的基石'，'智慧累计的纪念碑和来自世界的赞美'。"②约翰·亚当斯在 1776 年曾经写道，在过去的 50 年中的每一天，人们都在吹捧英国宪法是天下最好的宪法，认为"迄今为止存在的政府都没有如此自由"。③ 但是，伴随着日益深重的殖民压迫，美国人民在审视殖民地所受到的种种不可容忍的不平等待遇后发出了革命的声音。他们惊叹英国宪法中的自由博爱精神"已经面目全非！地狱之门吞没了她"，"在长时间的腐蚀中，贿赂和贪污之手的挥舞下，它似乎已经溃烂到了核心部位"。④ 所以，美国人民为独立而进行的战争，又是一种法律斗争，"或者说，它至少是以解决法律问题的名义发动起来的。导致革命的冲突，主要是对在英国宪法下对殖民地地位的解释不同的冲突。"⑤

　　长期以来，殖民地居民将自己视为大英帝国平等的成员，认为他们与英国人一样生活在同一宪法之下，根据《英国大宪章》和英国人"与生俱来"的权利，他们的权利不得被剥夺。所以，尽管英美之间围绕英国在殖民地的一系列立法展开的、对于殖民地的地位的斗争与辩论，其立场观点是截然对立的。然而，美洲殖民地人民用以与英国政府辩论的武器，却是英国宪法的原则。他们一再强调英国宪法的字句和精神两者都证明美洲人民的反抗有理。

---

　　① ［美］加里·沃塞曼：《美国政治基础》，陆震纶等译，中国社会科学出版社 1994 年版，第 15 页。Gordon S. Wood：The Creation of the American Republic，1776－1787，New York. London，1972，p. 11.

　　② Gordon S. Wood：The Creation of the American Republic，1776－1787，New York. London，1972，p. 11。

　　③ Ibid.

　　④ Ibid.

　　⑤ Bernard Schwartz：The Law in America：a history，New York，1974，p. 2.

甚至到 1776 年他们还都丝毫不怀疑"我们拥有争议并且英国宪法是站在我们这一边的"。① 他们反复坚持，他们才是英国宪法的真正捍卫者。由他们阐释和捍卫的英国宪法的原则包括"无代表则不征税"原则、财产权不可侵犯原则、司法独立、只能依据普通法受审以及人民主权原则等。

　　1764～1774 年，"是英国改变其旧有的帝国政策、试图课税于美洲的时期，英国与美洲的冲突，焦点主要在利益。"② 按照英国传统的自由观念，税收应当来自臣民自愿的输捐而非政府的课征，因此"无代表则不征税"是英国宪法的一项原则。按照这一原则，由于各殖民地在英国的议会中并不享有代表权，所以英国在英法"七年战争"结束后为减轻债务而发布的对殖民地直接征税的《美洲岁入法案》（1764 年）"在美洲人的眼里，的确是祖制的大变更③。1764 年 10 月，纽约州议会致英国的陈情书表示："蠲免未经许可的，或并非自愿的纳税负担，必须成为每一个自由领地的重大原则"，否则就不可能有"自由、幸福与安全"，如果议会可以对美洲的贸易征税，也就可以对他们的土地或任何东西征税了。④《美洲岁入法案》通过后的第二年，英国政府又通过《驻军法案》，要求凡驻有英军的殖民地，必须为当地英国驻军提供给养、营房等设施。1765 年，英国议会通过的《印花税法》是首次在关税以外对殖民地课征直接税的规定，对没有代表权的美洲人民课加这一税种，使美洲人民感到震惊。更令美洲人民不可容忍的是，该法令中还规定，违犯印花税法的人，必须交海事法庭受审，而海事法庭不允许有陪审并且在审讯中实行有罪推定，要求被告负举证责任。为表示抗议，弗吉尼亚的帕特里克·亨利发表演说慷慨陈词："恺撒最后为布鲁特斯所刺死，查理一世终于被克伦威尔所击败，乔治三世……应当从中得到教训而免蹈覆辙。如果说这就是叛逆的话，那就让我们尽量利用这种叛逆吧！"⑤ 弗吉尼亚议会随即通

---

　　① Gordon S. Wood: The Creation of the American Republic, 1776 – 1787, New York. London, 1972, p. 11.
　　② ［英］爱德蒙·柏克：《美洲三书》，缪哲选译，商务印书馆 2003 年版，译者引言第 2 页。
　　③ 同上书，第 26 页。
　　④ 同上书，第 6 页。
　　⑤ 丹尼尔·布尔斯廷：《美国人建国历程》，中国对外翻译出版公司译，三联书店 1993 年版，第 444 页。

过一系列决议，宣布只有该议会才拥有"对本殖民地居民……课加赋税的唯一排他性权力"。① 此后，美洲 9 个殖民地的代表在纽约召开会议，并经一致同意发表宣言："国王陛下之殖民地忠顺臣民，有权享受在英国国内出生之臣民所有继承权利与自由"；"就人民的自由而言，不可或缺的真理是，它同样是英国人原已拥有的权利，即未经本人或代表同意，政府不得征税"；"唯殖民地的议员才是人民自己推选的代表。除非经由当地立法机关批准，任何人从未亦不得对他们合法征税"；"殖民地上缴军需，是他们自愿献给王室的礼品，若将殖民地人民的财产交纳于国王陛下，势必与大英帝国人民共同享有的英国宪法的原则与精神相背离"；"审判须有陪审，是殖民地的每一个英国臣民应当享有的天赋的权利"。② 面对美洲殖民地人民团结一致的反抗，《印花税法》无法付诸实施。英国政府被迫作出让步，于 1766 年 3 月 17 日撤销《印花税法》。但在同时却颁布《公告令》，申明英国议会是在任何情况下均对各殖民地具有约束力的不列颠帝国最高立法机关，对于殖民地的立法权这一宪法权利绝不放弃。1767 年，英国议会制定《汤森税法》，规定在北美港口对进口的外国货物征税，再次触犯"无代表不征税"原则，因而在殖民地再度掀起抗议风潮。1768 年，马萨诸塞议会向英王递交请愿书，要求废除汤森税法，并通过塞缪尔·亚当斯起草的致北美各殖民地下议院的"传阅信"，指出英国议会的决议损害了北美居民的宪法权利和自然权利。③ 1767～1768 年，约翰·迪金森（John Dickinson）以"一个宾夕法尼亚农场主致英属殖民地居民的信札"为题，发表了 12 篇文章，抗议汤森税法。文章指出：自由的事业不容玷污，应当用一种适当的方式加以维护；在英帝国内有两种政治权力，一种是国会行使的权力，一种是地方或殖民地行使的权力，不可混淆；自由人的政府是受宪法控制的政府，不能逾越规定以行使其权力。有美国宪法学者评论，迪金森倡导的这些理论奠定了美国宪政制度的两大基

① ［美］塞缪尔·埃利奥特·莫里森、亨利·斯蒂尔·康马杰、威廉·爱德华·洛伊希滕堡：《美利坚共和国的成长》（上卷），南开大学历史系美国史教研室译，天津人民出版社 1980 年版，第 190 页。

② David E Shi and Holly A. Mayer：For the Record：A Documentary History of America Volume1，Stamp Act Congress from Declaration of Rights and Grievances of the Colonies，1765.

③ 李剑鸣：《美国的奠基世代》，人民出版社 2001 年版，第 554 页。

础——联邦主义和限权政府。① 对于涉及主权问题的英国普通法在北美适用的原则，迪金森在"信札"中写道："英国的普通法被广泛地采纳了……可是我们的法院在决定普通法和制定法中的哪些部分应当得到沿用方面，行使着一种至高无上的权力。因为我们必须承认，环境的变化必然要求我们，在某种情况下否定这两种法律的结论。……英国法的某些原则被采用了，有些则被舍弃了。"② 可见，美洲殖民地人民与英国的冲突的重点已然转移到英国的主权与美洲的自由权上。柏克在《论课税于美洲的讲演》中曾劝阻英国政府："假如你要的主权，与他们的自由不相容，他们将何去何从呢？他们会把你的主权甩在你的脸上。劝人受奴役，是必不能成功的！"③

到 1776 年为止，在美国人的心中对一点已不再怀疑："他们是处在革命的中心，这个革命是各国历史上最完全、最出人预料和最非凡的革命。"④ 这场革命由强大的，甚至持续数百年生生不息的法治传统所支持。因此，在不放弃英国自由和传统的原则下，从英国分离出来已经成为可能，美国人不再仅仅是为保护自己特殊的权利与自由而奋斗，而是已经处于新时代的边缘了。

---

① 李子欣编著：《美国宪法》，正中书局 1970 年版，第 49 页。
② Bernard Schwartz: The Law in America: a History, New York, 1974, p. 15.
③ [英] 爱德蒙·柏克：《美洲三书》，商务印书馆 2003 年版，第 62 页。
④ Gordon S. Wood: The Creation of the American Republic, 1776 – 1787, New York. London, 1972, p. 43.

罗马人观念上的自然法和罗马法上的自然法观念[*]

英国著名历史学家梅因在《古代法》中对罗马法的优越性原因如是说："我找不出任何理由，为什么罗马法律会优于印度法律，假使不是'自然法'的理论给了它一种与众不同的优秀典型。"[①]

梅因还写道："罗马自然法和市民法主要不同之处在于它对'个人'的重视，它对人类文明所作最大贡献就在于把个人从古代社会的权威中解放出来。"[②] 追索罗马法发展的历史，可以看到正是由于罗马人的自然法观念所宣示的理性、平等、自由、正义的价值标准体现出对个人权利的尊重，使它能够成为推动罗马法走出狭隘的城邦的特别法的范围，成为当时欧洲世界共同法的重要动力。考察罗马法的内容，可以看到罗马人观念上的自然法最终走出概念化的范畴转化为具有实质性含义的一系列具体的法律规定。

主要是由于语言障碍，目前在我国出版的古罗马思想家、法学家的著作非常有限，然而我们依然可以从不多的有关译著中，读到罗马人的自然法理论，其中西塞罗的著作中频繁出现的有关自然法的论述和《学说汇纂》中罗马法学家的论述尤为典型。罗马法典的集大成者盖尤斯的《法学阶梯》和查士丁尼的《法学总论》则提供了蕴涵着罗马法上自然法观念的最翔实的法律资料。

---

[*] 本文原载《学说汇纂》（第 1 卷），知识产权出版社 2007 年版。

[①] ［英］梅因：《古代法》，沈景一译，商务印书馆 1959 年版，第 45 页。

[②] 同上书，第 146 页。

一、法律是自然中固有的最高理性

罗马人观念上的自然法来自古希腊。古希腊哲学家习惯把宇宙结构解释为某种单一原则的表现，如运动、强力、火、湿气、生殖。后期希腊各学派在"自然"的概念中，在物质世界上加上了一个道德世界。他们把"自然"的范围加以扩展，使它不仅包括有形的宇宙，而且包括了人类的思想、惯例和希望。此后，"自然"被斯多葛学派认为是可以分解为某种一般的和简单的规律的现象。按照自然而生活，被认为"是解脱粗俗人民的混乱习惯和粗野放纵而达到较高级的行为规律，这些规律只有有志者通过克己和自制才能加以遵守"。① 在希腊被征服后，罗马受到了希腊文化的强烈冲击，有教养的人都学习希腊文，希腊哲学开始对罗马生活产生影响。"按照自然而生活"这种哲学在罗马社会中立刻有了长足的发展。② 西塞罗是生活在罗马共和国时代末期的思想家，曾经担任过执政官，这使他的理论著作在毫不掩饰地流露出接受希腊文化的同时，将希腊文化引向实践从而"表现出对按照自己的传统对理论知识进行验证、补充、塑造和利用这些理论知识更新共和国本身的传统，并使其适应新的现实的追求"。③ 西塞罗认为要讨论法律问题，必须首先界定法律的语义。在西塞罗的《论法律》中说道："法律不是由人的才能想出来的，也不是什么人民的决议，而是某种凭借允行禁止之智慧管理整个世界的永恒之物。""我们从小便学会把'如果传唤去法庭'和一些其他类似的东西称为法律。我们必须这样理解：它以及人们的许多其他法规和禁令具有号召公正的行为，阻止犯罪的力量，然而这种力量不仅比人民和公民社会存在的时期还古老，而且与那位管理和统治天空和大地的神同龄。"④ 他举例说，在著名的科克勒斯阻挡进犯的埃特鲁亚人时，并没有什么法律上规定过要让他一个人站在桥上对抗整个敌军，并命令在自己的身后把桥毁掉。但

---

① ［英］梅因：《古代法》，沈景一译，商务印书馆1959年版，第32页。
② 同上。
③ ［古罗马］西塞罗：《论共和国 论法律》，王焕生译，中国政法大学出版社1997年版，前言。
④ 同上书，第217页。

我们却承认他"按照他自己的勇敢精神的法律和命令"所建立的伟大功绩。①"塔克文任国王时的罗马没有任何关于惩治奸淫的成文法，但塞·塔克文对特里基皮努斯的女儿卢克瑞提娅施暴并不因此而不违背那永恒的法律。"② 因此，对法律（lex）的概念，西塞罗说："法律乃是自然中固有的最高理性，它允许做应该做的事情，禁止做相反的行为。当这种理性确立于人的心智并得到实现，便是法律。"至于"法"（jus），西塞罗认为它的始端应导源于法律，原因是"法律乃是自然之力量，是明智之士的智慧和理性，是合法和不合法的尺度。但是因为我们的语言离不开民众的观念，所以必然有时按照民众的观念说话，从而像民众称呼的那样，称那些成文的、对他们希望的东西进行限定——或允许或禁止——的条规为法律。让我们对法进行论证时从那条最高的法律开始，它适用了所有时代，产生于任何成文法之前，或者更确切地说，产生于任何国家形成之前"。③

西塞罗解释说："'法律'（lex）这一术语本身可以清楚地看出，它包括公正、正确地进行选择（legere）的意思。"④ 法律制定的目的是保障公民的福祉、国家的繁昌和人们安宁幸福的生活。从这一目的出发，那些即使由人民通过，但危险有害的决定"并不比强盗们根据自己的意愿作出的决定更配称为法律"。⑤ 这就好比由一些一窍不通、毫无经验的人打着有益于健康的名义开出的可以致人于非命的药方，人们完全应该不把这些药方视为医生的处方。西塞罗以自然法的观念追问和审视在他所在的年代以前的希腊、埃及、高卢以及罗马的法律，尖锐地批判了那些违背自然法即违背正义的法律："人们根据有利原则为自己立法，因此由于习俗的不同而各不相同，在同一些人那里因时代变化而常常发生变化，自然法是不存在的，所有的人和其他动物在自然引导下都为自身追求利益，因此，要不根本不存在任何正义，要不如果可能存在什么正义，那也是最大的愚蠢，因为在关心他人利益的同时

---

① ［古罗马］西塞罗：《论共和国 论法律》，王焕生译，中国政法大学出版社 1997 年版，第217～218 页。
② 同上书，第218 页。
③ 同上书，第 189～190 页。
④ 同上书，第219 页。
⑤ 同上。

必然要损害自己的利益。他由此得出如下结论：所有凭借权力而昌盛的人民，其中包括把自己的权力扩大到全世界的罗马人民本身，如果他们希望自己是正义的，即如果他们把人家的东西归还原主，那么他们将不得不回到自己的陋屋过贫穷、可怜的日子。"① 他指出：那些用暴力掠夺他人的土地来扩大自己的领土，增强自己的权力；消灭其他民族而使国库装满金钱的人在赞誉声中被捧上天，认为在他身上存在杰出的、完美的德性。"这样的谬误不仅存在于普通人民和无知的人们中间，而且存在于哲学家们中间"。② 西塞罗认为："法律是根据最古老的、一切事物的始源自然表述的对正义的和非正义的区分，人类法律受自然指导，惩罚邪恶者，保障和维护高尚者。"③ 根据这样的认识，西塞罗对法律作出一个著名的界定："真正的法律乃是正确的规则，它与自然相吻合，适用于所有的人，是稳定的、恒久的，以命令的方式召唤履行责任，以禁止的方式阻止犯罪，……将不可能在罗马一种法律，在雅典另一种法律；现在一种法律，将来另一种法律，一种永恒的、不变的法律将适用于所有的民族，适用于各个时代；将会有一个对所有的人共同的，如同教师和统帅的神：它是这一法律的创造者、裁判者、倡导者。谁不服从它，谁便是自我逃避，蔑视人的本性，从而将会受到严厉的惩罚……"④ 西塞罗对法律本源及特质的阐释反映了罗马人对法律的认识，代表了当时和而后罗马人对法律适应性的宽容态度。从西塞罗对法的语义的解析，我们看到的是罗马人对于人定法与自然法作出的区别：人定法是某个时代，某个国家所特有的法律，它不具有内在的道德意义，它的效力产生于国家对它的承认，由国家强制力加以保障；自然法则是理想的和普遍有效的秩序规则，无论是否得到国家的承认它都对物质世界发挥作用，并且通过人的理性体现于人本身。人定法是对的，因为它是法；而自然法是法则，因为它是对的。⑤ 与人定法相比，自然法具有自我矫正的功能，作为促使法律发展的巨大的法理学

---

① ［古罗马］西塞罗：《论共和国 论法律》，王焕生译，中国政法大学出版社 1997 年版，第112 页。
② 同上书，第113 页。
③ 同上书，第 219～220 页。
④ 同上书，第120 页。
⑤ ［英］巴里·尼古拉斯：《罗马法概论》，黄风译，法律出版社 2000 年版，第 55 页。

力量，它"是一种有关更高的法律原则的拟制。它存在于理性之中，现行法律只不过是对它作出的一种不完善的反映，因而根据自然法，人们可以对现行法律作出修正和补充"。① 在罗马的历史上不同时期出现的习惯法、成文法、法学家的解答、裁判官的告示、皇帝的敕令、法学家的著作都被罗马国家承认，成为罗马法的渊源，是因为这些法律形式是顺应情势被创造出来的，是被罗马人认为与人的自然理性相吻合的。孟德斯鸠对罗马法在发展中的适应性特点曾经这样评价："罗马的法律后来已无力统治共和国，这是千真万确的事情；但下述的情况却是一件人们永远会看到的事情，这就是使一个小共和国变成大国的好法律，在这个国家扩大的时候，对它就不方便起来了：因为这些法律的自然作用是造成一个伟大的民族，却不是统治这个伟大的民族的。""在好法律和适用的法律之间是大有区别的；好法律是要使一个民族成为其他民族的主人，而适用的法律则是要维持一个民族所取得的权力。"② 也正是由于罗马人尊奉自然法的理性选择标准，才使罗马法的具体内容不断成熟、完备，体现出与社会的经济水平与社会状态相适应的法律原则和规范，反映了社会经济发展的一般客观要求。法律是自然中固有的最高理性的概念，被务实的罗马人接受的重要原因在于它所强调的法律的权威性。罗马著名的法学家乌尔比安在《论萨宾》第 38 篇中对奴隶出身的裁判官所发布的告示是否具有法律效力作出如下评价："如果当他是逃跑奴隶时行使了裁判官的职务，那么所产生的法律后果是什么呢？他发布的告示和作出的判决不应当具有任何效力吗？还是由于对他面前依据法律或其他法进行诉讼的人具有功利而应当产生效力呢？我认为，任何东西都不应当被否定，因为，较为人道的是：罗马人民也可以把这样的权力授予奴隶；不过，如果他们知道他是奴隶，可以使他成为自由人。这一法则对于皇帝更应当加以遵守。"③ 在这篇后来被编入《民法大全》的论著中，乌尔比安强调的是：第一，无论于法律的权威性要求，还是于现实的功利性需要，都应当承认和维护裁判官发布的告

---

① ［美］罗斯科·庞德：《法律史解释》，邓正来译，中国法制出版社 2002 年版，第 196 页。
② ［法］孟德斯鸠：《罗马盛衰原因论》，婉玲译，商务印书馆 1984 年版，第 51～52 页。
③ ［意］桑德罗·斯奇巴尼选编：《司法管辖权 审判 诉讼》，黄风译，中国政法大学出版社 1992 年版，第 16 页。

示的法律效力。第二，即便裁判官的奴隶身份也不能构成对法律效力的影响，因为以道德和人的平等权利为准则，可以用释放奴隶为自由人的变通方式扫除这一障碍。第三，皇帝也应当遵守法律。那么，为什么法律的权威性不可置疑，以至皇帝都应当首先遵守呢？盖尤斯在《法学阶梯》中对这一设问的回答是："法律是由人民批准和制定的。所谓'人民'是指所有的市民，亦包括贵族。……君主的谕令是皇帝通过裁决、告示或者诏书制定的。毫无疑问，它具有法律效力，因为皇帝本人根据法律获得治权。"①

二、法源于社会的自然习俗

西塞罗运用自然法理论解释法律的语义并不是空穴来风，在他的观察下，同一城邦的公民之间的法律关系源于最紧密的亲属之间的关系，而这种法律关系是建立在最自然不过的人类繁衍后代的要求的基础之上的。他在《论义务》中说："由于自然赋予生物的共同特性是具有繁衍后代的欲望，因此人类的最初联系是夫妻关系，然后是和子女的关系，再后来是组成一个家庭，一切都共有。这便是城邦的开始，并且可以说是国家的起源。"② 乌尔比安也从同一角度论述了自然法和婚姻的关系，他说："自然法是大自然传授给一切动物的法则，也就是说，这个法不是人类所特有的，而是生活在陆地和海洋的动物包括飞禽所共有的。由此而产生我们称之为'婚姻'的男女结合及其子女的生育与繁衍。"③ 在罗马法发展的历史上，源于社会习俗的法是普遍的和最早被公开承认的。正如贡斯当所说："在罗马，监察官密切监视着家庭生活。法律规制习俗，由于习俗涉及所有事物。因此，几乎没有哪一个领域不受法律的规制。"④

法之所以源于社会习俗，首先是基于它本身符合社会生活及其需要，即被法所采纳的习俗本身所具有的自然的合理性。格罗素在他的《罗马法史》

---

① ［古罗马］盖尤斯：《法学阶梯》，黄风译，中国政法大学出版社1996年版，第2页。
② ［古罗马］西塞罗：《论义务》，王焕生译，中国政法大学出版社1999年版，第55页。
③ ［意］桑德罗·斯奇巴尼选编：《正义和法》，黄风译，中国政法大学出版社1992年版，第35页。
④ ［法］邦雅曼·贡斯当：《古代人的自由与现代人的自由》，阎克文、刘满贵译，商务印书馆1999年版，第27页。

中认为，在城邦出现后，产生了跨越家庭的社会秩序。这种秩序一方面产生于生活，另一方面"被认为符合内在的力量、符合事物的性质、符合社会的内在结构、符合使神平息的必要性，也就是说它表现为一种以自然性和不可避免性为根据的秩序。正是这种跨家庭社会的秩序赋予法（jus）以特性"。① 在早期罗马市民的共同体中，市民法本身就是一种活生生的习俗或者习惯，"它直接构成对社会现实的法律写照；它是一种活生生的传统，表现出这种传统所特有的两个方面：一方面，表现着某些被视为一成不变的现存条件；另一方面，表现出对丰富的生活的善适应性"。② 例如，《十二表法》中根据习俗对所有权和占有规定"占有土地的时效为二年，其他一切物品则为一年"，并且依此条款，演绎出夫妻婚姻时效的规定。《十二表法》规定，在夫妻关系中，"妻不愿意确定（事实上已长期和她同居的）丈夫对自己有支配权的妇女，每年应离开自己的家三夜，因而中断占有（她）的一年时效"。③ 其次，社会习俗中蕴涵的法律秩序往往与宗教成分有着密切的关系，因而使这类习俗在转变为法律后具有相当的稳定性。罗马法学家注意到，当法沿着世俗化进程发展时，在家庭内部秩序中仍然顽强保留下来的就是那种固有的宗教成分。④ 正因为如此，早期罗马法的正式解释者是由僧侣组成的团体，祭司学识的宗教基础反映在向私人及统治集团提供的意见之中，"祭司告诉人们应当采取怎样的行为方式同神保持良好的和平关系并且避免触怒神"。⑤ 再次，被作为法律的习俗源于人民的接受。罗马法学家尤里安说："在不采用成文法的情况下，必须遵守由习俗和习惯确定的那些规范。……没有理由不把根深蒂固的习惯作为法律来遵守（人们称它是由习俗形成的法）。事实上，我们遵守它们仅仅是因为人民接受它们。那些在无成文法的情况下人民所接受的东西，也有理由为所有人所遵守。……因此，也很有理由接受这一原则：法律的废除不仅产生于立法者的表决，而且也产生于所有人以放弃使

---

① ［意］朱塞佩·格罗素：《罗马法史》，黄风译，中国政法大学出版社1994年版，第97页。

② 同上书，第100页。

③ 周一良、吴于廑主编：《世界通史资料选辑》（上古部分），商务印书馆1974年版，第337～338页。

④ ［意］朱塞佩·格罗素：《罗马法史》，黄风译，中国政法大学出版社1994年版，第97页。

⑤ 同上。

用习俗的方式所表示的默示合意。"① 查士丁尼的《法学阶梯》将人们沿用的
习惯确立的法律称为"不成文法",理由也是"因为古老的习惯经人们加以
沿用的同意而获得效力,就等于法律"。②

三、基于正义和诚信原则的万民法体系

在罗马从一个弹丸的城邦国家发展成横跨欧亚非洲的大帝国的过程中,
罗马法经历了从市民法到万民法的发展过程。前者指适用于享有罗马市民权
的人之间的法律,后者指调整罗马统治范围内各民族间的关系的法律。罗马
人以自然法的正义观念看待法律应当遵循的基本原则,并且将这一纯粹的观
念性的含义转化为具有实在意义的万民法体系。最早用自然法的理论概念来
表达万民法体系概念的是西塞罗。他说:"我们的祖先认为,万民法和市民
法是有区别的:市民法不可能同时是万民法,但是万民法应当同时也是市民
法。"③ 他是在其著作《论义务》讨论法律的公正性时,首次表述出万民法的
定义的。法律的公正与万民法之间是怎样建立联系的呢? 在《论义务》中,
西塞罗描述出一个只属于罗马人自己的高尚情操和行为准则。西塞罗称之为
德性之首的智慧,是关于神界和人间事物的知识,这里包括天神和凡人的关
系和人们之间的社会联系;如果这一德性是最伟大的,"那么必然是:从社
会生活产生的义务也是最伟大的"。④ 所以,"应该把源于公正的义务置于科
学研究和源于知识的义务之上,因为源于公正的义务关系到人们的利益,对
人来说没有什么比这种利益更重要了"。⑤ 正是建立在对于"公正"的义务的
认识之上,西塞罗批判了禁止外邦侨民居住在城里的做法,认为这是不人道
的。⑥ 并且他以罗马历史上存在的随军祭司团法为例,说明公正义务的作用。
随军祭司团是一个在罗马历史上存在的宗教小团体,是一个外邦人也可以参

---

① [意] 桑德罗·斯奇巴尼选编:《正义和法》,黄风译,中国政法大学出版社 1992 年版,第
62 页。
② [罗马] 查士丁尼:《法学总论》,张企泰译,商务印书馆 1989 年版,第 11 页。
③ [古罗马] 西塞罗:《论义务》,王焕生译,中国政法大学出版社 1999 年版,第 309 页。
④ 同上书,第 147 页。
⑤ 同上书,第 149 页。
⑥ 同上书,第 287 页。

加的法律共同体。西塞罗说："战争的正义性曾经由罗马人民的随军祭司团法作了严格的规定。由此可以理解，除非事先提出要求或者预先通知和宣布进行战争，否则任何战争都不是公正的。"① 对于不能实行公正法律的情况，西塞罗发出无限的感慨："但是我们并没有掌握真正的法律和真正的公正的任何完整而清晰的形象，而只是利用了它的影子和映象，但愿我们能遵循即使只是影子和映象！"② 他说："公正的首要责任在于如果自己并未受到不公正对待，那么任何人都不要伤害他人；其次在于为了公共利益使用公共所有，为了个人利益使用个人所有。"③ "一切违背公正的不幸更违背自然；唯有公正这种美德是一切美德的主人、女王。"④ 所以，正是"这些对法律的思考将罗马人与那些具体的、单一的外邦人等同起来，使西塞罗创造了万民法的定义"。⑤ 在罗马法典中直接将自然正义与万民法的概念联系在一起的，是盖尤斯的《法学阶梯》和查士丁尼的《法学阶梯》。查士丁尼的《法学阶梯》开卷第一篇题为"正义和法律"；篇首语曰："正义是给予每个人他应得的部分的这种坚定而恒久的愿望"；第一条规定："法学是关于神和人的事物的知识；是关于正义和非正义的科学"；第三条规定："法律的基本原则是：为人诚实，不损害别人，给予每个人他应得的部分。"⑥ 关于万民法，盖尤斯的《法学阶梯》规定："根据自然原因在一切人当中制定的法为所有民众共同遵守，并且称为万民法，就像是一切民族所使用的法"⑦；查士丁尼的《法学阶梯》写道："每一民族专为自身治理制定的法律，是这个国家所特有的，叫作市民法即该国本身特有的法。至于出于自然理性而为全人类制定的法，则受到所有民族的同样尊重，叫作万民法。万民法是全人类共同的。它包括各民族根据实际需要和生活必须而制定的一些法则：例如，战争发生了，跟着发生俘虏和奴役，而奴役是违背自然的（因为根据自然法，一切人都是生而

---

① ［古罗马］西塞罗：《论义务》，王焕生译，中国政法大学出版社 1999 年版，第 37 页。
② 同上书，第 309 页。
③ 同上书，第 21 页。
④ 同上书，第 269 页。
⑤ 同上书，代序。
⑥ ［罗马］查士丁尼：《法学总论》，张企泰译，商务印书馆 1989 年版，第 5 页。
⑦ ［古罗马］盖尤斯：《法学阶梯》，黄风译，中国政法大学出版社 1996 年版，第 2 页。

自由的人）。又如几乎全部契约，如买卖、租赁、合伙、寄存、可以实物偿还的借贷以及其他等，都起源于万民法。"① 这两个万民法的定义都清楚地表达了自然法观念，以正义和诚信为基本原则。其中至少包括着四个要素：第一，万民法的依据是自然理性；第二，根据自然法，人人生而平等，所以万民法的对象是全人类；第三，万民法是根据现实生活的需要即自然的需要而制定的法则；第四，出于自然理性而为全人类制定的万民法因其权威而具有普遍的适用性。由此我们可以理解：为什么罗马法学家乌尔比安说"对于打算学习罗马法的人来说，必须首先了解'法'（jus）的称谓从何而来。它来自于'正义'（justitia）。实际上（正如杰尔苏所巧妙定义的那样）法是善良和公正的艺术"②；为什么梅因说"自从自然一语已成为罗马人口头上一个家喻户晓的名词以后，这样一种信念便逐渐在罗马法学家中间流行着，即旧的'万民法'实际是已经失去的'自然'法典，至于'裁判官'根据'万民法'原则而创制的'告令'法律学，则正在逐渐恢复法律因为背离了它而退化的一种范式"。③

当然，万民法从概念性意义到出现在具体的"法"的领域的原因是复杂和多方面的。首先是土地的再分配引起的土地制度的变化。随着罗马人的对外征战、领土的扩张，意大利已经失去了它原本的自耕农的国家面目，越来越多的土地集中在富人手里，他们使用奴隶将这些土地开垦成大的庄园，并且把它们出卖或者出租。至于因战争而荒废罗马人还无暇顾及的土地，国家便通过法律宣告说："谁要是同时愿意使用这些土地，就可以任意占用，只要每年把一部分收获缴作租赋就行：种谷的缴十分之一，种果树的缴五分之一，放牧的人也须用牲口缴纳年租，不问公牛与牛犊均可。"④ 罗马人这样做的目的是"想借此繁殖他们认为最能刻苦耐劳的意大利各族，使自己在本土上有足够的同盟者"⑤。然而，事与愿违，那些占据了未分配土地的人通过吞

---

① ［罗马］查士丁尼：《法学总论》，张企泰译，商务印书馆1989年版，第7页。
② ［意］桑德罗·斯奇巴尼选编：《正义和法》，黄风译，中国政法大学出版社1992年版，第34页。
③ ［英］梅因：《古代法》，沈景一译，商务印书馆1959年版，第33页。
④ 阿庇安：《内战记》：《罗马共和国时期》（下），任炳湘选译，商务印书馆1962年版，第35页。
⑤ 同上。

并邻地、诱说收买、武力抢夺，终至以大土地经营代替了原来的小产业。这种情况造成了土地在使用上发生的根本变化（意大利以外的土地，如埃及、北非提供廉价的粮食生产，意大利的土地所有者则集中生产那些能够在海外找到市场的产品）。从而为法律的变化创造了巨大的空间。其次，战争带来的它与近东最古老的文明和商业繁荣的交合。这自然地导致形成一系列体现商品经济现实的法律关系。在罗马人与异邦人进行商业交往的关系上，占有统治地位的决定性因素就是信任。"信任表现着一种可受信任的关系（这种关系在城邦中因其执法官的裁量权而得到普及，对于那些经商的私人则更为直接）；从互相信任的理由中产生出诚信的客观概念，即合乎道德，作为商业世界支柱的商业正直；人们把这种'诚信'理解为具有约束力的"。① 再次，奴隶数量的迅速增长。大土地所有者惧怕使用自由民作为农工会因征调入伍而离开田地，而奴隶免服兵役，所以他们便使用奴隶来担任农夫和牧人。其结果就是奴隶得到大量增殖，奴隶主变得非常富有。而"意大利人却在穷困、赋税和兵役的交迫之下，人数和力量都萎缩下去"。② 总之，种种原因使罗马原有的紧密的市民组织渐渐消失，曾经为罗马打天下的市民"堕落成丧失土地并且依靠富人施舍求生的无产阶级"；③ 在土地扩张中发达起来的意大利的同盟者对罗马拒绝给予市民待遇愤愤不平，不满情绪在公元前 92 ~ 88 年的内战中达到了顶峰。罗马虽然取得了军事上的胜利，却在政治上不得不最终同意向意大利给予它一直坚持拒绝给予的东西——市民籍。对于公民权取得的过程和原因，孟德斯鸠有过精辟的论述，他说："罗马在意大利各民族的支援下征服了全世界，它在不同的时期把不同的特权给予了这些民族。这些民族的大部分从一开头就不很关心取得罗马人的公民权；有一些民族毋宁说更愿意保存自己过去的习惯。但是，当这个权利变成代表世界主权的权利，如果一个人不是罗马的公民就什么都不是，而且有了这个头衔就等于有了一切的时候，意大利各民族就决定，要是不能成为罗马公民，就毋宁死掉；在不能用阴谋或是用请求达到目的的时候，他们就诉诸武力；面临伊奥尼亚海

---

① ［意］朱塞佩·格罗素：《罗马法史》，黄风译，中国政法大学出版社 1994 年版，第 235 页。
② 阿庇安：《内战记》：《罗马共和国时期》（下），任炳湘选译，商务印书馆 1962 年版，第 36 页。
③ ［英］巴里·尼古拉斯：《罗马法概论》，黄风译，法律出版社 2000 年版，第 8 页。

的全部地区的居民发动了起义；其他的同盟者也想学他们的样。罗马不得不对说起来正是他们征服全世界时的左右手作战，因此罗马的处境便十分危险了。它眼看就要退回自己的城里去：它同意把人们如此期望取得的这种权利给予还没有中止对它表示忠诚的同盟者。此后，罗马就逐步把这种权利给了所有的人。"①

---

① ［法］孟德斯鸠：《罗马盛衰原因论》，婉玲译，商务印书馆 1984 年版，第 50 页。

从邦联到联邦[*]

——美国《邦联条例》与《联邦宪法》特点初探

曾尔恕

　　1777~1787年，10年间美国先后制定和通过的《邦联条例》和《联邦宪法》是既依赖于历史传统、实践经验，又适应当时美国国情的产物。本文以这两部美国宪法文献的特点及它们之间的内在联系为对象，梳理美国宪法制定和发展的脉络，以进一步明晰美国宪法的形式特征及其基本原则。

一

　　鉴于美洲革命中建立的大陆会议不能作为日常的政府机构行使权力，《独立宣言》发表1年后，1777年11月15日，大陆会议经过冗长的辩论终于通过了由约翰·迪金森起草的《邦联和永久联合条例》（以下简称《邦联条例》）。作为13个州联合发表的宪法性文件，《邦联条例》表现出以下特点。

（一）成文宪法的形式表达及至高地位

　　从1620年的《五月花公约》（Mayflower Compact）至1776年北美独立，以成文法的形式规定殖民地的基本政府组织和公民的基本权利，已经有150年的历史，形成与英国宪法不成文形式完全不同的宪法法典化的传统。1636年，传教士托马斯·胡克领导了殖民地的第一次移民西迁，建立康涅狄格殖民

---

　　* 本文原载《中国政法大学学报》2008年第1期。

地，于 1638 年签订《康涅狄格基本法规》（Fundamental Orders of Connecticut）。《康涅狄格基本法规》不仅规定了政府组成的程序和方法，并且提出了限制政府权力的基本概念，因而在美国法律史上被视为迈出殖民地制定自己的根本法的第一步。该基本法规明确规定了其立法渊源和宗旨。它宣称："我们温莎、哈特福德和韦塞尔斯费尔德等地居民及住户联合组成一个公国或共和国，以使我们、我们的子孙后代以及今后将与我们联合的一切人共同维护上帝福音的自由与纯洁，维护按照上述福音真理、我们奉行的教会纪律，并按照今后将制定的法律、准则、命令处理行政事务。"①

基本法规制定的 11 项制度的主要内容包括：议会每年召开两次会议，第一次会议于 5 月进行，选举行政长官和其他官员，选举人必须是由本地管辖的自由公民，并作忠诚宣誓；行政长官选举采取无记名投票的方式，获票最多者当选，任期一年，不得连任；当选后必须在会议上宣誓后，方能就职。第二次会议于 9 月进行，制定法律；议会召开前由总督或助理向各市镇发出召集令，由各市镇治安法官立即通知本地居民，选出代表出席会议；议会正式开会前，代表有权集会确定议事日程及检查选举情况，对不法行为议会有权处罚；除立法权外，议会有权征税、确认自由身份、处理土地纠纷、为市镇和公民服务、要求议员或治安法官或其他官员接受违法行为调查。②

1662 年，查理二世向康涅狄格殖民地颁发的特许状基本是《康涅狄格基本法规》的翻版，只是规定更为具体。③ 在和英国发生冲突的初期，各殖民地纷纷建立了临时地方议会或代表大会。1775 年，马萨诸塞的地方议会率先给大陆会议写信，要求大陆会议就"接管和行使文职政府的各项权力提出最明确的建议"，并表示愿意将其"作为我们慎重研究的内容，即如何在这里建立一种不仅能充分促进我们的利益，同时也促进整个美洲的联合和利益的政体"。大陆会议答复说，对于试图破坏马萨诸塞宪章的皇家总督，马萨诸塞人民没有服从的义务，并且建议他们选举产生一个议会来行使政府权力，

---

① William F. Swindler, Sources and Documents of United States Constitutions, New York, 1973. p. 118.
② Ibid., pp. 118 – 120.
③ 黎作恒："美国宪法成文形式的历史渊源"，载《现代法学》第 26 卷第 1 期。

"直到英王陛下任命的总督同意按照殖民地本身的宪章来治理殖民地时为止"。① 此后，大陆会议对所有殖民地的征询均作出类似建议。从 1776 年到 1777 年，在独立期间承担着临时政府职责的各殖民地议会纷纷通过新宪法。虽然这些新宪法都不是专门的制宪会议的产物，但是在制定、修改及批准方面都需经过某些特别程序，这让越来越多的人开始意识到宪法与普通立法在本质上是不同的。直到 1780 年马萨诸塞通过州宪法，在其序言中对宪法的来源与普通立法的区别作出特别说明："国家是由个人自愿联合组成的：它是一种社会契约，按照这个契约，全体人民和各个公民缔约，各个公民也和全体人民缔约，所有人都应接受为了共同利益制定的某些法律的约束。因此，人民有责任制定政府的宪法，提供一个公正的制定法律的方式，并予以不偏不倚的解释和忠实的执行；使每个人每时每刻都能从这些法律获得保障。"②

《邦联条例》延续了各州制定成文宪法的传统，以成文法的形式将各州的主权地位以及相互关系作出规定。《邦联条例》共有 13 条条文，其中规定："各州保留其主权、自由和独立以及未经邦联授予邦联国会的各项权力、司法权和权利"（第 2 条），"各州为共同防卫、自由保障与共同福利，互约组织一个巩固的友谊同盟"（第 3 条），"各州互相之间承认其自由公民在他州得享受与其本州公民相同的权利，对于赋税以及财产转移不得歧视，对于邦联财产亦如此，各州互相之间引渡罪犯"（第 4 条）。虽然《邦联条例》没有解决作为 13 个州的整体的主权问题，也没有"在实质上改变自 1775 年第二届大陆会议以来一直非正式地但是却有效地管理着合众国的政府体制"，③然而它突破了英国宪法传统的不成文形式，为美国宪法的成文法形式奠定了基础。值得注意的是，《邦联条例》第 13 款的规定体现了《邦联条例》高于各州立法的基本法性质。该条款规定：各州均须遵守合众国国会的决议；须遵守邦联协议的条款不得违反；邦联应垂诸永久，今后任何时候不得变更其

---

① 丹尼尔·布尔斯廷：《美国人建国历程》，中国对外翻译出版公司译，三联书店 1993 年版，第 502 页。

② 同上书，第 506 页。

③ ［美］卡尔威因、帕尔德森：《美国宪法释义》，徐卫东、吴新平译，华夏出版社 1989 年版，第 14 页。

中任何条款，除非取得合众国国会同意，并由各州立法机关批准。

（二）拒绝君主制，严格限制行政权力

由于历史传统因素的作用，英国在向近代民主宪政制度转变的时候，采取了君主立宪制，而独立后的 13 个前殖民地的代表在草拟《邦联条例》时却并不考虑效仿英国的政府模式，也根本不考虑在全国建立一个新的实行遥控的中央政府。其原因主要有：第一，出自历史经验的体会。美国人对英国统治时期集中强大的行政权力心存恐惧，北美革命所担心的最大危险是政府的倒行逆施，要铲除的恰恰是来自专制王权的暴政。第二，出于理性的思考。北美革命时期的启蒙思想家极端地指出，英国君主政体的弊害不仅在于世袭制破坏了人人平等的自然权利，而且王权"仅仅因为给人以地位和津贴，才获得他那全部的势力"。[①] 由君主或行政长官掌握任命权的结果，是造就了以君主为核心的统治网，使专制统治和贿赂腐败行为渗透于整个社会。第三，对于王权的误解。白芝浩在他的《英国宪法》中认为美国宪法的制定者对王权的否认态度，是因为他们处于初遇英国宪法的时候，因此他们认为国王就是实际的执政者，而感觉不到首相才是英国宪法的首要行政官，"君主只是机器中的一个嵌齿"。[②] 第四，权力委托理论。18 世纪风行一时的权力委托理论认为，政府的一切权力均来自人民的委托。"政府不只是人民的仆人，而且是一个不能信赖的、靠不住的仆人。不能让政府自由地掌管它的主人的事务，相反，必须多方面对它施加限制；必须在每一个可能的要点上对它约束，随时都对它抱戒心。否则，它就会不再是仆人，并且反仆为主。"[③] 在以上这些因素的影响下，《独立宣言》发表之前，大陆会议在 1776 年 5 月 10 日通过的决议中即建议各殖民地建立新政府，并在 5 月 15 日声明："每一种威信的实践都必须建立在王权被完全镇压的基础上"，"政府所有权力的实施都必须在殖民地人民的权威之下。"[④] 各州宪法亦均表现出对特权和世袭地位的憎

---

① 《潘恩选集》，马清槐等译，商务印书馆 1981 年版，第 8 页。

② ［英］沃尔特·白芝浩：《英国宪法》，夏彦才译，商务印书馆 2005 年版，第 101～102 页。

③ ［美］梅里亚姆：《美国政治学说史》，朱曾汶译，商务印书馆 1988 年版，第 41 页。

④ Gordon S. Wood: The Creation of the American Republic, 1776－1787, New York. London, 1972, p. 132.

恶，不但拒绝采纳英国模式的君主制，而且对传统独立的行政长官制度采取激烈废除态度，对行政长官的权力进行严格限制，创造出地方统治者的新形式。例如，马萨诸塞州宪法断言，成立政府的目的是为了全体人民的共同福利，并非是为了任何个人、家族或阶级的利益或私利。弗吉尼亚州宪法宣称："任何一个人或一群人都没有资格从社会获得专有的或单独的报酬或特权，而是要考虑为公众服务；报酬或特权不能遗传，因此行政官、立法官或法官的职位也不应世袭。"① 为了保障行政长官能够代表人民行使权力，在这些州宪法中都规定行政长官由人民选举产生，行政长官权力的实施必须有州议会的建议和同意。例如，根据宾夕法尼亚州宪法规定，行政机构是由 13 人组成的委员会，每三年由选民选举产生，主席及委员均无权否决立法机构的法案或阻止法律的实施；根据北卡罗来纳州宪法规定，州长由立法院选出，任期一年，州长无权否决立法院的议案，也不能作任何重要委任。弗吉尼亚宪法更规定：行政长官没有权力召开会议、宣布战争和平、筹建军队、印制钱币、建立法院、设立职位、决定大赦等。1776 ~ 1777 年，除了宾夕法尼亚、特拉华、纽约和南卡罗来纳州，所有的州都实施了每年一度行政长官的定期选举。② 为了防止政府权力的滥用，大多数州的宪法还提供了对州的行政官员的弹劾法。《邦联条例》基本接受了各州关于政府组织的原则规定，除了对立法机关予以充分信任以外，从各方面均表现出对中央集权政府的不信任。《邦联条例》规定：邦联仅设一院制国会，没有常设的行政机关，在国会闭会期间设置"各州委员会"，行使国会委托的权力；邦联国会由各州代表 2 ~ 7 人组成，任何人不得在每 6 年期间内连任代表超过 3 年；每州只有一票表决权，当一个州的代表内部意见不一致时，以多数代表的意见为该州的表决意见；国会有任命行政部门的权力。与殖民地时期相比，《邦联条例》对行政权规定的变化是非常巨大的，这种变化对行政权后来的发展产生了当时完全不可预见的影响。

---

① ［美］梅里亚姆：《美国政治学说史》，朱曾汶译，商务印书馆 1988 年版，第 40 页。

② Gordon S. Wood: The Creation of the American Republic, 1776 – 1787, New York. London, 1972, p. 139.

（三）以契约为基础建立联合政府

从殖民地时期到美国独立后建立新国家的时候为止，都可以观察到一个明显的文化现象，那就是"美国社会的秩序建构植根于在上帝面前互相订立圣约以建立民治国家的观念以及在遭遇未来紧急情况时根据这种观念行动的相互承诺"。① 1620 年 11 月 11 日，历尽艰辛即将在普利茅斯登陆的 41 名清教徒殖民者在船上签署的《五月花号公约》，既是新教徒凭着他们对上帝的信仰决意共同实现建立新英格兰的使命的一份宗教契约，又是建立新社会的政治协议。② 曾经亲历"五月花号"艰险的航海历程、后来成为普利茅斯殖民地掌门人的威廉·布莱福特真实记述了《五月花号公约》签订的始末，除商业中的契约因素外，"基督教传统中的约法观念以及其中所体现的民主的观念、习惯和操作规程"是美国的最主要的立国基础之一。③《五月花公约》在普利茅斯殖民地施行了 70 年。由于它以政治契约为依据第一次以成文的形式规定了殖民地的基本管理方式，其内容蕴涵着人民主权思想及政府的统治须经"被统治者同意"原则，所以一直被美国人民推崇当作美国政治制度的奠基之作。虽然它订立的初衷只不过是"避免社会失序的切身需要所采取的权宜办法"，在后来"和一种更宏大的政治传统发生联系，从而显现出特殊的意义，这显然不在'始祖移民'的料想之中"。④ 然而，它所采取的以契约和协议结成社区的形式成为殖民地政治权威合法性的模式，一再出现在殖民地政府建立的时刻。例如，《康涅狄格基本法》首次尝试了形成"并存重叠

---

① ［美］文森特·奥斯特罗姆：《美国联邦主义》，王建勋译，上海三联书店 2003 年版，第55～56 页。

② 《五月花公约》写道："以上帝的名义，阿门。我们，署名于下列文件的人，承蒙上帝的恩惠，大不列颠、法兰西和爱尔兰国王詹姆斯陛下的忠顺臣民，为了上帝的荣耀，并为了增进基督信仰及我们的国王和国家的荣誉，航行中将在弗吉尼亚北部建立第一个殖民地；我们在上帝和彼此之间共同庄严宣布；为了更好地建立和维护社会秩序，并为推进上述目的，我们在此立约组成一个公民的政治实体；我们将随时依据最适宜于殖民地普遍福利的观点，制定公正平等的法律、法令、宪法并选派官员，我们保证遵守服从。"William F. Swindler, Sources and Documents of United States Constitutions, New York, 1973, p. 15.

③ W. 布莱福特：《五月花号公约签订始末》，王军伟译，华东师范大学出版社 2006 年版。

④ 李剑鸣：《美国通史第一卷：美国的奠基时代》，人民出版社 2002 年版，第116 页。

世俗政治实体",① 当时创建了一个共同政府（康涅狄格），包括温莎、哈特福德和韦塞尔斯费尔德，而这三个镇的政府都保持不变。1662 年《康涅狄格特许状》基本批准了"殖民地开拓者培育的联邦制政府"。② 由威廉·佩恩创建的宾夕法尼亚殖民地更是由于它的《施政大纲》强调公民的自由价值和对人性的信赖而获得了空前的繁荣，殖民地吸引了成千上万来自欧洲各地不同种族和宗教信仰的人，这令佩恩在 1684 年已能毫不夸张地说："我给美洲带来了从来不曾有任何人依靠个人力量带来的最大的殖民地，只有在我们这里才可能找到美洲从未有过的最兴旺的各种开端。"③《邦联条例》借鉴了以契约建立殖民地联合政府组织的经验，规定"互约组织一个巩固的友谊同盟"，并称这一联合的同盟为"美利坚合众国"。但邦联所带来的却仍然是 13 个国家，而并非是 1 个国家。《邦联条例》规定：主权在各州；每个州的立法机构都按年度派代表参加合众国的国会，各州保留在年度内召回自己代表的权利，并可在此年度内派遣他人替换代表；一切问题均由各州投票解决，每州仅有一票表决权，任何重大措施都必须取得九个州的同意；在任何情况下，邦联国会都没有征税筹款或者管理贸易的权力。对此，有学者评价《邦联条例》表现出的是那些凭武力推翻邪恶的旧事物的人们很少持有的谨慎态度。"他们唯恐用鲜血和财富作代价所得的结果，只不过是以一个暴君代替一个暴君而已。"④《邦联条例》的灵魂或核心是各州，《邦联条例》制定 10 年后，在 13 州围绕宪法批准所引发的广泛而深刻的讨论中。反联邦党人帕特里克·亨利在里士满召开的弗吉尼亚宪法批准大会曾经尖锐地指出，联邦宪法序言中体现的是反联邦主义特征，他质疑道："他们有什么权利说，我们，人民？我对公共利益的热切渴望，还有我的政治疑惑都让我不得不问一句，

---

① ［美］文森特·奥斯特罗姆：《美国联邦主义》，王建勋译，上海三联书店 2003 年版，第 56 页。

② 同上书，第 57 页。

③ ［美］塞缪尔·埃利奥特·莫里森、亨利·斯蒂尔·康马杰、威廉·爱德华·洛伊希滕堡：《美利坚共和国的成长》（上卷），南开大学历史系美国史教研室译，天津人民出版社 1980 年版，第 101 页。

④ 丹尼尔·布尔斯廷：《美国人建国历程》，中国对外翻译出版公司译，三联书店 1993 年版，第 500 页。

谁授权他们用我们人民的名义，而不是我们各州的名义来说话呢？各州是邦联主义的特征与灵魂。如果各州不是他们订立契约所成邦联的一部分，他们就只能是由所有州人民构成的单一制政府的构成部分。"① 从美国宪政制度的发展来看，虽然当时邦联的形式特点与追求有效政府的需要之间产生紧张，但恰恰是邦联成就了此后美国宪法中联邦中央与各州的分权格局。除了殖民地各州政权树立的榜样外，《邦联条例》之所以选择各州互约联合的形式还有两方面的原因：一方面是当时的美国人以英国对殖民地的压迫为例，认为政府离一个社会越远，就越可能对这个社会施行暴政，因此人民的自由权利由地方政府来维护比较安全。他们"相信共和制政府不适于广阔的地区。在幅员辽阔的共和国里，中央立法机构不可避免地会远离其大多数的选民，而且终将逃脱选民的控制，不再是共和体制的了"。② 另一方面，面对充满侵略性的大国随时可能发动的进攻，一个小的共和国的力量是不足以抵御的。如何解决共和国的范围与共和国的生存的困难呢？在《联邦党人文集》的第九篇中我们看到汉密尔顿详尽引述了孟德斯鸠在《论法的精神》中对联邦政府的讨论，其中涉及"邦联"。孟德斯鸠主张，联邦共和国创造的政体"既具有共和政体的内在优点，又具有君主政体的对外力量"，"这种政府形式是一种协约。依据这种协约，几个小邦联合起来，打算建立一个更大的国家，并且同意作这个国家的成员。所以联邦共和国就是几个社会联合而产生的新社会，这个社会还可以因其他新成员的加入而扩大，直到他们的力量能够为这个联合体提供保障的程度为止"。③ 在汉密尔顿为联邦共和国（confederate republic）做的定义中，提炼了联邦的主要特征——"联合"。他说："联邦共和国看来就是'一些社会的集合体'或者是两者或更多的邦联合为一个国家。联邦权力的范围、变化和对象，都是需要慎重对待的问题。只要其成员的独立组织不撤销，只要这种组织为了局部目的和机构上的需要而存在，虽

---

① ［美］赫伯特·J. 斯托林：《反联邦党人赞成什么——宪法反对者的政治思想》，汪庆华译，北京大学出版社 2006 年版，第 20 页。

② ［美］J. 布卢姆等：《美国的历程》（上册），杨国标等译，商务印书馆 1988 年版，191 页。

③ Hamilton Madison Jay, The Federalist Papers, Introduction by Clinton Rossiter, New American Library, 1961, p.74.

然它会完全服从邦联总的权力，但在事实上和理论上，它仍然是几个邦的联合或者是一个邦联（confederacy）。"①

追溯历史，《邦联条例》的规定之所以仍然维持 13 州独立时的国家形态，也有美国自身传统的缘由。独立以前，美国人既是英国的臣民，又是马萨诸塞、纽约、弗吉尼亚或另外某个殖民地的公民。即使在《独立宣言》最后誊清的文本的标题中亦将这个文件称为《美利坚合众国十三州共同宣言》，并且在宣言的行文中没有一处提到国家，所有的地方都以各州作为称谓。在结尾段落中，《独立宣言》宣告：这些联合殖民地从此成为自由独立的国家；作为独立的国家，他们享有全权去宣战、媾和、缔结同盟、建立商务关系和采取独立国家有权采取的一切其他行动。所以，独立后的长时间内，美国人思维和行事的习惯仍将州当作国家。"他们基本的、持续的忠诚还是倾注于他们自己的殖民地，即现在的某一个州。"② 以至在 1787 年的制宪会议上，康涅狄格的代表宣称："我的幸福取决于我的州政府的存在，正如一个新生儿需要依赖他的母亲获得营养一样。"③

二

有了 10 年政权建设的经验，独立后的美国人逐渐意识到：1776 年《独立宣言》"不仅象征着为脱离英国独立而艰苦战斗的开始，还象征着为把各自为政、经常冲突的美国各利益集团、各地区和各州统一起来而努力奋斗的开始。"④ "美国革命不仅是一场追求自由、争取独立的战争。军事上的胜利是当然必须的，但它是美国战争中最不重要的目标。……单纯征服我们的敌人是不够的，如果没有以原则为基础的政府，没有任何东西可以保护我们的

---

① Hamilton Madison Jay, The Federalist Papers, Introduction by Clinton Rossiter, New American Library, 1961, p. 76.

② ［美］丹尼尔·布尔斯廷：《美国人建国历程》，中国对外翻译出版公司译，三联书店 1993 年版，第 495 页。

③ 同上书，第 497 页。

④ ［美］加里·沃塞曼：《美国政治基础》，陆震纶等译，中国社会科学出版社 1994 年版，第 15 页。

自由不受破坏。"① 根据《邦联条例》建立的新政府能够保护独立后的美国人的自由权利，首先是财产权利不受侵害。查尔斯·A. 比尔德在《美国宪法的经济观》中用经济史观解释美国宪法时指出：在制定与通过宪法所引起的社会的巨大变革中，经济力量是原始的或根本的力量。在他引述的 1787 年 8 月 29 日费城的一篇通讯中这样记述："各州不事修路和疏浚河道，它们观望中央政府是否将担任这种必要的修浚。贸易和制造公司停止装运和制造，观望全国性的商业条例究竟会给他们的商务以多大的保护和奖励。合法的高利贷封闭或窖存他们的资金，观望新政府是否将使他们避免遭受纸币和姑息立法的侵害……希望解放而移植于边境的贫苦农民与被压迫的佃农，观望政府是否将保护他们不受印第安人的侵害。"② 这段文字也从一个侧面揭示了当时美国人对塑造自由的基础的新政府的期待程度和失落的心态。由于《邦联条例》赋予邦联中央的权力有限，并且确认各州保持其主权和独立，邦联政府在实践上没能为新生的美国提供有力的支持，造成内政外交各方面软弱无能的状况。

政治形势的变化促使美国人的政治思想倾向发生了明显的分歧，冷却后的革命热情化为理性的思考，邦联作为联盟纽带或政府持久架构的效能遭到普遍、频繁的质疑。建立一个什么样的政府才可以确保美国人的自由权利，成为制定美国宪法中争议的核心内容。那些熟谙英国的普通法传统的起草美国宪法的法学家和政治理论家，在制定宪法的时候自然会将先前他们与大不列颠的冗长的争议，将他们理解的英国的法治原则，将渊源深远的由更高级法支配常规立法的观念，将殖民地的管理经验和对《邦联条例》的理解融会在他们对新政府的本质的讨论之中。经制宪会议激烈的争议，根据妥协方案制定出的宪法草案，于 1787 年 9 月 17 日由 39 名代表签字通过，然后提交邦联国会送各州批准。在各州批准宪法的过程中，由汉密尔顿（Alexander Hamilton，1757～1804 年）、麦迪逊（James Madison，1751～1836 年）和杰

---

① ［美］加里·沃塞曼：《美国政治基础》，陆震纶等译，中国社会科学出版社 1994 年版，第 15 页。

② ［美］查尔斯·A. 比尔德：《美国宪法的经济观》，何希齐译，商务印书馆 1984 年版，第 45～46 页。

伊（John Jay，1745~1826年）为争取新宪法的批准在纽约报刊上共同以
"普布利乌斯"为笔名发表了系列论文文集——《联邦党人文集》。文集集中
反映了当时美国政治精英的智识，是迄今为止对美国宪法作出的第一个，并
且是最具权威的评注论文集。在文集首篇之中汉密尔顿对纽约人民拥护新宪
法的动员深邃而震撼人心："人类社会是否真正能够通过深思熟虑和自由选
择来建立一个良好的政府，还是他们永远注定要靠机遇和强力来决定他们的
政治组织。如果这句话不无道理，那么我们也许可以理所当然地把我们所面
临的紧要关头当作应该作出这项决定的时刻；由此看来，假设我们选错自己
将要扮演的角色，那就应当认为是全人类的不幸。""对目前邦联政府的无能
有了无可置疑的经验以后，要请你们为美利坚合众国慎重考虑一部新宪法……
它的后果涉及联邦的生存、联邦各组成部分的安全与福利，以及一个在许多
方面可以说是世界上最引人注意的帝国的命运。"①

虽然当时在不同的州、不同的党派对建立全国政府的意见存在分歧，但
是，"每个党派都肯定感受到了，邦联作为有效统治的手段，必将最终彻底
垮台：它的荣耀飘逝了，它的劳苦日期终结了；它图有威严的名义；只被认
为是一个过去时光的破落的纪念碑，不能承受任何持久的记录；它衰败的时
日屈指可数，并且最终完结了；它不久必然被打发掉，与其他时代易逝的碎
片待在一起"。②

联邦宪法规定美国的国家结构形式是联邦制。这一体制规定的特点是什
么？它所预设解决的又是什么问题？第一，联邦由各州组成，但是联邦政府
权力的基础是"人民"。美国宪法的序言中写道："我们美利坚合众国人民，
为了组织更完备的联盟，树立公平和正义，保障国内的安宁，建立共同的国
防，增进公共福利，并保证我们以及后代的自由幸福，特制定美利坚合众国
宪法。"斯托里将宪法序言的文字与《邦联条例》的第3条做过比较后得出
以下结论："可能在很大程度上，宪法序言的文字来自于邦联条例的第三

① ［美］汉密尔顿、杰伊、麦迪逊：《联邦党人文集》，程逢如、在汉、舒逊译，商务印书馆
1980年版，第1篇。

② ［美］约瑟夫·斯托里：《美国宪法评注》，毛国权译，上海三联书店2006年版，第114页。

条。"① 这一研究结果不但说明《邦联条例》与联邦宪法之间的联系，还说明宪法所致力达到的目的与 10 年前仍保持一致，即共同防御、自由保障和整体福利。在这些目的中，安全的考虑是首要的考虑。在为宪法辩护时汉密尔顿说过："联邦要达到的主要目的是：其成员的共同防务；维持公安，既要对付国内动乱，又要抵抗外国的进攻；管理国际贸易和州际贸易；管理我国同外国的政治交往和商业往来。"因此，"倘若一个政府的结构使它不宜于赋予自由人民所应该授予任何政府的一切权力，这个政府就会是国民利益的不安全的和不适当的储藏所。在适于托付这些国民利益的地方，同时也应给予相应的权力"。② 对新生的美国来说，安全问题是关系到国家生死存亡的头等大事，既"保证防御外国军队和势力的威胁"，也"保证防御由于国内原因而出现的同样威胁"。③ 因此，联邦制的设计并不只是关注解决联邦中央与各州的分权问题，而是"使美国把大共和国的强大性与小共和国的安全性结合起来"。④

联邦是由各州组成的，那么宪法的基础究竟是什么？按照美国建国之初州权派对宪法的理解，宪法仍然是各州之间的契约，由各州给予联邦政府以有限权力。当某项权力应当给予联邦政府还是由各州保留有歧异时，应当以有利于契约当事人即各州为解决标准。联邦派则坚决反对宪法是各州之间的契约的观点，例如，杰伊认为："再没有比政府的必不可少这件事情更加明确了；同样不可否认，一个政府无论在什么时候组织和怎样组织起来，人民为了授予它必要的权力，就必须把某些天赋权利转让给它。"⑤ 汉密尔顿认为："国家权力的河流应该直接来自一切合法权力的洁净的原始的泉源。"⑥ 麦迪逊认为："联邦政府和州政府事实上只不过是人民的不同代理人和接受

---

① ［美］约瑟夫·斯托里：《美国宪法评注》，毛国权译，上海三联书店 2006 年版，第 172 页。
② ［美］汉密尔顿、杰伊、麦迪逊：《联邦党人文集》，程逢如、在汉、舒逊译，商务印书馆 1980 年版，第 23 篇。
③ 同上书，第 12 篇。
④ ［美］文森特·奥斯特罗姆：《美国联邦主义》，王建勋译，上海三联书店 2003 年版，第 11 页。
⑤ ［美］汉密尔顿、杰伊、麦迪逊：《联邦党人文集》，程逢如、在汉、舒逊译，商务印书馆 1980 年版，第 2 篇。
⑥ 同上书，第 22 篇。

首要的权力不管来自何处，只能归于人民；不管两种政府中的哪一个以牺牲
对方来扩大其权力范围。"以上联邦派的观点表明，在革命时期流行的天赋
权利的思想仍被有力地宣扬。尽管宪法序言中"我们美利坚合众国人民"的
词语并没有清楚地表达出"人民"是指联合起来的美利坚人民还是指各州人
民，以至在后来引起理解上的歧义。但是，可以肯定的是宪法确立了政治含
义上的人民主权原则，美利坚人民作为一个整体发展的历史从此开始。对于
宪法是否应被视作一项契约这一问题，斯托里的观点具有结论性，他指出：
"一部宪法，实际上是政府的基本法律或基础，确实地属于布莱克斯通法官
先生所给定的定义之中。……它被称为一种规则，不同于一份契约或者协议：
因为一项契约是一种来自我们的承诺；而法律则是针对我们的命令。……像
普通的国内法律一样，它可以建立在我们的代表人的同意基础之上；但是，
它是作为一部法律而非一项契约，得到了它的终极约束力。"他进一步解释
道："宪法表面上的任何条款中，或者为解释它而作出的规定中，都没有明
确宣布它是一项契约。相反，宪法序言强调，它是作为一项庄严法令，并建
立政府。宪法用语是，'我们，合众国的人民，为美利坚合众国制定和确立
本部宪法'人民制定和确立（ordain and establish），而非相互签约和约定
（contract and stipulate）。"① 第二，在联邦中央与各州的关系中，联邦的法律
是最高的法律，联邦中央对各州处于最高地位。这一原则在宪法中的具体表
现是：宪法第6条第2款规定"本宪法，依照本宪法所制定的联邦法律以及
在联邦权力下所缔结或将缔结的一切条约，皆为全国的最高法律，每州的法
官皆应受其约束，不管任何州的宪法或法律中有任何相反的规定"。这一宪
法条款没有给"默示"权力留下余地，强调宪法是最高法律，无论对于公民
还是各州同样如此。宪法第3条中规定，合众国的司法权属于一个最高法院
及国会随时授权设立的低级法院。并且"司法权适用的范围，应包括在本宪
法、合众国法律以及合众国已经缔结或将要缔结的条约下发生的一切涉及普
通法和衡平法上的案件"。在这里，政府被强调为法治政府，案件解决依赖
的是先人留下的、建立在确定和持久的原则基础之上的法律遗产。宪法限制

---

① ［美］约瑟夫·斯托里：《美国宪法评注》，毛国权译，上海三联书店2006年版，第133~134页。

各州的权力，禁止各州侵犯中央的权力，如规定各州不得缔结条约、联盟，不得颁发敌船捕拿许可状，不得铸造货币等。宪法禁止各州侵犯公民自由平等权利，如规定各州不得通过剥夺公权案、追溯既往的法律等。在规定限制州权的同时，宪法第 1 条第 8 款规定，国会有权制定为执行宪法授予联邦的一切权力时所需的"必要和适当的法律"。据此，联邦最高法院在"麦卡洛克诉马里兰州案"（McCulloch v. Maryland，1819 年）中对联邦国会的立法权作出的联邦主义解释是：如果目的是合法的，并且在宪法规定的范围内，如果手段是适当的，并且与目的相适应，那么这些手段就不是宪法所禁止的，而是与宪法的规定与精神相符合的，因而是合于宪法的。

　　宪法之所以对各州权力的限制范围作出规定，是因为在当时州权强大的情况下，公众的期待是消除分裂不和的旧仇宿怨，建立强大、持久的联盟，以便保证在共同行动上协调一致，使联盟处于安全与和睦之中。可是，他们对能否实现他们的愿望毫无把握。其原因是：第一，那些刚刚从殖民地脱胎而生的各州彼此之间关系紧张、自以为是。"它们是一群独立自大的国家，极力想保持自己用鲜血换来的特权，不信任任何凌驾于他们之上的权力或者僭取对自己的倔强的意志的控制"。[①] 第二，那些经受过战火的考验，为自己的殖民地赢得独立的人们认为联邦政府的设计纯粹是人工的产物，因而对联邦心存疑惑，不会马上将他们对他们的家乡的感情转移到联邦政府方面来。面对这种状况，汉密尔顿的表达代表了宪法制定者当时的思考，他说："州政府侵犯国家的权力总是比全国政府侵犯州的权力容易得多。证明这个问题，关键在于州政府——如果它们正直而谨慎地管理其事务的话——通常对人民具有较大程度的影响。这一情况同时也教导我们：所有联邦制度中都有一种固有的弱点；因而给予它们符合自由原则的一切力量，在它们的组织内也不会花费过多力气的。"[②] 此外，在邦联的经济与政治混乱时期，许多州立法机关或者颁布法律使大量债务人被剥夺权利，或者制定减轻债务人负担的法律、印发用以支付债务的纸币损害了债权人的权益。而在主张召开制宪会议的利

---

　　① ［美］威尔逊：《国会政体》，熊希龄、吕德本译，商务印书馆 1986 年版，第 13 页。
　　② ［美］汉密尔顿、杰伊、麦迪逊：《联邦党人文集》，程逢如、在汉、舒逊译，商务印书馆 1980 年版，第 17 篇。

益集团中，债权人是最重要的集团，所以制止州立法机关对私人权利的非法干涉也是制宪会议的主要目的。第三，在联邦国会的立法范围上，未经宪法列举的权力一归各州保留行使。即在联邦中央与各州的分权方式上采取中央列举，各州概括的方式。凡联邦中央的权力由宪法明文单独列举，包括补充立法权、军事权、外交权、课税权、币制权、某些民事刑事立法权、通商的立法权等。未经列举的权力"皆由各州或人民保留之"。哈耶克将美国宪法中规定联邦中央与各州的分权原则与对私人权利提供保障的问题联系在一起，他提示在制定美国联邦宪法时反对将《权利法案》纳入联邦宪法的基本理由在于"美国宪法旨在保护个人权利，其范围远远超过了任何文献所能穷尽列举者，而且对某些个人权利的明确列举，有可能被解释成未被列举的权利未得到宪法的保护。经验业已表明，人们完全有理由担忧，任何《权利法案》都不可能充分陈述'一般性原则中意指的一切权利'，而这些原则乃是我们的各种制度所共同奉享的"。他在论及美国对宪政的贡献时重申了这样一种观念，即"对私人权利提供充分保障的问题以及给美国中央政府提供足够权力的问题，最终乃是一个问题，因为一个强大的美国中央政府能够成为一种对抗各州立法机构所具有的膨胀特权的平衡力量"。约翰·亚当斯在1814年致约翰·泰勒的信中曾指出美国宪法的特点是平衡，并列举了八项观察点。[1]对此，威尔逊（Woodrow Wilson，1856~1924年）的观点是："所有这些平衡在宪法的理论中都被认为是重要的。但最典型的还是中央和州政府之间的平衡，它是这个体制的关键性实质，包括平衡原则在内，它是这个联邦制的特点。"[2] 联邦制是美国制宪领袖们经过深思熟虑，以平衡为核心特点创立的对致力达到的目标的回应，这一目标就是"对私人权利提供保障"和"执行法律"。[3]

---

[1] ［英］弗里德利希·冯·哈耶克：《自由秩序原理》上，邓正来译，三联书店1997年版（2003年重印），第233~234页。
[2] ［美］威尔逊：《国会政体》，熊希龄、吕德本译，商务印书馆1986年版，第12页。
[3] 麦迪逊在制宪会议上曾将中央政府的目标描述为"必须以更为有效的方式对私人权利提供保障并坚定地执行法律。对这两项目标的干扰，无疑是大危害，而正是为了整治这两种危害，使我们召开了这次大会"。参见［英］弗里德利希·冯·哈耶克：《自由秩序原理》上，邓正来译，三联书店1997年版（2003年重印），第404页。

三

从《邦联条例》到《联邦宪法》，美国延续了统一的国家形态；《邦联条例》对各州联合组成政府作出具象化规定，《联邦宪法》则增强了联邦政府的权力，提高了它的行政地位。麦迪逊在评论联邦宪法的优点时特别提到，宪法要改变的是邦联的"不合理的原则"基础以及"赖以建立的上层建筑"。所以，对于《联邦宪法》所建立的联邦制度结构而言，对《邦联条例》的研究可以为其提供有价值的见识。比较两部宪法文献，它们"最基本的差异在于政治权威的结果"。[①]

《邦联条例》下的全国政府是依赖于各州的，各州是邦联政府权威的唯一来源，而在《联邦宪法》之下，联邦政府的权力则既直接源于各州也源自于全体美国民众。《邦联条例》是各州作为实体的一个契约，而《联邦宪法》则是一个包括实体各州在内的人民的契约。《联邦宪法》这一不同于《邦联条例》的变化暗示了首次以来，人民可以确定和行使以前单独属于各州的权力。这一权力不再仅仅属于各州。[②] 与此同时，在幅员广大的美利坚，联邦制原则的设定赋予宪法的开放性"使人们能够和睦相处及探索以不同方式建构的潜在利益共同体。"[③]

从《邦联条例》到《联邦宪法》，美国的开国领袖是在既有的文化遗产、历史经验以及前人的智慧背景下制定这两部文献的，因此，虽然《联邦宪法》从实质上改变了《邦联条例》，但是宪法基本原则设计的理论渊源与传统影响却与邦联条例相同，正如詹姆斯·麦迪逊所指出的："事实是，制宪会议提出的宪法的重大原则，可以认为并不是绝对的新，而是把邦联条款中的原则加以发展。"[④] 诚然，只有那些受到挑战的或者新的术语概念才会在宪法中留下记录，而其中所包含的历史延续性一直没有被言明，因为共识和经

---

① Douglas G. Smith: An Analysis of two federal structures: The Articles of Confederation and the Constitution. San Diego Law Review February – March, 1997, p. 255.

② Ibid., p. 256.

③ ［美］文森特·奥斯特罗姆：《美国联邦主义》，王建勋译，上海三联书店 2003 年版，第 263 页。

④ ［美］汉密尔顿、杰伊、麦迪逊：《联邦党人文集》，程逢如、在汉、舒逊译，商务印书馆 1980 年版，第 201～202 页。

验很难清晰地表述。从《邦联条例》到《联邦宪法》，美国宪法的制定的过程显示出的是宪治的精神。作为根本大法，"宪法意味着载明关于个人和公民在管理他们自己事务时的权利、在行使政府权力时对公共信托义务的履行及对那些权力的限制以使任何人都不得行使无限的权力"。自由与安全的价值观在两部宪法文献的制定与更替中，创造出了新型的国家结构形式——联邦制，而它的贡献就是"在美国的复合共和国里，人民交出的权力首先分给两种不同的政府，然后把各政府分得的那部分权力再分给几个分立的部门。因此，人民的权利就有了双重保障。两种政府将互相控制，同时各政府又自己控制自己"。

历史变迁中美国宪法平等原则的经济观察[*]

——从《独立宣言》到《美国宪法》

曾尔恕

美国著名的历史学家查尔斯·A. 比尔德在《美国宪法的经济观》中，以经济史观对 1787 年制定的美国宪法背后的决定力量进行分析，得出"宪法在基本上是一项经济文件，它的基本观念是：基本的私人财产权先于政府而存在，在道德上不受人民多数的干涉"[①] 的结论。尽管比尔德对美国宪法的某些解释及依据的史料受到过某些批评和质疑，但是他所提出的论点以及分析方法却仍然给予研究美国宪法以启发。从美国宪法性文件《独立宣言》《邦联条例》到 1787 年《美国宪法》及至于今，美国宪法的经济内容在美国历史发展的各个时期演绎出丰富的含义，表现出不同的原则和价值取向。本文试探讨美国社会的初始转型时期，为了促进美国届时的发展目标，美国宪法的平等原则在经济内容及其含义上的变化，以及它们对美国政治法律制度的影响。

一、与英国人同样平等的经济权利（《独立宣言》）

1776 年 7 月 4 日，北美大陆会议通过《独立宣言》，代表北美 13 个殖民地对英国宣告独立。《独立宣言》郑重申明了"不言而喻"的真理："人人生

＊ 本文原载《南京大学法律评论》2008 年秋季号。

① ［美］查尔斯·A. 比尔德：《美国宪法的经济观》，何希齐译，商务印书馆 1984 年版，第 226 页。

而平等，他们都从他们的'造物主'那边被赋予了某些不可转让的权利，其中包括生命权、自由权和追求幸福的权利"，从而为美国宪法奠定了思想基础。

在《独立宣言》所伸张的天赋权利中，平等的权利是首要的不言而喻的天赋权利，也是导致北美殖民地革命的直接动因。17 世纪中叶，重商主义的经济学说盛极一时，在其影响下，英国形成对殖民地进行掠夺和控制的经济政策。1660～1673 年，英国通过一系列贸易和航海条例。这些条例包含的原则主要是：英国同它的殖民地之间的一切贸易必须由英国或英属殖民地的船只承办；凡输入殖民地的一切欧洲商品，都必须先运到英国经英方征税后方可再装运；凡法律中列举的某些殖民地产品，如烟草、糖、棉、蓝靛只许运销英国。为了加强对殖民地的经济管理，1675 年英国还在殖民地设立了"贵族贸易委员会"。然而，这些限制殖民地贸易的政策并没有能够阻止各殖民地在条例颁布后的 1 个世纪里的成长和繁荣，殖民地对英国经济却变得至关重要。1700 年，北美殖民地的人口是257 060人，60 年后激增至1 593 625人。[1] 人口的增长为英国大量的制造品提供了销售市场，反过来又为英国提供了大量的廉价原材料。因此，不是北美殖民地经济需要依赖英国，恰恰相反，由于北美殖民地在英国的贸易中发挥了重要作用，英国的经济正迅速地变为越来越依赖于北美殖民地。在 1756～1763 年的英法"七年战争"中英国花费了巨额战争经费，并且购买了法国在北美的殖民地（今加拿大）和除路易斯安那以外密西西比河以东的所有土地。据估计，"保卫这样一个美利坚帝国需要一支 1 万人的常驻军队，每年需要 30 万英镑的军费"。[2] 战争中，财政的枯竭，使格伦维尔盯上了殖民地的税收。1764 年，格伦维尔向下议院提出包括《税收法令》（《糖税法》）和《印花税法》在内的一系列关于从美洲取得收入的决议案。《税收法令》的序言坦言："在国王陛下的美洲领地征取税收，以支付各该领地之防卫、保护与安全费用。"[3] 该法令对输入美洲各

---

① Thomas Paine: Common Sense, Edited With An Introduction By Isaac Kramnick, p. 12.

② Ibid., p. 13.

③ ［美］塞缪尔·埃利奥特·莫里森等：《美利坚共和国的成长》（上卷），南开大学历史系美国史研究室译，天津人民出版 1980 年版，第 187 页。

殖民地的外国食糖和欧洲的奢侈品，如酒、丝、麻课征各种附加税；它列举规定了更多的殖民地商品，如皮革和皮制品只能向英国输出；它撤销了各殖民地原曾享有的某些免税待遇。《印花税法》是英国议会向殖民地征收的关税以外首次课加于殖民地的直接税。该法令规定一切报纸、大幅印刷品、小册子、证书、商业票据、期票、债券、广告、历书、租约、法律文件以及诸如此类的其他文件，都必须附贴印花税票。印花税的全部收入将在英国议会的指导下用于殖民地，并且仅限于供"各殖民地之防卫、保护与安全"之用。违抗法令者，应受不设陪审团的海军法庭审判。1763 年，英国殖民当局还颁布《宣告令》禁止殖民地人民到西部去购买土地和定居，并宣布在北美建立包括东佛罗里达、西佛罗里达、魁北克和格林纳达在内的四个新的行政管理区域，将其以西的土地保留给印第安人，并由英国军队维持秩序。英国明目张胆地对北美殖民地实行的经济控制和掠夺政策，不但使殖民地各阶层人民的财产权受到不同程度的损害，直接影响到北美经济的发展，并且威胁和打击了那些企图到西部扩张的北美农场主和商人的利益，严重损害了殖民地政府的管理权。1763 年以前，北美人民并没有独立的想法，一般人仍把自己看作英王的臣民、大英帝国平等的成员，与英国人同族同语，生活在同一宪法之下。他们相信"英国宪法一直是'英国自由制度的精华''人权自由的守护神……国家安定的基石''智慧累计的纪念碑'和来自世界的赞美"。[①] 他们认为，根据《英国大宪章》和英国人"与生俱来"的权利，原本享有与英国人同样的不得被剥夺的权利和自由。就在 1763 年，本杰明·富兰克林在英国下议院被问及殖民地对大不列颠的态度时的回答仍是：殖民地人民认为英国政府是世界上最好的政府，殖民地人民"愿意服从国王政府，在所有法庭内，服从议会制定的法令"，"对大不列颠，对它的法律、习惯、风俗，他们都不只尊重，而且深爱，甚至狂热地喜爱着显著促进贸易发展的不列颠的时尚商品"。[②] 那么，究竟是什么伤害了北美人民对英国的尊敬和热爱之情，使他们与英国的关系严重变质，以至 12 年后发展到开战的地步呢？美国霍普

---

①　Gordon S. Wood, The Creation of the American Republic 1776 – 1787, New York. London, 1972, p. 11.

②　Thomas Paine, Common Sense, Edited With An Introduction By Isaac Kramnick, p. 10.

金斯大学教授杰克·哥瑞恩（Jack Greene）指出，尽管表面平静，在 1660 年至 1760 年这 1 个世纪中，英国和殖民地之间已经发生了重要的结构性的变化，正是这种变化造成双方关系的紧张并为美国革命提供了前提条件。[1] 实际上，大多数殖民地已经具备了自治的先决条件，殖民地当地的精英都有效地支配了当地的政治和社会生活，各殖民地都拥有了本地的行政和政治权力的自治中心，特别重要的是，每个殖民地都有了经由选举的议会下院。因此，"在大革命发生前的这个世纪中，殖民地的美利坚人比起他们英国的表兄更广泛地参与了政治的进程"。[2] 1763 年后，英国政府的所作所为使殖民地人民警醒地认识到，他们的母国其实并不承认他们是大英帝国的子民，他们与英国人并不生活在同一个宪法原则之下。"在英国的政治体制中，北美只是属于从属地位。只有符合英国本身的目标时，英国才会考虑到这个国家的利益。因此，在任何不能增进它的利益的情况下，它自身的利益就会促使它压制我们的成长，或者至少要进行干涉阻挠。"[3] 按照英国宪法传统的自由观念，税收应当来自臣民自愿的输捐，而非政府的课征，既然各殖民地在英国议会中并不享有代表权，按照"无代表不征税"的宪法原则，《税收法》就实在是祖制的大变。1765 年 10 月，北美殖民地各主要城市的代表集会于纽约城，宣言反对《印花税法》，并经一致同意发表决议："国王陛下之殖民地忠顺臣民，有权享受在英国国内出生之臣民所有继承权利与自由"；"就人民的自由而言，不可或缺的真理是，它同样是英国人原已拥有的权利，即未经本人或代表同意，政府不得征税"；"唯殖民地的议员才是人民自己推选的代表。除非经由当地立法机关批准，任何人从未亦不得对他们合法征税"；"殖民地上缴军需，是他们自愿献给王室的礼品，若将殖民地人民的财产交纳于国王陛下，势必与大英帝国人民共同享有的英国宪法的原则与精神相背离"。[4]

在美洲殖民地人民团结一致的反抗之下，商业暂时陷于停顿，北美洲同

[1] Thomas Paine, Common Sense, Edited With An Introduction By Isaac Kramnick, p. 11.
[2] Ibid.
[3] Ibid. , p. 93.
[4] David E Shi and Holly A. Mayer, For the Record: A Documentary History of America Volume1, Stamp Act Congress from Declaration of rights and Grievances of the Colonies, 1765.

英国的贸易在 1765 年夏季减少了 30 万英镑，《印花税法》无法付诸实施。英国政府被迫作出让步，于 1766 年 3 月 17 日撤销《印花税法》。但在同时却颁布《公告令》，申明英国议会是不列颠帝国的最高立法机关，绝不会放弃对殖民地享有的立法权。1767 年，英国议会制定《汤森税法》，规定对输入北美殖民地的进口商品强征新一轮的关税，再次触犯"无代表不征税"原则，在殖民地再度掀起抗议风潮，再次引发了美洲人民对于英国宪法的全面讨论，美洲革命一触即发。时任英国下院议员的爱德蒙·柏克规劝英国政府就此收手："你的计划，并没有带来岁人，只引来了不满、混乱与不服从；美洲人既执意要抗拒你，则我敢说，你就是血流成河、趟着过眼深的鲜血走到最后，也只能回到你起步的老地方；也就是说，去无处征税了。"[1] 美国人民为独立而进行的战争，又是一种法律斗争，"或者说，它至少是以解决法律问题的名义发动起来的。导致革命的冲突，主要是对在英国宪法下对殖民地地位的解释不同的冲突"[2]。尽管英美之间围绕英国在殖民地的一系列立法展开的、对于殖民地的地位的斗争与辩论，其立场观点是截然对立的，然而，美洲殖民地人民用以与英国政府辩论的武器，却是英国宪法的原则。

《独立宣言》的经济观是平等的经济观，在它痛斥和列举的英国殖民者对北美人民犯下的种种"恶贯满盈"的罪行中，关于侵犯财产权的内容占有相当的比重。其中包括："他一向抑制各州人口的增加；为此目的，他阻止批准'外籍人归化法案'；他又拒绝批准其他的鼓励人民移植的法令，并且更提高了新的'土地分配法令'中的限制条例"；"他滥设了许多新的官职，派了大批的官吏到这边来钳制我们人民，并且盘食我们的民脂民膏"；"他割断我们与世界各地的贸易"；"他不得到我们的允许就向我们强迫征税"。历数种种英国人的罪行都在控诉不平等的压迫，都在表达北美人民期望平等地进入世界自由贸易和自由市场的迫切要求，以及有产者捍卫他们的既得财产权的坚定决心。在这里，"平等"所强调的是殖民地与英国的关系并非是宗主国与附属国的依附关系，而是美洲人应当平等地享有与英国人同样的权利

---

① ［英］爱德蒙·柏克：《美洲三书》，缪哲选译，商务印书馆 2003 年版，第 63 页。

② Bernard Schwartz, The Law in America: a history, New York 1974, p. 2.

和自由。深受卢梭精神影响的《独立宣言》通篇高扬的正是平等的法律原则，因为如果没有平等就没有权利可言。就文化基础而言，以上帝面前人人平等的预设作为构建新秩序的规则既是一种思考方式，也在西方的民主传统中有深厚的基础。《独立宣言》提出的"所有的人生而平等的预设是以圣经传统为基础的，即在上帝面前人们处于根本平等的地位"。① 一个值得注意的事实是，美洲人与英国人是同一民族，还是两个不同的民族，一直是独立战争前美洲殖民地居民与英国政府之间的争论要点之一。在《独立宣言》发表20 年前的奥尔巴尼会议上②，殖民地人民还曾经拒绝过关于联合的建议，而《独立宣言》的序言中使用了"一个民族必须解除其与另一个民族之间迄今所存在着的政治联系"的词语。这表明英国人已经被作为"另一个民族"，而北美殖民地人民自己则是作为一个独立的共同体的"一个民族"。正如英国牛津大学教授 J. R. 波尔的评价："英属北美殖民地的人民不仅是最早摆脱旧世界取得独立的欧洲殖民帝国的臣民，而且他们也是最早把国家的存在建立在抽象的道义原则之上的民族。人人生而平等的原则难解难分地融入了大陆会议为殖民地反叛英王以及美利坚合众国作为一个独立的国家存在而提供根据的道义基础之中。人们反对英国统治的诉求是集体提出的……然而，提出这种集体享有平等的要求的人受到了个体主义动机的驱动和个体主义思想的鼓舞。通过同样的行动，他们要求作为自由个体的权利：享有平等的自由、平等的权利以及这些权利赋予他们的平等地反对他们生活于其中的政府的权利。"③ "美利坚民族意识诞生于争取平等的斗争。"④

二、各州主权平等之下的经济权利（《邦联条例》）

鉴于美洲革命中建立的大陆会议不能作为日常的政府机构行使权力，《独立宣言》发表 1 年后，1777 年 11 月 15 日，大陆会议经过冗长的辩论终

---

① ［美］文森特·奥斯特罗姆：《美国联邦主义》，王建勋译，上海三联书店 2003 年版，第58 页。
② 1754 年，各殖民地的代表在奥尔巴尼开会，讨论组成各殖民地之间的一个永久性联盟。各殖民地议会拒绝了会议计划的这一行动。
③ ［英］J. R. 波尔：《美国平等的历程》，张聚国译，商务印书馆 2007 年版，第 1 页。
④ 同上书，第 26 页。

于通过了由约翰·迪金森起草的《邦联和永久联合条例》（以下简称《邦联条例》）。《邦联条例》借鉴了以契约建立殖民地联合政府组织的经验，规定"互约组织一个巩固的友谊同盟"，并称这一联合的同盟为"美利坚合众国"。但邦联所带来的却仍然是 13 个国家，而并非是一个国家。《邦联条例》共有 13 个条文，其中规定，"各州保留其主权、自由和独立以及未经邦联授予邦联国会的各项权力、司法权和权利"（第 2 条），"各州为共同防卫、自由保障与共同福利，互约组织一个巩固的友谊同盟"（第 3 条），"各州互相之间承认其自由公民在他州得享受与其本州公民相同的权利，对于赋税以及财产转移不得歧视，对于邦联财产亦如此，各州互相之间引渡罪犯"（第 4 条）。可以看出，刚刚独立的北美各州，以平等一切权利的精神塑造的《邦联条例》的灵魂或核心是各州。对此，有学者评价《邦联条例》表现出的是那些凭武力推翻邪恶的旧事物的人们很少持有的谨慎态度。"他们唯恐他们用鲜血和财富作代价所得的结果，只不过是以一个暴君代替一个暴君而已。"①

《邦联条例》制定 10 年后，在 13 州围绕宪法批准所引发的广泛而深刻的讨论中。反联邦党人帕特里克·亨利在里士满召开的弗吉尼亚宪法批准大会曾经尖锐地指出，联邦宪法序言中体现的是反联邦主义特征，他质疑道："他们有什么权利说，我们，人民？我对公共利益的热切渴望，还有我的政治疑惑都让我不得不问一句，谁授权他们用我们人民的名义，而不是我们各州的名义来说话呢？各州是邦联主义的特征与灵魂。如果各州不是他们订立契约所成邦联的一部分，他们就只能是由所有州人民构成的单一制政府的构成部分。"②

除了殖民地各州政权树立的榜样外，《邦联条例》之所以选择各州互约联合的形式还有两方面的原因：一方面，当时的美国人以英国对殖民地的压迫为例，认为政府离一个社会越远，就越可能对这个社会施行暴政，因此人民的自由权利由地方政府来维护比较安全。他们"相信共和制政府不适于广

---

① 丹尼尔·布尔斯廷：《美国人建国历程》，中国对外翻译出版公司译，三联书店 1993 年版，第 500 页。

② ［美］赫伯特·J. 斯托林：《反联邦党人赞成什么——宪法反对者的政治思想》，汪庆华译，北京大学出版社 2006 年版，第 20 页。

阔的地区。在幅员辽阔的共和国里，中央立法机构不可避免地会远离其大多数的选民，而且终将逃脱选民的控制，不再是共和体制的了"。① 另一方面，面对充满侵略性的大国随时可能发动的进攻，一个小的共和国的力量是不足以抵御的。如何解决共和国的范围与共和国的生存的困难呢？汉密尔顿在他的论文中详尽引述了孟德斯鸠在《论法的精神》中对联邦政府的讨论，其中涉及"邦联"。孟德斯鸠主张，联邦共和国创造的政体"既具有共和政体的内在优点，又具有君主政体的对外力量"，"这种政府形式是一种协约。依据这种协约，几个小邦联合起来，打算建立一个更大的国家，并且同意作这个国家的成员。所以联邦共和国就是几个社会联合而产生的新社会，这个社会还可以因其他新成员的加入而扩大，直到他们的力量能够为这个联合体提供保障的程度为止"。② 此外，《邦联条例》之所以仍然维持 13 个州独立时的国家形态，也有美国自身传统的缘由。独立以前，美国人既是英国的臣民，又是马萨诸塞、纽约、弗吉尼亚或另外某个殖民地的公民。即使在《独立宣言》最后誊清的文本的标题中亦将这个文件称为《美利坚合众国十三州共同宣言》，并且在宣言的行文中没有一处提到国家，所有的地方都以各州作为称谓。在结尾段落中，《独立宣言》宣告：这些联合殖民地从此成为自由独立的国家；作为独立的国家，他们享有全权去宣战、媾和、缔结同盟、建立商务关系和采取独立国家有权采取的一切其他行动。所以，独立后的长时间内，美国人思维和行事的习惯仍将州当作国家。"他们基本的、持续的忠诚还是倾注于他们自己的殖民地，即现在的某一个州。"③ 以至在 1787 年的制宪会议上，康涅狄格的代表宣称："我的幸福取决于我的州政府的存在，正如一个新生儿需要依赖他的母亲获得营养一样。"④

　　为维护各州的经济利益，《邦联条例》在规定国会享有订立条约和同盟的"独有的绝对权力"时，特别规定这一权力必须得到九个州的同意，并且

---

　　① ［美］J. 布卢姆等：《美国的历程》（上册），杨国标等译，商务印书馆 1988 年版，191 页。

　　② Hamilton Madison Jay：The Federalist Papers，Introduction by Clinton Rossiter，New American Library，1961，p.74.

　　③ 丹尼尔·布尔斯廷：《美国人建国历程》，中国对外翻译出版公司译，三联书店 1993 年版，第 495 页。

　　④ 同上书，第 497 页。

特别就管理经济的范围作出禁止性的限制:"不能订立商约区禁止各州立法机关对外国人征收其本州人民所应负担的入口税,或阻碍其禁止任何种类货物或商品的输出或输入";"不得铸造货币,不得规定货币的价值,不得确定保卫合众国或某州的安全与福利所必需的款项和费用,不得发行证券或信用借款,不得拨用款项,不得决定建筑或购买战舰的数目,或征募海陆军的数目"(第9条)。总之,邦联国会认为"如果没有合众国国会多数投票赞成,则除天天延会外,不能决定任何其他问题"(第9条)。由于主权在各州,各州是邦联政府权威的唯一来源,邦联政府依赖于各州,因而在各州之间商业竞争激烈的情况下,各州各自的经济与财产权利受到垄断性保护,对从他州输入的消费品一律征收重税,一些州径自开放自由港,对欧洲货物进口免征关税,而邦联政府则完全没有进行征税或者筹集收入的权力。政府"向13个独立的州提出征款要求(requisitions)[以偿付开支],这取决于每一个州议会是否遵守的善意;或者,如果它遵守,是在什么时间、以什么方式"。其结果便是:"国库是空虚的,联邦信用陷入低潮,公共负担在增长,公共信用在崩溃。"① 签署《独立宣言》的1776年,英国的经济学家亚当·斯密(Adam Smith)发表《国富论》,解释殖民统治带给欧洲的经济利益:"对于那些在美洲建立殖民地的国家而言,美洲为它们国内的剩余产品提供了广阔的销售市场,相关产业随之发展起来;对于那些没能够在美洲建立殖民地的国家而言,美洲产品输入欧洲大市场后,必定在各国之间周转,同各国生产的商品进行交换,这也相当于为这些国家的产业发展提供了有力的市场支撑。而且,欧洲各国的产业都得到发展之后,它们各自的年产物都相应增加,势必促进彼此间贸易的发展。"② 按照这一经济理论,美洲独立前,英国控制殖民地贸易的目的就是增加它的财富,迫使殖民地成为依赖于宗主国的消费者。《巴黎条约》的签订结束了美英之间的战争,"但是战争的后果似乎正在破坏国家的经济。虽然独立使美国不再受英国航海法管辖了,但是英国下议院通过的新法切断了美国同西印度群岛的贸易关系,而西印度群岛则是殖民地一个主

---

① [美]约瑟夫·斯托里:《美国宪法评注》,毛国权译,上海三联书店2006年版,第108页。
② [英]亚当·斯密:《国富论》,张兴等编译,北京出版社2007年版,第130页。

要贸易伙伴。到 1781 年，新兴的合众国负债达 4 000 万美元，濒临破产"。①

据统计，在 1781 年到 1786 年，各州向邦联国库缴纳的款额平均每年 50 万元，连应付政府的经常性开支也不够，更不用说支付战费和外债利息了。②

尽管就这一事项邦联国会向各州发出一次次吁请，各州仍然置若罔闻。更严重的是，邦联缺乏管理对外贸易或国内贸易的权力。在各州之间，某个州为了自己的商业利益所采取的措施，往往遭到他州的对抗或拒绝。"如果某州为了维护自己的政府和资源而征收关税，它的邻近州就有许多诱惑去采取自由贸易制度，将更大份额的国内外贸易吸引到它那里去。"③ 包括英国在内的西欧商人趁机向 13 州倾销货物，邦联根本无力还击。英国勋爵谢菲尔德曾论证说，英国现在能够吞并美国的商业，而无需付出管理的费用，也无需对美国的利益作出让步："我们全国的大目标是尽可能多地增加水手和航运，议会应当力求使全部英美贸易由英国船只来承运。北美绝不可能进行报复。要使北美各州作为一个国家行动起来，那不会是一件很容易的事情。我们无须把它们当作一个国家而对之提心吊胆。"④ 面对当时美利坚的工业大受打击，金融通货大量外流，经济萎缩、物价腾涨的状况，华盛顿曾发出深深感叹："美国，对那些正努力要与其达成贸易条约的国家看来，没有贯彻条约的手段，必然是非常可鄙的。它们必然看到并且感受到，是合众国还是单独的各州，是最适合它们目的的主权者。一句话，今天我们是一个国家，明天就是 13 个。谁会以这样的条件来对待我们？"⑤ 在比尔德的《美国宪法的经济观》中引述的 1787 年 8 月 29 日费城的一篇通讯中有如下记述："各州不事修路和疏浚河道，它们观望中央政府是否将担任这种必要的修浚。贸易和制造公司停止装运和制造，观望全国性的商业条例究竟会给他们的商务以多大

① ［美］玛丽·莫斯特：《美国宪法实现良治的基础》，刘永艳、宁春辉译，中共党史出版社 2006 年版，第 99 页。
② ［美］塞缪尔·埃利奥特·莫里森：《美利坚共和国的成长》（上卷），南开大学历史系美国研究室译，天津人民出版社 1980 年版，第 305 页。
③ ［美］约瑟夫·斯托里：《美国宪法评注》，毛国权译，上海三联书店 2006 年版，第 110 页。
④ ［美］塞缪尔·埃利奥特·莫里森：《美利坚共和国的成长》（上卷），南开大学历史系美国研究室译，天津人民出版社 1980 年版，第 301 页。
⑤ ［美］约瑟夫·斯托里：《美国宪法评注》，毛国权译，上海三联书店 2006 年版，第 111 页。

的保护和奖励。合法的高利贷封闭或窖存他们的资金，观望新政府是否将使他们避免遭受纸币和姑息立法的侵害……希望解放而移植于边境的贫苦农民与被压迫的佃农，观望政府是否将保护他们不受印第安人的侵害。"① 这段文字不但揭示了当时美国人对新政府的期待程度和失落的心态，也描绘出由于《邦联条例》赋予邦联中央的权力有限，并且确认各州保持其主权和独立，包括经济壁垒所造成的状况。

三、多元结构下的经济目标（《联邦宪法》）

随着时间的推移，邦联体制运作的情况使它作为联盟纽带或政府持久架构的效能遭到了普遍、频繁的质疑，美国的命运进入到一个非常关键的时期。

建立一个什么样的政府才可以确保美国人的权利和自由？那些熟谙英国的普通法传统的法学家和政治理论家，在起草美国宪法的时候自然将先前他们与大不列颠的冗长的争议，将他们理解的英国的法治原则，将渊源深远的由更高级法支配常规立法的观念，将殖民地的管理经验和对《邦联条例》的理解融会在他们对新政府的本质的讨论之中。经制宪会议激烈的争议，根据妥协方案制定出的宪法草案，于 1787 年 9 月 17 日由 39 名代表签字通过，然后提交邦联国会送各州批准。联邦宪法规定美国的国家结构形式是联邦制，联邦是由各州组成的。那么宪法的基础究竟是什么呢？按照美国建国之初州权派对宪法的理解，宪法仍然是各州之间的契约，由各州给予联邦政府以有限权力。当某项权力应当给予联邦政府还是由各州保留有歧异时，应当以有利于契约当事人即各州为解决标准。联邦派则坚决反对宪法是各州之间的契约的观点，他们认为：联邦政府和州政府事实上只不过是人民的不同代理人，权力只能归于人民，"一个政府无论在什么时候组织和怎样组织起来，人民为了授予它必要的权力，就必须把某些天赋权利转让给它"。② 尽管宪法序言中"我们美利坚合众国人民"的词语并没有清楚地表达出"人民"是指联合

① ［美］查尔斯·A. 比尔德：《美国宪法的经济观》，何希齐译，商务印书馆 1984 年版，第 45 ~ 46 页。

② ［美］汉密尔顿、杰伊、麦迪逊：《联邦党人文集》，程逢如、在汉、舒逊译，商务印书馆 1980 年版，第 7 页。

起来的美利坚人民还是指各州人民，以至在后来引起理解上的歧义。但是，可以肯定的是，宪法确立了政治含义上的人民主权原则，美利坚人民作为一个整体发展的历史从此开始。

1787 年《美国宪法》的序言中写道："我们美利坚合众国人民，为了组织更完备的联盟，树立公平和正义，保障国内的安宁，建立共同的国防，增进公共福利，并保证我们以及后代的自由幸福，特制定美利坚合众国宪法。"这表明，在宪法所要达到的目的中，安全的考虑是一以贯之的首要的考虑，是宪法与《邦联条例》之间产生连接的核心内容。然而，与维护邦联"安全"的含义不同的是，面对依赖《邦联条例》所设定的各州拥有主权的政治资源，新宪法所要解决的第一个难题，"就是将主权划分得既能使组成联邦的各州继续在一切与本周的繁荣有关的事物上管理自己，又能使联邦所代表的全国政府仍然是一个整体和满足全国性的需要"。① 美国宪法联邦制的设计并不只是关注解决联邦中央与各州的分权问题，而是如有学者的评论：联邦宪法的起草者们所欲实现的并不是为了民主而使美国安全，而是为了美国而使民主安全。自由与安全的价值观在两部宪法文献的制定与更替中，创造出了新型的国家结构形式——联邦制，而它的贡献就是"在美国的复合共和国里，人民交出的权力首先分给两种不同的政府，然后把各政府分得的那部分权力再分给几个分立的部门。因此，人民的权利就有了双重保障。两种政府将互相控制，同时各政府又自己控制自己"。②

为了实现在全国范围内建立统一的经济区域，协调联邦和各州的关系免受狭隘地区主义的破坏，保障经济的平衡发展，进而维护国家安全，宪法在联邦与各州的立法范围上作出分配，其中涉及多项经济财产制度。美国宪法第 1 条规定立法权，共 10 款，其篇幅约占全文的一半。其中第 8 款关于国会的权力，列举了 17 项。涉及经济方面的立法权包括：课税及征收关税；募集国债、铸造货币及规定度量衡制度；监督州际贸易、对外贸易以及与印第安部落贸易；设立邮政；制定破产法律；保护著作权和专利权；惩罚伪造货币

① ［法］托克维尔：《美国的民主》（上卷），董果良译，商务印书馆 1988 年版，第 127 页。
② ［美］汉密尔顿、杰伊、麦迪逊：《联邦党人文集》，程逢如、在汉、舒逊译，商务印书馆 1980 年版，第 265~266 页。

的罪行。对于各州的立法权，宪法第 1 条第 10 款则规定一系列禁止性条款包括：不得订立条约、同盟或者联盟；不得铸造货币；不得发行信用券；不得以非金银币之物作为偿付债务的法定货币；不得制定损害契约义务的法律。宪法之所以对各州权力的限制范围作出规定，是因为：第一，在联邦政府组成之时，各州就失去了在国际市场上作为独立国家的地位，各州无权与外国谈判，也不得以国家的名义与外国发生直接关系。第二，在当时州权强大的情况下，公众的期待是消除分裂不和的旧仇宿怨，建立强大、持久的联盟，以便保证在共同行动上协调一致，使联盟处于安全与和睦之中。

　　征税权是宪法列举的国会的第一项权力。宪法第 1 条第 8 款规定："国会有权规定并征收税金、捐税、关税和其他赋税，用以偿付国债并为合众国的共同防御和全民福利提供经费；但是各种捐税、关税和其他赋税，在合众国内应统一征收。"由是可见：第一，规定国会征税的宪法目标是：偿还债务；供给国防需要；增加全民福利。第二，与邦联征税的方式不同的是，在联邦制下，"联邦所统治的不是各州，而只是各州的公民。在联邦要征税时，它不是向各州（比如马萨诸塞）政府征收，而是向州的居民征收"。[1] 第三，为了防止各州重蹈邦联的覆辙，通过税收壁垒分裂联邦，宪法要求各种税金、捐税、关税必须统一，以在合众国范围内建立统一的经济区域。根据最高法院的解释，所谓"统一"征税是指地域上的统一，即同一项目的税收在全国应当实行一律的税率，联邦不得通过较低的关税率给予一州商港优越于他州商港的特惠。与此同时，在宪法第 1 条第 9 款中列举了两项限制性规定："除非按本宪法所规定的人口调查或统计之比例，不得征收任何人口税或其他直接税；对各州输出之货物，不得课税。"[2]

---

① ［法］托克维尔：《美国的民主》（上卷），董果良译，商务印书馆 1988 年版，第 176 页。

② 前一项宪法限制在 19 世纪末曾引起所得税是否是直接税的激烈争论。1895 年美国联邦最高法院在"包洛克诉农民贷款信托公司案"（Pollock v. Farmmer's Loan Trust Co；1895）中对直接税的概念作出扩大解释，将直接税的范围扩大到一切财产税，这一宪法解释限制了联邦的征税权范围。并且，根据宪法规定联邦的所有直接税必须按人口比例分配于各州，这使征收联邦所得税实际成为不可能。直到 1913 年宪法第 16 条修正案得到多数州的批准，才在实际上取消了对联邦征税权的限制（第 16 条宪法修正案规定："国会有权对任何来源的收入课征所得税，无须在各州按比例进行分配，也无须考虑任何人口普查或人口统计数。"）

在赋予联邦以广泛的征税权的同时，宪法明确限制各州的征税权："未经国会同意，各州不得对进口货物或出口货物征收任何税款"（宪法第1条第10款）。除宪法文本规定禁止各州擅自对进出口征税外，联邦最高法院通过对宪法"必要和适当"条款的解释、关于联邦对州际贸易和对外贸易的管辖权，以及对"法律正当程序"条款的解析，创制出一系列原则限制各州的征税权。其中，首先是限制各州对联邦机构的征税权。其理由早在1819年的"麦卡洛克诉马里兰州案"（McCulloch v. Maryland；1918年）中，最高法院首席法官马歇尔（John Marshall，1755～1835年）就已经指出，归纳起来有两点：第一，课税权包含着一种破坏性的权力，容许州对联邦机构征税，无异于容忍州任意控制联邦的生存。他援引了1790年汉密尔顿（Alexander Hamilton，1755～1804年）在创设国家银行时的报告中提出的"默示权"理论，强调一个"有益的对宪法的解释"必须考虑给予国会一定的、实际操作的"任意性"权力。他说："假如各州可以对政府再行使其权力时使用的一个工具征税，它们也就可以对其他一切工具征税。它们可以对邮政征税，对造币厂征税，对专利权征税，对海关文件征税，对诉讼程序征税，它们可以对政府使用的一切工具征税，达到使政府全部目的落空的极端。"向联邦的机构征税的问题"是一个最高地位的问题：如果各州对联邦政府使用的各种工具征税的权利获得承认，那么宣告宪法和依宪法制定的法律为全国最高法只不过是空的、无意义的慷慨陈词罢了"。第二，虽然联邦政府和各州政府的征税权被公认是共同行使的，但是联邦与各州是有区别的。各州人民及各州本身在州议会中都有代表，当他们对各州的特许机构征税时，他们是对他们的选民征税；这些税必须是划一的。但是当一州对联邦政府的业务征税时，它是对一个由其他州与他们本州为了他们的利益建立的政府的措施采取行动。"在整体对部分的行动与部分对整体的行动之间——被宣告为至高无上的政府的法律与如果违反这些法律就不是至高无上的政府的那些法律之间，永远存在区别，并且永远必须存在区别。"因此，联邦最高法院的结论是"确信各州无权通过征税或其他手段拖延、阻碍、留难或以任何方式控制国会为了行使授予联邦政府的权力而制定的合乎宪法的法律的实施。我们认为，这是宪法所宣告的那种最高地位的不可避免的结果"。① 国会征税权的规定和限制州的征税权的宪法规定，与宪法的其他规定一样体现出权力"制衡"的特质。斯托里的评价是："它建立在全面和积极的警觉之上，这种警觉预料到了危害的可能性，只要可行，就会积极地防卫任何可能危及各州的权力行使。如果遗漏了这种关税统一性的规定，尽管这种权力［征收关税］从未被滥用来伤害合众国中较弱的州，（这只是一个假设，历史上从未十分可靠或确切地向我们证明这一点）；然而在实践意义上，这种权力自身就足以毁灭宪法中大多数其他各项限制性条文的价值。纽约和宾夕法尼亚可以与南部各州轻松地联合起来，摧毁新英格兰的全部航运。新英格兰和西部各州不同性质的联合，就可以击败南部各州的农业；不同性质的联合也可以打击制造业的关键利益。因此该项条文固有的政治智慧，以及可以消除恐慌、抑止不满的趋势，确立了它的普遍适当性。"②

邦联政府软弱无力及最后终结的原因之一是州际贸易战和竞争。如果联邦要发挥它作为一个巨大的共同市场的潜力，各州的法律与规章制度必须服从统一的全国政府。为此目的，美国宪法第 1 条第 8 款规定国会有权"管理与外国的、州与州之间的，以及对印第安部落的贸易"，该条款被称作"贸易条款"。虽然国会的权力是宪法直接授予的，然而，什么是宪法所称的"贸易"？怎样"管理"？国会管理州际贸易和对外贸易的权限有多大？国会这一权力是专有的吗？所有这些问题都并不明确。尽管宪法的这一规定在 17 世纪 80 年代就受到人们的普遍关注，但直到 1824 年的"吉本斯诉奥格登案"（Gibbons v. Ogden，1824 年）发生，"贸易条款"的性质才受到检验。1808 年，纽约州将该州水域的汽船航行垄断权授予利文斯和富尔顿。他们两人将新泽西与纽约之间的水域的航行权转租给奥格登。佐治亚州的吉本斯根据 1793 年《联邦沿海航行法》获得联邦许可证，于 1818 年创办一家轮船公司进行竞争。翌年，奥格登从州法院取得一道禁制令，吉本斯遂向联邦最高法院提起上诉。在该案中首席法官马歇尔对"贸易"和国会管理州际贸易的含

---

① ［美］斯坦利·I. 库特勒编著：《最高法院与宪法》，朱曾文、林铮译，商务印书馆 2006 年版，第 58 页。

② ［美］约瑟夫·斯托里：《美国宪法评注》，毛国权译，上海三联书店 2006 年版，第 300 页。

义和范围作出解释。他宣布所谓"Commerce"不只是"贸易",它是指"intercourse",即各州之间的"交流"和"关系",它涵盖所有分支中国与国之间及各地之间的商业往来,并制定实行往来的规章制度以进行管理。在该案中"贸易"也包括"航行"。这样,联邦最高法院作出如下裁决:首先,所谓"贸易"不只是超越州界的货物买卖,还应当包括各州之间、各州内不同地区之间和各商业部门之间的贸易往来,其中包括航运和其他商业关系。其次;国会调整贸易的权力与其他国会既得权力一样,应在最高程度内行使,"除了宪法规定的以外,它不承认任何限制"。最后,国会调整贸易的权力应扩大解释为还包括全国性的"福利"在内。联邦最高法院对"贸易条款"的解释否认了州垄断其水域的轮船航运权,扩大了联邦管理州际商业权力的范围,从而阻止了各州间毁灭性的经济竞争。对于全国的交通发展起到极大的促进作用。正如当时新泽西的一家报纸评论:"水域至今终于自由了!"① 航运独占解除后,全美各主要河流,汽船通行无阻,主要港口进出的汽船络绎不绝。数年之后,美国的火车也得以在全国纵横畅行。20世纪后,最高法院更从"贸易条款"中引申出联邦国会对"合众国通航水域"的全部权力,包括通过"合理改善"可供通航的水域。最高法院认为:这些水域"由国家计划和控制",国会对这些水域的管辖权,"与贸易的需要一样广泛","洪涝保护、流域发展、通过使用电力改善水域的经费的回收等,都是……贸易控制的组成部分"②。

这里有两个问题需要说明。第一,如果各州依据它们的一般"警察权"行使权力,联邦在"州际贸易和对外贸易"方面的权力能在多大程度上抑制州的权力呢?最高法院在"库利诉费城港管理委员会案"(Cooly v. Board of Wardens of Port of Philadelphia,1851年)中提出一项原则,现在称作"库利原则"。该项原则的含义是指:某项立法的合法性取决于该项立法所调整的内容,如果它涉及的立法主要是地方事务,那么该项立法可以存在下去,反之则无效。判词中说:"宪法授予国会的贸易权力并不包含任何文字,去明

---

① 朱瑞祥:《美国联邦最高法院判例史程》,黎明文化事业公司1984年版,第49页。
② [美]卡尔威因·帕尔德森:《美国宪法释义》,徐卫东等译,华夏出版社1989年版,第86页。

确排除各州对贸易事务行使权力。如果各州受到排除，那一定是由于权力的性质：对国会的授权，要求各州不应具有类似权力。"① 第二，如果各州企图调整某项商业活动，而该项活动也是联邦政府所调整的，那么宪法第 6 条"至高无上条款"（"本宪法和依本宪法所制定的合众国的法律，以及根据合众国的权力已缔结或将缔结的一切条约，都是全国的最高法律；每个州的法官都应受其约束，即使州的宪法和法律中有与之相抵触的内容"）就发挥作用。这方面的判例多不胜数。

根据宪法授权，美国国会在 1887 年和 1890 年相继通过《州际贸易法》和《谢尔曼反托拉斯法》，对国家经济进行有系统地干预。《州际贸易法》规定设立州际贸易委员会，它有权调节通过铁路或水路从事客运或货运的公司，有权禁止一切不公正或不合理的运费以及歧视性收费。《谢尔曼反托拉斯法》是作为"保护贸易和商业免受非法限制和垄断之害的法案"被通过的，其中第 1 条、第 2 条是最关键的条款。第 1 条规定：任何以托拉斯或其他形式作出的契约、联合或共谋，如被用以限制州际或与外国间的贸易或商业，均属违法。第 2 条规定：任何垄断或企图垄断，或与他人联合或共谋垄断州际间或与外国间的贸易或商业之任何一部分者，均被视为刑事犯罪。《谢尔曼反托拉斯法》是美国联邦政府第一次明确宣布对付垄断的公共政策的法律。正如最高法院的布莱克法官在反托拉斯的判决中指出的："《谢尔曼反托拉斯法》基于的前提是，无限制的竞争力的相互作用将产生最佳的经济资源分配、最低的价格、最高的质量和最大的物质进步。由此所提供的环境将有助于保持我们民主的政治和社会制度。"② 此后，联邦政府又于 1914 年颁布了《克莱顿反托拉斯法》和《联邦贸易委员会法》使联邦管理州际贸易和对外贸易的法律更加完善。

四、余论

从《独立宣言》到《邦联条例》再到美国宪法，可以看到的是美国人民

---

① 张千帆：《西方宪政体系》，中国政法大学出版社 2000 年版，第 138 页。

② ［美］马歇尔·C. 霍华德：《美国反托拉斯法与贸易法规》，孙南申译，中国社会科学出版社 1991 年版，第 3 页。

对宪法的性质和地位认知的不断深化，宪法的内容和政治原则在历史变革中不断被检验和修正，从抽象的原则到被具体化，从而为推动美国的政治体制改革和美国社会的各种利益的竞争及发展提供条件。在美国历史发展的不同阶段，美国宪法的经济内容凸显出的权利平等原则在不断地变位，私法问题所具有的政治含义饱含在公法之中，由争取获得与宗主国平等的地位、摆脱殖民控制，求得自身独立的经济发展；到在维护各州的平等的主权地位的目标之下对经济管理范围的限制；再到联邦制多元体制下的联邦与各州之间由权力分配决定的经济利益分配。美国联邦最高法院的法官霍姆斯（Oliver Wendel Holmes. Jr）曾经说过：为了懂得法律是什么，我们必须懂得它曾经是什么和会要变成什么。通过对于历史变革之中美国宪法平等原则的经济察，又一次印证了保证法律变革成功的重要机制是：立法者必须重视从历史性的惯例中，接受那些有利于形成新的制度和发展出新的规则以适应新的需要的传统因素。因为"一种体制，它在无间断连续使用的情况下，能为裁决私人相互之间和私人与国家之间的纠纷发展新法规，正由于显然与过去有逻辑性联系，因而表现得可靠而且合理。这样一种体制便使得调节、改革和通权达变都成为可能"。① 虽然美国宪法的变化表现出的是一个没有历史负担的、矢志创造新世界的民族对届时历史状况的适应能力，然而，在这些变化之间仍然明显地保持着法律传统的连续性，固守着他们最基本的价值观，即生命、自由、财产。

---

① ［英］泰格·利维：《法律与资本主义的兴起》，纪琨译，学林出版社 1996 年版，第 263 页。

简论日本受监禁关押者的权利保障[*]

曾尔恕　赵立新

监狱是随着国家的形成而出现的，在人类社会向现代化推进的进程中，监狱仍是必不可少的组成部分，以至于成为文明社会的外在表征之一。监狱文明的演进与改革是与法治主义的发展密切相关的。

关于犯人权利的保障虽然早在 19 世纪末 20 世纪初众多国家的法律中就有规定，但由于受当时社会发展状况以及特别权利关系理论的影响，这种保障并不尽如人意。"二战"以后，随着各国法制建设的完善，对于受监禁关押者权利保障的重视得到进一步提高，由于立法的不完备，法院的判例和有关法学理论的提出对受监禁关押者的权利保障制度的改善发挥了重大作用。下面以发生在 20 世纪 80 年代日本最高法院的判例为例，对日本相关理论和受监禁者权利保障的历史进行分析，以期对我国的监狱建设提供借鉴。

一、关于被监禁关押者权利的判例分析

"二战"以后，日本法院围绕监狱管理者的裁量权和受监禁关押者的权利保障问题，先后进行了一系列判决，其中以 1983 年最高法院大法庭关于"拘留关押者阅读自由"的一项判决最具代表性。

（一）案件概要①

X 等 8 名被告人，因参加 1969 年的"阻止佐藤荣作访美"等运动，被以

　＊　本文原载《日本监狱学刊》2005 年第 6 期，收入本书时有删节。

　①　［日］市川正人："特殊な法律関係と憲法上の権利"，见《憲法の基本判例（第二版）》，有斐阁 1996 年版，第 19 页。

携带凶器聚众罪和妨害执行公务罪起诉，并关押在东京拘留所。X 等 8 人自费订购了《读卖新闻》在所内阅读。1970 年 3 月 31 日发生了"赤军派"劫持飞机事件，因此，拘留所长将登载该消息的四期《读卖新闻》相关报道用墨涂黑后，再发给该 8 人。这种做法的根据是：《监狱法》第 31 条第 1 款（在监者请求阅读书画时，应予允许）、第 2 款（关于阅读书画的限制，以命令规定之）；《监狱法施行规则》第 86 条第 1 款（阅读书画不应违反监禁的目的，不得妨害监狱纪律），以及相关的法务大臣训令和矫正局长的规则。据此，该拘留所长认为：报纸的相关报道"详细记载了犯罪的手段和方法"，让拘留者阅读这些东西可能会损害拘留所的纪律。对此，X 等 8 人提起了要求国家赔偿的诉讼。其理由是：《监狱法》第 31 条、《监狱法施行规则》第 86 条及相关训令、规则，违反了宪法第 19 条、第 21 条的规定无效。因此，拘留所长的行为属于违法行使权力。

东京地方法院在审理该案后驳回原告的诉讼请求，X 等 8 人遂向东京高等法院提起上诉，但被同一理由驳回，维持原判。X 等 8 人以《监狱法》第 31 条违反宪法；该拘留所如允许阅读该报道，产生维持秩序困难的可能性并非到达相当程度为由，再次向最高法院提起诉讼。

（二）最高法院的判决分析①

最高法院在 1983 年判决中，驳回该 8 人的诉讼请求。最高法院的判决要旨可以归结为以下几点。

（1）对关押的犯罪嫌疑人和被告人，"不仅要在一定程度内限制其身体的行动自由，还有防止其逃跑和毁灭罪证的目的，因此，在必要、合理的范围内，限制其行动以外的自由不可避免"。"阅读传达意见、知识、情报的报纸、图书等媒体的自由，应是宪法予以保障的，也符合宪法第 19 条关于思想、良心自由不可侵犯的规定，以及保障表现自由的宪法第 21 条规定。"

"为维持监狱内的规律及秩序，即使限制被监禁关押者阅读报纸、图书的自由时，也应是为达到上述目的，且在必要的限度之内。因此，如果允许阅

---

① ［日］市川正人："特殊な法律関係と憲法上の権利"，见《憲法の基本判例（第二版）》，有斐阁 1996 年版，第 19～20 页。

读会产生妨害上述规律和秩序的一般、抽象的可能，则不能构成上述限制"。

通观《监狱法》第31条、《监狱法施行规则》第86条及相关训令、规则，"虽然有些规定不太明确，但上述解释是符合其宗旨的，即如此，则上述法令并不违反宪法"。

（2）在具体适用前述法令的场合，"如果允许阅读报纸、图书等，是否会使监狱内的规律及秩序维持产生相当程度的障碍，是否有相当大的可能性等，以及为防止不测的发生，什么内容、多大程度的限制措施才是必要的，必须由了解监狱的实情，处于现场的监狱管理者具体情况具体分析，进行适当的裁量，因此，负责人认为有发生相当大障碍可能性的判断有合理的根据。为防止意外的发生，负责人采取相应的限制措施应认为具有合法性。"

"从本案件来看，在此之前，东京拘留所内曾多次发生被拘禁者妨害所内规律及秩序的过激行为，而该次所长命令涂抹的报纸报道正是赤军派学生劫持飞机事件，对照事实可以看出，如不采取该措施，发生扰乱所内秩序行为的可能性很大，故所长的处置具有合理的根据。且为防止意外的发生，虽然涂抹了与劫机事件相关的全部报道，在当时的状态下，该所长的判断不具有裁量权脱逸或滥用违法的性质。"

与上述判例相似的还有最高法院关于"限制被关押者吸烟自由"的判决（1970年）、"限制给被拘禁者送东西"的判决（1985年）等。战后最高法院关于这一问题的态度没有大的变化。

二、与判决相关的特别权力关系理论及变迁

上述1983年日本最高法院判决所代表的一系列判决极大地冲击了长期在日本流行的特别权利关系理论，从而对在监狱制度中人权保障的限度提出质疑。根据传统的公法理论，一般的人都服从国家或地方公共团体的统治权，此即一般权力关系。与此相对应的所谓特别权力关系，则是涉及国家和公民之间的一种与一般行政关系不同的特殊关系，通过强制或自愿地进入，在特定行政领域内（学校、监狱、公务员和医院、军队）得以确立。这种理论又被称为特别服从关系理论。它是19世纪德国在确立君主立宪体制的过程中，为维持官吏对君主的传统忠诚关系，并使其与法治主义并行不悖而确立的。

　　这一理论的要素有三点：（1）在这些特别领域，主管机关可自定规章，无须法律明确授权，其内部纠纷，一般实行内部解决，普通法院不得干涉（排斥法治主义）；（2）基本人权受到广泛限制（排斥人权保障）；（3）法院无权审查其行为的合法性（排斥司法审查）。①

　　日本在 19 世纪末引进德国行政法时也引进了特别权力关系理论，在明治宪法的体制下，这种理论是非常合适的一种理论，因此，随着明治宪法的实施广为流行，成为一种被广泛接受的理论。但战后随着《日本国宪法》的实施，这种排斥法治主义、人权保障和司法审查的理论明显与宪法的宗旨相违背，因此开始受到责难。一般的判决和学说都对这一理论持否定态度。

三、法治主义与监狱当局的裁量权

　　根据以罪刑法定为基础制定的 1907 年日本刑法，监狱关押关系属于一种公权力关系，它必须符合法治主义原则。具体到监狱内：哪一种基本权、为了何种目的、在什么条件和程序下、应受到多大程度的侵害为宜，都应该在议会内由代表国民利益的议员在讨论权衡的基础上制定明确的法律。即在监狱内超越刑罚规定的人权限制，必须有法律上的依据。同时，监狱当局本身在执行刑罚时，超越刑罚规定的行为也必须由法律的授权。②

　　毋庸置疑，即使出于同样的监禁关押目的，已确定有罪的犯人和做无罪推定的犯罪嫌疑人、被告人之间，或同样是犯人的死刑犯和有期徒刑犯之间，也应有所区别。因此，权利和自由限制的程度和范围出现种种差异在所难免。这更使监狱管理者的自由裁量权不可或缺。而关键是如何找到二者之间的平衡。由于日本现行的《监狱法》和相关法规大都是战前的产物，因此，战后在这一领域的发展中，法院判决起到了很大的作用，这也是本文开篇从判例入手的原因。但法官的判决并非想当然的结果，它是与社会的变迁和法治的进步密切相关的。

---

　　① ［日］松本和彦："特别权利关系と人权"，见《宪法の争点（第三版）》，有斐阁 1999 年版，第 62 页。

　　② ［日］福井厚：《刑事法学入门》，法律文化社 1997 年版，第 100 页。

美国促进就业的联邦立法[*]
——从罗斯福新政到奥巴马新政

曾尔恕　　刘　明

20 世纪 30 年代席卷整个资本主义国家的经济危机，以及 21 世纪源于美国次贷危机的全球经济萧条，均对美国经济造成极大破坏，严重影响到就业，并进而威胁到社会的稳定。为了缓解经济危机矛盾、刺激经济复苏，罗斯福新政时期和奥巴马新政均制定了有关就业的立法。探讨美国两次新政中有关就业立法的内容、特点及其效果，对于当前我国应对全球金融危机，加强就业的法律保障，最终建立完善的社会保障法律体系有一定启示意义。

一、罗斯福新政时期的就业立法

1929 年至 1933 年的美国经济危机，使美国经济面临崩溃的边缘。失业的范围几乎涉及所有行业。

为解决严重的失业问题，在立法方面，罗斯福新政时期主要从制定直接救济失业者的立法、以工代赈扩大就业范围的立法和建立社会保障的立法等三个方面为失业者提供法律保障。

（一）直接救济失业者的立法

罗斯福就任总统后于 1933 年 5 月 12 日签署了《联邦紧急救济法》，规定成立联邦紧急救济署，由联邦划拨经费对面临生存危机的失业者进行直接

---

* 本文原载《社会科学辑刊》2011 年第 2 期，收入本书时有删节。

救济。

（二）以工代赈扩大就业的立法

在实行直接救济失业者的同时，罗斯福政府发起了一系列大规模公共工程建设项目，通过以工代赈扩大就业。

（三）社会保障立法

1935 年 8 月 14 日罗斯福总统签署了国会通过的《社会保障法案》。《社会保障法案》是美国社会第一个提出建立社会保障制度的法律，是罗斯福新政三个核心内容（救济、改革、复兴）中意义重大的法律。根据这一法律，通过向企业征收失业保险税，建立了联邦和各州的失业保障体系。

二、奥巴马新政的就业立法

21 世纪以来席卷全球的金融危机，是美国自 20 世纪以来遭遇的最为严重的一次经济危机。失业造成的经济上的困境，明显地降低了民众的支付能力，不仅使得还不起房贷的人增多，也降低了民众的生活质量。

2009 年 2 月 17 日，奥巴马总统签署了《美国复兴与再投资法案》，或称经济刺激法案。该法案代表了联邦政府在力图化解和扭转日益恶化的经济形势方面作出的最大努力。经济刺激计划总共投入 7 870 亿美元，包括减税和政府投资两大部分。再投资方案的基本内容包括 10 方面计划：减税救济计划、减低医疗成本计划、教育资助计划、环境改造计划、经济补助计划、基础建设计划、公共服务计划、新技术开发计划、住房资助计划、科研计划。

2010 年 3 月 17 日，为了压低高达 9.7% 的失业率，美国国会通过一项规模达 176 亿美元的促进就业法案，奥巴马总统在签署该法案时强调，这是美国政府一连串振兴就业行动的第一项。[①] 稍后，奥巴马又签署了有关通过减税和增加开支来促进就业的法案。

三、两次新政有关就业立法的基本特点及其效果

尽管奥巴马新政和罗斯福新政关于就业保障的立法是在不同历史背景下

---

① 《工商时报》，2010 年 3 月 19 日，第 A5 版，国际经济（记者刘圣芬）。

的产物，有关救济失业、促进就业立法的目的和内容有着很大区别，然而它们在经济危机时期采取就业保障的措施方面却有许多基本特点是一致的，即以扩大需求为基本内容，政府承担义务调整财富分配秩序，解决失业问题的应激措施与经济长远发展规划相结合。

总之，罗斯福新政基础设施的建设，不仅解决了短期就业的需要，同时也为经济的长期发展奠定了基础。罗斯福新政所建立起来有关社会保障的立法，奠定了美国现代社会保障体系的基础，在一定程度上改善了社会中下层群众的劳动条件和生活条件，扩大了公民的民主权利，缓和了阶级矛盾，促进了社会稳定和经济的良性发展，并推动了战后美国走向福利国家的道路。奥巴马的新政虽然还未见明显成效，但也是一个立足当下、不忘长远的经济刺激计划。其应对危机的思路基本是拯救短期消费、拉动中期消费和引导长期消费三个方面。已有专家指出，这是一场新的经济革命，将比10年前的互联网革命意义更为重大，影响更为深远，是21世纪人类最大规模的经济、社会和环境的总体革命。

社会变革之中权利的司法保护：
自决隐私权[*]

曾尔恕　陈　强

20 世纪中叶，黑人对自身平等公民权的争取引发了美国的民权运动，将美国社会带入到继"南北战争"之后最剧烈的社会变革时期。此后，无论在观念层面还是在实践领域，美国公民权利的概念及其司法保障的内容都发生了深刻变化。

一、权利观念的扩展及权利保护的跟进

19 世纪的美国秉承欧洲法律传统，财产权是法律保护的重点。然而，20世纪以降，尤其是五六十年代，随着公民人身权利的问题日益凸显，美国法律保护的重点逐渐从财产权领域移转到人身权领域。

在民权运动中，联邦最高法院作出的相关司法判决加快了将法律保护的重心从财产权转移到公民人身权的进程。1953 年，厄尔·沃伦（Earl Warren）出任美国联邦最高法院第 14 任首席大法官，在保护公民权利方面，沃伦法院的贡献主要表现在三个方面：一是接受"优先地位理论"（preferred position doctrine）；二是要求各州保护《权利法案》中规定的公民权利；三是扩大了公民权利的实体性内容。

---

* 本文原载《比较法研究》2011 年第 3 期，收入本书时有删节。

二、自决隐私权的概念及格里斯沃尔德案

1890 年，美国著名法学家塞缪尔·沃伦（Samuel Warren）和路易斯·布兰代斯（Louis Brandeis）发表《隐私权》（The Right to Privacy）一文，将隐私权作为一种"不受干扰的权利"加以研究阐述，从而开创了美国隐私权理论的先河。历经数十年的理论建构和实践尝试，隐私权理论得到了极大的扩充。其中，美国教授艾伦（Anita L. Allen）和托克音顿（Richard C. Turkington）因应社会与法律的发展，将隐私权在类型上进一步细化，提出了自决（autonomy）隐私权的概念。

20 世纪五六十年代，民权运动兴起，美国女性不仅开始在就业、教育、家庭等方面反对性别歧视，争取平等权利，而且开始争取自身在婚姻、生育领域的选择权和决定权。社会状况与思想观念的变化推动司法机关开始关注那些限制自决隐私权的法律，1965 年格里斯沃尔德诉康涅狄格州案浮出水面。

格里斯沃尔德案的争论点在于避孕问题。格里斯沃尔德案直接导源于康涅狄格州禁止避孕法。联邦最高法院大法官道格拉斯（William O. Douglas）在判决意见中指出，本案中的避孕权利涉及个人享有的基本隐私权，属于联邦宪法保护的范围。他认为隐私权受到联邦宪法第一修正案的保护：由此，道格拉斯提出了他极具创造性的"伴影"理论。以"伴影"理论及其推导得出的隐私权为基础，道格拉斯指出，格里斯沃尔德案涉及的权利位于联邦宪法《权利法案》发散而成的隐私区域之中，而康涅狄格州禁止避孕法导致了对夫妻之间"隐私关系的最大限度的破坏"。

另一位大法官哈兰（John M. Harlan）认为，格里斯沃尔德案涉及的康涅狄格州禁止避孕法因侵犯了"深深植根于这一国家的历史和传统之中"或者"暗含于有序自由概念中"的基本价值而违反了联邦宪法。

经过审理，联邦最高法院最终以 7:2 的多数判决意见支持格里斯沃尔德的诉求，并宣布康涅狄格州禁止避孕法侵犯了夫妻之间避孕的自决隐私权，因而违反了联邦宪法。

三、自决隐私权的宪法保护之解析

为了将联邦宪法的保护范围扩展至自决隐私权，格里斯沃尔德案判决中提出了许多新的理论与概念，如"伴影"理论、"隐私区域"等。然而，该判决背后仍然存在着一个长期困扰美国法律界的基础性问题，即司法机关怎样处理不变的宪法条文与易变的行宪环境之间的矛盾。具体到格里斯沃尔德案，问题可以转换为在联邦宪法没有明确规定的情况下，法院如何"发现"宪法未明确列举的权利。

在美国历史上，格里斯沃尔德案是最具影响的联邦最高法院判例之一。该案不仅开启了公民享有自决隐私权的新时代，也是联邦最高法院朝着承认更加广泛的自决隐私权迈出的关键一步。沿着格里斯沃尔德案确立的法律路径，联邦最高法院不断扩展宪法保护的自决隐私权的范围，涵盖生育控制、同性恋、安乐死等社会生活的各个领域。

下 编

论索尔兹伯里的约翰的宪政思想[*]

陈敬刚^{**}

索尔兹伯里的约翰（John of Salisbury，约 1115 年或 1120～1180 年）是 12 世纪英国乃至整个西欧最为重要的政治理论家，其著作《论政府原理》（Policraticus，1159 年）"在中世纪首次试图广泛而系统地论述政治哲学"，同时也是 1260 年代以后亚里士多德被重新发现以前"唯一的"一部这样的作品。^① 在书中，约翰以基督教神权政治理论为基础，严厉谴责藐视、排斥法律、以暴力压迫统治人民的暴君，肯定并颂扬诛杀暴君的行为，指出"杀死暴君不仅被允许，而且也是公平的和公正的"。约翰延续并传承了古罗马思想家西塞罗（Cicero，公元前 106～前 43 年）有关国家、政府与法律的政治与伦理理论，并将其运用于中世纪世俗国家及罗马教廷的政治文化之中，对后世政治哲学与宪政学说以及政治与法律实践产生重大而深远的历史影响，"（约翰）对国王与暴君的区分以及诛杀暴君的阐述是当时教权派反对王权最深刻的观点之一，后世的政治思想家祛除其中的宗教成分并将其确定为评价统治者的主要标准，直到洛克还使用着几乎和约翰类似的语言来区分国王和暴君"。^② 有鉴于此，笔者拟在本文中对约翰的宪政思想作一简要阐述，以期

* 基金项目：2014 年度湖北省教育厅人文社会科学研究项目《中世纪英国宪政思想研究》（14G036）。

** 陈敬刚，中南财经政法大学法学院。

① ［美］萨拜因：《政治学说史（上册）》，盛葵阳、崔妙因译，商务印书馆 1986 年版，第 294 页。

② 徐大同、从日云：《西方政治思想史（第二卷·中世纪）》，天津人民出版社 2005 年版，第 271 页。

深化对于西方中世纪宪政理论的认识与理解。

一、"教权至上"与"王在教下"

从 11 世纪中后期到 13 世纪行将结束时，以罗马教廷为中心的基督教会在西方封建社会中处于鼎盛时期。教皇格里高利七世（1073～1085 年在位）在位时，通过教会内部的改革运动，加强罗马教廷对欧洲各地教会的控制和影响，竖立教皇在教会内部的绝对权威地位及其对包括欧洲各地世俗君主在内的全体基督徒的精神生活的领导权。与此相适应，一些宗教理论家从维护教会权力的目的出发，将耶稣基督在《路加福音》中所说的"两把剑"[①] 改造成彰显教会权威的"双剑"理论，[②] 强调无论是精神之剑还是世俗之剑，都由上帝给予教会，教会拥有两剑而将世俗之剑交给君主和骑士们使用。[③]

作为"教会至上论"的忠实拥趸，约翰不仅坚持"双剑说"，认为君主所掌握的"世俗之剑"来自于教会的授予，而且将君主置于某种服从教会的位置上，视其为教会僧侣的"臣仆"。

在谈到王权时，约翰指出，全部权力来自上帝，君主所行使的公共权力同样来自上帝的授予，君主根据上帝的旨意统驭万民，王权构成神权的重要组成部分。

> 君主行使公共权力，是上帝在世间的某种影像。毫无疑问，绝大多数神的品性被揭示出是属于君主的，以至在他点头时，人们通常会低下头颅，引颈就戮，在神的刺激之下，任何人敬畏其自身即构成敬畏的君

---

① 《新约·路加福音》22：38，原文为："他们说：'主啊，请看！这里有两把刀。'耶稣给他们说：'够了。'"

② 即"精神之剑"（spiritual sword）与"世俗之剑"（secular sword），分别指精神权力和世俗权力，精神权力由教会僧侣执掌，世俗权力由君主执掌。5 世纪末，教皇格雷西乌斯（Gelasius I）在写给阿纳斯塔西乌斯皇帝（Anastasius）的信中明确谈到两种权力的区分，并指出精神权力高于世俗权力。格里高利七世教会改革及教皇与皇帝围绕主教授职权（Investiture，也译作"叙任权"）的斗争过程中，教皇与罗马教廷势立大增，宗教理论家霍诺里厄斯在 1123 年左右撰写的《无上的光荣》一书中首次提出世俗的权力来自教会的授权，无论是精神之剑还是世俗之剑，两把剑都掌握在基督教会手中。参见［美］萨拜因：《政治学说史（上册）》，盛葵阳、崔妙因译，商务印书馆 1986 年版，第 282～283 页。

③ 彭小瑜："中世纪西欧教会法对教会与国家关系的理解和规范"，载《历史研究》2000 年第 2 期。彭小瑜教授将"secular sword"译作"物质之剑"。

主。我认为这不是碰巧发生的，除非它碰巧是在神的命令之下。因为所有的权力都来自上帝，并是伴其左右，永远归属于祂。因此，君主所做一切均来自上帝，以致权力不会背离上帝，而是被用作代替上帝之手，使万物知悉他的正义与仁慈。①

既然王权来自上帝的授予，一个人要成为君主就必须取得上帝或"在尘世上代表上帝"的教会的同意或批准，成为主的"受膏者"（君主）的第一要务是"敬畏上帝"。约翰将"国家"形象地比作一个"有机体"，在这一"有机体"中，君主是头，教会僧侣是灵魂，"灵魂，在一定程度上，是躯体的君主"。在人体中，头受灵魂的刺激与支配。同样，在国家之中，君主"服从那些处于（上帝的）位置并作为其世上代表的人"。反过来，君主不得干预教会事务，"罗马教会仅服从上帝的裁决"，② 教权高于王权。不仅如此，约翰还竭力捍卫教会的自由与权益，严厉谴责各类出于个人私欲、以武力侵夺教会自由与权益的"暴君"。美国政治学者内德曼在《教会自由与通往兰尼米德的道路：索尔兹伯里的约翰与〈大宪章〉的智识基础》一文中指出，约翰在《论政府原理》以及其他著作中对教会自由的捍卫，对我们理解《英国大宪章》中所规定的各类自由有着十分重要的作用，"无论我们能否确认约翰的思想（通过朗顿及其他的僧侣）对《英国大宪章》产生何种直接的影响，其学说都有助于我们理解《英国大宪章》对教会自由的坚持怎样为其有关世俗权威与精神权威的关系的有才智的假定提供了某些重要线索"。③

约翰撰写《论政府原理》一书时，正值英国王权强大、肆意侵夺教会权益的特殊历史阶段。"诺曼人与安茹人的国王，通过政治与军事上的能力创造出一个强大、统一与中央集权的国家"，实现了"专制统治"，④ 年轻的国王亨利二世上台伊始，就采取各种措施扩张王权、强化中央集权的管理体制，

---

① ［英］索尔兹伯里的约翰：《论政府原理（英文影印本）》，中国政法大学出版社 2003 年版，第 28~29 页。

② 同上书，第 67 页。

③ 参见 Cary J. Nederman. The Liberty of the Church and the Road to Runnymede：John of Salisbury and the Intellectual Foundation of the Magna Carta, Political Science & Politics. 2010, 43（3）：459.

④ B. 莱昂："中世纪英国宪政与法律史"，转引自孟广林：《英国封建王权论稿——从诺曼征服到大宪章》，人民出版社 2002 年版，第 389 页。

这势必会侵夺包括教会、地方领主在内的其他政治势力原有的权力，引发他们的不满乃至反抗抵制。作为一名教会僧侣，约翰以《圣经》及教父理论作为基础，坚持教权至上的"双剑说"，反对国王干预教会事务、裁判僧侣犯罪的刑事案件以及其他侵夺教会管辖权的行为，在英国历史上首次提出了王权并不具有至上性、国王权力的行使有着严格的界限与边界、王权从属于教权等主张，为"王权有限"宪政学说的发展提供了早期的思想渊源。

二、国家是"通过有关法律和公正的共同协定结合而成的"社会

约翰的国家观明显受到古罗马思想家西塞罗的影响。在《论政府原理》一书中，他采纳西塞罗的"republic"分析理论，将国家视为"通过有关法律和公正的共同协定结合而成的"社会，认为政治体要服从作为理性的自然法，国家按照类似于自然的方式得到安排，公共生活应该仿效自然，自然被视为最好的生活向导。[①] 不过，与西塞罗有所不同的是，约翰并不认同共和的政体形式，中世纪政治现实决定他将君主国视作唯一合法的政体形式。

在西塞罗及其他古典思想家的影响下，约翰伪托古罗马帝国时期学者普鲁塔克（Plutarch，46～120 年）的名义，将国家比作一个有血有肉的生命体或有机体，提出了著名的国家有机体理论。[②]

约翰假借普鲁塔克之口指出，国家（republic）是某种由神赋予其生命的有机体，它由至上的公平的命令所推动，并由某种理性的管理所统治。在国家这一有机体中，教会僧侣这些建立并影响我们中的宗教实践以及传播上帝（并非普鲁塔克所说的"神灵"）崇拜的人，取得有机体中灵魂的位置。严格地说，政治体中的神职人员不是"国家的成员"，正如人的永恒灵魂并不与

---

① ［英］索尔兹伯里的约翰：《论政府原理（英文影印本）》，中国政法大学出版社 2003 年版，第 127 页。

② 约翰在《论政府原理》中说到其政治有机体理论来自普鲁塔克编撰的《图拉真指示》这一小册子，不过英国学者尼德曼指出学者们公认《图拉真指示》实际上是一个实用的虚构之事，约翰采用中世纪学者经常采用的做法而创造这一伪造的权威，是为了使他所首创的观念合法化。参见 ［英］索尔兹伯里的约翰：《论政府原理（英文影印本）》，中国政法大学出版社 2003 年版，"序言"，第 xxi 页。英国学者 D. E. 勒斯科姆与 G. R. 埃文斯指出约翰的"有机体类比"——把国家比喻为人的身体——似乎部分来源于其老师孔什的威廉对柏拉图的研究。参见 ［英］ J. H. 伯恩斯：《剑桥中世纪政治思想（350 年至 1450 年（上卷）》，程志敏等译，北京三联书店 2009 年版，第 454～455 页。

其所指导的世间肉身同延一样，不过这并不妨碍那些指导宗教实践的人像有机体中的灵魂一样被尊重与崇敬。正如灵魂统治整个身体一样，那些被召来作为宗教领袖的人指导整个有机体。

国家有机体本质上是一个世俗的实体，从俗世角度而言，国家有机体被君主所统治，他占据着"头"的位置。

约翰认为，为了实现普遍的和公共的福祉，国家有机体各组成部分彼此之间不仅需要结合，而且还需要协调与互助（reciprocity）。约翰指出，"在没有意志持久联合的地方，以及当灵魂黏合在一起时，就不可能就忠诚的、坚定的团结。如果这是缺乏的，人们的工作无法和睦融洽，因为矫揉造作会发展成公开的伤害，除非真正扶助的精神存在"。① 所有国家有机体成员必须真正致力于普遍的或公共的福利，同时，统治者与被统治者之间应当遵循"中庸（moderation）"的道德原则，抑制自己的非法欲望，实现有机体成员关系的和谐融洽。以类似于人的肠胃的财政官员为例，"如果他们以极大的贪婪来积累财富并对保存其积累之物，这会造成无数绝症以致他们局部的问题会摧毁整个国家"。统治者对于社会底层成员应当采取必要的保护与扶持措施，国王对于农夫，应当像头对于脚一样，为它们采取预防措施，以避免它们以身体的服从而在地上行走时常常遇到问题，对于这些竖立、支撑并移动大部分身体的部位，应当给予"保护与扶持"，否则，"离开腿足的帮助，最适宜的躯体也无法依赖自身的力量行进，而只能用手不体面地、徒劳无益地、令人不快地爬行，或在牲畜的帮助下移动"。②

国家有机体成员间的协调、互助关系如何得以构建？约翰认为，应当以法律为纽带来联结包括统治者和被统治者之间关系在内的所有社会关系，政治有机体中的任何人都要受到法律的约束。"所有法律是某种来自上帝的发现之物与礼物，智者的说教，矫正过度任性行为，使城市和谐融洽，放逐所有罪行。所有居住在政治社会中的人按照法律生活是合适的。为了这一理由，

---

① 转引自 Cary J. Nederman. A Duty to Kill: John of Salisbury's Theory of Tyrannicide, The Review of Politics, 1988, 50(3).

② ［英］索尔兹伯里的约翰：《论政府原理（英文影印本）》，中国政法大学出版社 2003 年版，第 67 页。

所有人有义务受到必须遵守法律的限制，除非有人想象他被授予邪恶的许可。"①

三、君主应当按照法律的"命令"实施统治

约翰的宪政思想中有一项重要的区分理论——根据统治者是否依法统治而将其归为两类：君主和暴君。

> 暴君与君主的全部或主要的不同在于：后者服从法律，根据放置于其服务中的某种意志来统治其臣民，在法律的指引下以某种有利于证实其显赫地位的方式来分配王国内的酬劳与负担，以便他在其他人之前达到这一程度：当每个人仅仅照看自己的事务时，君主关注于全社会的负担。②

在《论政府原理》中，约翰指出，君主执掌公共权力，是上帝在世间的某种影像。作为上帝的仆人，君主的权力来自于上帝的授权，除了上帝本人，任何人都无法从其手中夺走本来属于他的权力。但这并不意味着君主可以胡作非为，逾越法律与正义的限度而行事，相反，由于君主同时也是公共利益的大臣及公平的仆人，其身上承载公共的人格，因而他有义务遵守法律，严格受到法律的约束。

为了说明君主有义务遵守法律，约翰不惜引述查士丁尼皇帝在其《法典》中的说法：

> 君主对他自己的法律负有义务，这对于君主的无上权威而言的确是一个价值的格言。因为国王的权威由正义的权威所决定，真正服从国王的法律比帝国的称号更伟大。③

不过，罗马法中除了包含"君主须依法统治"的说法以外，还有大量与此相对的主张，如君主乃"绝对立法者"，"凡皇帝所喜好者即具有法律效

---

① ［英］索尔兹伯里的约翰：《论政府原理（英文影印本）》，中国政法大学出版社 2003 年版，第 30 页。

② 同上书，第 28 页。

③ 同上书，第 29 页。原文出自《查士丁尼法典》，1. 14. 4.

力"，等等。如何协调罗马法中这些自相矛盾的观点、使自己的"法治"理论达到首尾一致、逻辑自洽？成为摆在约翰面前的现实难题。

约翰对此的回答是，君主被说成是对其自身有绝对约束力的法律，并不是因为他被允许为不义之事，而仅仅是因为他本人热爱正义、珍爱公平，努力获取公共利益，在所有问题上更喜欢其他人的利益而非自己私人的意志，而非畏惧法律的惩罚。君主的意志在公共事务上享有裁决的效力，在所有这些问题上真正能使他满意者即具有法律效力，不是因为其他别的原因，而是因为其决定不可能与公平的意图不相一致。① 在《论政府原理》书中另外一处，约翰进一步表达了"国王应受法律约束"的思想。

四、"杀死暴君不仅被允许，而且也是公平的和公正的"

暴君与君主的唯一区别在于是否服从法律，如果服从，即为合法君主，反之即为暴君。② 对于将自己意志凌驾于法律之上的暴君，人们是应当接受其统治、匍匐在其暴政之下，还是应当奋起反抗，直至恢复法律的统治呢？约翰从其政治有机体理论出发，指出当政治有机体的统治者暴虐行事时，其他躯体或器官出于对公共幸福和上帝的义务而有责任纠正其行为，直至最终杀死暴君。

约翰指出，暴君并不仅仅存在于君主的例子中，任何人，只要对从属于自己的人滥用权力就是暴君。"通常而言，暴君是某个通过以暴力作为基础的统治权压迫全体人民的人。不过，一个人不仅仅能担任暴君而位居全体人民之上，而且只要他愿意，他能够以最卑微的身份这样做"。"不仅是国王能

---

① ［英］索尔兹伯里的约翰：《论政府原理（英文影印本）》，中国政法大学出版社 2003 年版，第 30 页。约翰在《论政府原理》第 8 卷第 17 章给法律下的定义为："法律是上帝的礼物，公平的同等之物，正义的标准，神之意志的反映，安全的看护人，人民的联合体与确认书，职责的准绳，罪恶的排除器与扑灭人，暴力与所有损害行为的惩罚方法。"从这一定义可以看出，在约翰看来，君主的意志与法律的内容高度吻合，从这一意义而言，约翰认为"君主依法统治"与"君主的意志即为法律"是并行不悖的。

② 美国宪法学家爱德华·S. 考文指出，约翰以依据法律还是基于暴力来行使统治权作为"君主"与"暴君"的标准，"预示着中世纪对现代政治理论的独特贡献——所有政治权威具有内在限制的思想"。［美］爱德华·S. 考文：《美国宪法的"高级法"背景》，强世功译，三联书店 1996 年版，第 12 页。

实行暴政，而且在私人当中也存在许多暴君，既然他们拥有权力，他们就会转向一些遭到禁止的目标"。而且，暴君与君主能够相互转化，"国王有时以暴君之名而被称呼，反过来，暴君有时以君主之名被称呼"。①

约翰将暴君分为三类：私人事务中的暴君，公共事务中的暴君以及教会事务中的暴君。私人事务中的暴君出现在任何人使用委派给他的权力以便统治或限制其他人的合法自由的情况下，他可以出现在家庭中、采邑、郡或权力被使用的任何地方。约翰将查禁私人暴政的任务委派给国王政府，因为国王被委以执行法律和保护所有社会成员的基本责任。宗教事务中的暴君出现于那些教会职务的僧侣当中，当他们谋求教会职位与财富的野心需要他们无视基督教信徒的精神食粮时就变成教会的暴君。对教会事务中的暴君的处罚留给罗马教皇来决定。诛杀暴君主要针对的是公共事务中的暴君。

约翰虽然认为暴君作为邪恶的化身，"在很大程度上会被杀戮"。特别是当暴君"不能以别的方式加以限制时"，诛杀暴君是"光荣的"。不过，出于神圣誓约的约束或《圣经》中的明文规定。约翰对诛杀暴君行为作了两点重要限制：其一，对暴君负有"效忠或某个神圣誓言的"约束义务的人不得实施诛暴行为，因为这会"使其陷于不义之中，未能在上帝眼前保持他对上帝发过誓的诺言，而甚至是暴君都会公平地在法律诉讼中给予担保"。其二，不得使用毒药来诛杀暴君，因为它会使"宗教与荣耀受损"而被《圣经》明文加以摒弃。②

值得注意的是，约翰认为暴君同君主一样都是上帝的臣仆，他仅在上帝许可的范围内行使权力。上帝通过暴君来惩罚罪恶，以及校正与锻炼善行。因此，虽然没有什么比暴政更坏，但是暴君的权力在某种意义上是合适的。③

正是因为暴君的出现是上帝对人类所施加的考验，同样，约翰主张，虽然暴君作为邪恶的化身，多半甚至会被处死，但是暴君的结局同样依赖上帝的决定，暴君或因上帝的造访而重返正道，或者通过上帝公正的裁决而死于

---

① ［英］索尔兹伯里的约翰：《论政府原理（英文影印本）》，中国政法大学出版社 2003 年版，第 190～201 页。
② 同上书，第 206～209 页。
③ 同上书，第 202 页。

在战斗中，或以别的方式被消灭。被诛杀的暴君不过是上帝借助于人手实现其意志而已。

作为第一个"把（诛杀暴君的）权利和义务作为一种学说详加阐述，并以深思熟虑的论点为其辩护"的西方学者，① 约翰的"诛杀暴君"学说对后世宪政思想及政治法律实践均产生重要而深远的历史影响，它传承《圣经》以及希腊罗马时期民众反抗暴政的政治主张，构成西方宪政理论中人民抵抗权的早期历史渊源之一，而且还在某种程度上为后来的英美革命提供了智识及理论支撑。

---

① ［美］哈罗德·J. 伯尔曼：《法律与革命——西方法律传统的形成》，贺卫方等译，中国大百科全书出版社 1993 年版，第 343 页。

环境法：科技、经济、法律、社会与环境的互动和平衡

尹志军*

环境法是不确定认识的产物，它是多种因素与环境之间互动和平衡的结果。

作为 20 世纪 70 年代出现的法律部门，环境法快速在法律体系中占据了重要地位。在环境法发展过程中，四个因素发挥了最为重要的作用。这四个因素作为环境法的基石，共同构建了环境法的法律体系。它们是：科技、经济、法律和社会。每一个因素都对环境问题的产生负有不可推卸的责任，但每一个因素又对环境保护具有重要作用，四个因素又最终和环境共同统一到环境法之中。

一、科技与环境

第一次工业革命时期，瓦特在 1765 年发明了蒸汽机，为工业革命提供了动力。史蒂芬森在 1814 年发明了蒸汽火车，为人类长距离运输大量物资、商品提供了交通工具。煤炭被广泛用于工厂、矿山、火车等需要动力之处，并造成了严重的空气污染，火车则将空气污染扩散到铁轨铺设到的每一处。

第二次工业革命时期，发电机、火力发电站、内燃发动机、汽车被发明出来，化学工业、钢铁工业蓬勃发展。人类科技水平的进步大大扩展了人类

---

* 尹志军，中国政法大学 2002 级法学博士，律师。

使用能源的方式和范围，但也造成了严重的污染。

工业革命后，科学主义逐渐在西方世界占据了主导地位。科学主义将一切事务纳入可以科学验证的范围，并让人类牢牢地占据了世界的中心。随着科学的进一步发展，尤其是生态学的发展，人类中心主义受到了挑战。生态学发展使人们认识到，人类生存的自然环境是一个完整的生物圈，人类只是生物圈中的一员，是生物循环的环节之一。在生态系统中，任何物种都或多或少需要其他物种的帮助，没有任何物种可以独自在生态系统中存活。生态学改变了人类对于环境和自身在环境中地位的认识，为环境伦理学从人类中心主义向自然权利中心主义转变提供了科学基础。

因此，科技在美国环境法中被作为解决环境问题的重要手段之一。如在《清洁水法》和《清洁空气法》中，国会要求污染企业使用"可得最佳技术""当前可行技术"等进行生产和污染治理。而受权制定环境标准的环保局，也根据科技条件，设定空气质量标准和水质标准。

历史证明，如果不顾科技现状，过度要求污染者实现当前技术无法实现的环境目标，最终的结果只能是失败。如《1970 年清洁空气法》要求，从1975 年开始，轻型汽车排放的碳氢化合物和一氧化碳必须在 1970 年标准的基础上再降低至少 90%。但在当时技术条件下，这一规定无法实现。最终环保局在汽车公司的反对下、法院的委婉拒绝下，不得不根据现实技术条件对环保要求作出调整。[①]

因此，人类科技水平的发展一方面提高了人类的生产力和生活质量，另一方面也造成了严重的环境问题。但科技的发展又为解决环境问题提供了新的科技基础，而新的科技又会在新的程度上污染或破坏环境。环境法必须反映科技与环境之间的互动，并寻求二者之间的平衡。

二、经济与环境

人类的经济活动，是造成污染的重要原因。空气、水等自然资源作为天

---

① ［美］罗杰·W. 芬德利、丹尼尔·A. 法伯：《环境法概要》，杨广俊、刘予华、刘国明译，中国社会科学出版社 1997 年版，第 64～66 页。

然的公共物品，缺乏有效定价机制。对空气、水等自然资源的使用和污染是追求经济利益最大化的必然结果，并导致市场失灵。为了解决市场失灵，保护环境，政府必须干预经济。环境法就是政府干预经济、解决市场失灵的主要手段之一。

（一）经济与环境相对地位的变化

对于经济和环境之间的关系，美国经历了从只注重经济到开始关心环境，再到环境重于经济，最后追求经济与环境平衡发展的历史过程。

1. 经济重于环境

自建国至 20 世纪 20 年代，美国关注的主要问题都是经济。美国向自然索取森林、矿产等自然资源，将其转化成资产或金钱，这使美国变得富有。美国这一时期的自然资源政策是砍光、撤光，即剥光就走，严重破坏了美国原始森林和自然面貌。① 这种政策直到 20 世纪 30 年代才宣告结束。②

2. 环境重于经济

20 世纪 70 年代，环保意识在美国达到了前所未有的高度，美国在这一时期将环境置于经济之上。联邦政府采用命令与控制手段（command and control）治理环境。这不仅使治理污染的经济成本过高，也不利于达标企业的成本控制，还造成事实上的不公平竞争。最终必将影响经济的发展。在经济没有发展的情况下，进一步提高环境质量就没有了经济基础。

3. 环境与经济平衡发展

由于命令与控制手段不能有效地与实际情况相结合，不利于推动污染企业降低污染的积极性，为了有效提高污染企业治理污染的积极性，解决环境管理过高的经济成本问题，实现经济与环境的同步发展，美国在环境法中引入了成本—收益分析方法（cost - benefit analysis）和市场手段，以求环境法更具效率，能够平衡经济与环境之间的关系。这些市场手段包括税收、津贴、可交易的许可证等。

---

① ［美］奥尔多·利奥波德：《原荒纪事》，邱明江译，科学出版社 1996 年版，第 101 页；王曦：《美国环境法概论》，武汉大学出版社 1992 年版，第 4~5 页。
② ［美］奥尔多·利奥波德：《原荒纪事》，邱明江译，科学出版社 1996 年版，第 101 页。

对于税收、津贴及可交易许可证等美国环境法确立的市场手段，美国著名经济学家斯蒂格利茨的表述清楚地说明了其对环境的作用："税收是棍棒，而津贴则是胡萝卜；二者都是旨在调整私人成本使之包含社会成本。""税收体制提供了较为一致和分等级的奖励——污染减少得越多，所付的税就越低。因此，他们为工厂提供了减少污染的边际激励。污染减少的程度取决于治理污染的成本。这种体制导致有效率的污染，因为那些治理污染成本低的厂商会比治理污染成本高的厂商更努力地去治理污染。""与经济学家不同，厂商更喜欢津贴而不是税收。有了津贴，他们的境况会更好。另一方面，经济学家们倾向于赞成使用税收来阻止污染。"[1]

控制污染的另一种市场手段是可交易许可证。公司向政府购买（或被授予）许可证，允许它们释放一定量的污染。政府只发放足够的许可证，以使污染水平与在命令和控制方法下的污染水平相同。公司也被允许出售它们的许可证。因此，如果一个公司将其污染减少一半，那么它就可以把一些许可证卖给其他想扩张生产（因此增加其污染物排放）的公司。可交易许可证的激励效果非常类似于税收的效果。污染许可证的市场能促进最好的反污染手段的产生，而不是仅仅把污染保持在政府设定的界限之下。如果政府希望不断减少污染，那么可以逐年减少的被允许的污染数量来设计许可证。[2]

（二）环境保护与经济发展的关系

1. 环境意识与经济同步发展

1960 年，美国人均国民生产总值为 2920 美元。此时美国的环境法停留在奠基时代初期。1965 年，美国公众的环境意识开始苏醒，此时人均国民生产总值超过 3000 美元，达到 3706 美元。1970 年，美国的环境保护运动在"地球日"达到高潮时，其人均国民生产总值已达到 5070 美元。在被称为"环境十年"的 1970 年代，[3] 美国环境法取得了巨大发展，美国环境质量也得到了极大提高。空气中的一氧化碳含量大幅下降，国家公园面积迅速扩大，

---

① ［美］斯蒂格利茨：《经济学》，姚开建、刘凤良等译，中国人民大学出版社 1997 年版，第 498～499 页。

② 同上书，第 499 页。

③ "环境十年"是指自 1970 年开始的十年。

野生景观河流里程成倍增加。当空气中一氧化碳含量在 1990 年下降到 1970 年水平的 1/3 时，美国人均国内生产总值已经突破 20 000 美元。此时美国环境法已经建立了从预防到治理的全面法律体系，并且得到了很好的执行。

2. 经济基础决定环境保护

在人均国民生产总值接近 3000 美元时，公众的环境意识开始萌芽。当人均国民生产总值超过 3000 美元时，公众开始意识到环境的重要性。在人均国民生产总值超过 5000 美元时，公众愿意为环境付出一定代价，放弃一些经济利益，并推动环境运动走向高潮。此后，随着人均国民生产总值的增加，环境意识成为公众意识的组成部分，环境保护开始拥有广泛而坚实的社会基础，环境状况持续好转，环境质量持续提高。

3. 环境保护可以促进经济发展

环保产业在人均国民生产总值超过 10 000 美元后得到了稳步发展。环保产业所雇用的人数和环保产业的收入呈逐步增加之势，成为国民经济中的重要组成部分。如 1998 年环保产业的雇员就达到 1 357 600 人。这既促进了经济的发展，又在一定程度上解决了就业问题。当然，更重要的是，环保产业的发展使美国的环境得到了有效的保护。

因此，环境与经济二者不是谁的地位更高，谁的投入更大，谁就在环境法中占据主导地位。环境保护与经济发展应当是共存共生的关系，二者必须实现平衡发展，才能推动环境保护的顺利进行，才能保证经济发展。二者应当共同融入环境法中，实现法律规制下的二者平衡发展。

三、法律与环境

法律与环境的关系主要体现在两个方面：一是环境法制定过程与环境保护的关系；二是环境法实施过程与环境保护的关系。

（一）环境法制定过程与环境保护的关系

美国环境法的初始时代尽管已经存在环境保护团体，但个体仍是反对环境污染的主要力量。在美国环境法的奠基时代后期和成熟时代，由于环境问题日益复杂，环境法律逐渐完善，费用支出增加，仅凭个人之力已经不能实现保护环境的目的。保护环境的主要工作转由有组织、有资金保障的环保团体完成。随着环保工作的日益深入与完善，保护环境的方式也从诉讼、抗议等逐步转变为诉讼、宣传、游说。但最直接影响环境法的，是在法律制定过程的介入及施加影响。

但从传统上看，政府在制定法律和政策过程中更多地受到工商业利益集团的影响，所以"对于已为人们认识到的自然资源的浪费，有时政府不仅不能解决，而且它本身正是造成问题的原因。……政府很少关心经济效率，它更多地关心的是……利益集团的请求。政府旨在限制国外石油进口的政策鼓励了国内资源的使用，看起来实际是一种"先抽干美国再说"的荒谬的政策。保持农用水低价的政府政策导致水的过度使用……（和）土壤流失。①

为了避免工商业利益集团在立法过程中单方影响法律的制定，以及破坏环境的法律出台，最大限度地保护环境，避免在环境问题发生后寻求司法补救，环保团体的工作重点就被历史推到了与工商业利益集团的博弈之中。这种博弈不仅发生在环境法制定阶段，还发生在法律制定后的执行阶段。通过在立法阶段与工商业利益集团的斗争，环保团体希望在立法时表达环保观点，在法律中体现环保要求。环保团体因此增加了环保宣传，并对国会和政府进行游说。

作为美国最高立法机关，国会在环境法的制定中处于核心地位。国会中的一些部门与环境法的制定具有密切联系。如在参议院中，影响环境立法的委员会有农业、营养及森林学委员会（Agriculture, Nutrition and Forestry Committee）、拨款委员会（Appropriation Committee）、环境与公共事业委员会（Environment and Public Works）等。

同时，在美国重要的环境立法和环境活动中，处处可以发现议员的身影。如被称为《国家环境政策法》之父的华盛顿州参议员亨瑞·杰克逊（Henry Jackson），以及 1970 年 4 月 22 日第一个"地球日"的背后推动者——威斯康星州参议员盖洛德·尼尔森（Gaylord Nelson）。

---

① ［美］斯蒂格利茨：《经济学》，姚开建、刘凤良等译，中国人民大学出版社 1997 年版，第511 页。

　　根据美国法律的授权，行政机关在环境法律的制定中也发挥着巨大的作用，如环保局、能源部、交通部。它们制定的条例、规定、标准等，都构成了环境法律的重要组成部分。根据美国法律，这些行政机关制定的条例、规定、标准等都需要对公众公开，必须接受公众的参与和监督。

　　事实证明，环保团体的活动有效地影响了环境法的制定。环保组织之所以能够对国会和政府具有如此的影响力，主要有以下几方面原因：

　　一是环保问题已经成为美国重要的问题之一。上至总统、国会议员，下至普通民众，都对环境的重要性有着正确认识。

　　二是环保组织拥有资金，支持其从事宣传、赞助和游说活动。

　　三是环保组织往往拥有众多的会员，其可以通过选票弥补资金上的不足，并在一定程度上决定政治人物的政治前途。

　　例如，在美国《财富》杂志每年评选的"力量25"中（Power 25），① 就会出现环保团体的身影。2001 年，山峦俱乐部（Sierra Club）名列第 52 位。② 根据山峦俱乐部的规定，其在决定支持哪一个候选人时，会向其提出与环境有关的问题，并根据其作出的答复决定支持与否。③ 由于环保组织的人数众多，如山峦俱乐部拥有的会员达到 70 多万人，④ 环境保卫基金会的会员超过40 万。⑤ 环保组织对其成员的影响将会在一定程度上决定着候选人的命运。因此，我们可以说，环保组织通过资金和选票实现了环保要求。

---

　　① 指通过对国会议员及工作人员以及对白宫官员的调查，选出的最具影响力团体。

　　② Center for Responsive Politics. "Environment: Long – Term Contribution Trends." http://www. opensecrets. org/industries/indus. asp（July 17, 2001）; "Lobbyist Spending: Environment." http://www. opensecrets. org/lobbyists/indusclient. asp? code = Q11&year = 1999（July 17, 2001）. "Lobbyist Spending: Energy/Nat Resource."http://www. opensecrets. org/lobbyists/indusclient. asp? Ind = E&year = 1999（July 17, 2001）. ，转引自 Nancy K. Kubasek、Gary S. Silverman:《环境法》(Fourth Edition)，清华大学出版社 2003 年版，第 5 页。

　　③ http://sandiego. sierraclub. org/bylaws/index. asp? content = political，转引自 Nancy K. Kubasek、Gary S. Silverman:《环境法》(Fourth Edition)，清华大学出版社 2003 年版，第 5 页。

　　④ http://www. sierraclub. org/membership/why/? promocode = J04WOT0007，访问日期：2005 年 1 月 4 日。

　　⑤ http://www. environmentaldefense. org/aboutus. cfm? linkID = aboutus，访问日期：2005 年 1 月 4 日。

（二）环境法实施过程与环境保护的关系

环境法制定实施后，与环境利益相关的各方，如环保团体、工业企业、行政机关，又在法律的实施过程展开新一轮博弈。这一过程中增加了新的主体，即法院。

环境法实施过程中的争议与变化，大多通过诉讼解决，并在法院的判例中找到线索或结果。在成文法存在的情况下，判例是对环境法最有效的补充和完善，并深深影响环境法的制定与实施。

20 世纪 70 年代后与环境有关的判例中，相当部分著名案例都由环保团体、工商业利益集团提起，所针对的对象则多为行政机关，如环保局、核能委员会、内政部。法院审查焦点则在于行政机关的程序是否合法、原告是否具有诉讼主体资格，以及行政机关是否履行法定义务等。

因此，环境保护与法律之间是密不可分的关系。环境保护的思想、方法需要在法律中得以体现，才能实现环境保护的目标。否则，就是理论或口头上的争议。

四、社会与环境

社会对于环境具有的重要意义在于：首先，人们应当意识到环境问题会损害每个人的利益，而不是事不关己，高高挂起。其次，人们意识到环境对于全体国民都是一个非常重要的问题；最后，人们必须愿意为环境付出代价。

如果没有对环境问题认识的社会基础，环境保护只能是一些有识之士的呼吁和个别政治家的行为。只有全国性的环境保护，才能真正改变一个国家的环境状况。而这，则需要全体国民的大力支持。美国环境法的发展历史表明，社会基础是环境保护的重要推动力和保障。

如果根据环境保护运动的范围划分，美国历史存在两次环境保护运动：

第一次环境保护运动发生于 19 世纪后期到 20 世纪 20 年代。这一时期的环境保护运动主要由少数个体发起并带动。如约翰·缪尔（John Muir，1838～1914 年）、吉福德·平切特（Gifford Pinchot，1865～1946 年）、总统西奥多·罗斯福（Theodore Rooseveit，1858～1919 年，任期为 1901～1908 年）

等。这一时期环境保护的范围局限在自然环境和显而易见的污染。第一次环境保护运动没有形成统一的环境保护认识。主要存在着以平切特为代表的为了利用而保护环境，和以缪尔为代表的为了保存而保护环境两种思想的争议。

第二次环境保护运动以 1970 年 4 月 22 日的 "地球日" 为起始标志，贯穿于 20 世纪 70 年代，并影响至今。这一次，环境保护运动不再是某些个人的专利，而是国家全体人民共同参与的运动。环境观念深深植入美国社会，成为美国社会意识不可分割的一部分。在这一时期，人们认识到环境问题是一个重要的社会问题，每个人都对环境负有责任。同时，人们愿意为环境付出一定的代价。[1] "在 2000 年 4 月 22 日 '地球日' 之前的很长时间里，环保主义已经被证明是美国公共生活卓越的社会运动之一，其影响完全可以与废奴主义（abolitionism）、禁酒运动（temperance）、女权运动（women's suffrage），以及民权运动相提并论。与其他杰出的社会运动相比，环保主义可以被认为是美国历史中成功最快的运动。"[2]

由此可见，环境保护不仅是某些人的行为，更应是全体国民共同的义务，只有这样，环境才能得到真正的保护，污染者才能被绳之以法，国家才能体现出欣欣向荣的局面，自然才能呈现给人们美丽的世界。

综上所述，环境法是科技、经济、法律和社会发展到一定阶段的产物，它更是上述四种因素与环境之间互动和平衡的产物。在美国联邦制定的环境法律中，经常可以发现科技的身影、法律的渊源、经济的要求，以及社会的推动。如果将环境法比喻成为一个火箭，科技是刺破云层的箭头，经济和法律共同组成了火箭的箭体，社会则是火箭的动力系统。

---

[1] Steven Hayward, Ph. D., Elizabeth Fowler, and Laura Steadman, Environmental Quality 2000: Michigan and America at the 30th Anniversary of Earth Day, Apr. 2000, p. 3, http://www.mackinac.org/archives/2000/s 2000 –02. pdf, 访问日期：2004 年 5 月 4 日。

[2] 同上。

传统、现代、后现代

——正当程序宪法解释的变迁

丁 玮[*]

法学作为一种实践性的社会科学，它在深层次上是阐释性科学。因为精神人文领域不会自动向人们展开其结构和状况，以便让人去简单地复制或描绘。实践性科学的真理不是对以往历史现实世界的客观实体反映，而是解释者与立法者视域交互融合的结果。"法律是一种阐释性的概念。"[①] 法律不是供历史性的理解，而是要通过被解释变得具体有效。作为一种普遍一般的规范，将法律适用于社会现实生活必然涉及对法律的解释。宪法的原则性、概括性和抽象性较之普通法律更为明显，因此，当宪法沉默不语、含混不清或模棱两可时，更加需要进行宪法解释。

一、正当程序的传统解释与现代解释

正当程序是美国宪法中最具有开放性的条款之一，它以极为抽象的语言表述了含意宽泛的内容，实际上，正当程序具体适用于个案，解决宪法争议时都是需要宪法解释的。在正当程序的发展过程中，美国法院对正当程序进行宪法解释经历了从传统解释向现代解释的转变。[②]

---

* 丁玮，哈尔滨工程大学人文学院。

① ［美］德沃金：《法律帝国》，李常青译，中国大百科全书出版社1996年版，第364页。

② ［美］克里斯托弗·沃尔夫：《司法能动主义》，黄金荣译，中国政法大学出版社2004年版，第15页。

（一） 传统解释

美国建国初期的传统的宪法解释被看作一种特别的制定法解释，这种方法从英国法发展而来，主要是为了确定各种文件的意义而使用的一套系统的常识性解释规则。运用该解释规则时，首先要看文件用语的通常含义，再根据上下文进行解释，上下文包括该条文的其他用语，然后再扩展到整个文件的更大范围的语境，最后尤其要考察文件的结构和主题以及显然要实现的目的。

传统解释以探究制宪者意图为目的，而且人们也普遍认为，通过一定的规则这种目的可以达到。关于正当程序的早期案例大多是以这种方式加以解释并适用的。

传统的宪法解释是狭义的原意主义解释，传统解释中存在着关键的假设：宪法是充满睿智的文件，它有明确的含义，并且这个含义可通过比较确定的方法为人所知。在这种情形下，正当程序含意的理解更主要是一个限制性的解读方式问题而不是找到一个合理的唯一的解读方式的问题，因此，正当程序的早期适用也受到了一定的限制。

（二） 现代解释

现代宪法解释一般建立在对特定宪法用语的解读基础上，解释者将这些宪法用语看作一种宽泛的一般假定或指导原则，是必须有待于法院逐步予以确定的开放性条款。现代宪法解释者给予了正当程序条款非常广泛的含义，法官通过审判实践逐步对正当程序保障的主体、对象、范围以及方式作出宪法解释，发展了一套检验标准扩大了正当程序的适用范围。

宪法的现代解释受到司法观念上发生的变化的影响。霍姆斯在1881年发表的《普通法》中表达了一种全新的司法"立法"的观念。他认为法律发展的关键因素就是对社会政策的考虑。在填补法律的空隙或漏洞这一点上，审判与立法没有什么区别，不同的只是形式。[①]

以霍姆斯和布兰代斯法官建立的保护第一条修正案言论自由的"明显而即时的危险"标准为例，我们就可以看到宪法解释原则的变化。[②] 在该标准

---

① Holmes:The Common Law,Boston:Little,Brown,1881.
② Schenck v. United States,249 U. S. 47,1919.

下，言论只有在发生严重的犯罪并且危险马上就要发生的情况下才能受到限制，而且政府负举证责任，否则政府对该言论的限制行为将被认为是违反正当程序。该标准中的关键问题是法官有权决定什么情况才构成明显而即时的危险，法官实际上是对言论的保护与限制进行政策性的判断，但是按照传统的宪法解释方法，这种决定显然是一种应留给立法机关的立法性判断，因为它超越了宪法在此类问题上所给予的指示。利用这种新的方法，法官对正当程序的宪法解释更加关注其模糊的原则，而不是严格意义上的解释。这种现代解释方法将正当程序的宽泛的原则与不断变化的现实结合在一起，促进了正当程序的适用。

在宪法的现代解释方法下，正当程序的语言被认为是制宪者们本来就想让其具有开放性的，从这个意义上说，宪法解释者被赋予了可以宽泛地理解和解释正当程序的权力。如果不考虑制宪者的意图而仅从字面上看，正当程序同样是具有开放性的条款，并且它也必然是开放性的，因为将正当程序制定为具体的条款的做法既不可能也不可取。①

正当程序的现代宪法解释的主要任务并不是探究其笼统的用语的含义，而是注重将其适用于具体案件，根据案件所涉及的问题给予明确的内容。这个过程主要是一种"平衡"过程。在每个案件中法官需要判断和评价个人主张的权利的性质及重要程度、剥夺或侵害该权利的政府利益的性质和重要性以及是否有必要的正当的理由等。法官在权衡各种利益时，并不能简单地将某个原则适用到具体事实上，而是要对模糊的原则进行界定并给予确定的内容，法官在"法律的缝隙"中作判断更可能受到宪法的理想——如自由、平等、正义等观念的影响。

二、影响正当程序解释的因素

(一) 历史法学的因素

正当程序的宪法解释很多时候要受到历史因素的影响，这一点在早期正

---

① ［美］克里斯托弗·沃尔夫：《司法能动主义》，黄金荣译，中国政法大学出版社 2004 年版，第 42 页。

当程序的适用上体现得更为明显，即使今天法官更多的是根据社会的不断变化和需求充实正当程序的含义，在历史中寻求宪法解释的答案仍然是一种基本的方式。正当程序的宪法解释"像所有的宪法解释问题一样，在很大程度上是一个历史问题"。①

正当程序的基本含义的解释，受到历史因素的长期影响。关于实质性和程序性区分的论争很大程度上是围绕正当程序的历史含义而展开的，辩论各方追溯大宪章的历史含义以及制宪者采纳正当程序时的意图来界定正当程序。对于宪法解释而言，能够帮助法官判断宪法条文含义的历史主要有两大类：一是宪法产生以前、颁布宪法和修正宪法时的历史，以探寻制宪者的意图。二是能说明判决先例中所考虑的社会利益和平衡利益冲突的方法的历史，它可以帮助法官了解宪法条文的发展和效果。另外，宪法解释的惯例在确定宪法含义和正当适用中也具有很高的权威性。②

（二）自然法学的因素

自然法和自然权利是通过美国宪法时盛行的哲学观点，这些学说对正当程序的宪法解释的影响是显而易见的。自然法是《权利法案》的理论根据，因此法院在对正当程序进行解释时，自然而然地将自然法和自然权利作为宪法解释的正统理论。美国法学教授海恩斯曾撰文指出，"虽然不能说普通法准则的形成完全导源于中世纪和18世纪的自然法观念，但显然能看出早期自然而合理的观念构成了这一宪法性限制准则（正当程序）的基础和条件"③。实质性正当程序的概念将自然法的原则宪法化了，当法院在以正当程序的标准检验政府行为和权力时，实际上是在以自然法为依据对实在法进行检验。

在适用正当程序的判决依据中更多见的是自然权利学说，正当程序条款中的"自由"概念成了防止联邦政府剥夺宪法未明确保障的自然权利的载体，可以说，美国的"自由"植根于自然权利，正当程序在涉及保障模糊的个人权利，总体上是根据自然权利学说在进行解释。实际上，自然权利学说

---

① ［美］詹姆斯·安修：《美国宪法判例与解释》，黎建飞译，中国政法大学出版社1999年版，第130页。

② 同上书，第131页。

③ 海恩斯："各州和联邦司法审判的自然法"，载《耶鲁法学评论》1916年第25期，第617页。

起到"整合"宪法权利的作用，依据自然权利学说对正当程序的宪法解释，包容了明示和默示的宪法权利，宪法保护的基本权利已经成为当然的自然权利。当最高法院用当代语言谈论基本权利时，实际在指宪法化了的自然权利。最高法院认为，"现在所谓的'基本权利'即过去的'自然权利'"。① 莫特在《正当法律程序》中精辟地指出，当最高法院"不再谈及各项授权和自然法准则时，他们便只保留了哲理上的正当程序"。② 基本的不可让渡的权利原则构成了正当程序条款。

在现代，自然法作为正当程序宪法解释的根据不再像其在早期历史上的作用那样显著，法院很少再以自然法作为正当程序适用的依据。但是对于自然权利来说，情况则大不一样，由于最高法院发展起了庞大的权利体系，使得自然权利学说可以继续扮演解释依据的角色。对于正当程序保障的范围的宪法解释，最高法院用更宽泛的"可保护的利益"取代了个人"权利"。可以说，通过确定社会通行的价值和利益，以及引导法院权衡和调整相冲突的社会利益，古典的自然权利学说方法论仍然对正当程序的宪法解释施加强烈的影响。

（三）社会学法学的因素

今天虽然法院继续主张在解释宪法时运用历史和哲学的方式，但社会学法学的方式在解释中异军突起。运用这种方法，法院公开地探究其判决的社会效果，并根据公众的价值观有意识地权衡和平衡相冲突的社会利益。运用正当程序对政府行为进行限制以保护个人权利的过程，也是法院在权衡各种社会利益和评价裁决可能导致的社会效果的过程。在现代，不论是程序性正当程序还是实质性正当程序的宪法解释，都主要受到如何平衡社会利益和需求的社会学法学的深刻影响。

社会学法学是 19 世纪末期出现的一种法学流派，强调法律是一种社会现象，主张以社会学观点和方法研究法律的实行、功能和效果。社会学法学的

---

① 科尔非德诉科里尔案，1825 年。转引自 ［美］詹姆斯·安修：《美国宪法判例与解释》，黎建飞译，中国政法大学出版社 1999 年版，第 187 页。

② 莫特：《正当法律程序》，1926 年版，第 202 页。转引自 ［美］詹姆斯·安修：《美国宪法判例与解释》，黎建飞译，中国政法大学出版社 1999 年版，第 149 页。

观点与美国是司法制度相结合，更加强调法官的司法能动作用，注重司法过程，司法裁决的社会效果。作为产生于美国本土的法律哲学，在现代"社会学法学几乎成了美国法庭上的官方学说"①。

美国法理学家罗斯科·庞德的社会利益说是社会学法学的核心观点。庞德从人性角度分析人的双重性——相互合作的社会本性和不同主张和要求的个人主义本性，从而引申出他的社会利益与社会控制的学说。

社会学法学观念对现代宪法解释的影响是巨大而深远的，大法官霍姆斯、卡多佐以及庞德早已把社会学法学看作宪法解释的正统指南。② 霍姆斯认为，法官处理社会事务的权宜之计最终都要"追踪到对公共准则的看法"③，法官的责任就是着重考虑社会利益的责任，这一责任是无法回避的。本杰明·卡多佐同样认为司法过程应当考虑到社会效果，宪法判决"必须在更大程度上取决于会因此损益的各种社会利益的不同意义和价值"。进而，他认为宪法解释"显然应该平衡社会利益和均衡地选择价值，即使有时是半公开的，我们在审判时无时不在平衡、协调和调解"。④ 庞德在 1943 年提出宪法解释的任务之一就是"权衡和平衡部分吻合或业已冲突的各种利益，并合理地对其协调或调解"。⑤ 庞德强调在宪法诉讼中了解事实和考虑判决的社会效果的意义，在社会学法学的宪法解释观中，传统宪法解释的制宪者意图或历史资料在确定宪法含义时并不占据明显的优势地位。

正当程序的适用标准在现代主要是建立在利益平衡检验基础上的一种标准。程序性正当程序的三部分检验法，也可称为利益平衡模式，在界定何为"正当"程序时需要权衡三方面的利益：个人利益、政府利益以及政府采取补救措施的额外的价值。

社会学法学观念在正当程序的宪法解释中的应用，也招致了一些批评和

---

① 康马杰：《美国精神》，1950 年版，第 81 页。转引自沈宗灵：《现代西方法理学》，北京大学出版社 1992 年版，第 249 页。

② ［美］詹姆斯·安修：《美国宪法判例与解释》，黎建飞译，中国政法大学出版社 1999 年版，第 189 页。

③ Holmes：The Common Law，Boston：Little，Brown，1881，pp. 35 - 36.

④ ［美］本杰明卡多佐：《司法过程的性质》，苏力译，商务印书馆 2003 年版，第 69 页。

⑤ Roscoe Pound，The Research of the Social Interest，Harvard Law Review，57. 1943，pp. 1，4.

反对。反对者认为由于价值是不可计量的，对于社会价值和利益是否可被识别和计量是值得怀疑的。在法官是否有权力权衡他们所面对的社会利益问题上，反对者认为在民主社会中，权衡相冲突的社会利益的任务只能由立法机关完成。此外，担心法官将自己的价值强加给社会也是反对者经常列举的理由。尽管存在争议，但是用社会学法学的话语即从社会效果来看，正当程序依据社会学法学观点在权衡个人、政府以及社会利益方面的效果还是积极的。

三、后现代思潮对正当程序宪法解释的影响

后现代法学是继自然法学、分析实证法学、社会法学三大法学流派之后的又一具有重大影响的法学思潮，为我们观察社会问题和反思一以贯之的法学理论提供了许多开放性的思路。正统法理学将后现代法律解释观贬斥为相对主义、怀疑主义、法律虚无主义和终极意义上的政治保守主义。[①] 法律解释的现代与后现代的论争，实际上仍然遵循的是西方一直以来的批判质疑的学术传统，无论如何都将留给世人智识上的丰硕成果。

后现代法学主张学术研究视角的多元化、多维化，创造了多元主义方法论。它们认为法律是多元的，应当允许多种法律理解的存在，人们在认识和分析问题的时候，不仅受到具体历史条件和价值判断的影响，而且也会受到逻辑和经验的影响，倡导一种语境论的法律研究方法，研究不同问题就要在不同的语境中具体分析和考量。

传统法学批判后现代主义解释论的核心信条是："人的存在的最基本的方式是解释性的。""我们总是并且已经在解释的进程中"的论断，这种解释者中心主义将会陷入无穷解释过程中。后现代法学的代表人物 Jack M. Balkin[②] 最近的一系列回应则认为，活的宪政主义（living constitutionalism），隐含一些不同于大多数支持者和批评者假设的东西，它基本上不是一个关于

---

① 吕世伦、高中："拨开当代美国法律解释学的迷雾：激进与保守之间"，载《湖南师范大学社会科学学报》2004 年第 2 期。

② Knight Professor of Constitutional Law and the First Amendment, Yale Law School.

法官如何解释宪法的理论。① 这是不是传统法学过于自负，是对后现代法学思潮的误读呢？

那么，在后现代法学的视角下，正当程序的概念及其所建立的一系列检验标准是一个虚假的命题吗？对正当程序原始意义的探究一直是一个问题，例如，在 Roe v. Wade 中，对于堕胎权是否是宪法中正当程序条款所保证的一项隐含的权利始终是自由主义者与保守主义者，原意主义者和非原意主义者，解释主义者与非解释主义者论争的主要问题。

如何解释正当程序的"意义"？谁有权解释，以及如何解释？"活的宪政主义"的确切概念产生于 20 世纪早期国会、州和地方政府在构建监管国家时的创造性立法活动。开始，联邦法院抵制这些改变，但是最终在一系列地标性的判决中使它们合理化和合法化，使它们成为现代宪法的基本部分。② 今天，人们一般将"活的宪政主义"与司法判决相联系，但是政治部门实际上产生大多数活的宪政主义。大多数法院在宪法发展中的所作所为是为了回应这些政治的宪法建构。法院极大地理性化、合法化，并且补充政治部门的做法，沿着这条道路创造新的教条（doctrine）。

巴尔金认为，这是活的宪政主义的核心见解：一般来说，政治部门和司法建构的国家建设是相互富有成效的和相互支持的。用一个活的宪政主义的隐喻，他们一起成长。活的宪政主义通常是政治部门的产品，政治部门将社会和政治运动在文化和政治中价值和言论的表达，创造为新的法律和惯例，而法院使这些建构具有法律意义和效力。同时，法院也采纳实践中社会习俗和惯例的变化，或者废除和改革实践中旧的社会习俗和惯例。

新政（New Deal）时期运用正当程序解释产生的宪法变化是一个典型的

---

① Jack M. Balkin, ABORTION AND ORIGINAL MEANING, Constitutional Commentary, Vol. 24, No. 101, 2007; FRAMEWORK ORIGINALISM AND THE LIVING CONSTITUTION, Northwestern University Law Review, 2009; NINE PERSPECTIVES ON LIVING ORIGINALISM, UNIVERSITY OF ILLINOIS LAW REVIEW, Vol. 2012; LIVING ORIGINALISM (2011).

② See e. g. , Wickard v. Filburn, 317 U. S. 111 (1942)（维持了全面的州际非商业行为立法，如果这种行为总体上对州际贸易有一个实质性的影响）; United States v. Darby, 312 U. S. 100 (1941)（判决国会能够在商业条款下规范生产中的雇佣活动）; Steward Machine Co. v. Davis, 301 U. S. 548 (1937)（维持了 1935 年社会安全法案的非雇佣赔偿条款）; NLRB v. Jones & Laughlin Steel Corp. , 301 U. S. 1 (1937)（维持了国家劳工关系法案）。

例证。在罗斯福能够任命新法官之后，法院通过重新解释和扩大联邦和州制定经济立法和从事再分配的权力，合法化行政和福利国家的创立，并且通过创造新的程序合理化行政机构的扩张。沃伦法院的成员们与出现在 20 世纪60 年代的两党自由联盟同步，维持了联邦新法，禁止地方区别对待，监督州的选举，在 20 世纪 60 年代促使地区多数符合国家政治中占主导地位的自由主义价值观。在国家政治环境改变后，伦奎斯特法院与占优势的保守运动合作，促进了州的监管自治并且使政府更容易为多数宗教提供支持。

性革命和妇女解放运动是两个如何将公民社会所预示的变化注入宪法的明显的例子。当运用司法审查废除法律的时候，法院经常与占主导地位的国家政治联盟合作，对地区和地方的多数施加占主导地位的政治联盟的价值，废除旧的体制通过的与当前政治联盟的价值不一致的立法。当多数州一经采纳一项社会政策的时候，法院倾向于在新的宪法建构中批准这些占主导地位的价值。因此，法院对 Brown v. Board of Education① 的判决只是在多数州已经在公立学校结束法律上的种族隔离之后作出的。同样，Lawrence Texas② 在正当程序条款下保护的同性权利仅仅是在绝大多数州已经使鸡奸合法化并且对同性关系的新态度已经席卷全国后的司法回应。卡斯·桑斯坦（Cass Sunstein）也注意到了"Roe 案影响中的一些令人惊讶的因素"③，"虽然 Roe 案增加了妇女安全堕胎的可能性，但是，它没有显著地增加实际堕胎的数量和堕胎率。事实上，多数的州在 Roe 案之前已经转向自由的堕胎法方向，产生每年 60 万合法的堕胎。令人惊讶的是，Roe 案判决前三年的合法堕胎的数量高于判决后三年的数量。这可能是州在没有 Roe 案的时候就已经使堕胎合法化的一个很好的例子"。④

巴尔金认为很多宪法解释的理论偏离了两个问题。一个是宪法意味着什么和如何忠实于它，另一个是追问在一个特殊的机构背景中的人，像一个未

---

① 347 U. S. 483 (1954).

② 539 U. S. 558 (2003).

③ Jesse H. Choper, Richard H. Fallon, Jr., Yale Kamisar, Steven H. Shiffrin: Constitutional Law: Case-Comments-Questions, Eleven Edition, 2011, p. 447.

④ Cass Sunstein, The Partial Constitution, 1993, p. 147.

经选举终身任职的法官，应该通过教条的建构和适用解释和实施宪法。第一个是忠诚的问题，第二是机构责任的问题。

偏离这两个问题的宪法解释的理论倾向于从法官的角色看待宪法解释；他们将宪法解释看作法官的一个基本工作，并且宪法解释理论很大程度上是关于如何更好地指导和限制法官的理论。从这些理论的视角，非司法解释者在我们讨论关于司法解释的标准案例的时候是非主流的或者例外的。

实践的情况并非如此。宪法解释理论应该由公民解释作为标准案例开始，司法解释应被看作一个特殊的具有特殊的考量的由司法角色创造的案例。为什么强调公民的视角？每代人必须理解宪法的承诺对他们自己来说意味着什么。宪法理解中的最显著的很多变化，美国宪法发展史中很多重大变革，如新政、公民权利运动、美国女性主义的第二次浪潮等，都是通过提供了宪法是什么的竞争性解释的社会和政治运动的动员和反动员而发生的。当然，人民表达他们的主张往往并不是以某种专业的、律师诉讼的方式提出，但是很多当时看起来荒谬的说法，却成为宪法传统中最骄傲的成就。公民的视角还包含这样的命题：成功的社会的和政治的运动必须能够说服其他观点正确的公民，或者，在最低程度上，他们必须使公民相信妥协和修正他们的观点。成功的运动将改变一般公众、政治家、法院的意愿。这个影响最终反映在新的法律、新的宪法教条和新的宪法建构中。成功的社会的和政治的动员改变了影响宪法文化的政治文化，反过来，也改变了法院之外的和宪法教条内部的宪法实践。我们无法认识和理解一直以来宪法是如何发展变化的，除非我们认识社会运动和政党如何表达新的宪法主张，创造新的宪法体制和影响司法建构。

然而，为了理解这些改变如何能够忠实于宪法，我们必须有一种公民视角的基本理论。并不是所有的人民解释都是合理的，宪法解释的理论，也即忠实于宪法的解释理论，必须能够对此作出解释。巴尔金提出了他自己的宪政观——结构原意主义（framework originalism），并且指出结构原意主义与活的宪政主义是一枚硬币的两面。活的宪政主义是一个关于由相互影响的法院和政治部门创造的宪法发展过程的理论。它是一个描述性和规范性的宪法建构过程的理论，解释宪法变化是如何发生的并且考虑为什么这个过程具有民主合法性。因此，理解活的宪政主义，就需要理解宪法建构。我们必须不是从法院开始作出反应和回应，而是从人民选举的代表进行的宪法建构开始。与其相对的是预期基础原意主义（expectation-based originalism），指必须按照制宪者和采纳者制定和采纳宪法文本时预期适用的宪法意义解释宪法的理论。文本和原则方法是结构原意主义采用的基本分析方法，这里的原则是指隐含于文本的抽象的原则，如正当程序条款。巴尔金认为它能够提供比预期基础愿意主义更好的，成功的社会和政治运动如何提出忠于宪法的主张的解释。

在民主社会中限制法官是重要的。但是，在实践中那种限制不是来自宪法解释的理论。它来自宪政体系的制度性特征（institutional features）。这些特征包括内部因素和外部因素两部分。内部因素是法律和法律文化，像上述所列的各种来源和形式的法律争论。其他的是外部因素，指外部于法律理由的但是对法官作为一个整体产生强烈影响的因素。主要包括以下方面：第一，法官所处的影响每个社会成员的文化，同时作为公共的成员和作为特定的法律精英的成员的社会化；第二，法官遴选的司法任命制度以及党派之争的防御决定和限制；第三，下级联邦法院必须适用最高法院的先例，第四，最高法院有争议的案例判决通常是由中间的或者的摇摆不定的（swing）法官决定的多数成员体（multi-member body）。随着时间的推移，这使法院的工作保持接近公共意见的中心。

这个内部和外部的特征的结合对司法解释的限制，在实践中远比任何以前所能提出的单一的解释理论更加有效。它使法官所做的宪法解释看起来是合理的和可操作的。同样重要的，这个内部和外部因素的结合使司法判决与大众理解的宪法的基本承诺保持联系，持续将宪法政治翻译、塑造和精炼成为宪法法律。

四、结　语

在后现代法学的视角下，正当程序作为美国宪法原则体系中保护公民基本宪法权利的抽象条款，在未来宪法发展中仍会发挥重要作用，正当程序的宪法解释虽然是通过法院作出，但是影响法院作出正当程序宪法解释的因素却是司法以外的，尤其是从公民视角出发的一系列社会和政治运动。在这一过程中，政治部门创造的新的法律、惯例也会影响到司法最终的裁决。巴尔金将结构原意主义和活的宪政主义结合起来，为公民视角解释宪法提供理论支撑。巴尔金认为，活的宪政主义不是一个宪法解释的理论，在有限的意义上查明宪法的含义，而是宪法建构的理论，也就是说，是建立政府机构的过程和实施与适用宪法文本以及它的隐含原则。活的宪政主义基本上不是针对法官而是面向全体公民的，解释宪法变化是如何通过政治部门和法院的相互作用而发生的，并且为什么以及到什么程度这个过程是民主合法的。而结构原意主义的主要功能是为公民解释视角是否忠实于宪法提供正当性。这种研究视角的外部性和民主性正体现了典型的后现代法学特征，使一些法学概念和观点重又问题化，促使研究者反思传统法学的一些假设的不证自明的前提，把规则奠定在具体参与者的沟通和交流之上，使人们认识到传统法学话语和概念具有的压制性和权力性的特点，反思法的权威和法的正当性，探索新的宪法解释和宪法实施的有效途径。因此，正当程序宪法解释从传统、现代走向后现代的发展过程，蕴含了法学思潮在各个发展时期对形塑宪法理论的作用和影响，对我们开拓思路，转换研究范式和视角不无裨益。

西班牙殖民菲律宾时期
有关华人立法研究

果海英*

西班牙殖民菲律宾期间，华人在当地经济生活中发挥了不可替代的作用，菲律宾与美洲间的大帆船贸易和在菲西班牙人的日常生活都离不开华人的贡献。同时，华人也对菲律宾的天主教化和向中国传教有重要的作用。但殖民地华人数量的不断增长，也使西班牙殖民者颇为忧惧。为此，西班牙人制定了一系列法律以保障华人在殖民地作用发挥的同时，又对其施以必要的限制来确保殖民地和西班牙人的安全。这些立法是菲律宾殖民地立法中颇具特色的一部分。

一、华人在殖民地的作用与西班牙人的忧虑

中菲之间最迟在晚唐时已有贸易联系。明代以后，双方有了更多的交往。西班牙人占领马尼拉后，菲律宾和中国贸易有了进一步的发展。1573 年 6 月 29 日，菲律宾总督拉维萨里斯（Guido de Lavezaris，1572 ~ 1575 年任职）在给西班牙国王的报告里写道：

在我们来到这个岛屿的两年中，他们（指中国人——笔者注）每年都有更多的人和更多的船只到来，并且比过去来得更早。[1]

---

* 果海英，首都师范大学。

[1] E. H. Blair and J. A. Robertson eds, The Philippine Islands, 1493 – 1898, Vol. 3, Cleveland：The A. H. Clark Company, 1903 – 1909, p. 181.

随着越来越多的中国商船来到菲律宾，成千上万的华人在群岛定居谋生，甚至在马尼拉近郊形成了一个华人社区。在西属菲律宾殖民地，华人的地位无可替代。

首先，华人是菲岛西班牙人日常生活得以维系的重要因素。居于群岛的西班牙人靠大帆船带来的利润生活，都不从事体力劳动，其衣食住行均要依赖他人的服务。但土著菲律宾人的社会发展水平低下，能生产的产品种类很少，手工技艺也不高，没有能力满足西班牙人对粮食和其他生活必需品的需求。从成本、船只的运输能力和航程时间等因素考虑，这些物品也不能从西班牙本土或美洲的西属殖民地越洋运来。而当时中国明朝经济发展水平很高，有很强的产品生产能力，可以满足西班牙人的各种需要。因此，华人的存在使西班牙人能够在菲律宾生存，而且是比较体面、舒适地生存。

其次，华人是大帆船贸易得以实现的关键。大帆船贸易收入是菲岛西班牙人的主要经济来源，也是这个远东殖民地得以存在的条件。贸易的商品中，来自中国的货物占了很大比重。根据墨西哥银行的资料，在长达 250 年的马尼拉大帆船贸易中，有 4 亿墨西哥比索运到菲律宾，它们几乎都被用来购买中国商品。[①] 除了早期有西班牙商人到过中国东南沿海贸易外，这些货物都是通过中国商人运抵马尼拉的。没有这些"生理"（sangley）[②]，也就没有两个多世纪菲律宾与美洲间的大帆船贸易。

最后，华人是天主教在中国传播的中介。西班牙的殖民扩张除了对经济利益、帝国荣光的追求外，另外一个目的是传教。从哥伦布发现美洲开始，传教士就随着西班牙殖民者走遍新征服的每一寸土地，辛勤地传播天主教。向中国传教一直是西班牙人孜孜以求的，他们认为在菲华人可以在这个问题上发挥很大的作用。一方面，菲岛华人自身天主教化后可以在与家乡的往来中把天主教的影响散播到中国去；另一方面，他们也可以对西班牙传教士从

---

① Antonio García-Abásolo："寻找中国——西班牙人在远东"，见吕理政主编：《帝国相接之界——西班牙时期台湾相关文献及图像论文集》，台湾历史博物馆、南天书局有限公司 2006 年版，第 100 页。

② 西班牙人称华人为 sangley，可能为闽南话"商人"的音译。

事对华传教活动提供一定的帮助。①

华人在菲律宾殖民地发挥着极为重要的作用，就这一点来说，华人在菲律宾应该受到欢迎。但实际上，西班牙殖民者对华人怀着复杂的心态。

一方面，华人数量的快速增加给西班牙人带来不安全感。随着大帆船贸易的开展和菲律宾殖民地的发展，越来越多的华人搭载商船前往菲律宾谋生。在西班牙人进入马尼拉的头 30 年，估计有 630 条商船从华南驶抵这里。② 而西班牙人的数量却没有大的增长。华人到菲律宾后主要聚居在马尼拉。根据当时菲律宾殖民当局的估计，在马尼拉的西班牙人大概 2000 人，而住在马尼拉华人聚居区八联的华人则由 1571 年占领马尼拉时的 150 人增加到 1588 年的 1 万人。③ 到 17 世纪中叶，在马尼拉居住的华人数量又有一定增加。菲律宾的西班牙人较少，而华人的数量却在不断增加，二者之间悬殊的差距使西班牙人感到不安与恐惧。

另一方面，西班牙人把华人看作其对菲律宾人传播天主教的障碍。在殖民菲律宾的过程中，使菲律宾人信仰天主教是西班牙人的重要目标。而数量众多、信仰和习俗异于天主教教义的华人的存在，却有可能给达成这一目标带来困难。

华人在殖民地经济生活中地位重要，但其人数的不断增长与皈依的困难

---

① 明清之际，多明我会、方济各会和奥古斯丁会的修士多是由马德里出发，经墨西哥抵达马尼拉，再从那里进入中国。当时经西班牙路线进入中国的多明我、方济各会以及奥古斯丁会的传教士，人数至少在 200 名以上。参见沈定平：《明清之际中西文化交流史——明代：调适与会通》，商务印书馆 2001 年版，第 138 页。传教士中的一些人到中国传教确曾得到在菲华人的帮助。《世宗宪皇帝硃批谕旨》卷二百十四之六就有这样的记载："（雍正十一年）冬十二月，奸民蔡祖伏诛。初，奸民蔡祖往吕宋日久，是年九月，忽偕吕宋二番人来闻，并携番钱四甲箱，约五千金，于大担门外雇小船，夜投漳州福河厂蔡家村，将招人入天主教。闽安协副将张天骏禀知总督郝玉麟，密谕汀漳道郭朝鼎、漳州知府王子琦，查获船户、水手，供出蔡祖带番人圣哥在后坂社严登家。立谕龙溪县知县孙国柱，拿获严登及圣哥，并搜出天主教图像等书。蔡祖闻信潜逃，寻于安福县西演深山内捕获。玉麟随将等所得圣哥银及行李、番钱等给还差员，押往厦门，见吕宋便船载回彼国，图像等书销毁，船户、水手等杖徒，蔡祖照左道惑人律绞决。"王之春：《国朝柔远记》（卷四），见中山大学东南亚历史研究所编：《中国史籍中有关菲律宾资料汇编》，中华书局 1980 年版，第 172 页。

② ［新］尼古拉斯·塔林主编：《剑桥东南亚史》（第一卷），贺圣达等译，云南人民出版社 2003 年版，第 287 页。

③ Antonio García‐Abásolo："寻找中国——西班牙人在远东"，见吕理政主编：《帝国相接之界——西班牙时期台湾相关文献及图像论文集》，台湾历史博物馆、南天书局有限公司 2006 年版，第 95 页。

使西班牙殖民者在对其治理采取的政策上颇费心思。西班牙人在殖民菲律宾的最初几十年里，就开始制定有关华人的立法。这些立法在不影响华人为殖民地提供各种服务的前提下，既要保证西班牙殖民者对华人的控制，使其不对西班牙人造成威胁，又要减少华人对传播天主教的不利影响。

二、限制华人居住区域与人数的立法

来马尼拉做生意的中国人最初没有居住区域限制，他们可以和西班牙人、本地土著人以及在菲岛的其他外国人混居在一起。但在西班牙人占领马尼拉后 10 年左右，为了对人数日渐增加的华人有所控制，并离间华人和当地居民的关系，总督龙基略（Gonzalo Ronquillo，1580～1583 年任职）在马尼拉城墙外修建了八联（Parián）①，严令散居马尼拉各处的华人统一在这里居住和从事商业活动。八联后来几经拆建，但其选址都在西班牙人炮台火力覆盖范围之内。

八联是一个只有华人生活的居民构成单一的特别社区，因此，殖民当局在其管理上也通过立法作出了特殊的规定，其长官具有较大的独立性。菲岛的西班牙人多不谙中文，在对华人管理上存在一定困难。所以，八联的管理长官虽由西班牙人担任，但其下的监督官一般由皈依天主教的华人担任。华人监督官由八联各行业公会的首领推选，殖民当局任命。管理长官掌握司法权和收税权，而监督官则负责八联具体的行政管理。②

虽然殖民当局严令华人要居住在八联，但实际的执行效果并不好。1636年 6 月 30 日，总督科奎拉（Sebastián Hurtado de Corcuera，1635～1644 年任职）就在给菲利普四世的信中谈到，很多中国人为求方便住在八联以外当地居民的畜牧场、花园里，而他们并没有得到许可。③ 华人在菲律宾从事商业活动，也担任各种工匠，把他们严格限定在八联内活动是不现实的，规定不

---

① William Lytle Schurz, The Manila Galleon, New York: E. P. Dutton & Co., Inc. 1959, p. 79. 八联，也译为"巴里安"，中国古籍称为"涧内"。

② 金应熙主编：《菲律宾史》，河南大学出版社 1990 年版，第 180～181 页。

③ E. H. Blair and J. A. Robertson eds., The Philippine Islands, 1493－1898, Vol. 26, Cleveland: The A. H. Clark Company, 1903－09, p. 139.

被认真执行也是自然的事情了。

华人不仅在八联之外活动，他们的活动范围甚至超出了马尼拉、超出了吕宋岛。一些华商通过贿赂各级殖民政府官员或是利用与教会的联系，在群岛各地居留和从事商业活动。也有一些华人通过从事运输业，活动于菲律宾各岛屿。

被强令居住生活在八联的是没有皈依天主教的华人，而皈依了天主教的华人则不受此限。他们一般和当地土著妇女结婚，并与土著人一起生活在马尼拉郊区巴石河对岸的比伦洛和汤多。

为控制快速增长的来菲华人，殖民当局除了规定不信教的华人必须在八联居住外，17 世纪开始还以法律的形式对在菲华人数量进行限制。这一限额最初是 4 000 人，后来增加到 6 000 人。1606 年的一个敕令指出：

为马尼拉城、吕宋岛和政府治理下的其他岛屿的安全，华人的数量保持适度是明智的。这一数量不应超过 6 000 人，因为这足以满足为国家服务的需要。如果这一数目增加，就会导致曾经有过的麻烦。①

对华人数量作最高限额的规定，主要是出于对殖民地安全的忧虑。西班牙人的这种担忧不仅仅针对数量众多的华人，对在菲的其他国家的人也多顾虑。在同一敕令中又指出：

同样，城里也不应该有如此之多的日本人也是明智的。由于疏忽和粗心而没有把他们从那里驱离，他们的人数已经超过了 3 000 人。②

法令一方面要求随时关注包括华人在内的外国人的数量，防止西班牙人和他们在数量上差别太过悬殊，以使这些外来人口既能为殖民者提供所需的各种商品和服务，同时又不会因为人数众多而失去控制引起各种麻烦和危险。但另一方面，在作出这些种限制的同时，为保证华菲贸易的正常进行，又指出贸易往来要继续，也不能以任何借口伤害华人。

然而，为获取颁发华人在菲居留许可带来的收入，控制华人数量的规定没有被严格执行。根据西班牙政府的规定，来马尼拉做生意的中国人在完成

---

① E. H. Blair and J. A. Robertson eds. ,The Philippine Islands,1493 – 1898 ,Vol. 22 ,Cleveland:The A. H. Clark Company,1903 – 09,p. 157.

② Ibid.

交易后应该随船回国。但这一规定很早就放宽了。① 只是华人要留在菲律宾居住必须向殖民当局支付一定的费用取得许可。对此，西班牙国王在敕令中一针见血地指出："中国人的增加是因为贪图他们为获得许可所支付的每人 8 比索的费用。"② 对于因为贪图许可费而使法律成为具文，国王告诫殖民地的官员们：

> 颁发许可不是为钱，或为任何其他的利益。……只应该考虑怎样做才是对公共福利、地方安全、贸易和商业、友好地接待外国人、邻近地区的人们以及其他和平相处的民族最明智的。③

国王毕竟远在马德里，他的要求和告诫在殖民地形同虚设。到 1749 年时，菲律宾的华人人口已多达 40 000 人。④ 华人和西班牙殖民者人数差别过于悬殊，导致双方时有冲突发生，并在 1603 年、1639 年、1662 年、1686 年和 1762 年发生数次针对华人的大屠杀。

三、限制华人经营方式的立法

中菲—菲美间的跨太平洋贸易打破了西班牙本土商人在美洲殖民地的商业垄断。为了扼杀华商这一新兴的商业对手，本土商人吁请国王禁止中菲贸易。1586 年，菲利普二世命令终止中菲贸易。新西班牙总督比利亚曼里凯（Marqués de Villamanrique，1585 ～ 1590 年任职）为免菲律宾殖民地陷入困境，没有执行国王的命令，而是恳请国王收回这一决定。⑤ 中菲贸易此后继续开展，但对华人的经营活动西班牙殖民当局采取不同的方式予以限制。

（一）禁止华人从事零售业

随贸易船只来菲的华人在船货卖出后多会随船回国，但也有一部分留在了菲律宾。留下的华人有一些开店或在各处流动贩卖商品经营零售业务。对

---

① William Lytle Schurz, The Manila Galleon, New York: E. P. Dutton & Co., Inc. 1959, p. 81.

② E. H. Blair and J. A. Robertson (eds.), The Philippine Islands, 1493 – 1898, Vol. 22, Cleveland: The A. H. Clark Company, 1903 – 09, p. 157.

③ Ibid.

④ William Lytle Schurz, The Manila Galleon, New York: E. P. Dutton & Co., Inc. 1959, p. 81.

⑤ 金应熙主编：《菲律宾史》，河南大学出版社 1990 年版，第 175 页。

于华人从事零售业，西班牙人并不欢迎。他们认为，华人从事零售活动会使商品被囤积进而导致价格上涨。因此，主张严格禁止来菲贸易的中国商船和华人在菲律宾开展商品零售，而应由殖民当局整批购买商船运来的货物再分配给当地居民，华人在菲律宾只能做工匠或农夫等。①

然而，对菲律宾殖民地来说，没有华人就没有大帆船贸易，也没有西班牙人日常生活所需的一切。殖民地生活离不开华人，禁止华人生活在这里和从事零售经营活动自然也不现实。在西班牙殖民时期，一些华人以零售商的身份在群岛各地活动，他们的足迹遍及布拉干、邦板牙和内湖各省。1703年，大主教卡马乔—阿维拉（Camacho yÁvila，1696~1704 年在任）在一份报告中谈到华人零售店时写道：

他们熟悉自己的顾客，能在当地菲律宾人急需时赊予大米等必需品，而又有收回赊账的把握。②

从报告中这段话可知，华人零售业者与当地居民之间有着良好的互信关系，他们也对普通百姓日常生活的维系发挥重要作用。也可以推知，华人零售业者已经深入到菲律宾人社会之中，殖民当局的一纸命令根本不可能取缔他们的活动，法律又成了一纸空文。在这种情况下，前面谈及的居留许可也就是这一禁令无法贯彻之下的一种选择了。几百年后的今天，华裔商人对菲律宾的零售业仍有很大的掌控力。

（二）实行整批交易制（pancada）

所谓整批交易制，是指当中国商船来菲贸易时，由总督和马尼拉市议会派员评定商船所载货物的价格，并按这一价格整批收购货物，之后再按规定进行分配，殖民地的个人不得与华商直接交易。实施整批交易制，意味着中国商人只能将运来的货物按西班牙人评定的价格批发给殖民政府，而不能和菲律宾本地商人自由议价交易。

---

① E. H. Blair and J. A. Robertson（eds.），The Philippine Islands，1493 – 1898，Vol. 6，Cleveland：The A. H. Clark Company，1903 – 1909，pp. 167 – 168.

② Horatio de la Costa，Readings in Philippine History，pp. 74 – 75. 转引自金应熙主编：《菲律宾史》，河南大学出版社 1990 年版，第 182 页。

这一制度开始于 1589 年。[①] 整批交易制是对中国人在马尼拉销售商品实施管制的措施，这一制度有其自身不可克服的问题。一方面，商品的价格是受多种因素共同作用形成的，由殖民政府派员确定的价格常常不是商品的正常价格。华商远道来菲是为营利，如果评定的价格过低致其不能赚取合理的利润，他们就会拒绝前来贸易。而一旦发生这种情况，将会影响到殖民地人的日常生活和与美洲大帆船贸易的开展，这是西班牙殖民者无法承受的。另一方面，评定价格的官员手中握有决定商品价格的大权，一些无良官员会借此索贿受贿、中饱私囊。而华商为争取有利于自己的价格，也会倾向于满足官员们的私欲。由此，这个制度的前景不难预见。

针对整批交易制，西班牙国王后来又发布过敕令，强调要温和地实施这一制度，以使华人免受伤害，愿意继续到菲律宾进行贸易。[②] 实际上，整批交易制在 17 世纪初期时就已形同虚设，1703 年被正式废止。[③] 前后只存在了一个世纪多一点的时间，真正实施的时间则更短。

四、保障华人权益的立法

华人对维持西班牙在菲律宾的殖民统治有重要的作用。所以，在对华人作出种种限制的同时，西班牙王室也非常明智地要求善待华人。

1594 年，菲利普二世在一条敕令中历数了种种损害华人利益的恶行后指出，如果善待华商就会把中国人吸引到菲律宾做生意。而且通过这种联系，中国人也会接受西班牙人神圣的天主教信仰。因此，他命令总督在调查了解针对华人的损害行为后，发布必要的命令制止这些行为，并对侵犯华人者施以惩罚。[④]

西班牙王室甚至在一些非常具体的问题上予以立法，以求对华人利益的

---

① 也有研究者认为在 1589 年以前该制度就已经在马尼拉实行。参见李毓中：《菲律宾简史》，暨南国际大学东南亚研究中心 2003 年版，第 25 页。

② E. H. Blair and J. A. Robertson eds., The Philippine Islands,1493 − 1898, Vol. 22, Cleveland: The A. H. Clark Company, 1903 − 09, p. 152.

③ 金应熙主编：《菲律宾史》，河南大学出版社 1990 年版，第 177 页。

④ E. H. Blair and J. A. Robertson eds., The Philippine Islands,1493 − 1898, Vol. 22, Cleveland: The A. H. Clark Company, 1903 − 09, pp. 153 − 154.

保护能够落到实处。王室就曾为向华人征收家禽的问题专门颁布了一条敕令。当时，在马尼拉城殖民政府可按比正常价格低的价格购买一定数目的家禽，这已形成惯例。为此，中国人被强令每周按相当低的价格上交大量家禽，违者会受到惩罚。这一做法损害了中国人的利益。菲利普三世在了解到这种情况后，于 1619 年颁布敕令要求不可以再对中国人以估定价格收购家禽，官员们要根据自己的意愿购买需要的家禽，中国人也以市场价格出售家禽。①

此外，上文述及的华人社区八联的管理由自己专门的长官负责，而不允许马尼拉检审法院和马尼拉市议会干预，也是西班牙政府善待华人、适度保护华人利益的一个体现。因为，这一规定在一定程度上可以减少官员对华人的侵害和骚扰。八联的管理过程中允许奉教的华人参与，也有助于维护华人的利益。

五、给予信教华人优惠待遇的立法

来菲华人最初都不是天主教徒。他们如果能够皈依天主教，不仅其自身可以获得西班牙人认为最为神圣的信仰，还可以避免其对菲律宾土著人不良的影响，同时更可以借由他们在中国本土传播天主教。基于这样的考虑，西班牙殖民者颁布了一些给予信教华人优惠待遇的立法，希望藉此争取更多的在菲华人皈依天主教。

首先，奉教的华人可以和菲律宾女子结婚并分得土地。漂洋过海的华人中鲜有女性，因此来菲的华人男性留居菲律宾后很难有华人女子作为婚姻的对象。而华人与本地女性通婚的前提是信仰天主教。"任何一个菲律宾人、西班牙人和混血儿都不能与华侨结婚，除非后者受洗成为天主教徒，并且保证成为一个守法的居民。"② 华人成为天主教徒就可以与本地女子结婚，在菲律宾建立起稳定的家庭生活。

菲利普三世还于 1620 年颁布敕令，要求给奉教华人分配土地。法律赋予

---

① E. H. Blair and J. A. Robertson（eds.），The Philippine Islands，1493 – 1898，Vol. 22，Cleveland：The A. H. Clark Company，1903 – 09，pp. 155 – 156.

② E. M. Alip，Political and cultural History of the Philippines，Vol. 1，Manila：Alip & Sons，1954，p. 299. 转引自施雪琴：《菲律宾天主教研究》，厦门大学出版社 2007 年版，第 100 ~ 101 页。

奉教华人婚姻上的特权吸引很多华人主要是男性皈依天主教。由于华菲婚姻日渐增多，在菲律宾社会中出现了越来越多的华菲混血儿——梅斯蒂索（mestizo）。① 19世纪初的统计资料显示，他们的人口当时已达12万左右，占菲律宾总人口的5%。②

其次，奉教华人在居住与活动区域上有较大的自由。前文已谈到，华人信仰天主教后就不必居住在华人聚居区八联，与本地女子结婚后可以住在土著人村落里。菲利普二世还在1594年6月的敕令中规定，奉教华人不必支付任何费用即可获得许可而自由通行于各岛。③ 不信教的华人却不仅必须居住在八联，没有当局许可也只能在距马尼拉2里格范围内活动。如果到马尼拉之外活动，则必须缴纳一定费用才能得到许可。

最后，奉教华人享有减免贡赋的优惠。1627年，菲利普四世发布敕令规定，信教的华人在他们皈依后的前十年免于缴纳贡赋，十年后和菲律宾土著人按同一标准缴纳。④ 缴纳贡赋是作为西班牙臣民的象征。在菲律宾殖民地，西班牙人和西班牙混血儿不纳贡，土著、华人和华人混血儿则须纳贡。但土著缴纳的贡赋最低，其次是华人混血儿，华人纳贡最多。⑤ 皈依天主教后华人可以先免然后按最低的土著人标准纳贡，这对华人是颇具吸引力的，一些华人也会虑及这一优惠而信教。

六、结　语

华人是菲律宾殖民地不可缺少的一个群体，也成为殖民地法律关注的重要对象。相关立法允许华人在菲律宾从事经济活动，并要求对他们予以善待，但针对华人的限制又时时处处存在，明显反映出西班牙殖民者对华

---

① Mestizo是西班牙文"混血的"之意。在菲律宾，Mestizo主要是指中菲混血儿（Sangley Mestizo）。虽然在菲律宾也有西班牙人和土著菲律宾人的混血儿，但他们的数量很少。

② Edgar Wickberg, The Chinese Mestizo in Philippine History, Manila: Kaisa Para Sa Kaunlaran, Inc., 2001, p. 72.

③ E. H. Blair and J. A. Robertson（eds.）, The Philippine Islands, 1493 – 1898, Vol. 22, Cleveland: The A. H. Clark Company, 1903 – 1909, p. 151.

④ Ibid., p. 158.

⑤ Edgar Wickberg, The Chinese Mestizo in Philippines History, Manila: Kaisa Para Sa Kaunlaran, Inc., 2001, p. 3.

人的矛盾心态。这些规定有些没有得到切实的贯彻，有法律条文本身设计不尽合理的原因，也有殖民地官员为私利而枉法的因素。西班牙国王虽远在马德里，对法律实施中的各种问题依然是了如指掌，① 对殖民地官员多有训示。但有法不依、执法不严的问题一直存在，也许这是殖民地天高皇帝远不可避免的吧。

---

① 1594 年，菲利普二世在要求菲律宾殖民地官员善待华人的敕令中，详细而准确地描述了损害华人利益的种种情形。从中可以看出，西班牙国王虽与菲律宾殖民地相隔甚远，但对殖民地的情况却有很充分的了解。这应该是得益于总督、主教、马尼拉检审法院等与国王的书信联系。

媒体报道刑事侦查活动的法律限制

简海燕*

随着社会民主化程度不断提高，人们对司法信息知情权的热情空前高涨，从对审判信息的公开发展到对审前信息及判决后信息的公开。司法信息的公开有利于民众对司法活动的监督，但我国长期以来受"侦查秘密"主义的影响，刑事侦查阶段信息公开还存在着许多问题，一方面是侦查信息的公开，另一方面是媒体不当报道侦查活动会与犯罪嫌疑人人权、公正受审权以及人格权保护发生冲突。对于都由法律保护的权利冲突如何有效地进行平衡，笔者在探求侦查信息公开与犯罪嫌疑人权利保障之间的合理界限的域外经验后，提出有利于我国司法报道的法律完善的建议。

一、侦查信息适度公开与刑事案件报道

侦查信息适度公开不仅是一国司法文明的试金石，而且是实现司法公正的必要途径，媒体报道侦查活动有利于社会公众司法知情权的实现，提升司法公信力。

首先，司法公开已成为各国司法的一项重要原则，而侦查阶段信息公开的程度更能体现和考验一国司法文明程度。在司法专制主义时期，刑事侦查是秘密进行的，随着民主法治的演进，侦查公开才渐渐成为司法公正的环节。如今，两大法系的国家都确立起侦查信息的适度公开制度，如英美法系国家的证据展示制度、预审制度等，都将与案件有关的证据和情况对当事人和社

会公开，即使美国要求侦查秘密的大陪审团制度，也允许部分公开，即除了大陪审团的评议和表决外，有关大陪审团开庭期间的情况，可以对下列人员公开，检察官、协助检察官履行职责所必要的政府工作人员，包括州和地方的工作人员。[①]

其次，媒体报道侦查活动可以有效地监督侦查权的行使。为了保证侦查活动严格依法进行，除了国家机关之间的监督制约、检察机关内部的监督制约外，接受广大社会公众的监督也是非常必要的。对于各国检察机关或检察官来说，其侦查活动都应当向当事人公开，并且允许侦查公开一般通过媒体的报道来实现，报道犯罪活动的动向、犯罪的形态以及犯罪的地点都可以为民众了解犯罪动态，防止人身安全受到损害。同时，报道侦查信息，也有利于对社会上不稳定分子起到威慑的作用。

最后，侦查信息的适度公开有利于提升民众对司法的信心。各国正在打破秘密侦查传统，侦查活动信息的适度公开决定了公民享有接近司法信息和对司法权力进行监督的可行性，同时能提升司法公信力。在一个国家，如果司法缺乏足够的公信力，民众对司法缺乏足够的尊重，司法就难以定分止争，法治就不可能实现。澳大利亚法官马丁曾经说过："在一个秩序良好的社会中，司法部门应得到人民的信任和支持。从这个意义出发，公信力的丧失就意味着司法权的丧失。"[②]

因此，侦查信息公开是实现民主法治的应有之义，犯罪案件在侦查阶段允许媒体进行报道是各国司法文明的试金石。

二、媒体报道侦查活动与犯罪嫌疑人权益的冲突

尽管侦查信息公开对社会和谐与法治实践有着重要的作用，但如果媒体报道的案件明显偏向于一方，或者对某一案件的抨击与事实出入很大，就会干扰犯罪侦查活动的正常运行，并且侵害到犯罪嫌疑人的合法权益。犯罪嫌疑人的权利通常在侦查阶段受到侵害的可能性大，因此我们在实现媒体新闻

---

① 卞建林译：《美国联邦刑事诉讼规则和证据规则》，中国政法大学出版社 1996 年版，第 36 页。
② 上海第一中院研究室："21 世纪司法面临的基本课题"，载《法学》1998 年第 12 期。

自由的同时要关注犯罪嫌疑人人格权及公正受审权，要尽可能地平衡两者的冲突，同时还要注意到媒体报道不能侵犯到侦查机关正常行使侦查权。

媒体报道侦查活动可能与犯罪嫌疑人与侦查机关发生的利益冲突主要表现在以下三个方面。

首先，媒体的不当报道可能侵害到犯罪嫌疑人的人格权。在犯罪侦查过程当中，新闻媒体有可能会侵害到犯罪嫌疑人的人格权。根据无罪推定原则，犯罪嫌疑人在被认定为有罪前推定其是无罪的，被拘捕的犯罪嫌疑人可能在罪案告破以后被侦查机关认定是无辜的，或者在审判后认定为无罪，而一旦新闻媒体提前曝光犯罪嫌疑人的相关信息，那么对于无辜者以后的生活必然造成不可估量的影响，会严重侵害到其人格权。

其次，会侵害到犯罪嫌疑人的公正受审权。公正审判，是指刑事被告人有权要求审判法庭仅根据宪法与法律对案件进行公平而无偏见的审理。公正受审权的实现是一国司法权威和司法裁判被认可和遵从的内在保证。然而，媒体由于不拥有专业的调查手段，难以全面掌握事实，且从业人员的法律知识有限，在侦查案件尚未审结，新闻报道若违反了无罪推定原则，其舆论的偏见可能影响到检察机关决定是否起诉甚至法院作出公正判决，那样不但会使嫌疑人公正受审权遭受到侵害而且会损害司法公信力。

最后，媒体的不恰当的报道，侦查机关的公信力不但会受到一定程度的贬损，而且还将影响到媒体监督功能的实现。作为"第四权力"的媒体本应是肩负了监督行政执法与刑事司法的职责的，一旦由于媒体自身不当的报道阻碍了原有刑事司法的正常进程，那么不但侵害了刑事侦查程序当事人（包括刑事被害人、犯罪嫌疑人等）的权益，还会减弱媒体监督功能的实现。

三、完善我国刑事侦查报道

2007 年随着《政府信息公开条例》的颁行，"以公开为原则，以不公开为例外"越来越深入民心，司法信息是属于公众的，在侦查活动中除了涉及国家机密、个人隐私、商业秘密和技术秘密、公开后有伤风化的犯罪行为细节、合议庭合议过程与内容等外，其他信息一般是允许媒体报道的。在报道侦查活动时，鉴于我国媒体与侦查活动、嫌疑人保护的实际情况，不宜一步到位。侦查阶段是一个特殊的时期，若有些信息过早地被媒体报道出去会影响到案件的侦查，甚至会影响到嫌疑人人格权和其后公正受审权的实现；同时在行使媒体新闻报道自由权与嫌疑人人格权与公正受审权利益冲突时，在现阶段优先考虑嫌疑人权益的保护是符合我国实情的。

在我国，允许媒体进入侦查阶段进行报道是司法信息公开的必然要求，但一定要把握住合适的尺度。

首先，要坚持犯罪嫌疑人人权优位的原则。即在新闻报道自由与犯罪嫌疑人的人权保障发生冲突时，优先考虑后者。特别是对于未成年人犯罪案件、精神病人案件和涉及隐私的案件，在侦查过程中不能对社会公开。当然，在确立这一基本立场的前提下，可以适当借鉴国外的做法，将侦查阶段的犯罪新闻报道分为国民有必要知情与无必要知情两种，前者是关于政治性公共人物（国家工作人员）、非政治性公共人物（普通公共人物）的信息，后者是关于普通人的信息。对于普通人的犯罪，国民并不一定需要知情。

其次，侦查报道的形式要合适。媒体可以通过报纸、杂志、广播、电视或者其他方式将侦查活动的程序和结果向社会公开。在现代信息社会，有时还必须借助现代高科技手段和新闻媒体的作用将侦查活动的一些情况，及时地通过新闻媒体向社会报道，或者，通过新闻媒体将侦查过程中遇到的困难向社会公众公开，能促进案件的及时侦破。同时，还要允许其报道有关案件侦查的进展情况，以接受社会公众监督。

再次，要以立法的形式来明确侦查报道的范围。要确立公开只有在有利于控制犯罪和保障人权目的时才被适用，当案件的某个诉讼活动公开可能危及社会安全利益或者损害公民的基本人权时，或者可能严重背离诉讼公正或诉讼经济和诉讼效率时，则不应公开。法律要针对不同的信息确定对不同人公开的范围，比如对于秘密窃听和录音录像、卧底侦查等信息由法律规定必须对犯罪嫌疑人和其辩护律师保密，而涉及国家秘密的证据材料，应当对犯罪嫌疑人保密，但可以向其辩护律师公开；对嫌疑人身体检查等涉及个人隐私的信息，则可以向犯罪嫌疑人和其辩护律师公开，但应当向社会公众保密。在侦查过程中，如果案件的主要证据已经得到确定，必要时，检察机关或检察官还可以允许记者公开报道案件有关情况。

最后，要对侦查活动中媒体不当报道给予必要的法律制裁。当媒体报道侵害到犯罪嫌疑人的人格权时，法律应给予其一定的救济途径，如提起侵权赔偿之诉。还可以借鉴国外经验，对于违背无罪推定原则的报道，赋予嫌疑人申请法院发布"媒体禁言令"的权利，也可以赋予嫌疑人合理使用媒体，要求媒体给予版面作澄清说明。

概言之，侦查信息公开是一国司法文明的试金石，同时犯罪嫌疑人人权的保障也是一国重要的价值，在实现两者的价值时会发生冲突，因此要从立法与司法实践中不断完善平衡冲突的技术，最大限度地发挥媒体报道侦查活动的自由与保障犯罪嫌疑人人权。

试论苏格兰高级律师的形成与特点

黄宇新*

律师是西方文化特有的产物，其地位与价值是法治程度的指标，尤其在英美法系，律师即法律职业（legal profession）的代名词，大陆法系律师不如英美法系那样显赫，但也是法律界主要组成部分之一。苏格兰律师的起源发展离不开西方文化的特定背景，但又有自己的独特性，即因兼受大陆法系与英美法系的影响而具有混合性。苏格兰法律职业虽起源多样，但最终定型为高级律师与事务律师，尤以高级律师为中坚力量。

一、形成

作为专门名称，"advocate"（高级律师）主要用于源于罗马法的法律体系，16世纪苏格兰开始继受罗马法导致司法专业化，其标志是最高民事法院的出现，高级律师随之诞生，并逐渐成为自治的独立法人团体，因受罗马法影响，其准入强调学术资历。高级律师在发展过程中由于执业法院不同而形成与事务律师的区分，19世纪由于英格兰的影响内部又分化出王室律师这一资深层级。

苏格兰中世纪封建法要求当事人必须亲自出庭，14世纪初的《君主统治》（Regiam Majestatem）首次出现代理诉讼的原则，[1] 世俗法院开始出现业

---

* 黄宇新，南开大学法学院。

[1] General Editor：T. B. Smith, The Laws of Scotland(Vol. 13)，Law Society of Scotland/Butterworths，1992，pp. 430 – 431.

余辩护人（lay pleads），① 15 世纪 20 年代制定法中出现"advocate"一词，②
表明他们正在从业余向职业转化。1488 年出现以在枢密院法庭做诉讼代理为
职业的群体，他们通常被称为"高级律师"（advocate），③ 到 15 世纪末、16
世纪初约有 12 名律师专门在最高法院（supreme court）执业，④ 1532 年最高
民事法院司法人员协会（College of Justice）的建立是最高民事法院（Court of
Session）的开端，这是苏格兰第一个职业法院，也是继受罗马法的产物与标
志。设立法院的制定法同时规定当事人出席法庭必须有律师陪同，为此专门
设立高级律师协会（Faculty of Advocates），此后"高级律师"成为这些辩护
人的专称，他们也是法院的成员，其首脑是当时作为法官之一的总检察长
（Lord Advocate），律师资格的授予和剥夺、纪律处分等均由法官负责。

最初的 150 年是高级律师们努力摆脱法官控制而迈向自治的历史。1581
年第一次出现"会长"（dene，即 Dean）一词，1610 年法官承认高级律师协
会独立的法人地位，1615 年正式出现"高级律师协会会长"（dean of faculty）
的称呼，⑤ 1633 年法院院长确认由会长行使吸收新成员的权力，1651 ~ 1660
年最高民事法院的一度中断使协会地位显著加强，⑥ 1674 ~ 1676 年的危机大
概是法官控制律师的最后一次努力，律师们为抗议法官的腐败而拒绝出庭履
行职责，法官们报之以开除的处分，双方僵持一年余，后经时任总检察长兼
法官的麦肯齐（Mackenzie）调解以妥协告终，这次律师们的集体抗争显示出
团结独立的姿态，表明他们是法院不可缺少的，可与法官分庭抗礼。1677 年
后总检察长不再兼任法官，此后会长真正成为律师首领。⑦ 1664 年和 1692 年

---

① General Editor: T. B. Smith, The Laws of Scotland (Vol. 13), Law Society of Scotland/Butterworths,
1992, p. 433.

② 如 1429 年《律师宣誓法》（Advocates' Oath Act 1429 (Mar 6, c16)）。亦有异体词"advocat"的记
载，见 R. K. Hannay, The College of Justice, Scottish Academic Press Ltd., 1990, p. 135.

③ D. M. Walker, A legal history of Scotland (Ⅲ), T. & T. Clark Ltd, 1995, p. 381.

④ R. D. Carswell, The Origins of the Legal Profession in Scotland, 11 American Journal of Legal History
41, 1967, p. 44.

⑤ R. K. Hannay, The College of Justice, Scottish Academic Press Ltd., 1990, p. 150.

⑥ General Editor: T. B. Smith, The Laws of Scotland, Vol. 13, Law Society of Scotland/Butterworths,
1992, pp. 501 - 502.

⑦ R. K. Hannay, The College of Justice, Scottish Academic Press Ltd., 1990, p. 164.

协会分别掌握吸收新成员的一般途径（罗马法考试）和特别途径（苏格兰法考试），① 1693 年彻底禁止凭借法官裙带关系入会的恶习。② 至此，虽然高级律师资格仍需法官授予，但已成为形式，高级律师协会实际上已完全成为一个独立于法官的自治法人团体。

二、特点

（一）垄断法律职业顶层

1. 法官

法官处于苏格兰法律职业的顶端。最高民事法院建立之初，并未规定法官必须从律师中产生，像 16 世纪的著名法官贝尔福（Balfour）就不是律师。但是高级律师在竞争法官职位时所具有的优势是公开的秘密，1538～1605 年已有 1/3 法官来自高级律师，③ 17 世纪中叶以后更形成只从高级律师中选拔法官的惯例。④ 1707 年《苏英合并条约》（Treaty of Union）第 19 条正式规定最高民事法院法官必须从执业或任职 5 年以上的高级律师和法院高级职员（Principal Clerks of Session）以及执业 10 年以上的高级律师（Writers to the Signet）中选拔，其中高级律师须在通过高级律师协会的罗马法考试两年以后才有资格，实际上从来没有一位高级律师被任命为法官。⑤ 1762 年后高级律师完全垄断最高民事法院法官职位，⑥ 1887 年起随着最高民事法院与高等刑

---

① R. D. Carswell, The Origins of the Legal Profession in Scotland, 11 American Journal of Legal History 41(1967), p. 53. 以及 General Editor: T. B. Smith, The Laws of Scotland(Vol. 13), Law Society of Scotland/Butterworths, 1992, 504. 另参见 Nan Wilson, The Scottish Bar: The Evolution of the Faculty of Advocates in Its Historical Social Setting, 28 Louisiana Law Review 235(1967 – 1968), p. 237.

② General Editor: T. B. Smith, The Laws of Scotland(Vol. 13), Law Society of Scotland/Butterworths, 1992, p. 504.

③ Nan Wilson, The Scottish Bar: The Evolution of the Faculty of Advocates in Its Historical Social Setting, 28 Louisiana Law Review 235(1967 – 1968), p. 240.

④ D. M. Walker, A legal history of Scotland(V), T. & T. Clark Ltd, 1995, p. 455.

⑤ D. M. Walker, A legal history of Scotland(V), T. & T. Clark Ltd, 1995, pp. 455 – 456. 另 1706 年《与英格兰合并法》（Union with England Act 1706(c7)）亦有相同规定,参见 General Editor: T. B. Smith, The Laws of Scotland(Vol. 13), Law Society of Scotland/Butterworths, 1992, p. 509.

⑥ Nan Wilson, The Scottish Bar: The Evolution of the Faculty of Advocates in Its Historical Social Setting, 28 Louisiana Law Review 235(1967 – 1968), p. 244.

事法院（High Court of Justiciary）事实上的合并，高级律师亦垄断高等刑事法院法官职位，当然上院和枢密院司法委员会的苏格兰法官更是来自高级律师。直到 1990 年制定法才规定可以从拥有最高民事法院和高等刑事法院出庭权五年以上的事务律师中选任，[①] 但在传统根深蒂固的大不列颠，这项规定恐怕只能停留在纸面上。

在郡法院，1747 年取消世袭司法权后，规定须由 3 年以上的高级律师任郡首席行政司法官（sheriff-principal），1825 年后郡行政司法官也必须由高级律师或 3 年以上的事务律师担任，[②] 1971 年《苏格兰郡法院法》（Sheriff Courts（Scotland）Act）提高要求，上述两个职位均需 10 年以上的高级律师或事务律师，郡临时行政司法官（temporary sheriffs）需 5 年以上。[③] 尽管郡行政司法官可以从事务律师中选拔，但一般都来自高级律师，[④] 而且通常是王室律师，[⑤] 他们仍然保有律师资格，但不能执业，除非是兼职法官（part-time judge）或临时郡行政司法官。[⑥] 现在非高级律师出身的法官极为罕见，通常只出现于高地诸郡行政司法官，因为常常找不到通晓当地方言的高级律师。[⑦] 此外，治安法官中，只有 4 名格拉斯哥领薪治安法官（stipendiary magistrates）是职业法官，所以必须从律师中选拔。[⑧] 简言之，最杰出的王室律师将被选拔到高级法院，次之可能成为低级法院法官，再次只能到郡法院

---

① General Editor: T. B. Smith, The Laws of Scotland(Vol. 13), Law Society of Scotland/Butterworths, 1992, p. 464.

② D. M. Walker, A legal history of Scotland(V), T. & T. Clark Ltd, 1995,483. 以及 D. M. Walker, The Scottish Legal System, W. Green/Sweet & Maxwell Law Publishers, 1992,p. 124.

③ I. D. Macphail, Sheriff Court Practice, Edited by C. G. B. Nicholson and A. L. Stewart, W. Green, 1998,pp. 5,8 – 9.

④ Nan Wilson, The Scottish Bar – The Faculty of Advocates Today, 1965/1966 Acta Juridica pp. 227, 241.

⑤ I. D. Macphail, Sheriff Court Practice, Edited by C. G. B. Nicholson and A. L. Stewart, W. Green, 1998,p. 5.

⑥ William Q. De Funiak, Legal Education and the Legal Profession in Scotland, 38 Tulane Law Review 361(1963 – 1964), p. 369. 以及 D. M. Walker, The Scottish Legal System, W. Green/Sweet & Maxwell Law Publishers, 1992, p. 341.

⑦ J. Dove Wilson, The Legal Profession in Scotland, 5 Yale Law Journal, pp. 109,111.

⑧ D. M. Walker, The Scottish Legal System, W. Green/Sweet & Maxwell Law Publishers, 1992, p. 345.

担任行政司法官,① 因此,苏格兰法官的职位是被高级律师所垄断的。

2. 检察官

英格兰实行"任何人都可以起诉"的刑事诉讼基本原则,② 尽管其已受到实质性削弱。与此截然不同,苏格兰受欧陆影响,有一个独立权威的检察系统作为国家代表主持公诉,包括总检察长、王室检察官(crown counsel)和地方检察官(procurator fiscal),检察官在刑事调查指控上拥有广泛的权力,还为政府提供法律意见。总检察长由 15 世纪后半叶王室法律顾问(advocate for the King)发展而来,③ 是苏格兰检察系统的最高首脑和政府关于苏格兰事务的总法律顾问,毋庸置疑,他总是最杰出的高级律师之一,卸任的总检察长通常都会被任命到高级法院。④ 王室检察官包括副总检察长、总检察长助理(advocates depute),必须由高级律师担任。任总检察长助理的高级律师可以执业,但只能受理民事案件。⑤ 地方检察官是总检察长在地方上的代表,主要来自事务律师。⑥ 检察署(Crown Office)署长(Crown Agent)本意为"王室代理人",由于总检察长受制于高级律师不能直接与当事人接触的传统,所以必须由其代表王室给予总检察长说明和指示,所以署长由事务律师担任,他也是检察系统行政事务负责人和英国政府代表。⑦ 因此,与法官同为法律职业顶层的高级检察官职位——总检察长与王室检察官——是被高级律师独占的。

---

① J. Dove Wilson, The Legal Profession in Scotland, 5 Yale Law Journal, pp. 109,111. 以及 Nan Wilson, The Scottish Bar-The Faculty of Advocates Today, 1965/1966 Acta Juridica, pp. 227,241.

② [英]麦高伟、杰弗里·威尔逊:《英国刑事司法程序》,姚永吉等译,法律出版社 2003 年版,第 138 页。王晋、刘生荣主编:《英国刑事审判与检察制度》,谢鹏程等译,中国方正出版社 1999 年版,第 51 页。

③ Nan Wilson, The Scottish Bar: The Evolution of the Faculty of Advocates in Its Historical Social Setting, 28 Louisiana Law Review 235(1967–1968), p.241.

④ Nan Wilson, The Scottish Bar-The Faculty of Advocates Today, 1965/1966 Acta Juridica, pp.227,240.

⑤ General Editor: T. B. Smith, The Laws of Scotland(Vol.17), Law Society of Scotland/Butterworths, 1989, p.173.

⑥ D. M. Walker, The Scottish Legal System, W. Green/Sweet & Maxwell Law Publishers, 1992, p.363.

⑦ General Editor: T. B. Smith, The Laws of Scotland(Vol.17), Law Society of Scotland/Butterworths, 1989, p.174.

此外，高级律师还可望被任命为各种公共机构负责人（chairmen of various public bodies）。① 必须强调的是，高级律师无论充任法官、检察官还是其他职位，他们仍然保有律师资格，是律师协会的成员。

（二）学术化的群体

1. 学术贡献

作为一个学术化群体，其能力与贡献最好的证明就是学术化苏格兰法的创建。学术化苏格兰法又可称为传统苏格兰法，是现代苏格兰法的根基（尤其在私法上），是16至18世纪继受罗马法的产物，与欧陆法同为学术法，即法律体制以法学学术为核心展开，经典法律著述（Institutional Writings）② 是法学学术的集中体现，大学是法学教育的场所，学说是法院的裁判依据，因此又可称之为"学术化苏格兰法"。③ 传统苏格兰法之学术化的最主要标志就是经典法律著述，这正是高级律师的贡献。

16世纪后期出版的克雷格（Craig）的《封建法》（Jus Fendale）和斯泰尔（Stair）的《苏格兰法学阶梯》（Institutions of the Law of Scotland）被认为是最早的经典法律著述（Istitutional Writings）。这是第一部比较系统论述苏格兰法的著作，它阐述了封建法一般原则及其苏格兰实例，是这一方面的权威著作，不仅在本国，而且在德国发行过。斯泰尔的《苏格兰法学阶梯》则被认为是苏格兰法的奠基之作和最高权威。

1681年《苏格兰法学阶梯》标志着现代苏格兰法的创建。它创造性地将罗马法、封建法和民族习惯法糅合为一体，借助自然法和圣经将其系统化，

---

① Nan Wilson, The Scottish Bar-The Faculty of Advocates Today, 1965/1966 Acta Juridica, pp. 227, 240 – 241.

② 在苏格兰，严格意义的经典法律著述是人们给予那些效仿《法学阶梯》，而且它们也自称"法学阶梯"的著述的名称。这些著述常常在宏大的范围上系统地阐述全部法律，或者，至少系统地阐述全部民法或全部刑法，即斯泰尔、麦肯齐、福布斯、班克顿和厄斯金的《苏格兰法学阶梯》。经典法律著述亦可扩及包括那些虽并未冠以"法学阶梯"之名，但都具有一般性的或至少广阔的论述范围的书籍。包括克雷格、贝尔、凯姆斯、麦肯齐、休谟、艾里森、福布斯等，所有这些著述都被认为具有高度的权威性，并对法律的形成和发展有着重大的影响。参见《牛津法律大辞典》，"Institutional Writings"条。

③ 关于苏格兰继受罗马法及学术化苏格兰法的形成，可参见"苏格兰的继受罗马法"，载《台北大学法学论丛》2010年第1期。

它在许多方面充满形而上学的玄学意味。它不仅是一个国内法概要，而且是关于比较历史和比较法学的著作。从原则导出规则，对规则进行解释和分类，在此过程中常常要诉诸实证法的哲学基础。尽管它吸收民法、教会法和封建法，但主要来源于苏格兰习惯法、判例和制定法。该书最大的特点是它始终将重点放在基本原则上，而且以一种与最宏大的、综合的比较法学相和谐的方式来系统地发展这些原则。它不仅仅是苏格兰法的概要，因为斯泰尔使整个法学都成为他的领地。[①]

17 世纪麦肯齐的《苏格兰法学阶梯》（Institutions of the Law of Scotland）是对苏格兰法基本原则的精要阐述，在厄斯金（Erskine）的《苏格兰法基本原理》（Principles of the Law of Scotland）问世以前，它一直是大学苏格兰法的标准教科书。他的《苏格兰刑事法律与习惯》（Laws and Customs of Scotland in Matters Criminal）则是刑法的权威著作。

18 世纪到 19 世纪初是学术化苏格兰法的成熟时期，尤其是"在法律人中学术第一次变得突出了"[②]：第一，出现了一大批经典的法学著作。第二，与前两个世纪相比，法学研究范围大大扩展，在以往的私法和刑法基础上又增加了衡平法、商事法、税法、宪法史、治安法官等新领域。第三，最重要的是罗马法体系在苏格兰法中完全确立，即《法学阶梯》模式支配着成熟的苏格兰法的内在体系结构。

除上述以外，苏格兰法历史上最杰出的法学家还有：17 世纪的霍普（Hope）、斯图尔特（Steward）、19 世纪的艾里森（Alison）、20 世纪的库柏（Cooper）等，上述包括但不限于经典法律著述作者，所有人无一例外是高级律师。

2. 学术职位

18 世纪随着苏格兰大学法律教育的发展，高级律师又成为法学教授的主要来源。最先是 1707 年爱丁堡大学设立的公法、自然法和国家法里格斯教席（regius chair），第一任教授就是大名鼎鼎的厄斯金，到 1890 年该教席先后被

---

① D. M. Walker, The Scottish Legal System, W. Green/Sweet & Maxwell Law Publishers, 1992, p. 114.

② Ibid., p. 125.

八位高级律师所占据，其中两人还担任过道德哲学教授，三人后来成为最高民事法院法官，两人成为议员。① 随后，1710 年、1719 年和1722 年分别设立民法、世界史和苏格兰法三个教席，高级律师协会提名这三个教席候选人，由爱丁堡市政委员会（Town Council）任命，习惯上协会总是提名自己的会员。② 直到 20 世纪 80 年代，民法和苏格兰法两个教席始终为高级律师垄断，而世界史教席除第一任外，18 世纪的后继者也都是高级律师。③ 另外，1713年设立的格拉斯哥大学民法里格斯教席也始终被高级律师所垄断。④ 20 世纪仍有许多著名的苏格兰法学教授，如戈登（Gordon）、沃克（Walker）、戈罗格（Gloag）、汉德森（Henderson）等，均为高级律师，而且一般是王室律师，个别如艾伦·沃森（Alan Watson），则是高级律师协会名誉会员，还有少数法学家如里德（Kenneth Reid）等是事务律师。⑤

　　20 世纪 60 年代以前，法学院多由律师担任兼职教师，⑥ 此后随着法学院的扩张，专业化加剧，兼职教师渐渐被全职教师取代，1991 年苏格兰各法学院约有 140 名学者，其中拥有高级或事务律师资格的不到 30%。⑦ 如果说历史上法学学者不过是高级律师中一个更杰出的群体，那么现在，法学学术的专门化日益导致法学学者与律师相分离，两者仅在一定程度上仍然相互重叠。不过，上述分析已经足以表明高级律师的学术素养和贡献无愧于其作为一个

---

　　① J. Lorimfr, The Chair of Public Law at Edinburgh, 4 Law Quarterly Review 153(1888), p.152. 另，该教席后改称公法教席，1832～1865 年一度中断，1859 年在高级律师协会建议下大学委员会才恢复。参见 General Editor: T. B. Smith, The Laws of Scotland(Vol. 13), Law Society of Scotland/Butterworths, 1992, p.531.

　　② General Editor: T. B. Smith, The Laws of Scotland(Vol. 13), Law Society of Scotland/Butterworths, 1992, p.504.

　　③ General Editor: T. B. Smith, The Laws of Scotland(Vol. 13), Law Society of Scotland/Butterworths, 1992, p.504. 以及 John Stuart Blackie, 'Scottish nationality' in Essays on subjects of moral and social interest, D. Douglas, 1890, p.220.

　　④ General Editor: T. B. Smith, The Laws of Scotland(Vol. 13), Law Society of Scotland/Butterworths, 1992, p.504.

　　⑤ 其中不乏世界级的法学家，如沃克和沃森就分别以《牛津法律大辞典》和《民法法系的演变及形成》而为中国法学界所熟悉。

　　⑥ General Editor: T. B. Smith, The Laws of Scotland(Vol. 13), Law Society of Scotland/Butterworths, 1992, p.425.

　　⑦ Ibid.

学术化群体，且此种学术传统今天仍在延续，最明显的标志是对高级律师学术资历的强调仍一如既往。①

（三）与大学骨肉相连

1. 大学是高级律师的摇篮

高级律师主要是在大学接受法律教育。

从 15 世纪末到 18 世纪中叶，苏格兰法律人大都有海外留学的经历，主要学习罗马法和教会法。据统计，从 1575 到 1608 年新增的 60 名高级律师中，绝大多数表示学过民法和教会法，2/3 自称有学术资历，20 人声称自己有在法国、比利时、意大利等国大学留学甚至任教的经历。② 17 世纪约 2/3 的高级律师上过大学，许多人留学大陆，前期主要去法国，1560 年后因为宗教改革的影响多去尼德兰。③ 1660~1760 年大约有 800 名苏格兰学生去尼德兰的大学研习民法，17~18 世纪仅莱登大学就接受多达 1600 名苏格兰学生学习法律。④ 后任最高民事法院院长的福布斯（Duncan Forbes）和邓达斯（Robert Dundas）——自然也是高级律师——当时分别就读于莱登和乌德勒支大学。

从 18 世纪中期到 19 世纪早期随着本土大学法律教育的发展，逐渐形成法律学徒们在本土大学接受法律教育的惯例。⑤ 从 19 世纪 60 年代到 1960 年，高级律师一般要求文学学士学位和法学学士学位，分别可以免考通识和法律。

1960 年后，通过减少 MA 和 LLB 的交叉课程，将原来 6~7 年的学习年限缩短为 3~4 年，⑥ 毕业后再进行实习。但是，70 年代以来，法学院越来越

---

① 参见前文。

② D. M. Walker, A legal history of Scotland(III), T. & T. Clark Ltd, 1995,386. Cf. R. K. Hannay, The College of Justice, Hector L. MacQueen eds, Scottish Academic Press Ltd., 1990, pp. 145 – 146.

③ D. M. Walker,A legal history of Scotland(IV),T. & T. Clark Ltd,1995,pp. 384 – 385.

④ Alan Watson, Legal Transplants, Second Edition, The University of Georgia Press, 1993, p. 46.

⑤ General Editor: T. B. Smith, The Laws of Scotland(Vol. 13), Law Society of Scotland/Butterworths, 1992, p. 420.

⑥ 以 LLB 为第一学位者 3 年获普通 LLB，4 年获荣誉 LLB，已获其他学位者 2 年可获普通 LLB。参见 Paul Maharg, 'PROFESSIONAL LEGAL EDUCATION IN SCOTLAND', 20 Georgia State University Law Review 947(2004), 949. 参见 Philip N Love, 'Legal Education in Scotland-The Diploma in Lega Practice', 9 International Legal Practitioner 88 (1984), p. 92.

觉得难以在提供学术训练的同时开设实用课程，而实习期的训练又根本不成系统，① 导致法学教育与实践出现脱节，为此，两大律师协会和五大法学院联合开设法律实务证书，由法学院具体组织实施，它已成为连接法学教育与实务的枢纽和高级律师与事务律师的必备条件，② 这使大学不仅是理论学习和学术训练场所，而且成为实务培训基地，从而进一步强化大学作为高级律师摇篮的地位。

2. 对大学的反哺

既蒙大学教育之赐，高级律师也十分关心促进大学及法学教育的发展。首先是促成法学教席的设立。大约从 1678 年起，协会的一些文件就反复提及设立法学教授之事，但经济原因导致该建议未能付诸实施，17 世纪末、18 世纪初，一些高级律师私下授课，如斯波兹伍德（Spotiswood）等，颇受欢迎，终于促成大学法学教席的诞生。③ 当时的法学范围广泛，如世界史等均属法学，所以法学教席的设立也带动其他相关学科的发展。其次，高级律师主导 19 世纪中叶大学的改革，当时杰出的布兰克斯勋爵（Lord Blencorse，曾任律师协会会长，后任阿伯丁大学、格拉斯哥大学校长和爱丁堡大学名誉校长）作为政府法律总顾问担任大学委员会（University Commissioners）主席，④ 委员会提出一项使苏格兰大学民族化的法案，作了许多重要改革。⑤ 高级律师协会于 1859 年向大学委员会提出法学教育的建议大半得到采纳，恢复爱丁堡大学几个法学教席，并新设法医学教席和 LLB，从而确立现代法学教育体制的基础。⑥ 今天两大律师协会和五大法学院联合组成的法律教育常设委员会

---

① Philip N Love, 'Legal Education in Scotland-The Diploma in Lega Practice', 9 International Legal Practitioner, 1984, p. 88.

② General Editor: T. B. Smith, The Laws of Scotland, Vol. 13, Law Society of Scotland/Butterworths, 1992, pp. 445,543.

③ R. K. Hannay, The College of Justice, Scottish Academic Press Ltd., 1990, pp. 156,158,161 – 162.

④ General Editor: T. B. Smith, The Laws of Scotland, Vol. 13, Law Society of Scotland/Butterworths, 1992, p. 531.

⑤ 张薇："苏格兰大学发展研究"，河北大学 2004 年教育学博士论文，第 89 ~ 91 页。《牛津法律大辞典》第 445 页，"Inglis"条。

⑥ General Editor: T. B. Smith, The Laws of Scotland, Vol. 13, Law Society of Scotland/Butterworths, 1992, p. 531.

仍是大学法律教育政策的制定者，在大学法学院进行的法律实务证书培训主要是法官和资深高级律师任课。

（四）巨大的文化贡献①

高级律师不仅具有优秀的法律素养和学术能力，而且也是一个高素质的文化群体；不仅是法律法学的发展者，而且是思想文化的开拓者。对早期的高级律师而言，这不仅受罗马法影响，而且与其出身密切相关。如 1695 年根据高级律师协会的调查，当时留学生年均花费 2000 马克（Mark），一般只有地主、贵族、商人、官吏才能负担得起。② 此后此种文化传统亦维系不坠。

1. 创办公共图书馆

苏格兰国家图书馆的前身是高级律师协会创办的律师图书馆（Advocates' Library），这是其文化贡献的主要标志，它"最清楚地表明了律师们的观念，即他们是拥有崇高社会地位的学术团体"。③ 1678 年高级律师协会决议建立一个法律图书馆，费用来自提高的入会费，理由是新会员将成为最大受益者，他们将获得高级律师的必备书籍，不必再劳民伤财去海外留学。④ 在法官们的支持下，⑤ 1680 年协会开始创办，1683 年正式建馆，其职员包括两名馆务委员（Curators，后增至六人）和一名管理员（Keeper），一般由律师大会从其成员中选举产生。⑥ 管理员一职虽然钱少权轻，却是当时学术界羡慕和尊敬的高雅职位，通常由学者出任，特别是著名哲学家休谟（David Hume）和弗格森（Adam Ferguson）曾先后任职。起初图书馆藏书主要是法学，"1683 年最高民事法院下属的律师图书馆里保存着 435 套共 591 卷图书，几乎全是关于法学的书籍，主要是罗马法，还有一些是希腊——罗

---

① 本节人物如无注明，请参见《牛津法律大辞典》《不列颠百科全书》及《苏格兰名人录》（A Biographical Dictionary of Eminent Scotsmen, Thoemmes Press 1996）相关词条。

② D. M. Walker, A legal history of Scotland(IV), T. & T. Clark Ltd, 1995, pp. 384–385.

③ General Editor: T. B. Smith, The Laws of Scotland(Vol. 13), Law Society of Scotland/Butterworths, 1992, p. 504.

④ R. K. Hannay, The College of Justice, Scottish Academic Press Ltd., 1990, p. 156.

⑤ B. S., February 7,1679. 转引自 R. K. Hannay, The College of Justice, Scottish Academic Press Ltd., 1990, p. 157.

⑥ William K. Dickson, 'The Advocates' Library', 14 Juridical Review 1,1902, pp. 1–4.

马和荷兰法学家著述,法国习惯法文献和《君主统治》"。① 但其范围慢慢拓展,特别是从 1709 年起,图书馆成为苏格兰唯一保存大不列颠出版物的指定图书馆,② 获得国家图书馆的地位,除法律部分外,它成为一个公共图书馆,1849 年副总检察长向下院公共图书馆调查委员会表示:"尽管图书馆是律师们的财产,但实际上它是公共财产,大不列颠再也找不到比它更向公众开放的图书馆。"③ 18 世纪中叶它又成为苏格兰历史档案和文物的保存所。④ 在长达两个多世纪的岁月里,律师图书馆一直是苏格兰乃至英国最好的图书馆。⑤ 直到 1925 年律师图书馆才将除法律部分外所有藏书和藏品移交新建的苏格兰国家图书馆,恢复其作为律师协会之专业图书馆的本来面目。

2. 思想贡献

高级律师曾经为苏格兰启蒙运动作出突出贡献。苏格兰启蒙运动发生于 18 世纪后半叶,它与法国共同构成欧洲启蒙运动的两翼,伏尔泰曾评价说,我们通过苏格兰看到了所有追求文明的信念。⑥ 运动中心爱丁堡被称为"北方的雅典""学者的真正舞台"(休谟语)。在这场流芳百世的运动中,律师们扮演着重要角色。

科学辉格党的领袖是法官凯姆斯勋爵,许多成员是高级律师。……(爱丁堡)黄金时代的代表们在很大程度上受到凯姆斯的鼓舞,从广泛的视野来研究法律,在法庭上,亚当·斯密几乎被当作法学权威一样来引用。他们的特点就像凯姆斯那样,法学研究的范围包括社会人类学、比较法和经济学。……18 世纪苏格兰律师的智识力量大概比任何时候都强大,在这一意义上,他们是国家生活的塑造者和领导者。⑦

---

① D. M. Walker, A legal history of Scotland(Ⅴ), T. & T. Clark Ltd, 1995, pp. 415 –416.

② William K. Dickson, 'The Advocates' Library', 14 Juridical Review 1,1902, p. 16.

③ Ibid., p. 121.

④ Ibid., pp. 15 –16.

⑤ Ibid., p. 1.

⑥ http://wiki. keyin. cn/index. php? title = % E8% 8B% 8F% E6% A0% BC% E5% 85% B0% E5% 95% 9F% E8% 92% 99% E8% BF% 90% E5% 8A% A8&variant = zh – sg#. E5. 93. 88. E5. A5. 87. E6. A3. AE 3/1/2007 9:22:43 PM.

⑦ Nan Wilson, 'The Scottish Bar: The Evolution of the Faculty of Advocates in Its Historical Social Setting', 28 Louisiana Law Review 235, 1967 –1968, pp. 244,252.

最富代表性的是杰出的人文主义者凯姆斯勋爵（Henry Home, Lord Kames），他不仅是苏格兰启蒙运动中最著名的法学家，① 而且是启蒙运动的强大后盾，著有多种哲学、历史、人文作品，曾赞助斯密在爱丁堡开设修辞与文学讲座，后帮助斯密取得格拉斯哥大学逻辑学教席。启蒙运动的代表们虽然不是律师，但往往与之有千丝万缕的联系，如前述著名哲学家休谟和弗格森都曾担任律师图书馆管理员，休谟更是出身于法律世家。② 此外，亚当·斯密的前驱，英国政治经济学之父詹姆斯·斯图亚特爵士（Sir James Steuart of Coltness, Baronet）亦是律师，家学渊源。③ 作为启蒙运动主要内容的道德哲学也包括自然法，休谟和斯密都研究过自然法。④ 以自然法为理论基础的改革法律文典的出现与高级律师协会的运动不谋而合，格拉斯哥大学第一任民法教授、高级律师米勒也顺应协会对自然法资质的呼声，以此发展他的罗马法课程。⑤

流风余韵及于后世，如，19 世纪的布兰克斯勋爵曾致力于推动大学改革发展，20 世纪身为最高民事法院院长的库柏有广博的学识和兴趣，曾任苏格兰历史学会和斯泰尔学会理事会主席，做了大量推动学术研究的工作。

3. 文艺贡献

高级律师对苏格兰文艺也有深远的影响。最著名的苏格兰文学家司各特和斯蒂文森均为律师。前者是英国著名的小说家和诗人，曾在爱丁堡大学读法律，毕业后当过 8 年律师，1799 年任苏格兰塞尔扣克郡首席行政司法官，后任最高民事法院书记官（Clerk of Session）直到去世，代表作《中洛克郡的心脏》《艾凡赫》（又名《撒克逊劫后英雄传》）；后者曾在爱丁堡大学攻

---

① Michael Lobban, A Treatise of Legal Philosophy and General Jurisprudence（Volume 8），Published by Springer, 2007, p. 115.

② 休谟父亲约瑟夫·霍姆从事法律职业，母亲凯瑟琳是曾任苏格兰最高民事法院院长福尔先纳爵士的女儿，侄儿休谟是爱丁堡大学苏格兰法教授，经典法律著述作者之一。

③ 其祖父、父亲分别担任过总检察长和副总检察长，前者还是政治学家，外祖父曾任最高民事法院院长。

④ ［丹］努德·哈孔森：《立法者的科学：大卫·休谟与亚当·斯密的自然法理学》，赵立岩译，刘斌校，浙江大学出版社 2010 年版。

⑤ ［丹］努德·哈孔森：《自然法与道德哲学：从格劳秀斯到苏格兰启蒙运动》，马庆、刘科译，浙江大学出版社 2010 年版，第 142 页。

读法律，1875 年成为开业律师，代表作《金银岛》《化身博士》。罗斯霍的乔治·麦肯齐爵士（Sir George Mackenzie of Rosehaugh），杰出法律家，经典法律著述作者之一，律师图书馆的创建者，在苏格兰文学史上亦有重要地位，其《阿雷蒂娜，或严肃的罗曼史》（Aretina, or the Serious Romance）大概是苏格兰第一部小说。诗人罗伯特·弗格森（Robert Fergusson）作为 18 世纪苏格兰文学复兴运动领袖之一，虽非律师，却曾任爱丁堡一律所文书，与律师素有渊源。除上述最杰出者以外，稍逊一筹的也大有人在，如 16 世纪克雷格就写过许多拉丁文诗歌。①

此外，还有些科学和学术巨匠虽然不是律师，但却与律师有某种特殊联系，最著名莫过于詹姆斯·克拉克·麦克斯韦（James Clerk Maxwell）和约翰·斯图亚特·穆勒（John Stuart Mill），前者出身于律师家庭，因发现电磁理论而与牛顿、爱因斯坦齐名；后者其父希望他成为律师，曾攻读罗马法，后任东印度公司印度署检察处检察官、处长，代表作《论自由》。

在上述四个特点中，第一个特点垄断法律界领导阶层显然同于英格兰，其余三项，重视学术、与大学骨肉相连、文化贡献突出，充分说明高级律师具有深厚的人文底蕴与学术素养，这近于大陆法系。

---

① 高级律师从事文艺、历史、哲学的一个不完整的名单如下：

17 世纪后半叶，有戏剧家威廉·克拉克（William Clerk）、诗人威廉·道格拉斯（Willian Douglas）、藏书家亚历山大·萨登（Alexander Seton of Pitmedden）、约翰·劳德（John Lauder of Fountainhall）等。（General Editor：T. B. Smith, The Laws of Scotland（Vol. 13）, Law Society of Scotland/Butterworths, 1992, p.503.）

劳德，约翰爵士，方丹霍尔勋爵（Lauder, Sir John, Lord Fountainhau, 1646 ~ 1722），历史学家；

詹姆斯·安德森（James Anderson, 1662 ~ 1728），文物收藏家、家谱学家；

詹姆斯·伯内特，蒙博多勋爵（James Burnett, Lord Monboddo, 1714 ~ 1799），语言和哲学学者；

詹姆斯·博斯韦尔（James Boswell, 1740 ~ 1795），作家，著有多部游记和传记；

泰特勒，亚历山大·弗雷泽，伍德豪斯利勋爵（Tybler, Alexander Fraser, Lord Woodhouoelee, 1747 ~ 1813），传记作家；他的儿子帕特里克（1791 ~ 1849）也是传记作家；

科伯恩，亨利·托马斯（Cockburn, Henry Thomas, 1779 ~ 1854），作家；

伯顿，约翰·希尔（Burton, John Hill）（1809 ~ 1881），历史学家；

麦克唐纳，约翰·海·阿索尔爵士，金斯伯勒勋爵（Macdonald, Sir John Hay Athole, Lord Kingsburgh, 1836 ~ 1919），作家；

肖，托马斯勋爵，后为克雷格迈男爵（Shaw, Lord Thomas, later Baron Craigmyle, 1850 ~ 1937），作家。

以上九人参见《牛津法律大辞典》相关词条。

　　总之，16 世纪以来苏格兰继受罗马法导致高级律师的最初形成，并使其具有与大陆法系同样的思想理念，而 18 世纪末以来英格兰法的影响与改造最终决定高级律师作为法律职业中坚的地位。高级律师一方面重视人文学术，以大学为摇篮，另一方面垄断法官和王室检察官，等同于资深法律家及其候补；他们一方面作出巨大的学术文化贡献，另一方面又始终引领苏格兰法的发展。如果说，英格兰法律家代表是机智的法官，法国是出席法庭的辩护律师（avocat），德国是学识渊博的法学博士，① 那么苏格兰法律家代表当是兼具大陆法系与英美法系双方优势的高级律师。

---

　　① ［德］K. 茨威格特、H. 克茨：《比较法总论》，潘汉典等译，法律出版社 2003 年版，第197 ~ 198 页。

美国曾格案树立的传统

江　峰[*]

对于作者来说，祖述发生美国殖民地时期最为有名的新闻出版自由案件——曾格案毫无疑问具有极大的挑战性。这是因为曾格案实在是太重要了，以至于任何研究美国乃至西方新闻自由传统的人都无法绕开它。1733～1735年的曾格案是美国自由史上（尤其是新闻自由史上）具有里程碑意义的案件。该案确立的"新闻自由原则"仍然强劲地影响着当今世界，这印证了马克思在《论普鲁斯书报检查制度》中提出的论断，即"新闻自由就是人类自由的实现。……没有新闻自由，其他一切自由都会成为泡影"。[①] 同时，他也把言论和出版自由看作人民群众表达思想的重要途径，他认为"自由的出版物是人民精神的慧眼"。[②] 同时，"出版物是历史人民精神的英勇喉舌和它的公开表露"。[③] 因此，任何研究新闻传播理论方面或者宪政方面的学者都必须研究该案所透视的自由精神与所确立的法律传统。

一、案件的起因

当历史的车轮碾过一个多世纪之后，美国殖民地的发展亦日益步入正轨，殖民地经济得到较快的发展，民主政治事务虽在清教主义与殖民地经验的融合之下逐渐得到拓展，但仍然难以满足富足的商人和地主在政治上愈加膨胀

---

[*] 江峰，北京市教科所。
[①] 《马克思恩格斯全集》，第1卷，第79页。
[②] 《马克思恩格斯全集》，第1卷，第74页。
[③] 《马克思恩格斯全集》，第2卷，第105页。

的权利欲望。1733~1735 年发生的曾格案恰恰正是纽约殖民地的部分富商和地主与以威廉·科斯比爵士（Sir William Cosby）为首的殖民当局之间进行权利斗争和温和革命的一个经典缩影而已。

1733 年，纽约有一批富商和地主坚决要求对该殖民地事务享有更大的控制权。但他们无法将这一想法通过报纸迅速告诉给纽约殖民地人民，因为纽约此时只有一份报纸——这就是创办于 1725 年的《纽约公报》（New York Gazette），并且该报为坚定的保皇派威廉·布雷德福①所控制。恰逢其时，作为布雷德福的学徒与合伙人身份的约翰·彼得·曾格也开办了一个印刷所。这样，商界的一个代表团找上门来询问曾格是否愿意办一份报纸，条件是发表能够代表商人和地主利益的新闻观点。

纽约商界提出这一要求是有其复杂的历史背景的。1732 年，前来接任纽约殖民地总督职位的是威廉·科斯比爵士。他一到达纽约就要求代理总督职务②的里普·范·达姆将他在任职期间征收来的收入的一半分给他，科斯比的行为自然遭到了范·达姆的拒绝，于是就引发了范·达姆的诉讼。本来，与金钱有关的案件必须在普通法院进行审理，但科斯比却将该案转到他控制的大法官法院进行审理。审理此案的主审法官刘易斯·莫里斯因支持范·达姆而被撤职。由此，范·达姆与莫里斯结成联盟要求英国政府紧急召回科斯比。另外，还有诸多的反对派势力指控科斯比的许多不良行为。科斯比在这种背景下逐渐变成了一只温顺的猫，也正是在这种背景下，发生的曾格案才能得到较为满意的解决。

―――――――――

① 其人是一个著名印刷业世家的缔造者。他于 1692 年因一次轻微的过失被捕，因此他宣称他将自己的印刷所撤到纽约以外的地方，纽约官员因需要依靠他的印刷所向公众传播政府、宗教与商业信息而与布雷德福妥协，最终议会撤销了对他的起诉，并答应每年赐给他 40 英镑的聘金，一切印刷事宜由他自理，对于一个享受政府补贴的印刷商来说，他是不可能印刷任何反对殖民政府的反面宣传材料的。对于布雷德福来说，他已成为英国政府在美洲殖民地对记者与印刷商实行津贴制度的俘虏。此后，他当然成为一个坚定的保皇派。1725 年，布雷德福创办了纽约殖民地第一份报纸——《纽约公报》，该报自然而然成为殖民政府宣传殖民政策、控制大众舆论的官方工具。其实，布雷德福 1692 年的案件中就提出了一个重大的法律问题。他辩称在审理此类案件时，陪审团应同时负责事实与法律两方面的审判。布雷德福的这一观点成了此后曾格案审判中的重中之重的问题。

② 因前总督逝世，继任总督威廉·科斯比在 13 个月之后才从伦敦赶到纽约殖民地，这期间由范·达姆代理总督职务。

1733 年 11 月 5 日，曾格正式出版了第一期《纽约新闻周刊》（New York Weekly Journal）。出版的前一天，该周刊就与行政当局发生冲突。冲突主要包括两个方面：一是该报对在补缺选举中当选为议员的刘易斯·莫里斯进行了报道；二是对科斯比总督听任法国军舰对南部海湾的防御工事进行侦察一事进行了攻击。这种追求新闻的真实性和敢于究举政府失职的办报风格深受自由熏陶的殖民地人民的喜爱，曾格为此不得不大量加印周报以满足广大受众的猎奇之需。曾格之举激怒了深受英王室报刊出版集权主义传统熏染的科斯比总督，他利用咨询会议中的一批人以"对政府进行无耻中伤和恶毒谩骂，试图煽动反政府情绪"之名对曾格采取行动。于是，人类历史上伟大的新闻自由案的主角——曾格于 1734 年 11 月 17 日以"煽动闹事"的罪名被捕。

二、曾格案的反诘

"越是事实，就越构成诽谤"，意即如果一个人讲的事情都是真的、如果他越是讲真话，他就有可能构成诽谤罪。这一原则听起来让人匪夷所思，这明显是政府纵容人们讲假话，当然，对专制政府而言，它需要的就是人们漠视乃至无视政府行为是否具有正当性与合理性，但它却是英美法律史尤其是英美新闻自由史上的一重要原则；因为它的存在既阻却了新闻自由的进步，又成为英美新闻自由前进中的必不可少的羁绊。

（一）诽谤的含义

如果要想真正弄懂曾格案中所蕴含的法律精神和新闻自由的真谛，就必须了解什么是英美法的诽谤？所谓诽谤（Defamation）是指通过向第三者传播虚假事实而致使他人（申诉者）声名狼籍，旨在非法损害他人名誉。这是一个笼统的法律概念。在英格兰法中，破坏名誉分为二种形式，一是指有固定形式的书面诽谤，二是指口头诽谤，即以言辞进行诽谤，书面诽谤既是民事侵权行为，也可能构成刑事犯罪（诽谤罪）。无论通过什么手段，只要传递有损他人名誉的言论，均为诽谤。某种言论如果经社会中具有正常思维能力成员判断，认为有损于他人的自尊心和名誉，那么该言论即为诽谤。诽谤包括诬蔑他人犯罪、品德不良或（指责）工作不称职等。恶意可以从诽谤性诋毁的传播来推定，而无须加以证明。对诽谤加以辩护的恰当理由有：所控告的内容事实上是真实的；激烈辩论中的言辞；或者正当采用的自我保护的手段；是对某一真实事实的公正评价；或是对公开诉讼的公正报道；或所指控的内容受绝对特权或有限特权的保护。①

布莱克法律辞典将"诽谤"一词做了较好的界定与详细的划分。它认为诽谤是指有意通过书面发表或公开言说的方式传播有损于他人名誉或良好声名的错误信息的行为。它既有可能是刑事犯罪又有可能是民事侵权。它具体包括书面诽谤（libel）和口头诽谤（slander）。② 该辞典将 libel 界定为诽谤（defamation）的一种方法，即通过印刷、书写、图画或符号等方式来实现。在大多数意义上，任何出版物都有可能对他人名誉造成损害。③ 该辞典将 slander 界定为口头诽谤，对他人的行为用错误或恶意的言语进行表达，从而对他人名誉造成实质损害的效果。Slander 由以下实质要素构成：一是对他人的错误和以诽谤为目的的表述；二是不享有任何特权的传播给第三人；三至少是对出版者部分的疏忽的错误解释；四是不顾损害的表述的可起诉性或者由出版物引起的专门损害的存在。"libel" 和 "slander" 是诽谤的两种方法，前者通过印刷、书写、图画和符号来表达，后者通过口头或及时的手势来表达。④

总之，诽谤是通过书面或口头的方式将错误事实传播给不特定的第三人，目的是给他人名誉造成损害。由此可见，诽谤一定要有对事实进行了错误的传播行为。如果说所传播的事实是真实的，那么就不构成诽谤。这一理论恰是辩护律师安德鲁·汉密尔顿为曾格案进行辩护的关键点。

（二）此诽谤非彼诽谤与批评政府之权的合法性

如果说弥尔顿发出的"出版自由"的呐喊拉开了摆脱"事前约束原则"的序幕，那么曾格案其实就是向"事后惩罚原则"发起攻击的第一步。

---

① 这只是对"诽谤"一词定义的节选，具体内容参见［英］戴维·M. 沃克：《牛津法律大辞典》，光明日报出版社 1989 年版，第 249 页。

② HENRY CAMPBELL BLACK, M. A. BLACK'S LAW DICTIONARY, ABRIDGED SIXTH EDITION, THE PUBLISHER'S EDITORIAL STAFF. p. 288.

③ Ibid., p. 632.

④ Ibid., p. 966.

英国政府在都铎时代前后对日益威胁政府统治的出版业采取了"事前约束"与"事后惩罚"相结合的措施。随着新兴力量的兴起,弥尔顿高举起了代表该力量的"出版自由"旗帜,这对政府实行的"事前约束原则"产生了一定的冲击,"事前约束原则"遂终结于 1694 年议会对出版管理法的废止。

曾格案所体现的分歧是被告、辩护方与殖民当局之间的原则分歧,曾格案所坚持的诽谤乃是指有意捏造虚假的事实而导致第三人名誉与声望受到损毁的结果。换言之,该案始终坚持只要是真正发生的事实就不是诽谤。这一原则同英王室与殖民当局所坚持的诽谤原则存在着严重冲突。

殖民地时期,通过曾格案的审判至少昭示于后人这样三条法理:其一,该案还诽谤以本来面目。本案呈现在后人面前的是汉密尔顿所主张的诽谤与殖民当局所主张的"事实诽谤"之间的激烈冲突。其二,该案的被告曾格正是为了捍卫人民所享有的正当的批评政府之权而受到政府指控的。人民通过报业和舆论享有的批评政府之权,其实在曾格案中已通过判例的形式提出来,该权利后来为制宪者以宪法的形式加以确认。其三,该案的结果以科斯比总督的退让与妥协而告终,该案虽未成为判例,但其后的殖民地历史上再没有发生类似的诽谤案件。从该案中也可以得出:妥协是政治的灵魂。政治的艺术其实就在于妥协,善于妥协才是政治的真正出路之所在。曾格案所树立的三大法理传统不仅为建国后的美国所承袭,而且在后世的重大案件和事件中每每还能看到曾格案所遗留的法理遗痕。

三、为出版自由辩护

如果没有杰出的律师安德鲁·汉密尔顿的参与辩护,也许就不会有今天人们所看到的成为美国新闻出版自由史上里程碑式的曾格案。

由于总检查长理查德·布拉德利的"起诉书"等原因,使得对曾格的审判一直推迟到 1735 年 8 月 4 日才开始。殖民当局对律师的更换[①]引发了人们对曾格案辩护问题的高度关注。曾格案的辩护问题引起了殖民地最有名的律

---

① 亚历山大和史密斯对起诉的有效性提出质疑时被殖民当局剥夺了律师资格。

师之一安德鲁·汉密尔顿（Andrew Hamilton）① 的严重关切，他不顾体弱多病、年老体迈（其时已 60 岁高龄）自愿赶到纽约为曾格辩护。

汉密尔顿的伟大抗辩主要是围绕着三个方面的问题进行的：首先，从法律上看，为曾格辩护的核心是诽谤之讼。汉密尔顿的辩护主要从诽谤的真实性问题出发并抓住了问题的实质。针对法官引经据典，引用一系列法院判例证明曾格的诽谤罪成立时，汉密尔顿援引保护公民权利的经典文献——《英国大宪章》（Magna Carta）② 来证明他的观点，并力陈法官所引判例早应随着星座法院的死亡而消失。对于法官的无知，汉密尔顿将其批驳得体无完肤，他说："如果诽谤是像检察官先生极力主张的那样是在广泛而无限的意义上来理解，那么就我所知几乎没有什么文章可以不被称为诽谤，或几乎没有什么人可以不被责为诽谤者。因为，尽管摩西很谦和，但他还是诽谤了该隐，而又有谁没有诽谤过魔鬼呢？"③ 因此，汉密尔顿始终坚持认为，只有"谎言才构成中伤，才构成诽谤"。曾格只不过揭露出了政府所不愿意揭露的事实而已，怎么能构成诽谤呢！

其次，从民主的角度看，报业和人民是否享有评价和批评政府的权利。汉密尔顿在为诽谤是否成立的问题上就已经对人民享有的批评权进行了间接的辩护。如汉密尔顿一开始便针对布拉德利关于政府是神圣的说法进行了有力的辩驳，他对那种认为受坏政府折磨的几个人的正当抱怨就是在诽谤那个政府的观点嗤之以鼻。汉密尔顿认为人民和报业享有的评价与批评政府的权力应当具有其合法性。对政府官员进行批评的权利是新闻自由的主要柱石之一。④ 批评政府之权也是汉密尔顿对"事实诽谤"之谬误进行救济的一个自

---

① 安德鲁·汉密尔顿（约 1676~1741 年），殖民地最有名的律师之一，出生于苏格兰。他教过书，后经学习考取律师资格，在马里兰州议会下院工作。在伦敦学习法律后定居费城，他在费城逐渐成为一个杰出的律师。

② 《英国大宪章》是 1215 年英国封建领主、贵族与约翰王斗争时迫使国王妥协的产物，是一部保障部分公民权利和政治权利的宪法性文件，后来成为美国殖民地人民反抗英国暴政的原始权利。

③ 戴安娜·拉维奇编：《美国读本——感动一个国家的文字》（上），林本椿等译，三联书店 1995 年版，第 17 页。

④ The others are：(1) the right to publish without official license, established in America by James Franklin；and (2) the right to report matters of public interest, which was not widely recognized until well into the nineteenth century and is still contested.

然延伸。在很大程度上，衡量民主的尺度在于报业和人民在多大程度上享有分享政府信息，参与、评价以及批评政府决策的权力。

最后，曾格案的辩护成功与否是关乎整个美洲的新闻出版自由乃至全部自由的存费与兴衰的大问题。对于所谓的诽谤案引发的新闻出版自由与自由危机问题，汉密尔顿从三个方面进行了充分的论证：其一，他援引古罗马人的例子要检察官先生引以为戒，并认为法庭犹如报业一样，有责任保卫民主的人民所珍视的自由。其二，自由是珍贵无比的，它是权力对抗性的产物。因为只有它才能遏止权力的泛滥。其三，曾格所涉及的讼事是美洲大陆乃至整个自由的讼事。

由于汉密尔顿是凭借律师的良心，为了美洲乃至人类的自由与正义事业，不顾羸弱多病之躯而甘愿前往纽约法庭为曾格提供辩护。如其所言，我还是认为我有责任，在需要我的时候，去最边远的地方，用我的服务去帮助熄灭对新闻报道起诉的火焰。正是他的良心与强烈的责任心决定着他为美洲的新闻自由事业作出了最伟大与最成功的抗辩，使其与曾格案一起名垂千古。

当然，曾格案在法律上最终确立了陪审团同时拥有对事实与法律进行判决的权利，其中三点不容忽视：(1)该案通过对"事实诽谤"的抗辩还诽谤以真正面目，这不仅极大地限制了政府专权的兽性，而且为美国建国后新闻自由方面的诽谤案一步步地突破"事后惩罚原则"奠定了基础；(2)曾格案以无可辩驳的事实说明了批评政府之权的合法性与正当性；(3)妥协是政治的灵魂①，对于政府的统治者来说，善于妥协才是政治的艺术与精髓，才能促进政治逐渐的发展。对于普通民众来说，只有善于斗争，才能获得真正的自由。从这个意义上讲，自由并不能靠统治者主动地赋予，而只能由少数富有智慧与先知之人经过不懈地斗争得来。

在人类法律历史上，曾格案首次奠定了两个法律原则，即"新闻自由原则"与陪审团否决权。这两大原则历经变迁，最终为美国宪法所确认，曾格案所创立的传统经过宪法而权利化。

---

① 此语为阿克顿勋爵的经典名言，参见阿克顿：《自由史论》，胡传胜译，译林出版社2001年版，第181页。原话为："历史不能任意炮制，而是需要积极的整合；妥协是政治的灵魂——如果说不是其全部的话。"

"法特瓦"中的穆斯林女性婚约同意权[*]

费晶晶^{**}

伊斯兰教法认为，婚姻关系是民事契约关系的一种，属于世俗法律调整的范畴，其核心是双方当事人的合意。伊斯兰婚姻的成立以婚约的缔结为标志，在排除法定结婚障碍的条件下，只要满足求婚（ijab）与同意（qubul）两个必要条件（相当于"要约"与"承诺"），婚姻即得以成立。穆斯林女性通常由她的监护人代为缔结婚约，这就涉及女性对将要缔结的婚约是否同意的问题，即她的婚约同意权能否真正实现的问题。

作为契约的一种，伊斯兰婚约具有三个特点：一是合意，即无婚约双方的合意，婚姻关系不成立；二是自由，即根据合意或者法律规范，双方可以自由规定婚约条款的内容；三是可诉性，即婚约在法定范围之内具有转化为法律案件的可能性。穆斯林女性的婚约同意权与上述三个特点紧密关联。所谓女性婚约同意权，是指在监护人代其行使婚约缔约权的情况下，女性是否同意缔结婚约的意思表示权。它是伊斯兰婚约成立的关键要素和必要条件，也是体现穆斯林男女婚权平等的主要表现之一。古典伊斯兰法学家们一致认为，女性的婚约同意权是婚约成立的必要条件。但是，女性的婚约同意权也受到来自法律与实践的双重限制和影响。就法律方面来说，在各学派的法律学说和规范中，依然存在对女性行使婚约同意权的限制。此外，地方习惯和习俗，例如，抢夺婚和换婚等婚姻形态的存在，也严重侵害了女性的婚约同

---

* 基金项目：内蒙古自治区高等学校科学技术研究项目（NJSY13194）。

** 费晶晶，内蒙古财经大学法学院。

意权。婚约同意权的救济一般通过司法途径得以实现，司法救济途径是否畅通，与法官具有很大关系，而穆夫提作为个案中法官的"法律顾问"，在其中起到的作用非常重要，同时，由于古典伊斯兰法学的"民间化"特点，不经过司法途径而单独向穆夫提咨询"法特瓦"（fatwa，法律意见）这种做法也较为常见。

"法特瓦"是穆夫提在特定历史、社会和法律语境下作出的法律解释意见，具有地方性和时代性的特点。因资料所限，本文所涉及的"法特瓦"集中在 17 世纪至 18 世纪奥斯曼帝国时期的叙利亚与巴勒斯坦地区的婚约文献材料，[①] 笔者拟从以下三方面对其进行阐述：成年女性的婚约缔结自主权、未成年女性的婚约自主权以及完全剥夺女性婚约同意权的"异型婚约"。

一、穆夫提对成年女性婚约缔结自主权的确认

通常情况下，穆斯林女性由监护人代表其缔结婚约，因此，在婚约关系的缔结过程中，监护人的缔约代表权是否反映了被监护人的真实意愿，是女性婚约同意权能否实现的主要原因。在古典伊斯兰法框架下，监护人的意愿及其权限的行使成为影响女性婚约同意权的主要原因之一。根据古典法学流派的主张，监护人在成年女性缔结婚约方面的权限可以分为婚约缔结之前和婚约缔结之后两种情形。

就第一种情形而言，法学家主要关注的是成年女性是否有权自己缔结婚约。各法学流派在这一方面主张迥异，大致可以分为两种观点。一种观点认为只要待嫁女为处女，那么父亲作为婚约监护人的强制权就一直存在。[②] 不过，承认强制权存在的沙斐仪学派与罕伯利学派的法学家们，强烈建议这种婚约需要得到女儿的同意。这里需要注意的是，法学家们的提议只具有道德约束力而非法律强制力，也就是说，如果与女儿协商失败，或者遭到女儿拒

---

① 本文所采用的"法特瓦"，主要来自于以下著作：Judith E. Tucker, Questions of Consent: Contracting a Marriage in Ottoman Syria and Palestine, Harvard University Press, 2008; Muhammad Khalid Masud, Brinkley Messick, David S. Powers (editd), "Islamic Legal Interpretation: Muftis and Their Fatwas", Harvard University Press, 1996.

② 非处女的成年女性，不受强制权影响。在没有得到其同意的情况下，所缔结的婚约无效或者不具备法律效力。

绝，也不会影响婚约的效力。而马立克学派就此提出了一种中庸的解决方法，主张父亲可以与女儿签订一项声明，即宣称女儿达到成年，智识成熟。在这种情况下，父亲丧失强制权，女儿同意婚约的意思表示成为父亲为她缔结婚约的必要条件。另一种观点认为，未经成年待嫁女儿的同意，父亲不能为其缔结婚约。在晚近哈乃菲学派的法律文献中可以发现，这种区分的根据是所谓个人"理性"的成熟，即成年女性和男性没有区别，"她自行缔结婚约的权利和她缔结其他契约的能力是一样的"。[①] 因此，监护人必须向被监护人提供新郎的详细信息，以便她能够根据所描述的情况来正确表达自己的意见。

第二种情况，即"婚约缔结之后"，是指在没有监护人参与下女性所缔结的婚约是否有效的问题。在这一问题上，古典法学家的主张同样也可以分为两派。一派主张，成年女性在没有监护人参与下完成的婚约无效，代表有马立克学派、沙斐仪学派和罕伯利学派。他们认为，成年女性可以缔结其他类型的契约，但是婚约必须由监护人代表自己完成。也就是说，即使缔约的准新郎符合伊斯兰法中关于新郎适婚性的要求，监护人也有权拒绝成年女性单独缔结的婚约。如果因此产生冲突，这三个学派的解决方法却不尽相同：根据罕伯利学派的观点，女性可以选择次级亲等的亲属作为自己的监护人，或者请求法官介入。而根据马立克学派和沙斐仪学派的观点，她应当寻求司法协助。沙斐仪学派还主张，具有强制权的监护人的意见优先，否则，"应当以女性的选择为标准"。另外一派以哈乃菲学派为代表，主张监护人只是未成年女性的缔结婚约的必要条件，对于成年女性的婚约而言，监护人是一个选择性要件，无监护人参与而缔结的婚约有效。但是，哈乃菲学派认为，如果新郎是非适婚人选，监护人有权在法官的干预下解除婚约，即对成年女性独立缔结婚约设定了限制。[②]

女性婚约缔约权是婚约同意权更为积极的一种表现形式。上述古典法学

---

① Al-Marghinani, al-Hidayah: the Guidance, Imran Ahsan Khan Nyazee(trans), Amal Press, 2006. 1: p. 504.

② 关于这一类型婚约的效力，哈乃菲学派内部也有一定的分歧。哈乃菲本人认为，成年女性单独缔结的婚约，与她缔结其他的契约一样，具有法律效力，但是他的得意门生 Abu Yusuf 则主张在监护人确认婚约之前，婚约效力待定。Abu Yusuf 认为女性独立缔结婚约，其效力待定，但是某些材料也显示，他也同意这种类型的婚约有效。

家针对成年女性婚约缔约权的观点可以概括为：有条件的承认。与此相比，穆夫提的态度更为明确。

穆夫提认为，不能在违背成年女性的意愿和未征得她同意的情况下强迫她结婚，主张成年女性可以自由缔结婚约，支持她们的婚约同意权。而且，对于没有监护人介入的婚约，也得到了穆夫提的肯定。也就是说，在成年女性婚约同意权方面，穆夫提的观点不仅和古典法学理论一致，而且在一定程度上，放宽了古典理论的条件和范围。

二、穆夫提对未成年女性婚约同意权的认定

根据古典法学理论，父亲有权为未成年女儿缔结婚约而不需要征得其同意。这一权利在阿拉伯语中称为"ijbar"或者"ilzam"，即强制权或者胁迫权的意思。在一些学派中，这一权利延伸至祖父，罕伯利法学派的一些法学家甚至同意这一权利延伸至未成年女性的兄弟或者叔父。其中父亲和祖父作为未成年女性的监护人，被认为具有强制权，而具有强制权的监护人所缔结的婚约，在被监护人成年以后也不能通过"青春期选择权"而解除。①

学者研究表明，叙利亚和巴勒斯坦地区穆夫提签发的"法特瓦"（17 世纪至 18 世纪）均认为未成年女性的监护人（通常为父亲，父亲去世的情况下为祖父）可以未经其同意而为她安排婚姻。因未成年人不具备法律行为能力，所以她没有拒绝的权利。也就是说，父亲可以在女儿未成年时为她安排婚约，从而规避古典法学理论中"女性婚约同意权"的要件。但是，女性可在成年后重新激活"青春期选择权"，从而拒绝此类婚约。下面这则"法特瓦"就说明了这一问题。

问题：某寡妇将（未成年）女儿许配于一位具备"适婚资格"的男子，这位男子提供了适宜的聘仪，二人完婚。之后，当女儿达到成年的时候，她选择司法离婚，并且向法庭申请通过法律程序解除婚姻关系。法官裁定婚姻

---

① 青春期选择权（Khiyar al-bulug）是指未成年人成年以后，有权取消之前婚约的权利。它适用于非父亲或祖父订立的婚约。青春期选择权对于未成年女性的意义远远大于男性。因为男性在其成年之后可以通过休妻而使婚约关系解除，而女性则不能通过这一方式解除婚约关系。因此，青春期选择权为她们提供了解除婚约关系的有效方法。

取消。根据以上论述，请问，法庭的取消裁定是否有效？

回答：因为原告满足法定条件，所以上述提到的婚姻因为法庭裁决而取消。

上面这则"法特瓦"表明，即使婚约具有"适格的新郎"和"可观的聘仪"，未成年女性也可以取消父亲或祖父以外的婚约监护人在其年幼时缔结的婚约。她希望脱离婚姻的意愿是法庭取消婚约的唯一理由。也就是说，女性成年之后，法庭应当满足她取消婚约的要求，而无须考虑丈夫或者其他家庭成员的意愿。尽管"青春期选择权"条款没有对父亲或者祖父这类具有强制权的婚约监护人为未成年子女安排婚姻的权利形成实际挑战，但在一定程度上确认了未成年女性的婚约同意权，并使其在成年以后可以部分的弥补和恢复这一权利。

在实践中还存在另外一种情况，即女儿已经成年，但父亲仍以未成年为依据为她缔结婚约，即父亲所缔结的婚约是在女儿不知情的情况下作出的。在这种情境下，穆夫提会支持女方的诉求。

三、穆夫提对"抢夺婚"和"换婚"的反对

在伊斯兰法律原则支配的地区，穆夫提会遇到针对破坏婚约同意权的恶性情况的咨询。其中，"抢夺婚"和"换婚"是穆夫提反对和憎恶的两种婚姻实践，其原因在于这两种源自地域习惯的"异型"婚姻形态，完全否定了女性的婚约同意权。请看下面两则"法特瓦"。

1. 问题：某男子接近某已婚女子（已成年），在回历九月将其诱拐劫持（khatf），并且把她带到距离她自己村子较近的另外一个村子。他将她带到欢迎他们并且为他们提供保护的长老面前。在那里他与此女子完婚。并且说，"在我们二人之间已经形成一种关系"——这是一种农民结婚的方式。在这种情况下，他以及帮助他的人，应当受到何种惩罚？穆斯林统治者是否应当阻止，甚至通过战争或者处决的方式来阻止这种农民的习俗？

回答：针对上述诱拐者及其同伙的行为，他们应当受到严重鞭打以及长期监禁，甚至在他们有悔过表现之前，可以对他们进行更为严厉的惩罚。鉴于他们的恶劣行为严重地违反了安拉的诫命，也可考虑对他们进行处决的惩

罚。如果这种习俗继续蔓延而不被取缔将会遭到来自于安拉的惩罚。犯罪的人和对此犯罪行为保持沉默的人，如同在船体上凿洞的人，（这种行为）会导致全船的乘客溺水身亡。停止和取缔这一令人厌恶的习俗是穆斯林统治者的责任，即使取缔和停止此种习俗意味着采取战争和处决的方式。①

2. 问题：两位男子，他们与对方的被监护人结婚，且交付了聘仪。但是其中一位没有交付全部。请问，另外一位男子是否应当保留自己对被监护人的权利，直到对方付清聘仪为止？

回答：收到全部聘仪的监护人应当将被监护人交与对方，未收到全部聘仪的监护人没有义务将自己的被监护人交出，而且，法律禁止他这样做。如果他已经把她交给对方，应当再将被监护人接回，直至对方付清聘仪。安拉是至知的。②

第一例是关于抢夺婚的"法特瓦"。抢夺婚是奥斯曼帝国某些地方存在的社会实践和习俗，它完全规避了伊斯兰古典婚约的要求——聘仪、适格的新郎以及新娘的意思表示。本案"法特瓦"意见更倾向于穆夫提对抢婚行为的态度——抢婚行为是应当受到谴责的一种习俗这一观点的表达。

第二例是关于交换婚的"法特瓦"。它所反映的是古典伊斯兰法时期普遍存在的婚俗——换婚习俗。换婚是指两个家庭自愿交换各自的女儿作为未来儿媳。实践中，交换婚的主要目的是规避聘仪，大部分情况下，交换婚缔结的婚约会出现零聘仪或聘仪不足的情况。根据古典法学理论，只有满足交付正常聘仪的条件，通过换婚而签订的婚约才有效，否则，婚约被认为无效或者效力待定。从理论上分析，换婚式婚约剥夺了新娘的聘仪权，同时，监护人相互之间的利益也有可能导致他们缔结婚约时，阻碍或者忽略被监护人的真实意思表示，从而有可能侵害女性的婚约同意权，这也是穆夫提对换婚

---

① Al-Ramli 1856 – 1857,83, Judith E. Tucker Questions of Consent: Contracting a Marriage in Ottoman Syria and Palestine, Harvard University Press, 2008, p. 131.

② Al-Ramli 1856 – 1857,29, Judith E. Tucker Questions of Consent: Contracting a Marriage in Ottoman Syria and Palestine, Harvard University Press, 2008, pp. 132 – 133.

持否定态度的主要原因。①

实践中，抢婚和换婚的习俗很难予以制止。根据前两则"法特瓦"的内容可以推断，穆夫提认为这些行为主要发生在乡村（即未开化落后之地）。这也许从另外一个侧面说明，女性的婚约同意权在乡村地区会受到更多的阻挠和干扰。通常，穆夫提居住在城市，他们对乡村习俗的观点和评断不一定具有可考价值，但是，前述"法特瓦"所反映的抢婚和换婚形式的存在，说明女性婚约同意权易受到习俗的影响，这也旁证了在伊斯兰法发展过程中，地方习惯与习俗的巨大影响力。

四、小结

多数关于婚约的"法特瓦"是因为婚约中的含糊表达或者婚约的合法性问题引起的。本文中的"法特瓦"体现了穆夫提对个案中穆斯林女性婚约同意权的保护。在穆斯林女性获取司法救助的过程中，"穆夫提"起到了解释法律，帮助法官裁判的作用。因此，穆夫提对因婚约同意权所引起的纠纷的解决或者走向起着较为关键的作用。穆夫提对女性婚约同意权的影响通过两种途径得以实现，一是司法程序。当婚约纠纷出现在法官面前的时候，他会建立案件事实构架，然后，法官或者是诉讼双方的一方，向穆夫提咨询这种类型的案件应当适用哪种法律规则。穆夫提根据基本法律渊源，通过一定的法学方法论，阐述这种案件应当适用哪一种法律，进而根据这些情况，他会作出一个法律意见，即"法特瓦"（fatwa）。此种情况下，"法特瓦"是法官形成判决的法律基础。② 二是咨询程序。即因婚约引起纠纷的当事人直接向穆夫提咨询，请求穆夫提作出"法特瓦"。著名穆夫提所作出的"法特瓦"会影响婚约同意权纠纷的处理，这种影响也会及于后代伊斯兰法学。

前述内容也大致勾勒出古典伊斯兰法中女性婚约同意权的理论与实践概

---

① 对于换婚是否侵害了女性的同意权，并没有足够文献资料的支持，仅限于理论上的推理。因为，女性可能更愿意与自己熟识的朋友或亲戚缔结婚约，所以在换婚式婚约的缔结中，女性的婚约同意权没有得到保障这一观点并不是绝对的。

② 这是"法特瓦"影响卡迪（qidi 法官）裁判的理想模式。实践中，穆夫提对案件的影响取决于当事人或者法官是否就法律适用问题向其咨询，以及咨询以后是否采纳等因素。

况。婚约具有很强的实践性和地域性，易受当地文化与传统的影响。前伊斯兰时代的婚约传统和实践在后来的伊斯兰婚约中均有所体现。也就是说，影响婚约立法与实践的因素中，历史背景是主要考量对象。从笔者掌握的材料看来，当时社会的女性应该知道自己享有婚约同意权，而且当这一权利受到破坏的时候，她们会请求法庭介入，以期获得司法救助。但是这并非是普遍现象。法庭并没有一直扮演女性婚约同意权支持者的角色，抢婚与换婚的存在也说明，社会实践在并未与法律规范契合，而是游离于法律规范之外。当潜在的社会、经济和政治关系束缚家庭时，婚约的缔结与形成成为家庭的中心，它可以强化家族势力、巩固家族力量和地位，抑或相反。而女性婚约同意权的行使，极有可能会损害一个家族安排关键性联姻的能力。伊斯兰法古典法学理论从保护女性权利这一角度出发，对女性的婚约同意权给予高度重视。但是，伊斯兰法学理论是否超越了来自于社会的压力，从而支持和维护强调个人权利而非家庭利益与责任的婚约，则是一个有待考证的问题。可以肯定的是，法学理论也体现了特定社会历史条件下对家族利益的考量。在以"《古兰经》再解释"为基本路径的伊斯兰法律改革的大背景下，"穆夫提"关于支持女性婚约同意权的文献记录一定程度上为现代穆斯林主体国家家庭法相关领域的改革，提供了历史的佐证与支持，因此具有重要的意义。

英国工业革命初期的新济贫法

刘　明[*]

工业革命使原来的小规模手工作坊转向大规模机械化生产，实现了生产社会化。社会化生产需要大量能够自由流动的劳动力，而传统的旧济贫法限制了贫困者的迁徙。为了保证资本主义经济发展所需要的廉价自由劳动力，同时解决社会贫困救助，维持社会稳定，英国政府制定了新济贫法。

一、工业革命对英国经济的影响及社会贫困化问题的出现

（一）工业革命对英国经济的影响

18 世纪下半叶工业革命兴起。工业革命给英国经济带来了巨大的变化，主要表现在如下三方面。

1. 三大产业结构中农业所占比重的变化

从产业结构的变化来看，1688 年英国经济各部门的收入分布仍表明农业是经济的主要部门，1801 年工商运输收入加起来已超过了农业部门，到 1831 年仅一个工矿部门的收入就已经大大超过了农业部门。可见，三大产业结构中农业所占比重越来越小。

2. 人员从业结构的变化

18 世纪和 19 世纪早期，英国的农业在技术、耕作方法和管理上有了一系列的发展，其直接的后果就是农业劳动力的大幅度减少，农业部门的失业

---

* 刘明，中国人民大学法学院。

率明显增加，农业工人和其家庭成员的生活在该时期普遍比较艰难。另外，圈地运动在该时期基本完成，它对农民土地的剥夺，是造成农业部门就业人数减少的一个外部原因。农业部门的从业人员占全部就业人口的比例不断减少，从事工业生产的就业人数不断增加。

3. 城镇化加速

城镇人口的比例从 1700 年的 18% 增加到 1801 年的 34%，进而增加到 1851 年的 54%。18 世纪城镇的规模大多拥有 2 500 到 10 000 名居民，到 19 世纪城镇的规模则达到了 100 000 人。1801 年，仅有伦敦一个城市居民超过了 100 000 人，1851 年有如此规模的城市就有 10 个，到 1901 年达到了 31 个。①

根据以上英国经济三个方面的变化，可以判定英国已经实现了农业社会向工业社会的转型。这一判定标准来源于学界的有关社会转型理论，即衡量一个国家是否完成了由农业社会向工业社会的转变，通常可以根据以下三个指标来判断：一是产值结构，在国民生产总值中，非农产值超过农业产值是由农业社会进入工业社会的第一个必要条件（工业化）。二是就业结构，在劳动力总人口中，非农业劳动力超过农业劳动力是由农业社会进入工业社会的第二个必要条件（非农化）。三是城乡结构，在国民总人口中，城镇人口超过农村人口是由农业社会进入工业社会的第三个必要条件（城市化）。以上三个条件的转换顺序一般是恒定的。②

（二）社会贫困化问题的出现

工业革命在推动英国经济完成转型的同时，引发的社会贫困化问题日益严重。

首先，由于工业革命的指导思想是自由主义经济学说，国家对经济运行完全放任，这就把劳动者置于一个极为不利的位置，经受资本的任意剥削。在早期工厂中，工人们深受剥削，他们一天工作十几小时，工资却很低，往

---

① Bernard Harris: The Origins of the British Welfare State: Society, State and Social Welfare in England and Wales, 1800 – 1945, Palgrave Macmilan 2004, p. 30.

② 童星:《社会转型与社会保障》，中国劳动社会保障出版社 2007 年版，第 88 页。

往只够维持生存，工人们必须服从严格的纪律，稍有违犯便受处罚。工厂中劳动条件差，工伤事故频繁，而一旦出事，工人就被赶回家，厂主不负任何责任。资本家为了节省劳动力成本，还大量使用童工。恶劣的工作与生活条件使工人健康状况十分低下，在曼彻斯特、伯明翰等工业大城市，工人的平均寿命只有 30 多岁，远远低于全社会的平均水平。[1]

其次，18 世纪末到 19 世纪初，随着工业革命的完成和资本主义的发展，财富分配不均现象日益严重，需要社会救济的贫困者越来越多，济贫费用不断上升，1783 ~ 1803 年的 20 年间，济贫支出增长了 1 倍。

此外，人口的飞速增长加重了济贫的负担。1541 年的英国人口为 277 万，到 1741 年为 558 万，1851 年又增长为 1674 万，这种增长速度比同时期欧洲大部分国家都快得多。18 世纪中期到 19 世纪中期 100 年中欧洲大部分国家的人口增长不足 1 倍，而英国的人口却增加了 3 倍。[2]

针对上述情况，1816 年国会成立调查委员会对旧济贫法的实施情况进行了调查并作出了报告，报告指出：旧济贫法体系存在问题，即居高不下的济贫支出却未能消除贫困者衣食无着的痛苦。

19 世纪中后期，由于新济贫法不能解决贫困者的生存问题，他们转而求助其他救济手段，如自助、亲戚朋友间的互助以及慈善机构的帮助。

二、1834 年新济贫法

旧济贫法规定承担济贫的责任主体是地方政府。各地出于减轻本地济贫负担的考虑都对外来贫困者的救济进行了限制。为了完善济贫事业、协调地方之间的利益冲突，英国的中央政府制定了关于贫困人口的安置立法。安置立法按照一定的属地标准将贫困人口固定在某个区域内，进一步明确了救济贫困的责任归属问题；但是它对贫困人口流动的限制却不利于资本主义生产的发展。针对这一问题，英国政府开始调整其济贫立法。

1722 ~ 1723 年，为了避免贫民对救济的依赖，滋生懒惰，以至于出现更

---

① 钱乘旦、徐洁明：《英国通史》，上海社会科学院出版社 2002 年版，第 236 页。

② Bernard Harris: The Origins of the British Welfare State: Society, State and Social Welfare in England and Wales, 1800 – 1945, Palgrave Macmilan, 2004, p. 29.

多的贫困者，增加教区的济贫费用，英国政府颁布《贫民习艺所实验法案》（Knatchbull's Act）（9 George II C. 7），授权建立官方的救济院救济贫民，贫困者必须到指定的救济院内并提供相应的劳动才能获得救济。

1832 年，英国政府任命皇家调查委员会，负责调查旧济贫法的实施情况。皇家调查委员会对旧济贫法进行了综合评价，肯定了旧济贫法的征税制度，批判了旧济贫法存在的问题。其问题表现在下列几个方面：旧济贫法容易使接受救济者产生懒惰和依赖心理；治安法官管理贫困救济的申请、核实和发放不如教区官员亲自管理监督力度大；无薪教区监督官在管理济贫事务中的工作热情很难有效地被激发出来；纳税人代表只考虑本集团的利益，不能公正地维护其所在教区所有居民的利益。

英国政府在皇家调查委员会调查的基础上，于 1834 年开始实施新济贫法。新济贫法部分继承了旧济贫法的内容框架，并添加了新的规定。其主要内容和特点包括如下几点：

（1）待遇标准。新济贫法第一次以社会立法的方式规定接受救济的人应给予一种比独立的劳动者低的生活标准，这成为以后社会保障制度的基本思想。即社会保障的待遇标准应低于独立劳动者的生活标准。这一规定的意义在于社会保障不应鼓励懒惰，在社会生产力水平较低的情况下它所提供的待遇应仅够维持最低生活。

（2）院内救济为主的原则。新济贫法取消了对有工作能力的贫困者、乞丐的济贫院外的救济，规定必须进入济贫院才能接受救济。这反映了新济贫法的立法初衷，即新济贫法认为贫穷与个人品质有关系，并认为贫穷的人大多懒惰，因此不鼓励有劳动能力的人申请贫困救济。此外，济贫费用的下降也说明了这一问题。济贫费用在 1834 年改革前夕为人均 10 先令，而两年之后则下降为不足 6 先令。[①]

（3）院外救济为补充的原则。新济贫法规定以院内救济为主，同时允许少量的院外救济：院外救济由申请者在家接受救济，这些人往往老弱病残者。

---

① Bernard Harris: The Origins of the British Welfare State: Society, State and Social Welfare in England and Wales, 1800 – 1945, Palgrave Macmilan 2004, p. 52.

在当时实行经济的完全放任自由和信奉社会达尔文的时代，老弱病残者遭遇的贫困在社会主流观念看来是不可避免的。因此，新济贫法对这些人的救济控制的相对较宽松。

（4）管理机构。设立中央协调机构——济贫法中央委员会统一管理济贫事务，如制定与济贫院相关的法令。为了提高地方行政效率，设立教区联合体便于统一管理济贫院。1834年之前济贫法的地方自治特点——1597~1601年的一系列法令体现了济贫法的地方自治特色，即国会仅仅制定法律要求教区对其本区的贫困者承担救济责任，每个教区自己安排本区的济贫事务，未设立相应的中央机构来监督济贫法在各个教区的实施情况。中央协调机构的设立反映了中央地方关系的变化。

（5）济贫官员的职责。旧济贫法时代的济贫工作人员往往是无薪俸的农民，他们为了自己省去麻烦往往压低济贫税并阻止可能成为赤贫的人入住自己的教区。这对济贫工作无疑是不利的。1834年的济贫法案中规定设立有薪俸的地方监督官（Guardians and Overseers），由其所在教区的财产所有者（济贫税的纳税人）根据中央济贫法委员会制定的相关法律选举产生，，监督官有权对纳税人申报的财产价值进行公平合理的评估，以确定其应纳济贫税款的额度；监督官有义务为接受院外救济的贫困者发放救济款或救济物资。此外，偷取或挥霍浪费济贫款或济贫物资的地方监督官将被处以相当于所偷盗或所浪费济贫款或济贫物资3倍的罚款。[①]

三、新济贫法实施的后果评价

新济贫法立法的目的表面上是解决贫困救济问题，而实际上是为了保证工业化发展初期所需要的大量廉价的自由劳动力。对此，马克思曾经尖锐地指出："被暴力剥夺了土地，被驱逐出来而变成了流浪者的农村居民，由于这些古怪的恐怖法律，通过鞭打、烙印、酷刑，被迫习惯于雇佣劳动制度所必需的纪律。"[②] 其影响主要有两个方面。

---

① http://www.workhouses.org.uk/，2008-10-23。
② 《马克思恩格斯选集》（第23卷）：人民出版社1972年版，第805页。

（一）新济贫法的实施使济贫院内的工作和生活条件变得极其糟糕

济贫院的管理者有意使院内的工作枯燥无味，如院内的贫困者经常被役使研磨作肥料用的骨头、择麻絮、磨面粉，女性贫困者则从事长时间的家务劳动，如洗刷、准备食物、照料小孩。甚至小孩也要从事繁重的工作。20 世纪初，赖德·哈格德对英格兰东部一座济贫院的描述反映了院内的生活情况。他写道：在砖铺地面上到处是贫困的妇女以及满脸脏物到处乱爬的孩子，老年妇女躺在床上气喘吁吁无法动弹，或者围坐在火炉旁大声喘着，老年男子弓着背忙着活计，苟延残喘。济贫院中的伙食在 19 世纪末相当糟糕，地方政府事务部对伦敦地区济贫院食品进行的检查表明，57 个儿童用牛奶样本中，只有两个未被取脂，几乎所有的牛奶都被稀释，7 个样本中有一半是水，大多数食用黄油是用对人体有害的原料提炼而成的。① 此外，济贫院中接受救济的贫困者因为没有财产而丧失了选举权。还有，发生在 1846 年多佛济贫院丑闻（Andover workhouse scandal）和 1848 年的赫德斯菲尔德济贫院丑闻（Huddersfield workhouse scandal）真实地说明了济贫院的生活简直就是人间地狱。②

（二）新济贫法颁布之后，院外接受救济的人数越来越少

1834 年济贫法的立法目的不是取消院外救济，而是取消对有工作能力的男子的院外救济。从表面上看，新济贫法是赈济贫民，实际上是政府采取强制手段来维持劳动力供给和社会安定。它满足了工业革命以来工业部门的扩大对大量的自由劳动力的需求。有劳动能力的无业贫民别无选择，要么进入

---

① 丁建定、杨凤娟：《英国社会保障制度的发展》，中国劳动社会保障出版社 2004 年版，第 15 页。

② http://en.wikipedia.org/wiki/Andover_workhouse_scandal，2008 - 10 - 30。1846 年，英国南部汉普郡多佛的一个济贫院管理者马·杜格尔（M'Dougal）被指控虐待院内的被接济者。英国下议院成立特别委员会调查后发现确有此事。马·杜格尔本人经常酗酒并由暴力倾向，其惯用的伎俩就是不给被接济者饭吃，他们饿得无奈只好去捡食猪圈里的土豆皮和用来磨肥料的骨头渣；有时甚至将其关到停尸房作为一种惩罚措施；马·杜格尔和其儿子还对院内的女性被接济者进行性虐待。下议院特别调查委员会在调查属实的情况下，居然未给与马·杜格尔严厉的处罚，仅将其开除出职。济贫院管理者工资非常低造成该职位吸纳的经常是无知、粗俗素质不高的人。类似的丑闻在英国各地接二连三地发生，1848 年的赫德斯菲尔德济贫院丑闻（Huddersfield workhouse scandal）是继多佛丑闻事件之后又一桩骇人听闻的济贫院虐待被接济者的事件。这种状况的存在加速了政府对济贫院内救济的干预和监督。

工厂接受资本家的低工资，要么就饿死。这一立法目的致使有工作能力的人接受院外救济的越来越少，19 世纪 50 年代末，接受院外救济的有工作能力的人数仅为 26 286，其中绝大多数（24 505 人）为老、弱者，只有 1 687 人由于失业或其他原因而得到救济，只有 94 个人由于突发事件导致的贫困而接受救济。① 与此同时，接受院外救济的没有工作能力的老幼病残及妇女越来越多。

（三）新济贫法的实施始终未能解决社会贫困问题

19 世纪末 20 世纪初，皇家调查委员会作了一系列的调查研究并指出了济贫法实施中面临的问题。1895 年，皇家调查委员会专门负责老年贫困者事务的成员经调查发现，在老年贫困者中只有 20% 或 30% 的人接受了救济，而大多数人认为新济贫法的救济带有侮辱性而宁可在家忍饥挨饿、饱受疾病的折磨也不去领取救济。1905 年的调查则发现贫穷主要是因为失业引起的。② 当时的其他社会调查进一步揭示英国社会贫困状况仍然相当普遍和严重的。1889～1903 年，查里斯·布斯在伦敦东部地区进行的调查表明，伦敦东部大约 30.7% 的人口生活在贫困之中。1899 年，朗特里所作的调查显示，约克城人口中的 28% 是贫困人口。20 世纪初，另一位社会调查专家鲍利在对北安普顿、沃灵顿、博尔顿、雷丁吉斯坦利 5 个城市的贫困问题进行调查后指出，这 5 个城市中大约 32% 的人口处于贫困之中，工人中的 16% 生活在绝对贫困状态中。英国农村的贫困问题同样严重。1907 年前后，朗特里对全国农村进行抽样调查，42 个样本家庭中只有 10 个达到每周 20 先令 6 便士这一最低收入标准，英格兰和威尔士只有 5 个郡农业工人工资达到这一水平。③ 可见，新济贫法实施以来，英国社会贫困状况的普遍性和严重性未得到根本改善。

---

① Bernard Harris: The Origins of the British Welfare State: Society, State and Social Welfare in England and Wales, 1800 – 1945, Palgrave Macmilan 2004, p. 53.

② Ibid., p. 57.

③ 丁建定、杨凤娟：《英国社会保障制度的发展》，中国劳动社会保障出版社 2004 年版，第 13～14 页。

论实体性正当法律程序原则的含义与适用限制

一、实体性正当法律程序的含义

实体性正当法律程序是美国法律界最具争议的法律原则之一，同时也是一个抽象而有内在张力的法律术语。由于美国联邦宪法中没有明文规定这一原则，因此对该原则的解读必须首先从其母体"正当法律程序"入手。"正当法律程序"明确规定于美国联邦宪法之中，宪法第 5 修正案规定："未经正当法律程序，不得剥夺任何人的生命、自由或财产"，第 14 修正案第 2 款规定："无论何州，未经正当法律程序不得剥夺任何人的生命、自由或财产。"以上两个条款构成实体性正当法律程序原则的宪法文本依据。

众所周知，英美法律同源，美国法中绝大多数的法律概念与法律原则都可以溯源至英国普通法。"正当法律程序"一词也不例外，其概念系肇端于 1355 年爱德华三世公布之伦敦自由律第 3 条，该条规定："任何人，无分身份（state）或地位（condition），非经正当法律程序，不得予以流放、处死、没收其财产或剥夺其继承权。"英国普通法中的"国法"或者"正当法律程序"更多地强调其程序性意义，即禁止政府未经公平和公正的程序而武断地侵犯个人的合法权利。为了满足程序性正当法律程序的要求，公民必须享有

合理通知、听证以及辩护等一系列权利。然而，"正当法律程序"在美国的独特社会和法律环境中发生了异化，表现为在程序性意义之外，又生发出实体性意义，其"着重于对政府政策和行为的内容的实体性审查，涉及政策内容的合理性。当政策不当地脱离法定的立法目标或政府有不允许存在的模糊性时，政策就会否定实体的正当性。联邦最高法院审查一项政策的程序的公正性时，它只作有限的审查，并不考虑立法动机或制定法律时所表现的智慧。然而，对实体的合理性的评价允许法院作为立法程序的延伸部分来进行活动。"美国社会的传统观点认为，即使执行法律的程序可能是最公正的，政府还是有可能侵犯公民享有的生命、自由或财产的权利。因此，正当法律程序不仅意味着具体的法律实施和执行程序，而且更进一步扩展到保护个人的生命、自由或财产的实体性内容。美国司法机关秉持了这一传统，联邦最高法院大法官斯蒂文斯（John P. Stevens）曾经在丹尼尔诉威廉案（Daniels v. Williams）判决中指出，正当法律程序"包括了一个实体性因素，这些实体性因素禁止暴虐的政府行为……实体性正当法律程序就是用来禁止某些武断的政府行为，不管实施它们的公平性如何"。换句话说，当某些立法涉及公民的权利与自由时，法院不仅审查制定与执行立法的程序，更重要的在于审查立法的实体内容。

作为法院掌握的一种实现司法审查的工具，实体性正当法律程序意味着法院可以审查政府制定的法律的实体性内容是否符合联邦宪法的规定与精神，如果受到审查的法律侵犯了公民在生命、自由或财产方面的基本权利，即使政府在实施执行该法律的程序方面毫无瑕疵，法院也会宣布该法律违宪无效。以此论之，实体性正当法律程序原则的核心意义在于其是美国联邦最高法院实施司法审查职能的一种富有弹性的手段或者工具，借以保护公民的基本权利，防止政府权力的武断侵犯。在这种表达方式中，公民的基本权利是一个关键因素，是一个自变量，实体性正当法律程序原则的嬗变是基本权利的概念内涵与价值序列不断变化的结果。在实体性正当法律程序原则适用之初，公民的基本权利主要针对经济领域。随着社会的发展和观念的变迁，基本权利的范围逐渐扩展至非经济权利。因此，实体性正当法律程序是一种工具性价值，而基本权利是一种目的性价值，实体性正当法律程序为基本权利而生，为基本权利服务，同时其适用范围又受到基本权利的规制。

二、传统的普通法限制

在美国法学界，对于实体性正当法律程序的质疑批评之声从未中断过，其中最广为人知的是伊利（John H. Ely）教授的名言："我们明显需要定期的提醒，'实体性正当法律程序'是一个矛盾的语词——就像'绿色的红蜡笔'一样。"从语法逻辑上说，如果存在"实体性正当法律程序"这一术语，那么"程序性正当法律程序"术语就失去了存在的意义。联邦最高法院大法官布莱克（Hugo L. Black）也认为，"司法机关不应该将正当法律程序条款作为推翻那些法官们认为非理性、不合理或者冒犯性的立法的工具"。在布莱克看来，对联邦宪法没有明文规定的权利的任何司法保护都是非法的。美国是一个民主社会，人民应该通过民主的方式决定他们的基本权利，同时把它们明确写进联邦宪法，法官不能"发现"和"宣布"权利。博克（Robert H. Bort）对实体性正当法律程序原则作出了最全面和深刻的批判，其矛头指向实体性正当法律程序原则的保护对象——基本权利。在博克看来，联邦宪法创造了具体的权利，因而在联邦宪法的明确规定之外不存在所谓的基本权利。他认为，限制民主体制中多数派权力（the power of majorities）的唯一渊源是"宪法具体规定的权利与自由"。按照博克的观点，实体性正当法律程序所保护的基本权利太过模糊和主观，其形象有如水蒸气般虚无缥缈，这将会导致司法权力的行使得不到有效的控制。

无论是辛辣的讽刺、深刻的隐喻，抑或是直白的抨击，对于实体性正当法律程序原则的质疑都集中在一个关键问题上：法院利用实体性正当法律程序原则保护联邦宪法中没有明确规定的"基本权利"是否合理，此举是否会导致司法权的滥用。事实上，作为一个普通法国家，美国的普通法传统与司法程序构成了法院适用实体性正当法律程序原则的天然限制，以先例原则和经验主义为指导的普通法司法程序能够限制和约束法院的行为与判决方式。在美国，司法机关审理案件之时，法官必须首先寻找先例并适用于手边的新案件，然后得出一个法律结论。大法官卡多佐（Benjamin N. Cardozo）确认并阐述了判决过程中引导法官诸种因素：逻辑、历史、习俗、功利和公认的正确行为的标准，"法官不会宣称他自己的激情、信仰和哲学是法律，而是宣称他所服务的社会的激情、信仰和哲学是法律"，"甚至当法官行使自由裁量权时，他仍然不是完全自由的。他不能随心所欲地改革法律。他不是一位在追求自己的美善理想中任意漫游的游侠。他把自身的灵感与神圣的原则分开。他不会屈从于一时的情感、非确定性和不受规制的仁慈。他所行使的自由裁量权通过传统加以传递，通过类比加以条理化，并受到体制的约束，同时它服务于'社会生活中基本的必要的法令'"。实体性正当法律程序原则的主要反对者之一，大法官伦奎斯特（William H. Rehnquist）在分析该原则时也指出："盎格鲁——美利坚法律体系不是以先验的天启为基础，而是以社会的良心为基础，这一良心可能是受过训练的法官在案件审理中确认的，同时它也被公正与客观的法律所保护。"因此，在普通法的语境下，虽然法院握有判决案件与解释宪法的权力，但是由于重视传统与实践理性的普通法司法程序的限制，美国法院在确定实体性正当法律程序原则保护的基本权利的范围与类型的判决中不可能随心所欲地运用其手中的自由裁量权，上文卡多佐大法官列举的影响法院判决的诸种因素足以将这种自由裁量权限定在合理的范围内。

三、司法适用标准的限制

实体性正当法律程序原则的适用除了受到传统的普通法限制之外，还受到司法适用标准的限制，即联邦最高法院在司法实践中构建的两种判断法律合宪性的检验标准——理性基础检验标准（basic rational test）和严格检验标准（strict scrutiny），以此限制法院在实体性正当法律程序适用过程中的自由裁量权。

实体性正当法律程序原则的适用目的是保护个人权利，防止武断的政府行为的侵犯。武断的政府行为意味着任意和不合理的行为，这些行为仅仅出于政府的意志，而不是理性和判断。因此，实体性正当法律程序是一个涉及合理性的检验。如果受到挑战的法律没有侵犯某种基本权利，实体性正当法律程序原则仅要求这部法律与一个合法的政府目的之间存在合理的关系。在采用理性基础检验标准时，法院的职责是确认法律为之服务的公共利益本身是否合理并检验法律是否表现了与该公共利益之间的合理关系。可以说，理性基础检验标准是一种最低程度的司法审查标准，在适用这一标准检验立法机关的法律时，法院承认立法机关所调查的事实，尊重立法机关的判断与智慧，并假定该部法律的合宪性，因此，理性基础检验标准反映了法院的司法克制主义倾向。

理性基础检验标准是在经历了联邦最高法院与行政机关的博弈与对抗，最终于 20 世纪 30 年代才逐渐得以适用。20 世纪初期的联邦最高法院秉持经济上的自由放任主义，以实体性正当法律程序为依据对推翻了一系列政府干预经济和社会事务的立法。这种趋向一直持续到 30 年代罗斯福新政时期，新政的核心理念在于对经济与社会的大规模国家干预，此举导致行政机关与联邦最高法院发生严重对立与冲突。联邦最高法院最终作出让步，在 1934 年的内比亚诉纽约州案（Nebbia v. New York）中，法院承认政府可以自由选择制定任何合理地促进公共利益的法律，只要该法"与正当的立法目的之间存在合理的联系，而且既非武断也非歧视，那么就满足了正当法律程序的要求"。该案判决标志着法院逐渐放弃了实体性正当法律程序在经济与社会领域的激进适用，采取理性基础检验标准，充分尊重立法机关和行政机关的判断与智慧。新政之后法院对经济与社会方面法律的合宪性审查大多流于形式，推翻此类立法的案件判决更是屈指可数。

随着"二战"之后实体性正当法律程序的适用范围从经济领域逐渐转向人身权利领域，法院检验立法的标准也发生了根本性的变化，即从理性基础检验标准转向严格检验标准。当某部法律涉及个人享有的基本权利时，法院将对该法实施严格检验标准，立法机关不仅需要证明该法的目的是实现政府的不可抗拒的利益（compelling interest），同时需要证明该法没有对个人权利施加过分的负担（undue burden）。在严格检验标准中，立法与立法目的存在合理联系已经不足以证明该立法的正当性，政府必须承担更大的举证责任。严格检验标准是法院司法能动主义的一种表现，当某部法律涉及个人基本的权利时，法院将不会盲目遵循立法机关调查的立法事实以及作出的立法判断，而是亲自对法律进行严格检验，以便对个人权利和自由提供广泛而牢固的宪法保障。

在严格检验标准中，核心问题是法院对基本权利和自由的界定，即如果一部法律侵犯的生命、自由或财产的权利属于"基本"之列，那么法院将严格地检验政府制定执行该法律的正当理由。但是为了减轻公众对于法院适用实体性正当法律程序原则时所拥有的自由裁量权的担忧，联邦最高法院只承认联邦宪法《权利法案》中明确列举的权利属于基本的权利，而对基本权利范围的扩展抱持非常谨慎的态度。

四、结　论

实体性正当法律程序是美国司法机关审查政府立法、保护公民权利的重要法律原则。当法院审查某部受到合宪性质疑的立法之时，即使该立法的制定与执行程序完全符合宪法的规定也不意味着其能够顺利通过实体性正当法律程序原则的审查，因为根据该原则，法院将重点审查法律的实质内容是否侵犯了公民的基本权利与自由。此种审查方式不可避免地扩大了司法机关的自由裁量权，但是由于美国是普通法国家，司法机关遵循先例原则，同时以经验主义为判决的指导哲学，因而存在诸多制约法院行使自由裁量权的因素。除此之外，法院在适用实体性正当法律程序的过程中也采取谨慎的司法态度，发展出理性基础检验标准与严格检验标准，在既定的审查标准之下，法院适用实体性正当法律程序原则的自由裁量权能够限定在一个合理的范围内。

美国集体谈判权确立的历史考察

刘道强*

集体谈判权是指"劳动者集体为保障自己的利益，通过工会或其代表与雇主就劳动条件和就业条件进行协商谈判，并签订集体合同的权利"。① 集体谈判权是集体劳动权的核心，它以团结权为基础，以集体争议权为保障。在劳动法学界，一般将劳动者的团结权、集体谈判权、争议权合称为"劳动三权"。本文拟对美国集体谈判权确立的历史过程及其成因作一考察，以有助于美国劳工法研究的进一步展开。

一、集体谈判法律调整的历史回顾

20 世纪 30 年代以前，美国有关集体谈判的劳动争议并没有专门的管辖机构和程序，而是由州或联邦法院按照普通民刑事案件来管辖。总体来看，不论是州法院还是联邦法院，对待集体谈判都是持反对和压制的态度。依据法院对集体谈判法律调整方式的变化，可以将集体谈判权确立前的历史分为刑事合谋罪与劳工禁制令两个时期。

（一）刑事合谋罪时期

刑事合谋罪理论最早出现于 15 世纪英国普通法上妨碍司法的判例中，17世纪该理论开始运用到阻碍商业的欺诈、共谋行为方面。刑事合谋罪理论在

---

* 刘道强，鲁东大学法学院。

① 常凯：《劳权论——当代中国劳动关系的法律调整研究》，中国劳动社会保障出版社 2004 年版，第 243 页。

工人集体行动中的适用始于 18 世纪，其中，最具有代表性意义的是 1806 年费城鞋匠案。法院认为雇工们采取罢工等强迫手段会影响到经济的自由发展，因此，法院遵循英国普通法先例，将雇工的联合行为定为刑事合谋罪，但所判处的刑罚却是较轻的。相对宽松的处罚说明，法院在当时并没有把工会的活动当作危害极大的重罪对待。

（二）劳工禁制令时期

19 世纪 70 年代后，美国的社会经济高速发展，特别是钢铁、电力、石油、交通运输等许多大型工业部门兴起，极大地推动了产业工人群体壮大和行业工会、产业工会的建立，而且催生了全国性的工人联合组织。这一时期，美国调整劳资关系的法律制度也发生明显变化。伴随美国本土法律制度的渐趋成熟，以刑事合谋罪的刑事定性处理民事性质的劳资争议越来越不合时宜，且日益遭到劳工和立法机关的强烈反对。19 世纪末 20 世纪初，向法院申请禁制令（injunction）[1] 成为资方反对劳工联合行动的主要手段。1894 ~ 1929 年，纽约市至少受理了 250 起劳动争议方面的禁制令申请，其中大部分得到批准。[2]

雇主针对工人的联合行动申请劳工禁制令的事由主要包括侵权和垄断两类。以侵害雇主的财产权为由申请禁制令大多只适用于各州内部的罢工、纠察等工人联合行为。1890 年《谢尔曼反托拉斯法》的颁布，为资本家反对各州之间的工人联合提供了新的申请禁制令依据。该法的目的本是限制经济领域的垄断和垄断组织，保护资本主义自由竞争。但由于其规定过于原则化，缺乏可操作性，因此，当时它在反垄断方面作用十分有限。不幸的是，它却成了资本家抵制工会活动的法律武器。

---

① 法院签发的要求当事人做某事或某行为或者禁止其做某事或某行为的命令。它是一项衡平法上的救济。当普通法上对某种损害行为不能提供充分的救济时，便可寻求以禁制令来作为补救。它主要用于防止将来某种损害行为的发生，而不是对已发生的损害给予补偿，或者是对不能以金钱来衡量或给予金钱损害赔偿并非恰当的解决方式的损害行为提供救济。参见薛波主编：《元照英美法词典》，法律出版社 2003 年版，第 696 页。

② Theodore J. St. Antoine Charles B. Craver MarionG. Crain：Labor Relations Law：Cases and Materials 11th，Ed. Indianapolis：Bobbs – Merrill Co. 2005. p. 108.

（三）劳工禁制令的衰微

从 19 世纪 80 年代到 20 世纪 30 年代初，劳工禁制令虽然是法院解决劳资争议最常用的方式，但是，反对劳工禁制令的声音一直没有停息。特别进入 20 世纪以后，随着劳资合作理论逐渐被社会各界所认同和接受，废止劳工禁制令成为大势所趋。以劳联为代表的劳工组织，在冈珀斯、威廉·格林等人领导下，放弃了推翻资本主义制度的目标。他们主张在国家体制之外形成一种契约关系，即通过劳资双方集体谈判，确立各自应享有的权利和应承担的义务。以约翰·康芒斯为代表的制度经济学学者重视工会组织的作用，提倡通过集体谈判实现"集体行动控制个体行动"的目的。

劳工和学者们反对劳工禁制令的滥用，主张劳资合作的声音得到了法律界的回应。在 1896 年维格拉诉冈特纳案中，霍姆斯法官认为工人有权为了经济利益而组织起来。1932 年国会制定了《诺利斯—拉瓜底亚法》（Norris-LaGuardia Act of 1932）。该法明确规定："联邦法院在涉及或基于一项劳资纠纷之案件中，没有颁发任何限制命令、暂时性或永久性之禁制命令的管辖权。"① 此后，法院在处理劳资争议案件时就很少颁发劳工禁制令了。

二、《瓦格纳法》的制定与通过

《瓦格纳法》的制定与通过标志着美国集体谈判权的正式确立。这一立法成就延续了始于 19 世纪末 20 世纪初的立法努力。其时，尽管体现契约自由、私有财产神圣等原则的保守法律思想支配着法院，但在劳工、进步的法官和学者、开明雇主等各种社会力量的努力下，有关集体劳动关系的立法在内容和权限方面都取得了显著的突破。

（一）劳工关系立法的突破

19 世纪末 20 世纪初，国会在劳工关系立法的内容和权限方面均有突破性进展。

---

① Norris-LaGuardia Act, 47 Stat. 70 (1932), 29 USC §§ 101-15 (1970).

1. 立法内容方面

1898 年，依据宪法的州际贸易条款，国会为铁路工人制定了《尔德曼法》（Erdman Act）。该法规定了自愿仲裁和政府参与调停的条款。《尔德曼法》的第 10 条还规定黄狗合同（yellow-dog contract）[①] 为非法合同。该条禁止承运人要求"雇员或任何人在合同中以书面或口头形式，把不能成为任何劳工团体、协会或组织的会员或保留其中的会员资格作为其受雇的条件"。[②] 违者要处以 100 至 1000 美元不等的罚款。但是，1908 年，联邦最高法院在阿达尔诉合众国案[③]中判决《尔德曼法》中有关黄狗合同的条款违宪。法院认为，黄狗合同是雇主和雇员之间自由合意的产物。直到 1932 年，在国会制定的《诺利斯—拉瓜底亚法》中，黄狗合同才在法律上被明确宣布无效。

2. 立法权限方面

19 世纪末 20 世纪初，美国国会先后通过了一批反垄断的法律，如 1890 年的《谢尔曼反托拉斯法》、1914 年的《克莱顿反托拉斯法》等。如前文所述，20 世纪初期，联邦最高法院将反垄断法适用于劳工的联合行为中，对劳工运动产生了极大的消极影响。但是，从另一个角度来看，法院通过判例扩大反垄断法的适用范围，实际上也使国会的立法权限获得了扩张。这为国会在 20 世纪 30 年代通过《国家工业复兴法》和《瓦格纳》开拓了立法权限的空间。

（二）《国家工业复兴法》的出台及其先天缺陷

罗斯福新政初期，政府更关注失业救济、公共工程、最高工资、最低工时、消除童工等问题，对于工会和集体谈判的法律保障并不感兴趣。在国会参议员罗伯特·F. 瓦格纳（Robert. F. Wager）的坚持和努力下，1933 年通过的《国家工业复兴法》写上了保障集体谈判权的劳工条款。该法案第 7 条规定："雇员有权组织起来，有权通过自己选出的代表进行集体谈判，雇员以集体谈判或互助或保护为目的，而指定代表或自我组织或从事其他共同活动

---

① 该雇佣合同要求劳方不得参加工会，已参加工会的不得保留其会员资格。因 20 世纪初以来美国人把讨厌的人或事称为黄狗，故其俗称"黄狗合同"。

② 3 Erdman Act 0 Stat. 424.

③ Adair v. United States, 208 U. S. 161（1908）.

时，不受劳工雇主及其代理人的干涉、限制或强迫。"① 《国家工业复兴法》中的劳工条款明确宣布保护雇员的团结权和集体谈判权，但是，该条款却有着明显的缺陷：一方面，该条款没有禁止公司工会的成立，严重削弱《国家工业复兴法》的实施效果；另一方面，该条款的实施没有强制执行力，对于违法行为无能为力。

（三）《瓦格纳法》制定与通过

担任国家劳资委员会主席的罗伯特·F. 瓦格纳②参议员深切地感受到《国家工业复兴法》劳工条款在实施中的无力，在助手的帮助下着手，他起草了《国家劳资关系法》，又称《瓦格纳法》。

1. 《瓦格纳法》的主要内容

《瓦格纳法》共16条，由宗旨与政策、概念界定、国家劳资关系委员会、雇员的权利、雇主的不当劳动行为、代表和选举、调查权和限制等部分组成。《瓦格纳法》旨在保障雇员的团结权、集体谈判权和集体争议权的实现，是集体谈判的基本立法保障。瓦格纳法的重点内容包括：第一，设立国家劳资关系委员会；第二，赋予国家劳资关系委员会的裁定以司法执行力。

该法案加强了劳资关系调整机构的执行能力，宣告公司工会非法，并从制度上排除了公司工会成立的可能性。因此，这一法案基本克服了《国家工业复兴法》中劳工条款存在的缺陷。

2. 《瓦格纳法》的通过

罗伯特·瓦格纳主持起草的《瓦格纳法》能否经国会通过和总统签署，并经得起联邦最高法院的合宪性审查，成为瓦格纳及其支持者们关注的焦点。

1934年的国会大选之后，参议院中倾向劳工的自由派势力得到了增强。经过国会听证会上支持派和反对派的激烈辩论，1935年5月16日，参议院以63比12的绝对优势通过了《瓦格纳法》。显而易见，该法案在参议院通过

---

① Section 7(a)，NIRA，49 Stat. 195 (1933).

② 瓦格纳于1878年生于德国，8岁时全家移居纽约。1898年大学毕业后，先后当过律师、州议员和州最高法院法官，1926年当选为联邦国会参议员。他支持组织工会的合法活动，主张产业民主是政治民主在经济领域的体现。他长期关注劳工立法，在担任纽约州参议员时，就主持制定了《纽约工人赔偿法》。新政开始时，他被看作劳工的最友善的朋友之一。

后，在众议院更不会遇到什么障碍，几天后，罗斯福总统也表达了对该法案的支持。巧合的是，罗斯福总统表态两天后，联邦最高法院却在谢克特家禽公司诉合众国案①中判决《国家工业复兴法》无效。这一判决对《瓦格纳法》的命运产生了一定影响。"首先，谢克特案成为促使罗斯福总统支持这一立法的催化剂。其次，这一结果推动着该法案的倡导者采取措施向法院提出挑战。最后，颇具讽刺意味的是，谢克特案削弱了国会中反对派的力量，因为他们相信最高法院会行使司法审查权推翻这一立法。"② 谢克特案判决 1 个月后，国会两院最终以压倒性多数通过了《瓦格纳法》，同一天，罗斯福总统签署了这一法案，该法案生效。然而，人们的最大担心是，该法案能否通过联邦最高法院的司法审查。

三、《瓦格纳法》的合宪性确认

19 世纪末 20 世纪初，美国联邦最高法院秉承自由资本主义时期的司法理念，竭力保护形式上的契约自由和正当法律程序条款，对宪法中的州际贸易作出狭隘的解释。罗斯福新政期间，联邦最高法院坚决反对国家对经济的干预，反对政府采取社会福利政策。从 1935 年谢克特家禽案判决《国家工业复兴法》违宪到 1937 年，联邦最高法院先后宣布《国家工业复兴法》《农业调整法》《铁路养老金法》《农场房屋款法》《烟煤法》《城市破产法》等全部或部分违宪。这些判决极大地影响了罗斯福政府新政政策的实施。

（一）联邦最高法院司法理念的转向

1937 年是美国宪政史上被称作"宪法革命"的一年。宪法革命后，联邦最高法院的司法理念从保守、狭隘转向务实和开明。导致这一转变的动力主要来自两个方面。

1. 以霍姆斯、庞德、卡多佐等人为代表的美国现实主义法律思想的兴起

美国现实主义法律思想先驱奥立弗·温德尔·霍姆斯早在 1881 年出版的

---

① A. L. A. Schechter Poultry Corporation v. United Statesnal 295 U. S., 1935, p. 495.

② Rebecca E. Zietlow Enforcing Equality：Congress, the Constitution, and the Protection of Individual Rights New York：New York University Press, 2006, p. 85.

经典著作——《普通法》中，开篇提出"法律的生命不在于逻辑，而一直在于经验"① 的至理名言。1902~1932 年，霍姆斯担任美国联邦最高法院法官。其间，他在一系列案件的判决中发表与保守派大法官多数意见不同的反对意见，赢得了"伟大的异议者"的称号。罗斯科·庞德（Rosco Pound）是美国社会学法学的集大成者。庞德把形式主义法学斥为"机械的法理学"。他倡导人们重视法律在现实中的效果，反对把价值标准与司法活动分离开来。与霍姆斯、庞德一样，本杰明·卡多佐大法官坚定地反对形式主义法律思想。他主张必须抛弃法律是固定的和一成不变的这一极端的观点，赞成耶林把对法律目的的理解作为决定法律成长方向的认识。1932 年，本杰明·卡多佐接任了霍姆斯在联邦最高法院的职位，成为 1937 年美国"宪法革命"的亲历者和推动者。

2. 在劳工运动的压力下，罗斯福总统提出了法院填塞计划

新政期间，由于雇主不承认工会，工资、工时、劳动条件等得不到法律的有效保障，1936 年秋天到 1937 年冬天出现了罢工高潮。"从 1936 年 9 月到 1937 年 5 月，484 711 名雇员参加了静坐，而受到闭厂影响的雇员超过了100 万。在 1937 年 3 月罢工高峰时，192 643 名雇员在他们的工厂静坐。"② 生产领域的危机促使罗斯福总统下决心向联邦最高法院发出挑战。1937 年 2 月初，罗斯福总统向国会提出了法院填塞计划（Court - packing Plan）③，试图通过变革联邦最高法院的人事制度来改变大法官中保守派和进步的自由派之间的力量对比。

在各种因素的影响下，联邦最高法院中保守与进步势力的力量对比发生了微妙的变化，持中立立场的罗伯茨大法官站到了自由派一方。罗伯茨大法官的转变使得法院中支持国家干预经济和社会立法的力量成为多数派。联邦最高法院司法理念的转向体现了美国劳工立法由各州司法主导向联邦立法主

---

① ［美］小奥利弗·温德尔·霍姆斯：《普通法》，冉昊、姚中秋译，中国政法大学出版社 2006 年版，第 1 页。

② Richard C. Cortner: The Wagner Act Cases Knoxville: TheUniversity of Tennessee Press，1964，p. 149.

③ 关于法院填塞计划和 1937 年"宪法革命"的内容可参见：《罗斯福新政时期的联邦最高法院：（1933~1939）——从经济自由到公民权利》，蔡东丽，华东政法学院博士论文，2007 年。

导的转变。此后，提倡个人意思自治，竭力保护私人财产权的传统司法理念让位于以社会利益适当限制个人利益为基点的现代司法理念。1937 年 3 月，联邦最高法院在西海岸旅馆公司诉帕里什案①中，首席大法官休斯修正了形式主义的契约自由原则。他在判决书中说："宪法并没有提到契约自由，它只提到了自由并禁止未经正当法律程序剥夺自由。在禁止剥夺自由的同时，宪法并没有承认存在一种绝对的、不受限制的自由。在提到自由这一短语的每一处，自由均有其历史和含义。然而，在社会组织中，应该捍卫的自由是，要求针对威胁公民健康、安全、道德和福利的恶行提供法律保护的自由。"法院宣布华盛顿州有权为了公共利益而行使治安权，其制定的州最低工资法合宪。该案标志着最高法院在司法理念上的转向，标志着"洛克纳时代"的结束。

（二）《瓦格纳法》的合宪性确认

在制定调整劳资关系的法律时，州所依据的是治安权，而联邦政府依据的则是美国《联邦宪法》的州际贸易条款。《联邦宪法》第 1 条第 8 款规定：国会有权规制同外国的、各州之间的和同印第安部落的贸易（commerce）。州际贸易条款中，宪法对国会管理商业的授权是明确的，但"贸易"的含义又是模糊的。

19 世纪末 20 世纪初，保守的联邦最高法院往往对"州际贸易"作狭隘的解释，通过截然区分"贸易"和"生产""制造"等概念，提出"直接影响"和"间接影响"原则，从而主张州际贸易只限于对各州贸易有直接影响的内容，一般只包括直接附属于商品的买卖和运输，而不包括把材料转变为成品的生产制造和加工过程。因此，当国家劳资关系委员会诉琼斯和洛夫林钢铁公司案②上诉到联邦最高法院时，大法官们如何解释"贸易"这一概念，直接关系到《瓦格纳法》是否合宪的问题。该案的判决恰在1937 年法院填塞计划事件出现后不久，所以备受关注。

琼斯和洛夫林钢铁公司案的争议焦点在于联邦政府是否有权调整生产部

---

① West Coast Hotel Company v. Parrish, 300 U. S. 379,1937.

② National Labor Relations Board v. Jones & Laughlin Steel Corporation, 301 U. S. 1,1937.

门的集体劳动关系。首席大法官休斯在判决书中首先审查了《瓦格纳法》对
"贸易"和"影响贸易"的界定，肯定了这两个概念所包含的内容都在宪法
的规定范围之内。他指出："毫无疑问，该法案所关注的贸易（除了发生于
州际之间，或哥伦比亚特区之内以外）是在宪法意义上的州际贸易和外
贸。……该条款并没有将集体谈判施加于所有行业而不顾其对于州际贸易或
对外贸易的影响。它意味着仅适用于可能被认为是妨碍或阻碍贸易的事务，
这样限定，必须推断为它是意图在宪法规定的范围内实施控制。"① 然后，针
对被告提出的企业属于制造部门，联邦政府无权规制这种企业的劳资关系的
理由，休斯大法官吸收了斯塔福德诉沃勒斯案②中"贸易流"的观点，指出，
从铁矿进厂到成为钢产品出厂的过程构成了贸易的"水流"，"虽然单独考
虑，行为在性质上属于州内，但如果此类行为与州际贸易有密切的联系，以
至于想保护贸易免受妨碍和阻碍，就有必要对其进行控制"。③ 最后，法院得
出的结论是："国家劳资关系委员会所发的命令属于其职能范围，如此适用
该法案是有效的。"④

四、结　语

联邦最高法院在琼斯和洛夫林钢铁公司案中判决《瓦格纳法》合宪有
效，标志着美国集体谈判权获得宪法上的承认和保护。美国集体谈判权的法
律确认成为美国集体谈判制度建立和发展的可靠法律保障，推动劳资关系步
入法治轨道。近一个世纪的历史表明，美国集体谈判制度在改善劳工经济条
件、减缓社会冲突以及促进社会进步等方面都起到了良好作用。

---

① 北京大学法学院司法研究中心编：《宪法的精神——美国联邦最高法院 200 年经典判例选
读》，中国方正出版社 2003 年版，第 247~248 页。

② Stafford v. Wallace, 258 U. S. 495,1922.

③ 北京大学法学院司法研究中心编：《宪法的精神——美国联邦最高法院 200 年经典判例选
读》，中国方正出版社 2003 年版，第 249 页。

④ 同上书，第 251 页。

早期普通土地法上的 Breve de Recto 与 Novel Disseisin[*]

张传玺[**]

作为早期社会中财富的重要体现和生活的主要来源，土地及对土地的权利必然会受法律重点保护。英国普通土地法上最早用以保护自由保有土地的起始令状，首要的是 breve de recto，后有以 novel disseisin 为首的数种小咨审诉讼[①]的令状，述及早期土地法时，两者不可不提。

一、两类诉讼形式简介及学术史回顾

（一）对 breve de recto 和 novel disseisin 的简介

Breve de recto，通常英译为 writ of right，本文译为"公正令状"，其所引导的诉讼形式为"公正之诉"。该令状名称源于令状起首"（我指令）你主持

---

* 本文原刊于《北大法律评论》2011 年第 12 卷第 1 辑，此处有删节。本文的撰写曾得到中国政法大学曾尔恕教授和北京大学徐爱国教授两位导师的鼓励和建议，在此谨致谢意。

** 张传玺，中国政法大学博士后流动站。

① 小咨审诉讼（petite assizes）指以咨审团（assisa；assize）审理案件的诉讼类型，与大咨审诉讼（grand assize）有别，共有四种："新近剥夺占有之诉"（assize of novel disseisin）、"祖先之死之诉"（assize of mort d'ancestor）、"最后推荐之诉"（assize of darrein presentment）和"是否之诉"（assize of utrum）。前三种诉讼一般被认为是"保护占有性质的诉讼"，而"是否之诉"属于判断争议地产性质（或僧或俗）的预置性诉讼，不直接涉及权利认定。

350

全部公正"（teneas plenum rectum）一句。① 在早期法学著作格兰维尔中，该诉的典型令状格式如下：

国王问候 W 伯爵康安。我指令你毫不迟延地为 N 就位于 Middleton 的十"卡路卡塔"② 土地主持全部公正，他主张该土地乃是以一个骑士封地上的所有自由役务保有自你；或者……（以下格兰维尔列举了诸多具体自由地保有和不同役务情形）；而 W 的儿子 R 强占了该土地；若你不这样做，诺桑普顿郡长将这么做，以免我听到还有对正义缺失的抱怨。③

公正令状文本中并未点明该诉所保护的实质对象，但其诉答程序会提及"权利"（ius）一词。原告通常陈述说，某块土地是他的"权利和继承物"，并说明其理由（通常是指明某一特定时期该土地由其先祖占有并取得若干收益，而自己是先祖继承谱系的终端）；被告则到庭反驳其"权利"；法庭命两造决斗或召集大咨审团来判定"谁有更大权利"。表面上争议核心是"权利"，但"权利"为何则未有明指。

新近剥夺占有之诉（novel disseisin）④ 则是 12 世纪下半叶出现的新式诉讼形式，其令状文本摈弃了旧式的指令令状格式，以咨审团认定制取代决斗作为取证裁断模式，对后世土地法和债法都有不同程度的影响。格兰维尔中对新近剥夺占有令状的记载如下：

① Rectum 一词有"公正"和"权利"两义项。成书于1180年代的格兰维尔中有"关于物的权利"（super recto rei）的说法（Ranulf de Glanville, Tractatus de legibus & consuetudinibus regni Angliae, London: Printed by A. Islip, 1604, Copy from: Yale University Library, lib 13, c 9, p.101, John Beames, A Translation of Glanville, Fred B. Rothman and Company, 1980, p.314. 本文以"格兰维尔"指称该书及其作者，注引时以"Lib. n, C. X"表示拉丁版第 n 书，第 x 章；以 E. 表示英译版），且有将 rectum 与 seisina 做对立说明之处（如 Glanvill lib 13, c 9, p101, E. p312 对比了 seisina 和 rectum；该处 rectum 显然与 seisina 相对而有具体指向，译为"权利"或更妥当）。但于 breve de recto 言，因动词 tenere 意为"（自己）持有、占有、主持（某事物）"等，而无"回复/保障/授予他人（某事物）"的用法，rectum 乃是 tenere 的宾语，则 rectum 就非"权利"义而是"公正"义；该令状相应可译为"公正令状"。

② Carucata，土地面积单位，carucatis 的单数主格。

③ Glanvill，参见本页脚注①，lib. 12, C. 3, p.91; E. p.286. 值得注意的是，该令状文本是致送 W（领主）的，而被告 R 为 W 的儿子。如果这两个 W 为同一人，则该令状典型地针对领主处置自由保有土地的行为。

④ 对 novel disseisin 的多种中译法的简介，可参见陈敬刚："试论早期普通法中的新近被夺占有诉讼"，见何勤华主编：《20世纪外国司法制度的变革》，法律出版社2003年版，第3页，注1。本文侧重强调 seisin 和 disseisin 的封建性因素及行为属性，译为"新近剥夺占有之诉"。

国王问候郡长康安。N 向我们控诉道，R 在我最近一次渡海去往诺曼底之后，不正当和未经判决地剥夺了他对位于某处的自由保有土地的占有。因此我命令你，如果该 N 向你提供了保证人以保证将进行控诉，则由你使该土地回复占有，使掠走自该土地的动产回复到该土地，并使该土地及动产保持和平状态直至降灵节；同时由你使邻里中的 12 名守法的自由人去查验争议土地，并于令状上记录其姓名；并由适合的召集人召集他们准备好（于降灵节）在我或我的法官面前进行认定；提供担保和保人之后，使得前述的 R（如果未找到 R，则是 R 的管家）在前定时间地点听取认定。……①

"新近剥夺占有之诉"的名称揭示了两个要点："新近"表明该诉对其所针对的行为规定了时限，即须是"新近"发生。"剥夺占有"一词与占有相对，后者用于人对土地的关系时，具有占有的封建正当性要求。而 disseisin 一词也就具有了某种封建性因素。② 此外，该诉直接启动王室法庭的管辖，以及"不正当和未经判决"的行为限定。这里的"判决"指的是领主法庭的判决。

（二）梅特兰的论述——诉讼形式的层级结构

自格兰维尔始，英格兰的法学家们就乐于对比"权利"和"占有"。由此而来的印象就是：两类诉讼所保护的对象各有确指；"权利"与"占有"截然对立。

1. 对梅特兰层级结构的简介及评析

梅特兰试图解决普通土地法上 seisina 与 ius，和罗马法上 possessio 与 proprietas 的对应关系，并认可以后者描述前者的可行性。③ 由此出发，梅特兰描述了一个由几类诉讼形式构成的层级结构：最底层是"全部意义上的占有性质"的新近剥夺占有之诉，其上是祖先之死之诉，再其上是进占之诉，

---

① Glanvill，参见第 350 页脚注①，lib. 13，C. 33 p. 110；E. pp. 335 – 336.
② 稍加注意"剥夺占有"的含义，至少会牵连出以下问题：首先，陌生人的侵夺在事实上使正当的占有丧失，这样该诉当然可转用于陌生人侵夺案件。在封建秩序严密的社会中，这种行为还是一种被严厉打击的犯罪；其次，如果领主剥夺了占有，转而封赠他人，则现占有者会被视为同谋而成为"共同被告"。后一点见 id.，Pollock and Maitland，The History of English Law，II，pp. 54 – 55。
③ Ibid.，II，pp. 33 – 34。

顶端则是保护最接近所有权的"权利令状（诉讼）"。当事人可以从新近剥夺占有之诉开始，向上寻求救济。①

梅特兰层级结构的基础和理论来源如下：

首先，其叙述线索是"占有"（seisin）。层级结构的主轴之一就是占有的正当性资格的强弱：新近剥夺占有之诉保护的占有不需要资格，顺着层级结构向上，越接近"权利诉讼"，正当性亦即"权利"的要求越明显。② 其次，梅特兰参考了 13～14 世纪的法学书籍的论述，其理论的相当部分来自布拉克顿、布里顿，乃至科克。③ 历代普通法学家对占有和所有权的不同描述似乎给了梅特兰"法律所保护的占有对正当性要求有所变化"的印象。再次，是基于他对各类令状登记簿、王室法庭卷宗记录和年鉴的分析和运用。从"权利诉讼"和占有性质的诉讼在令状登记簿中的位置来论证二者关系；又如他曾援引年鉴作者将占有与所有权并列对比的说法。④ 最后，他重视近现代法律史家的论证而常引用之。在"权利诉讼"与占有性质的诉讼的对立分类这一关键问题上，他就参考了法律史家布伦纳的说法。⑤

应当指出，梅特兰的理论存在两大问题：

其一是材料的撷取。他对早期普通法的关键性描述，倚赖早期的法学著作尤其是布拉克顿之处颇多，如本文注意到，布拉克顿的相关论述似是梅特

---

① 稍加注意"剥夺占有"的含义，至少会牵连出以下问题：首先，陌生人的侵夺在事实上使正当的占有丧失，这样该诉当然可转用于陌生人侵夺案件。在封建秩序严密的社会中，这种行为还是一种被严厉打击的犯罪；其次，如果领主剥夺了占有，转而封赠他人，则现占有者会被视为同谋而成为"共同被告"。后一点见 id. , Pollock and Maitland, The History of English Law, Ⅱ, pp. 74 - 75.

② 在占有性质的诉讼中占有（seisin）是否需要具备正当性的资格的问题上，梅特兰接受了布拉克顿对占有的看法——梅特兰认为在布拉克顿处，seisin 等同于单纯占有（possession），即不需要资格，包括无资格的乃至恶意的占有（untitled even vicious possession）。F. W. Maitland, The Beatitude of Seisin, in H. A. L. Fisher ed., The Collected Papers of Fredric William Maitland, Cambridge University Press, 1911, Vol. Ⅰ, pp. 426, 434.

③ F. W. Maitland, The Mystery of Seisin, in H. A. L. Fisher ed., The Collected Papers of Fredric William Maitland, Cambridge University Press, 1911, Vol. Ⅰ, pp. 358 - 384; Id., Maitland, The Beatitude of Seisin, pp. 407 - 457.

④ Pollock and Maitland, The History of English Law, Ⅱ, p. 34, note1; p. 72, note4.

⑤ Maitland, The History of the Register of Original Writs, p. 129, note1.

兰“保护占有对抗所有权”说法的出处。① 但早期英国法著作深受罗马法体系、概念的影响，并陈陈相因。即便是格兰维尔，虽然比布拉克顿更为贴近史实，② 但仍存在以罗马化概念叙述英国法的问题。③ 依赖罗马法这一外在参照来讲述普通法的做法，导致法学著作、法律运作和日常观念间并非总存在紧密的契合度。④

其二是分析的角度。梅特兰在《爱德华一世以前的英国法律史》中的分析，有个公私二分模式的前提：该书上卷集中于普通法“公”的一面，重点是普通法产生和运作的机制背景；下卷则关注实体法规则。层级结构是在实体规则层面上构建起来的，这无形中忽略了从机制角度对层级结构进行验证的步骤。而一旦落入实体规则层面，纠结于所有权和占有，会导致以平面的部门法发展取代全面考察的弊病。

2. 对梅特兰式认识的继承和变异——以“权利令状”研究为例

梅特兰辞世至今已有百多年，其观点仍深刻影响着当代英法史的叙述腔调。以对“权利令状”的研究为例，直接承袭者不乏其人。较典型的如克兰奇教授，在为塞尔登协会编辑的《1248 年伯克郡巡回审判卷宗和令状文档》一书中，仍遵从了梅特兰对相关诉讼形式的分类方法，将其所谓的“权利开示令状”“小封印权利令状”以及“为土地的指令令状”三者全部划分到“权利诉讼（action of right）”之中。⑤

同时，沿用梅特兰的基本视角，但在具体叙述时有所修正的中西论著所

---

① Maitland, The Beatitude of Seisin, p.426, note2.

② 布拉克顿体系和表述更为罗马法化；而格兰维尔以当时的令状体系为出发点，且成书年代正是 breve de recto、novel disseisin 等诉讼形式的盛行期。

③ 格兰维尔中不仅对比了 seisina 和 rectum，如 Glanvill, supra note[2], Lib. 13, C. 9, p. 101; E. p. 312; 且在类似叙述中使用占有(possessio)和所有权(proprietas)，如 Glanvill，参见第 350 页脚注①, lib. 1, C. 3, p. 1; E. p. 5。

④ 如大量摘编布拉克顿的《弗莱塔》中曾说，“成文法中被称为‘ius’的，在英格兰法中被称为‘rectum’”，且以 accio super recto 来指称“权利诉讼”(G. O. Sayles ed., Fleta, London: Selden Society 99 (1984), lib. 6, p. 107.); 但又在它处使用 ius 来指称普通法上的“权利”。在格兰维尔、布拉克顿和《弗莱塔》中，虽然对公正之诉与新近剥夺占有之诉的适用对象等各有描述，但本不能从中得到“权利”有所确指、“权利”和“占有”对立的结论。这多少反映了早期法学著作和实际法律间若即若离的关系。

⑤ 克兰奇的“权利令状”分类方法，可参见 M. T. Clanchy ed., The Roll and Writ File of the Berkshire Eyre of 1248, London: Selden Society 90(1973), p. 565.

见颇多，如卡内冈教授的《从诺曼征服到格兰维尔时期的王室令状》一书，虽然同梅特兰一样认为 breve de recto 和 writpraecipe 均为处置"权利"问题而非"占有"问题，但从令状语句之不同出发而将两者相并列，[1] 因而新意突显。

这些承袭者和改造者的基本出发点，均是认定 breve de recto 和 novel disseisin 分别对应"权利"和"占有"，两者间截然对立。

（三）超越梅特兰——密尔松的"立体世界"模式

1. 密尔松的"立体世界"模式

彻底颠覆梅特兰理论的是密尔松教授。他更关注争端及其解决机制的外在背景：管辖权变动下的英国法的封建性问题。他认为，封建性的领主—封臣关系应遵循正当程序，双方的终身保有土地的封赐、役务的履行，均应符合封建习惯。[2] 密氏所强调的机制变动及其作用，可从以下几点来看：

首先，管辖权变动是普通法实体规则呈现与发展的前提。土地法方面，在王室权力未常规性地干预封建权力时，领主法庭的判决是终局性的，体现的是依习惯的自由裁量。但当王室法庭管辖权深入领主法庭管辖事项后，自由裁量不可避免地要被一套确定的规则所取代，土地法才逐步得以呈现出来。[3]

其次，在诉讼当事人关系方面，密尔松强调，传统观点的前提是将亨利二世时期前后的法律世界看作"平面的"，[4] 而忽视了土地流转中领主权的存在和领主—封臣间的相对关系。

再次，具体到各个诉讼，密尔松提出，最初它们都是由封臣针对领主或由领主针对封臣的。从令状原义看，breve de recto 仅指指令领主"主持全部公正"的开示令状，[5] 公正之诉中，不论双方当事人身份如何，最终还是会牵涉领主曾经的作为，"法律上的争议在于原告和领主之间，而非原告与被

---

① Caenegem, Royal Writs, p. 206 et seq.

② Ibid., pp. 59 – 60.

③ Ibid., pp. 56 – 57.

④ Milsom, Historical Foundations of the Common Law, p. 123.

⑤ Ibid., pp. 124 – 125.

告之间"。① 诉讼形式创立之初都带有明显的封建色彩，反映的是一个"立体的"世界。

最后，密尔松认为，不同诉讼之所以"呈现"出"所有权性质"或"占有性质"，原因就在于在领主法庭管辖权之上，出现了更高级的王室法庭管辖权。王室法庭对当前案件的判决具备追溯力；"王室管辖权一旦以公正之诉建立了常规控制"，"权利就突然变成了某种所有权"。②

2. 对密尔松模式的重要回应

密尔松的论断太具颠覆性，近三十年来引起的争议和回应不断。其中对密氏的批评，体现了某种回归梅特兰模式的倾向。

对密尔松批评最力者可能是约翰·哈德森。他依据多层次史料对密尔松的论断提出质疑，并力图确立起一个"替代的"路数：③ 首先，从"人"的层面看，观念上，早期有关土地保有的分类表明土地的私人归属观念久已有之，且领主与封臣对此的认识通常一致。从土地保有的安全性、各方对土地流转的态度以及继承来看，土地的财产权或所有权早已在事实上存在，在12世纪间有一个稳定发展的阶段，而非13世纪才"出现"；实力对比上，领主与封臣间的关系并非都是领主强而封臣弱，且随时间推移，封臣实力增强，领主对土地的控制能力减弱。这样，尤其在亲身保有的封臣及其直接领主间，人与土地的关系愈加稳固。其次，从国家的层面看，侵夺土地在一定时期是一种较广泛的犯罪，王室立法对此的处置较深地影响了土地法。此外，亨利二世前后，加强王室司法权威和干预地方司法的企图和做法都存在，亨利二世的改革既有承前的一贯性，又有独立的重要性。

---

① Ibid., p. 128.

② Milsom, A Natural History of the Common Law, pp. 89 - 90。

③ John Hudson, "Milsom's Legal Structure: Interpreting Twelfth-century Law", 59 Tijdschrift voor Rechtsgeschiedenis 47,1991; Anglo-Norman Land Law and the Origins of Property, in G. S. Garnett and J. G. H. Hudson ed., Law and Government in Medieval England and Normandy: Essays in honour of Sir James Holt, Cambridge University Press, 1994, pp. 199 – 222; John Hudson, land, law, and lordship in Anglo-Norman England, Clarendon Press, 1997(first published in 1994)；〔英〕约翰·哈德森：《英国普通法的形成——从诺曼征服到大宪章时期英格兰的法律与社会》，刘四新译，商务印书馆2006年版。

二、简析公正之诉与新近剥夺占有之诉

由前文可见，对公正之诉和新近剥夺占有之诉的关系的不同认识，反映了不同的早期土地法史理论。理清两种诉讼的性质和相互关系，可以进一步检验各种观点的得失。①

（一）对公正之诉的分析

1. 公正之诉的程序意义

公正之诉为何被创制？传统观点认为是为了树立内战后被没收土地的归属标准，将合法占有回溯到 1135 年亨利一世驾崩时，一种不偏向内战中任何一方，因而在政治上可接受的中性标准。②

公正之诉的程序意义在于：首先，该令状由国王发出，反映出王室希望领主法庭管辖自由保有土地讼争、规范领主法庭内的"司法活动"，以求领主法庭得出公正结果；领主拒绝开庭或未做到公正，则由郡法庭代行其职。其次，该令状并不涉及实体权利归属问题。国王并非命令领主给予原告权利，也非先定地认为原告应该得到权利。③

在领主法庭内进行的公正之诉中，王室所做的仅是颁发公正令状；而公正令状本身，仅是指令领主召开法庭，受理原告诉求。由此可见，王室的目的是土地诉求在领主法庭内得到表达和满足，而非直接干涉领主法庭的实体权利认定，或自己揽过管辖权。公正令状最初仅是为启动诉讼、规范诉讼程序的工具，并不考虑领主法庭以何种具体方式解决怎样的争端。因此，公正令状出现的原初意义仅在于程序。

2. 公正之诉的实体意义

---

① 对于两种诉讼，国内学者已有专论，如李红海：《普通法的历史解读》，清华大学出版社 2003 年版，第 204 页以下；陈敬刚："试论早期普通法中的新近被夺占有诉讼"，何勤华主编：《20 世纪外国司法制度的变革》，法律出版社 2003 年版。亦有探讨早期不动产法而涉及两类诉讼的，如咸鸿昌："论英国普通法土地保有权的建构及其内涵特征"，载《政治与法律》2009 年第 9 期。

② Palmer, The Feudal Framework of English Law, p. 1136.

③ 本文注意到，有学者错误地翻译令状文本，认为该令状是直接指示领主恢复或"保障请求人的权利"，是对领主法庭的"很大的威胁"；该令状就是王室法庭为获得"权利诉讼管辖权而采取的主动出击的措施"。如见李红海：《普通法的历史解读》，清华大学出版社 2003 年版，第 210～211 页。

　　公正令状只是明确了领主法庭作为"初审"法庭的地位；至于争端具体内容如何，令状本身不去涉及。公正之诉下，领主法庭要解决的问题是：原告与被告"谁有更大的权利"。[①] 法律史家聚讼不已的正是"权利"所指为何物的问题。

　　单独的一次公正之诉中，获得占有的不一定是"有更大权利"的当事人，因为可能在原被告两造之外，还存在真正继承谱系终端的第三方。第三方是否进入诉讼主张土地，直接决定原当事双方与争议土地的关系。若原告与真正继承人是亲属关系，且真正继承人以某种除符合封建习惯的封赐外的形式与原告有默契，原告也不能通过公正之诉排除被告的占有，[②] 即使被告纯属外来者。由此，公正之诉实际上考察的只是原告的"权利"问题，对被告而言，单独一次公正之诉也可能会保护他的"无资格的，甚至是恶意的占有"。而被告与争议土地的关系同样不稳固，它取决于真正权利人是否主张土地。可见，一个独立的公正之诉无法终局性地确定原被告任何一方对特定土地的关系。

　　同时，传统观点之所以将"权利"视为与"占有"相对的"（近似）所有权"，一个重要原因是在公正之诉的诉答过程中，原告需要回溯自己的继承谱系；而"所有权"的表现之一就是"可继承性"。因而有观点认为，该诉保护的是继承，因为原告陈述中必须给出详细的、自亨利一世逝世时的亲身占有土地的祖先至当前原告的继承谱系。[③] 然而，继承谱系的回溯，只是原告为证明自身的诉讼资格及诉求的正当性而已，其前提仍是祖先占有的合

---

　　① 现有论述资料多是以王室法庭的记录为基础的，不能确证 1179 年之前领主法庭关注的同样是"更大权利"的问题，也不能确证诉答程序在早期领主法庭与王室法庭无别。但本文以为，从"王室法庭代行封建法庭的职能"这一看法出发，可以推测早期领主法庭内的诉讼同样围绕这类问题。

　　② De Mara v. Bohum（1198－1207）一案，J. H. Baker and S. F. C. Milsom, Sources of English Legal History: Private Law to 1750, London: Butterworths, 1986, pp. 11－13. 原告坚持诉讼近十年，先前的被告提出他是继承先祖依赠予文书而获得的土地，因而被告易为赠予人的继承人（以先前被告的保证人身份与原告对簿于王室法庭）。后一被告提出，原告兄长的继承人尚在人世，即使他们两人（之一）确有权利，该继承人的权利也要大于原告。原告回应称，该继承人在原告生存期间，对他放弃主张该土地。王室法庭判决原告败诉，因为土地并非作为"继承性权利"，亦即非原告的继承物而落入原告之手。此处被告不需证明自己的"权利"，只需指出有第三方的权利大于原告的权利即可，即使原告与真正权利人之间有某种处置，也不能得到法庭支持。

　　③ 李红海：《普通法的历史解读》，清华大学出版社 2003 年版，第 220～221 页。

法性。言"保护继承",直接与封臣可以进行次级分封的事实相矛盾。

因此,公正之诉所保护的,正是符合封建习惯的占有。这使得该诉与新近剥夺占有之诉在实体规则层面上并无本质的区别乃至对立。

(二)对新近剥夺占有之诉的分析

1. 新近剥夺占有之诉的程序意义

对自由保有土地的占有的保护,是诺曼征服后英格兰封建社会一直重视的政策。英格兰对自由保有土地的保护反映了 11 ～ 12 世纪英吉利海峡两岸共同的对被侵占物的回复占有的重视态度。该令状最初的针对面狭窄,其后才拓展至普通侵夺土地案件。正确理解新近剥夺占有之诉的关键,端在令状中"不正当和未经判决地剥夺占有"一句。

首先,该令状直接行用于王室法庭中,意味着领主法庭管辖权的丧失。但这种丧失并非无由:令状针对的行为乃是"不正当和未经判决地剥夺占有"。也就是说,对剥夺占有的行为,只有领主法庭没有作为或作为错误时,王室法庭才予以后续的干预。

其次,对"不正当"和"未经判决"两个限定性表述的关系,需要深究。依布拉克顿的说法,梅特兰认为两者的关系是"剥夺占有,即使经过判决,也可能是不正当和可诉的剥夺占有"。[1] 密尔松认为"不正当和未经判决"是对"正当程序"的强调。[2] 从司法记录来看,在外来者侵夺土地的情形之外,确实存在着经过领主法庭判决但判决被认定为不正当的案例,典型的就是领主以封臣未履行役务为借口而直接剥夺其土地占有。

这意味着新近剥夺占有之诉与公正之诉间存在着程序上的依存关系,而且这种依存关系正是王室希望通过新近剥夺占有之诉来维护的。规范领主法庭的运作,乃是新近剥夺占有之诉的程序意义所在。

2. 新近剥夺占有之诉的实体意义

新近剥夺占有之诉在实体规则层面上本非为"保护单纯占有的诉讼"。而只是"不正当和未经判决地剥夺占有"的行为。

---

[1] Pollock and Maitland, The History of English Law, Ⅱ, p. 52.

[2] Milsom, Historical Foundations of the Common Law, p. 140.

梅特兰曾质疑"不正当"一词能够起到引发所有权争议的作用。具体而言，该诉中禁止被剥夺者自行回夺土地。然而，仅在合理期限外的自力救济被禁止。原因是该诉要求将取回土地解决争议的途径限于诉讼内，被侵夺者自力回夺显然是未经判决的，因而符合该诉规定的要件。可见，禁止合理期限外的自力救济是规范争议解决机制的要求，不是对双方实体权利的处置：在回夺情形下，新近剥夺占有之诉将把土地恢复成回夺前的状态，然后由公正令状解决问题。该诉是规范并限定诉讼流程的程序，而不是"保护所有权"或"保护占有"的诉讼。

若对"不正当和未经判决"作进一步分析，能发现新侵占之诉在程序上的纠错功能并不限于自力回夺的情形。当争议土地的自由保有性质已定，该诉同样将涉及占有的正当性问题。尤其是涉及封赐仪式的有无、封赐时间的先后等方面，此时该诉不仅不保护单纯占有，甚至不保护有一定理由的占有。

因此，新近剥夺占有之诉侧重的是"不正当"和"未经判决"的行为表象，这体现在该诉禁止暴力回夺这一点上。但这并不代表该诉保护的是单纯占有。和公正之诉一样，新近剥夺占有之诉中所涉及的"占有"也有单纯占有事实之外的封建正当性要求。

（三）公正之诉与新近剥夺占有之诉的关系

1. 两类诉讼的关系简析

普拉克内特认为，"新近剥夺占有令状的最早期形式附属于公正令状，并且是公正令状的预备性令状"。[1] 哈德森观点类似，提出两类诉讼在保护"所有权"和"占有"方面的"程序的双重性"。[2] 本文分析如下：

针对未经领主法庭判决的剥夺占有行为提起新近剥夺占有之诉时，新近剥夺占有之诉是公正之诉的前置性诉讼程序，败诉的被告可以随后提起公正之诉；针对的是已经过判决的剥夺占有行为时，新近剥夺占有之诉又是对公正之诉的纠正性诉讼程序。在后一种情况下，如果原告败诉，则不能再到领主法庭提起公正之诉，因为新近剥夺占有之诉已经确认原领主法庭的判决是

---

① Plucknett, A Concise History of the Common Law, p. 359.
② 哈德森：《英国普通法的形成》，商务印书馆 2006 年版，第 211～212 页。

正当的；如果被告败诉，则他可以再到领主法庭提起公正之诉，但此时他的处境已是殆危，因为其对手方已通过新近剥夺占有之诉占有了该土地，公正之诉本身又不利于本诉的原告；原领主法庭判决对他有利却被认为是不正当的，新判决推翻原判决的可能性与可行性是个未知数。[1] 而且更重要的是，新近剥夺占有之诉采用小咨审团提供事实认定结果，而一旦公正之诉的被告选择大咨审团形式，则案件将与先前经历的新近剥夺占有之诉一样进入王室法庭；先前新近剥夺占有之诉中小咨审团裁决已然对他不利，现下大咨审团的裁决是否会与原小咨审团的裁决有实质性差别，实属未知。

2. 管辖权、判决效力与实体规则的成型

从管辖权角度看，1179 年之前，公正之诉下，在领主不召开法庭或法庭审判不公正时，郡法庭及王室法庭才会介入案件管辖；新近剥夺占有之诉中的剥夺占有行为需是"未经判决"或"虽经判决但判决不正当"的，这表明该诉的前提仍是公正之诉的判决，体现了对公正之诉的程序性强调和依赖。这两类诉讼都不是对领主法庭管辖权的直接侵夺，而是建立了更高层级的常规性机制以检验领主法庭的审判活动。

如果进一步强调管辖权因素，则应考虑深层的机制变动对两类法庭判决的效力及其对早期土地法规则成型的影响。那么 1179 年之前，两类法庭的判决的效力情形如何？

首先，单从领主法庭管辖权来看，按封建理论，公正之诉的判决应是终局性的。但实际上，在新近剥夺占有之诉创立这两个时间点之前，公正令状允许郡法庭在领主法庭不作为时代行其职，甚或从郡法庭以 pone 令状移转到王室法庭。此时领主法庭的审判程序实际被绕过；在领主或郡法庭作出判决的情形下，原告仍可能以"错误判决"为理由，寻求王室法庭的救助。一旦判定"领主法庭判决错误"，领主将丧失其司法管辖权。[2]

其次，王室法庭内的新近剥夺占有之诉的判决并非终局性，部分败诉方

---

[1] 此点亦可见卡内冈：《英国普通法的诞生》，中国政法大学出版社 2003 年版，第 57 页。

[2] Glanvill, Lib. 8, C. 9 pp. 65 – 66；E. pp. 208 – 212。密尔松指出，格兰维尔所谓的"领主法庭管辖权的丧失"指的是对本案管辖权的丧失（即暂时特定丧失），而非永久性丧失。Milsom, A Natural History of the Common Law, p. 111, note17。

可以再提起领主法庭内的公正之诉。上述分析表明，通盘考虑两类法庭的管辖权时，两类诉讼都不是绝对终局性的。

真正的变化自 1179 年大咨审团引入公正之诉始：当事人可以选择咨审团的证明模式，从而使案件直接进入王室法庭；王室法庭接手公正之诉后，除对大咨审团裁决异议外，诉讼结果将不会出现实质变动。公正之诉才真正成为终局性的，该诉判决效力上的"保护所有权"性质才稍具讨论意义。相比之下，独立的一个新近剥夺占有之诉始终欠缺终局性的判决效力，在某些案件中，它也就具有了"保护单纯占有"的表象。换言之，旧观点在实体规则层面对"所有权性质"与"占有性质"加以讨论，其前提是自始地将管辖权的变动排斥在视野之外，其讨论也就不会注意到管辖权变动不仅主导了两类诉讼间的关系的实质变化，而且也影响着各自的判决效力，乃至真正的实体规则的成型。

三、结　语

自梅特兰到哈德森的研究历程呈现了视角的更新、方法的进步和材料选取的转向，从中可瞥见梅特兰身后，英法史学科百年来的进步：密尔松摧毁了梅特兰所构建的以 breve de recto 和 novel disseisin 为顶底两端的自由保有土地保护的"层级结构"，显示英法史研究开始真正回归英国本土传统和深刻认识到了普通法的独特精神。从梅特兰式的"平面世界"到密尔松式的"立体世界"，再到哈德森等学者对"立体世界"的动态补充，普通土地法形成时期的图景逐渐清晰，益加血肉丰满。本文的分析则从程序和实体两个方面分别探讨公正之诉和新近剥夺占有之诉的关键性要点，初步揭示布拉克顿之前的英国普通法上的这两类诉讼形式在实体规则层面并无实质不同，程序意义则值得深究。两者在程序层面的复杂关系，一方面动态地反映了封建关系对土地讼争的影响和不同法庭管辖权的变迁过程，另一方面则直接导致了普通土地法实体规则的产生。

英国上议院司法权的历史与沿革

张伟麟[*]

长久以来，英国的最高司法权一直属于上议院，直到 2005 年的《宪政改革法案》对英国的宪政结构进行了重塑。废除了上议院的最高司法权，将原本寓居于立法机关的最高司法机关变为一所独立的最高法院。要准确地理解 2005 年的改革到底带来了什么，就必须首先理解它终结了什么。本文对改革之前的上议院司法权的历史沿革进行简要的梳理，以期更好地理解改革前英国最高司法权的性质。

一、上议院最高司法权的产生与确立

自爱德华一世以来，议会就拥有受理诉讼人请愿、纠正法院判决的权力。最初，上下两院同时拥有该权力，但上议院的贵族们在 14 世纪时曾宣称，自己才拥有最终司法权，下议院可以受理请愿，但其受理结果需送到上议院确认，而上议院的受理结果不需要得到下议院的确认。自此上议院正式拥有了英格兰王国各类诉讼的上诉管辖权。[①]

但该最高司法权的发展并非一帆风顺，从 1514 年到 1589 年，仅有 5 起被申诉至上议院的案件被记录在案。上议院的最高司法权几乎已经变成理论上的空谈了。上议院的最高司法权之所以在这段时间遭遇挫折，一方面是由

---

* 张伟麟，中北大学。

① Louis Blom, Brice Dickson, and Gavin Drewry: The Judicial House of Lords 1876 – 2009, Oxford University Press, 2009, Chapter 1, p. 2.

于普通法法院与各种特权法院的激烈竞争——这是一场关于国王特权与普通法传统的斗争，上议院不方便干涉其中；另一方面是由于都铎王朝的统治主要依靠枢密院，议会开会远不如前朝频繁，它更像一个临时机构，开会的时间与次数都很短，① 用于受理申诉的机会就更少了。

转机发生在 1621 年 3 月，爱德华·尤瓦尔（Edward. Ewer）向詹姆斯一世申诉其在王座法院判决的案件，国王转手将其交给了上议院。几天之后，下议院要求上议院审理贾尔斯·蒙珀森爵士（Sir Giles Mompesson）一案。贾尔斯·蒙珀森爵士是国王的宠臣，但他得罪了下议院，下议院对他启用了尘封百年的弹劾程序，并期望上议院能够配合将其定罪。上议院答应了这一要求，作为交换，上议院的司法权力，重新得到了确认。②

自伊丽莎白一世即位到 17 世纪早期，英国社会的生产方式急遽变革，由此产生了大量的诉讼纠纷。但是，当时的英国法院机构却并没有随着诉讼数量的膨胀而扩大规模，许多对法院的拖沓感到不满的当事人想效仿尤瓦尔，将案件诉至上议院，因此上议院面临着越来越多的申诉。仅 1621 年至 1629 年 8 年间，上议院共有 5 次会期，在此期间就受理了 207 起案件。为了更有效率地处理数量不断增加的案件，上议院开始制定新的程序，并于 1621 年起成立了一个常设的申诉委员会，该委员会的规模与重要性在 10 年之内不断膨胀。起初，申诉被要求先在上议院会议上通读之后才送至申诉委员会，1624 年之后，为了节省时间，申诉会被直接送至委员会，委员会再将其处理意见通告上议院会议，请求会议的最终决定。最终，该委员会被允许直接裁决申诉，只需要每周将其裁决结果报告上议院会议即可。

1629 年之后，查理一世抛开议会的个人独裁统治暂时中断了上议院的司法权。但当 1640 年议会重新开幕之后，由于许多特权法院被剥夺司法权，而枢密院的司法权也于 1641 年被剥夺，因而上议院面临着如潮水般的诉讼。在

---

① 伊丽莎白一世在其 55 年统治期间内仅召集过 10 次下议院，平均每次会期少于 14 周。哈罗德·J. 伯曼：《法律与革命——新教改革对西方法律传统的影响》（第二卷），袁瑜峥、苗文龙译，法律出版社 2008 年版，第 225 页。

② Louis Blom, Brice Dickson, and Gavin Drewry: The Judicial House of Lords 1876－2009, Oxford University Press, 2009, Chapter 1, p. 3.

20世纪40年代上半叶，上议院努力恢复法律秩序，但接下来的内战让上议院的司法权无所适从。最终，1649年2月6日，上议院因"无用而有害的"而被废除，直到1660年4月查理二世复辟之后才恢复。恢复之后的上议院立刻着手帮助重建因战乱年代而中止的司法秩序，不过很快就于1661年5月8日因托马斯·斯金纳诉东印度公司案（Thomas Skinner v East Idina Company）与下议院发生争执。由于该案未经任何其他法院初审就直接诉至上议院，下议院认为，上议院只能受理上诉案件，而不能成为一个初审法院。最终，上议院让步，同意除了涉及贵族犯罪的案件之外，只受理上诉案件。在接下来的十几年内，两院都在关于上议院司法权的各种问题上争论不休，但上议院的最高司法权仍然在光荣革命之前得到了最终确立。①

1707年，英格兰与苏格兰的合并为上议院的司法权带来了一个新问题——上议院有权受理苏格兰的申诉吗？英格兰与苏格兰两方均有争议。在英格兰方面，下议院与上议院对上议院司法管辖权的范围存在争议；而在苏格兰方面，有人认为跑到伦敦去上诉未免太远，而另一些人则觉得，上议院的上诉管辖权是对苏格兰高等民事法院（Court of Session）的有效监督与制约。最终上议院在民事案件方面对苏格兰的上诉管辖权得到了确认，刑事案件的管辖权曾一度也得到接受，但1781年该管辖权被废除，理由是原苏格兰议会也没有对苏格兰刑事案件的上诉管辖权，那么现在自然也不会存在联合王国上议院对苏格兰刑事案件的上诉管辖权。上议院对苏格兰的上诉管辖权为上议院带来了大量的苏格兰上诉案。18世纪末，苏格兰的上诉案甚至超过了英格兰的上诉案。为此，1808年还专门立法为苏格兰上诉人制造障碍，但即便如此，苏格兰上诉案的数量也没有明显减少。

1717年5月7日，一位叫作莫里斯·安斯利（Maurice Annesley）的诉讼人将爱尔兰上议院对自己案件的判决上诉至英国上议院，由此引发了关于英国上议院与爱尔兰上议院对爱尔兰案件管辖权的争议。爱尔兰上议院对英国上议院重审自己已经判决的案件非常不满。英国上议院为了进一步巩固自己

---

① Louis Blom, Brice Dickson, and Gavin Drewry: The Judicial House of Lords 1876 – 2009, Oxford University Press, 2009, Chapter 1, pp. 4 – 6.

的上诉管辖权，于 1719 年通过了《宣示法案》（Declaratory Act）。几十年后，当英国政府忙于美洲的战争之时，爱尔兰议会趁机扳回一城，以 1782 年的《确保爱尔兰独立法案》（Securing Dependence of Ireland Act）恢复了其对爱尔兰诉讼的上诉权。缓过劲儿来的英国人不甘心失败，于 1783 年通过了《爱尔兰上诉法》（Irish Appeals Act），规定不管是英国上议院还是爱尔兰上议院都无权受理爱尔兰任何法院的上诉。最终 1801 年与爱尔兰的合并终结了这一旷日持久的争论，爱尔兰的议会并入英国议会，爱尔兰诉讼的上诉管辖权自然也就被英国上议院收入囊中。[1]

二、上议院司法的方式

上议院是贵族院，所有能列席上议院的人被称为"Peers"，意思是"同一个等级的人"。能够够得上 Peers 的人在整个英国并不算多，从爱德华一世到伊丽莎白一世，一共也就几十人而已。詹姆斯一世一方面为了巩固上议院对自己的忠诚，另一方面由于与下议院不合，他也希望通过给一些资本新贵授爵增加王室的收入，所以贵族人数在 17 世纪增加很快。到了 19 世纪，加上苏格兰与爱尔兰的贵族，上议院已经有几百人了。这几百人构成了英国上层社会的核心，他们都受过高等教育，对英国政治的运转也得心应手，但这并不意味着他们会是好的法官。因为英国的法律不同于大学里教授的、富有学理味道的罗马法，英国法是在多年的司法实践中形成的，其学习过程也是以师徒相传的方式进行的。这些贵族们虽受过良好教育，但却大多未接受过完整的法律教育，因而未必能领悟英国法的精髓。所以在上议院行使上诉管辖权的过程中，贵族们往往会用政治思维代替法律思维，以政治影响司法，这往往容易引起争议。

在上议院的庭审过程中，御前大臣是为数不多的职业法律人。他以其优秀的法律素养尽可能地避免了非法律专业贵族们的随意性对案件审理的干扰。尽管御前大臣的意见会得到贵族们的重视，但是案件的判决还是以参与庭审

---

[1] Louis Blom, Brice Dickson, and Gavin Drewry: The Judicial House of Lords 1876－2009, Oxford University Press, 2009, Chapter 2, pp. 7－8.

的贵族们一起投票的方式来进行的。在许多有争议的案件中，御前大臣一人难以完全左右其他贵族们的意见。一个有着深厚法治传统的国家最高司法权是由一群非专业法官来行使的，这种荒谬的情况引起了人们的不满。有人抱怨，这个最高级别法院的审判水平，甚至比不过最低等级的法庭。① 不仅如此，工业革命带来诸多社会问题，诉讼数量大增，这导致在不断飙升的上诉业务与上议院繁忙的政治事务之间存在着严重的矛盾。仅 1811 年，积压的上诉案就达 266 件之多，而上议院在当年却仅听审了 23 个案件。上议院有点不堪重负了。②

有鉴于此，《泰晤士报》在 1785 年 1 月报道说有传言要提拔一批法律贵族来专门处理上议院上诉业务。1811 年 3 月 5 日，一个特别委员会被任命，用以考察上议院处理上诉案件的最佳方案。该委员会于 5 月 20 日发布报告，建议上议院每周至少有三天从上午 10 点到下午 3 点 45 分，专门抽出时间来处理上诉事务。并且还建议在衡平法院增加法官，以使御前大臣能够从衡平法院的事务中抽出身来，把更多的精力放在上议院的上诉审之上。委员会的意见得到了上议院的采纳，每周都拿出三天时间专门处理上诉事务，并且将当时的卷档主事官（Master of the Rolls）升职为副御前大臣（Vice-Chancellor），可以进行独立的审判，而不必像以前那样请御前大臣再审。③ 同时，成立了一个上诉委员会（Appeals Committee），处理相关事务。但此次改革仅仅只是缓解了上诉案件积压的压力，并没有完全解决此问题，在 1823 年的 3 月 14 日，上议院仍然有 225 起上诉案件候审，其中来自苏格兰的案件就有 155 起。为了能进一步缓解积案压力，议会于 1825 年专门通过了《苏格兰高等民事法院法案》（Court of Session Act）。并且，在上次改革的基础之上，进一步将每周审理上诉案件的天数从三天增加至五天，时间从下午 3 点 45 分延长至 4 点

---

① David Pannick, Better that a horse should have a voice in the House [of Lords] than that a judge should(Jeremy Bentham): replacing the Law Lords by a Supreme Court, Public Law, Oct, 2009, pp. 724 – 726.

② Lord Bingham of Cornhill: A New Supreme Court for the United Kingdom, the Constitution Unit Spring Lecture 2002, p. 3.

③ Radcliffe, Cross: The English Legal System, London: Butterworths, 1977, Sixth Edition, p. 274; T. W. D: The English Judicial System, The American Law Register (1852 –1891), 17, 1869, pp. 69 –70.

才结束。

19 世纪 30 年代，上议院中一些受过完整法律教育的贵族开始在上诉审判中承担起越来越重要的作用，这改进了上议院上诉审的质量。除此之外，在一些重要案件上，还会有来自普通法法院的法官作为助手，协助贵族们审理案件。在 1834 年之后，完全没有法律专业背景的贵族进行上诉案件的审理成为极为罕见的现象，这些法律贵族们的意见在上诉案件的判决中往往处于主导地位。① 为了进一步将御前大臣从繁重的衡平法院的业务中解脱出来以利于其在上议院的工作，1841 年衡平法院又增加了两名副御前大臣。1833 年，卷档主事官也被要求成为一名专职处理案件审理的法官，并向其支付固定的薪水，而不再收取诉讼当事人的小费，这样衡平法院就拥有了四位专职法官。1851 年的议会法案决定成立专门的衡平法院上诉法院，由御前大臣与两名专职上诉法官组成。从此以后，御前大臣不再参与衡平法院的初审工作，可以脱身于此，而忙于处理上议院的事务。

积案问题确实得到了有效的缓解，但非专业法官审理专业法官的判决这一荒谬的现象仍然没有得到校正。为了应对这种局面，政府答应将提名一位曾在财税法院任职的资深法官为终身贵族，来补足上议院缺少法律专业贵族的问题。但此举遭到上议院其他贵族的强烈抵制，他们担心这样将带来更多的终身贵族。政府只好作罢，转而任命了一个委员会来考察上议院的上诉管辖权问题。该委员会的工作结果最终反映在 1856 年的一部立法草案之中，即《上诉管辖权草案》。该草案任命两位带薪法官与四位专职终身贵族来处理上议院休会期间的司法工作，但可惜该草案在下议院未能得到通过，理由竟是太过保守，不足以彻底解决当前的问题。1867 年，迫于下议院的压力，一个专门考察司法问题的皇家委员会成立了。该委员会的意见被写入了 1870 年的《上诉管辖权草案》之中，包括应该成立一个司法委员会等，但该草案仍被保守派拖延得不了了之。②

---

① David Pannick: Better that a horse should have a voice in the House [of Lords] than that a judge should(Jeremy Bentham): replacing the Law Lords by a Supreme Court, Public Law, Oct, 2009, p. 725.

② Louis Blom, Brice Dickson, and Gavin Drewry: The Judicial House of Lords 1876 – 2009, Oxford University Press, 2009, Chapter 2, pp. 9 – 13.

三、1873 年《最高法院法》与 1876 年《上诉管辖权法》

只要上议院司法中的各种问题仍然存在，保守派的压制就只能是暂时的，改革的呼声是无法被压制的。在御前大臣塞尔伯恩勋爵（Lord Selborne）等法律人与改革派的努力下，1873 年议会终于通过了一个具有激进意义的上议院司法改革法案，即 1873 年《最高法院法》（Supremme Court of Judicature）。

《最高法院法》一扫杂乱无章的中央法院体系，以一个最高法院取而代之。新的最高法院分为两个部分，高等法院和上诉法院。上诉法院的管辖权囊括了衡平上诉法院和财税上诉法院等一系列法院的上诉管辖权。上议院的上诉司法权被 1873 年法案取消。但是，上诉法院的地域管辖权仅仅只包括英格兰与威尔士，而不包括苏格兰与爱尔兰。因为考虑到政治原因，让苏格兰与爱尔兰的案件上诉至一所英格兰的上诉法院恐怕会引起这两个地区的反感，所以上议院依然保有对苏格兰与爱尔兰相关案件的上诉权。

由于该法案引起的变革幅度过大，筹备新的最高法院需要时间，因此其存在一个准备期，法案规定的生效期是 1874 年 11 月。人算不如天算，1874 年的一场大选让事情有了变故。原本推动此次改革的政府下了台，新首相迪斯雷利（Disraeli）任命的御前大臣凯恩斯勋爵（Lord Cairns）对已经取得的改革成果仍不满足，他继续在议会推动上议院的司法改革。他对《最高法院法》提出了一个修正草案，将上议院对苏格兰与爱尔兰上诉案件的管辖权也转移至新的最高法院之下，并将该新最高法院更名为帝国上诉法院（Imperial Court of Appeal）。这个激进的修正草案激起了苏格兰与爱尔兰政治界的强烈反对，保守派趁机在议会联合苏格兰与爱尔兰的反对派，对政府发起了猛烈的进攻。迪斯雷利首相不得已最终放弃了该修正案，不仅如此，1873 年《最高法院法》也被延期生效。这次修正案不仅未能扩大改革成果，反倒将本已板上钉钉的改革也耽误了。

为了解决眼下上议院司法改革的僵局，双方达成了一个妥协，该妥协的精神最终反映在 1876 年的《上诉管辖权法》（Appellate Jurisdiction Act）之内。根据该法案，上议院仍然保有最终上诉法院的地位，但是任何上诉非经不少于 3 位 "上诉贵族" (Lords of Appeal) 的同意,不得受理及审判。[①] 该法案还明确规定,即使是上议院的休会或被解散,也不影响上诉业务的运作。就这样,新 "最高" 法院夭折了,但改革的精髓被保留了下来,业余贵族对上诉案件的影响力消失了,专业的法官掌控了整个上诉审,且不受上议院会期的任何影响。事实上,这与一所最高法院没有实质区别,所有的区别都是形式上的。比如,上议院在形式上继续拥有最高司法管辖权,上议院只听审 "请愿" (petition) 而不是 "申诉"(claim),案件的结果以 "发言" (speeches) 而不是 "判决"(judgments) 的形式发布。[②]

四、20 世纪的上议院司法权

上议院在 19 世纪的改革重点是解决上议院的外行执掌最高司法权的问题,而在 20 世纪,事务愈来愈繁忙的上议院需要找到一个更为常规的制度安排来妥善安置其司法权。

在 "二战" 期间,下议院会议室遭到了战争的破坏,所以下议院不得不搬到上议院会议室来开会。1948 年,在下议院闹哄哄的会议的侵扰下,法律贵族们不得不搬出上议院会议室,独立办公,并临时成立了上议院上诉委员会。当 1951 年上议院搬回自己的会议室之时,上诉委员会没有跟随上议院回到上议院会议室,而是重新安置在了一个委员会办公室之内。自此,上诉委员会正式地离开了上议院会议室。1960 年,为了更有效率的审理上诉案件,上议院同意上诉委员会可以同时分别开庭审理两个案件,只需要将判决(或

---

① 所谓 "上诉贵族" 在较宽泛的意义上可以被视为法律贵族的同义词,指的是拥有或者曾经拥有高级司法职位的上议院贵族,包括御前大臣、上议院上诉委员会的 "常任上诉法官" (Lords of Appeal in Ordinary) 以及曾任职于高级法院法官及以上司法职位的上议院贵族。若把法律贵族做一个较为狭义的解释则是专指上议院上诉委员会的 "常任上诉法官" (Lords of Appeal in Ordinary),为避免不必要的误解,本文对 "法律贵族" 这个概念取宽泛的解释。Robin Cooke, The Law Lords: an endangered heritage, Law Quarterly Review, 2003,119(Jan), p.54.

② David Pannick, Better that a horse should have a voice in the House [of Lords] than that a judge should (Jeremy Bentham): replacing the Law Lords by a Supreme Court, Public Law, Oct, 2009, p.727.

者说是发言speeches）在上议院会议室公布即可。①

自此，英国上议院的司法权基本演化至 2005 年《宪政改革法案》通过之前的形态。在形式上，它保持了立法机关兼理司法的政治结构；但在实质上，上诉委员会独立于上议院的会议，实现了专业水准的审判，为英国司法界的工作提供指导。值得注意的是，上议院上诉委员会与其下级法院——上诉法院之间的关系是复杂而多面相的。上议院上诉委员会绝大部分案件都来自上诉法院，② 其中民事案件占大多数。但上诉委员会的法律贵族与上诉法院的法官们之间的关系却并非竞争者或者是上下级。由于英国法律职业独特的同一性，这些来自不同法院的法官们，在私底下可能有着比想象中还要亲密的关系。同时，进入上议院，成为一名贵族，也是每一个法律职业者的最终理想。因而法律贵族们更像是上诉法院法官们的师兄，他们以批判但同情的眼光审视着这些来自同一职业团体的晚辈的判决。所以，绝大多数向上诉委员会申诉的案件，都不会被受理。只有最具争议性或者意义重大的案件，才会最终被上诉委员会受理。在 2005 年改革之前，上诉法院每年受理的上诉案达到了两千多件，但是上诉委员会受理的案件则不到百件。也就是说，上诉委员会与上诉法院相互配合，由上诉法院来接纳社会对下级法院判决的不满，由上诉委员会以指导监督者的身份在整体上对某些争议或重要案件进行处理，进而借着"遵循先例原则"来弥补议会法对瞬息万变的社会生活、对既有法律体系所提出的挑战。通过这样一个两级的上诉体系，英国司法在案件数量与质量两方面，都满足了社会的需要。③

---

① Louis Blom, Brice Dickson, and Gavin Drewry: The Judicial House of Lords 1876 – 2009, Oxford University Press, 2009, Chapter 3, pp. 7 – 9; David Pannick, Better that a horse should have a voice in the House [of Lords] than that a judge should (Jeremy Bentham): replacing the Law Lords by a Supreme Court, Public Law, Oct, 2009, p. 728.

② 还有极少数通过所谓"蛙跳程序"直接从低级法院上诉来的案件。

③ Louis Blom, Brice Dickson, and Gavin Drewry: The Judicial House of Lords 1876 – 2009, Oxford University Press, 2009, Chapter 4, pp. 1 – 3.

日本宪法第 9 条与集体自卫权的行使[*]

赵立新[**]

1946 年制定的《日本国宪法》在"前言"中指出:"日本国民期望永久的和平,深怀支配人类相互关系的崇高理想,信赖爱好和平的各国人民的公正与信义,决心保护我们的安全与生存。我们希望在努力维护和平,从地球上永久消灭专制与隶属、压迫与偏狭的国际社会中,占有光荣的地位。"为表明实现这种理想的决心,宪法在第 9 条明确规定:"日本国民衷心谋求基于正义与秩序的国际和平,永远放弃作为国家主权发动的战争、武力威胁或使用武力作为解决国际争端的手段。为达到前项目的,不保持陆海空军及其他战争力量,不承认国家的交战权。"纵观各国宪法,明确规定放弃战争和不保持武装力量的只有《日本国宪法》,《日本国宪法》第 9 条第 1 款规定的放弃战争是否包括自卫战争尽管存在很大争论,但在第 2 款规定的为使放弃战争成为现实而废除军备这一点上,使其超越了其他国家的宪法,应该属于典型的和平主义,它反映了日本人民维护和平的决心,在世界史上具有一定的意义,这也是《日本国宪法》的一大特色。

一、日本政府对"放弃战争"的解释变迁

《日本国宪法》第 9 条是根据《波茨坦宣言》和战后初期美国对日方针的精神制定的。1946 年 2 月 3 日,麦克阿瑟对 GHQ 民政局的成员提出了制

---

* 基金项目:河北师范大学 2013 年度重点基金项目(S2013Z04)。
** 赵立新,河北师范大学。

定宪法草案的3项原则，其中第2项是："废除作为国家主权的战争，即使是作为解决纠纷的手段或保卫自己的安全，日本也必须放弃战争。日本的防卫和保护要依靠当今推动世界发展的崇高的理想"。在这里，明确地表达了连自卫战争都要放弃，但是，这一表现在2月13日GHQ的草案和此后的《日本国宪法》中没有继续，这也是此后产生"宪法9条没有放弃自卫权和自卫战争"解释的原因。① 在"盟总"起草的宪法草案中，根据麦克阿瑟的提议，提出了放弃战争、不保持陆海军和否定日本交战权。此后日本政府的宪法修改草案基本继承了这一原则。在草案的第9条规定：永远放弃以国家主权发动的战争、武力威胁或使用武力作为解决国际争端的手段；不允许保持陆海军及其他战争力量，不承认国家的交战权。在草案提交议会审议时，在第1项的前面又增加了"日本国民衷心谋求基于正义与秩序的国际和平"，在第2项的前面增加了"为达到前项之目的"。这就是宪法第9条的由来。②

《日本国宪法》所表现得彻底的和平主义一方面表明了日本国民对和平的决心，同时也是美国初期占领政策对日本非军事化和民主化强大推进的表现，但是，随着东西方冷战的激化以及中华人民共和国的成立，美国的对日占领政策开始发生变化，即从过去压制日本军国主义东山再起转化为利用日本作为阻止共产主义的"堡垒"，因此，以规定不保持一切军备为出发点的宪法第9条体制，随着1950年朝鲜战争的爆发、1951年《日美安全保障条约》的缔结和1954年自卫队的建立出现了重大变化。

在宪法制定后的初期，日本政府对"放弃战争"的解释是连自卫战争也包括在内，但在1950年，随着朝鲜战争的爆发，驻日美军大量调往朝鲜，从而使日美关系逐渐缓和。麦克阿瑟在给当时日本首相吉田茂的信中，承认日本有防卫本国的权力，他要求日本建立75 000人的"警察预备队"，并把海上保安厅人员增加8 000人。在美国的允许和指导下，同年8月，日本建立警察预备队，从而为日本的再军备迈出了第一步。③ 关于警察预备队设立的目的，在《警察预备队法》第1条曾说："为维护我国的和平和秩序，保障

---

① ［日］小泽隆一：《聚焦宪法》，法律文化社2008年版，第31页。
② ［日］日本近代法制史研究会：《日本近代法120讲》，法律文化社1992年版，第262页。
③ ［日］浦部法穗：《（新版）宪法学教室》，日本评论社1996年版，145页。

公共利益，在必要的限度内，补充国家地方警察和自治体警察的警察力量"，"警察预备队的活动应该限制在警察的任务范围之内"。但实际上，无论从其装备还是训练上来看，是一支地地道道的军队。

1952 年 4 月，《旧金山和约》和《日美安全保障条约》生效，从此，美军结束了对日本公开的军事占领和全面控制，日本获得了政治和外交的自主权。同年 7 月，日本政府改警察预备队为保安队和警备队，并扩大了规模。与此同时，日本政府关于宪法第 9 条的解释也发生了变化。在 1952 年 11 月日本政府公布的"有关战争力量的统一见解"中规定：宪法第 9 条所禁止的是保持"战争力量"，而"战争力量"是指具备能够完成现代战争程度的装备和编制而言，其标准必须以该国所处的时间和空间环境作具体判断；宪法第 9 条第 2 款所说的"保持"是指我国是保持的主体，美国驻军是在保卫我国，这是美国为此而保持的军队，所以与宪法第 9 条不发生关系，保安队与警备队不相当于"战争力量"。① 在这里日本政府的目的不言自明。

1954 年 7 月，日本政府公布了"防卫二法"，即《防卫厅设置法》和《自卫队法》，以此为基础建立了自卫队，即改保安队为陆上自卫队，警备队为海上自卫队，并新设航空自卫队，从而确立了真正的陆、海、空三军体制。对自卫队的任务，该法第 3 条规定："以在遭受直接或间接的侵略时进行防卫为主要任务，必要时，担当起维护公共秩序的责任"，这就从正面表明了，自卫队不是维持国内治安的"警察"，而是"抵抗外敌"的"军队"，日本政府对宪法的解释也改为"为了自卫，保持必要的、最低限度的自卫力不违反宪法"。此后，以 1958 年的第一次防卫整顿计划为开端，日本自卫队走向了不断加强的道路。

20 世纪 60 年代初，在右翼代表岸信介执政时曾扬言，即使日本持有核武器也没关系，但此后的佐藤内阁则发表了日本不拥有、不生产、不引进核武器的所谓"非核三原则"。1971 年，众议院通过了"非核三原则"。与此同时，日本国内围绕宪法修改进行了激烈的斗争，特别是关于第 9 条的修改

① ［日］宫泽俊义：《日本国宪法精解》，董璠舆译，中国民主法制出版社 1990 年版，第 145~146 页。

与自卫队设立更是斗争的焦点。尽管由于广大进步势力的斗争，修宪势力未能得逞，但通过政府的解释和一系列判决，[1] 造成了对自卫队既成事实的承认，从而使宪法第 9 条的含义发生了变化。

进入 90 年代以后，随着苏联东欧社会主义国家的巨变以及海湾战争的爆发，此前围绕宪法第 9 条的争论虽然还在继续，但争论的状况已发生很大变化，即不再围绕自卫队的存在是否违宪，而是自卫队能否被派往海外，在国际上发挥其应有的作用。1992 年，日本议会通过了"联合国维持和平活动合作法案"（即"PKO 法案"），规定：日本自卫队可以以自卫队员的身份携带武器装备，以部队的形式参加联合国的维和行动，当自卫队员的人身安全受到威胁时，可以用武器自卫。对于自卫队参加联合国的维和行动是否属于宪法第 9 条第 1 款禁止的"武力行使"，日本政府提出了"武力行使"与"武器使用"区别的论调，并认为，自卫队的活动只要不是和外国军队的武力行使"一体化"就没有问题，[2] 这一论点也为此后一系列法案所继承。

20 世纪 90 年代中期以后，关于日本自卫队海外派兵的法律不断增加，1997 年日美确定了"新防卫指针"，此后，日本于 1999 年制定《周边事态法》，2001 年制定《恐怖对策特别措施法》，2003 年制定《伊拉克特别措施法》《武力攻击事态法》，2004 年 6 月制定《国民保护法》《美军支援法》《特定公共设施等利用法》《外国军用品等海上运输管理法》《自卫队法修改法》《关于俘虏等管理法》《国际人道法违反行为处罚法》7 项法律，即所谓的"有事法制"，从而为在武力攻击事态发生以前构筑日本全国的军事态势提供了法律依据。

这样，通过以上法令和措施，《日本国宪法》的部分内容已发生了变化，虽然第 9 条仍然存在，但已逐渐变得空洞化，尽管如此，它的存在对日本扩大军事力量仍有一定的限制作用，因此，在今天日本政府的改宪草案中，第 9 条仍是改宪派和护宪派争论的焦点之一。

---

[1] 何勤华等：《日本法律发达史》，上海人民出版社 1999 年版，第 66 页。
[2] ［日］小泽隆一：《聚焦宪法》，法律文化社 2008 年版，第 38 页。

二、从 "9 条争论" 的角度看日本集体自卫权的解释变迁

在战后日本围绕修宪进行的争论中,《日本国宪法》第 9 条始终是核心之一。在关于 "9 条的争论" 中, 集体自卫权的解释也经历着不断地变迁。

(一) 第 9 条与集体自卫权瓜葛的开始

在 "二战" 后《日本国宪法》的制定中, 集体自卫权等概念没有进入人们的视野。当时争论的中心是在 9 条之下是否存在 "自卫权", 如果存在会是何种形式。

作为日本著名国际法学家的横田喜三郎①在 1951 年 9 月出版的著作《自卫权》② 中认为:"(宪法规定、第 9 条) 放弃了战争和武力的行使, 废除了军备, 甚至否定了交战权, 但是, 自卫权本身即没有放弃也没有否认。因此, 不能说日本没有自卫权," 但是, "作为宪法规定的含义, 无论如何不能不承认, 虽然拥有自卫权, 但不能保持军备, 即是一种 '没有武力的自卫权'"。

当然, 另一方面, 横田又认为, 作为 "没有武力的自卫权" 方法之一, "日本存在外国的军队或军事基地, 应该不违反日本宪法的规定"。因为, "如果日本加入联合国, 在需要联合的强制措施时, 日本是有必要提供基地和其他便利以及经济援助的", 并预测 "关于日本, 因为宪法放弃了军队和军备, 应该不会要求提供兵力, 而是提供基地和援助"。"这样, 就不是行使交战权, 也不是进行战争"。在这里, 横田设想的是, 在日本恢复独立后, 作为第 9 条面向国际社会的具体化措施是: "对联合国的集体安全保障" 提供基地和便利。③

但是, 就在横田喜三郎《自卫权》出版的 1951 年 9 月, 日美签订了《旧金山和约》, 同日缔结的还有《日美安全保障条约》, 结果, 不是面向联合国而是面向美国 "提供基地和便利"。不久, 日本开始建立 "警察预备队", 继而改为 "保安队", 1954 年改为 "自卫队" 这一实际上的常备军队。

---

① 横田喜三郎:日本著名国际法学家, 1960 ~ 1966 年任日本最高法院院长。
② 当时日本尚未结束占领状态。
③ [日] 浦田一郎等:《集体自卫权》, 岩波书店 2013 年版, 第 18 页。

由此开始出现"第9条和集体自卫权的瓜葛"问题。在这一含义上来说，横田喜三郎关于第9条的解释后来竟成为"美军基地合宪"的根据。

（二）向承认集体自卫权迈进

在20世纪60年代后，随着朝鲜半岛局势的紧张，美国对越南战争规模的扩大以及日本自卫队装备、人员的增强，横亘在美军与日本自卫队之间的藩篱逐渐降低，区分《日美安保条约》第5条的"条约区域"（日本国施政下的领域）和第6条"美军驻留目的区域"（远东的国际和平与安全）的界限，即"个别自卫权与集体自卫权的边界"，开始逐渐模糊。首先是美军基地的使用条件，其次是专守防卫的自卫队（＝个别的自卫权）与瞄准亚洲的在日美军基地（＝集体自卫权）这一原则上的区分逐渐消失，即"密约的表面化"。

最初出现的是基地使用中"事实上的集体自卫权承认"。在越南战争中，就日本协助美国，特别是扩大"远东范围"的议员质询中，当时的外相椎名悦三郎的回答是："即使在远东范围之外发生的事件，在其与远东的和平与安全存在密切关系时，应该适用该条约的条款。在该种情况下，虽然在远东之外，现在正在发生与远东的和平与安全存在密切关系的事件。"①

在这里，"远东"的范围实际上扩大到东南亚。不久，承认了从冲绳基地起飞的军机对越南的轰炸，佐世保、横须贺的兵站基地化也逐渐公开化。而"冷战"后，在日美军基地更成了"中近东战争"的作战基地。

与此同时，在1969年11月举行的日美首脑会谈后发表的"佐藤·尼克松会谈共同声明"就美国的韩国、台湾防卫义务，各自指出："总理大臣对为维护朝鲜半岛的和平而进行的国际联合努力给予高度评价，认为韩国的安全对日本本身的安全非常关键。""总理大臣认为，维护台湾地区的和平与安全对日本的安全是非常重要的因素。"在这里，"关键"和"重要"字眼体现了日本对朝鲜半岛和台湾海峡现状的"认识"比此前更进一步，从"国际和平与安全"这一思路形成了对集体自卫权的"承认"态度。

美军与日本自卫队的协助关系也开始发生变化。1970年发表的最初的

----

① 1966年6月1日，众议院外务委员会的质询。

《防卫白皮书》在提出以"专守防卫"为国防宗旨的同时，指出："从平时开始，日美两国之间需加强相互之间的紧密联系，保持意见的畅通，努力维持紧密的关系。"这一白皮书从《日美安保条约》第5条的"共同防卫"出发，在1978年《防卫协作指针》制定前，指明了"承认集体自卫权"的方向。

（三）《日美防卫指针》的变化

1978年11月，日本福田赳夫内阁时期出台的《日美防卫指针》是日本迈向"承认集体自卫权"的关键一步。

"防卫指针"主要涉及三个协作领域，第一是防止侵略于未然的态势，第二是对日本武力攻击时采取的行动等，如果说这两部分还是在《日美安保条约》第5条"共同防卫"的范围之内，那么，第三，因日本之外远东的事态对日本安全产生重要影响时日本之间的合作。这就为将来"解禁集体自卫权"打下了基础。不久，从上述第三方面导出了"西南防卫""海上防卫"等自卫队的领域外活动。

（四）小泉纯一郎政权的脱离

随着1991年苏联解体和"冷战"的结束，《日美安保条约》失去了其反共、反苏的共同目标。但条约仍被保留下来，并被赋予了新的使命，即成为1996年《日美共同宣言》所言的"面向21世纪的同盟"。此后，"日美安保合作"的范围不断扩大并被"日美同盟"所取代。

随着1997年"新防卫合作指针"的达成合意，在装备和运用方面使"专守防卫"仅剩一块空牌子。旧的"防卫指针"第三的内容在新的"防卫指针"中被作为第五，即"在日本周边海域出现的、严重影响日本和平与安全的事态"，关于具体的合作领域包括：（1）日美的基地共同使用；（2）后方的地区支援；（3）运用方面的日美合作。而在行动范围方面，因为"周边事态的概念不是地理上的，主要着眼于事态的性质"，从而使"周边事态"可以自由定义。

对美军的"后方地区支援"列举了补给、运输、整备、警备等26项。根据"防卫指针"，"后方地区支援虽然主要在日本的领域范围之内进行，但也考虑对与战斗行动发生地区可以划出一条线的日本周边公海及其上空进行"。在这里，"画一条线""考虑"等用语虽然表明了对公开"承认集体自卫权"的犹豫，但实际上不过是只剩一块遮羞布。

现实方面如果再往前走，之后就只是等待时机了。此后2001年的"9·11事件"和小泉内阁（2001~2006年）在使公开承认集体自卫权的行使的道路上起到了合力的关键作用。

在"9·11事件"之后，随着阿富汗战争的展开，小泉内阁迅速制定了《恐怖事件特别措施法》（2001年）并派出海上自卫队的补给舰对游弋在印度洋的美军舰艇实施燃料补给。在2003年开始的伊拉克战争中，日本又制定了《伊拉克特别措施法》（2003年），在该法之下，日本陆上自卫队和航空自卫队开始实施"人道复兴支援"和"运输活动"任务。这一切虽然都与集体自卫权问题直接关联，但当时的小泉纯一郎首相以"9·11事件"和国会中自民党占压倒多数为背景，仍然进行狡辩。

三、解禁集体自卫权的实现

（一）第一次安倍内阁的行动

在民主党执政的三年多时间中，自民党政权时期制定的作为日本国防指针的《防卫计划大纲》逐渐向实战方向转变。自民党未能实现的武器输出三原则得到了缓和。此后，重返政权的安倍晋三积极将乃祖岸信介强烈推进而未成的"修宪"作为重要执政目标。

早在第一次安倍内阁时期，在安倍的强烈推动下，日本修改了与宪法构成一体的特别法《教育基本法》。自明治时代开始到第二次世界大战结束，日本正是因为存在《教育敕语》，才通过学校的彻底教育，培育出"尽忠"于天皇并为天皇丧失生命的人。在日本投降后，在规定放弃战争的《日本国宪法》制定不久制定实施了《教育基本法》，该《教育基本法》的"前言"在触及《日本国宪法》的意义时提到："该理想的实现，从根本上说有赖于教育的力量。"因此，可以说《教育基本法》是使战后日本和平宪法扎下根基的法律。而安倍修改《教育基本法》的理由正在于此。因为，以实现现行宪法之理想为目的的《教育基本法》对修宪者来说是一个障碍。对《教育基本法》的修改是将来日本修宪的前奏。修改后的《教育基本法》增加了"对乡土的热爱"。在修改后的记者会见中，安倍以满足的表情说道："这是脱离战后政治，创建新国家的基础"。这一爱国教育与 1999 年制定的《国旗国歌法》相结合，进一步强化了全国中小学生"国歌的演奏和齐唱"。

在修改《教育基本法》不久，安倍就将日本的防卫厅升格为防卫省，从而进一步提高了自卫队在日本国家组织中的重要性，使自卫队的作用由内向的"国防"向外向的"海外武力行使"转变。此后又制定了《修宪国民投票法》。

(二)"国家安全保障基本法案"的制定

安倍第二次上台后，为了迅速解禁集体自卫权，首先召开了第一次安倍内阁时期设立的作为私人咨询机关会议的"安全保障法律基础再构建恳谈会"。并重新就四方面进行讨论：(1) 对公海上美国舰艇的防护；(2) 对针对美国的弹道导弹的迎击；(3) 在国际维和行动 (PKO) 中为保卫他国军队的"驱护警备"或为执行任务使用武器；(4) 在战斗地区对他国部队的运输、补给等后方支援。讨论的结果是必须变更宪法解释。

与此同时，2012 年 7 月，自民党在总务会议上决定制定"国家安全保障基本法"，该法的特点是：潜藏着使宪法禁止的集体自卫权行使通过该法成为可能。

从自民党起草的"国家安全保障基本法律草案"中可以看出，其第 10 条"根据联合国宪章规定的自卫权行使"，根据《联合国宪章》第 51 条承认了集体自卫权的行使。第 11 条"联合国宪章保障措施的参加"规定，如果有联合国安全保障理事会的决议，承认在海外行使武力。此外，第 3 条"国家及地方公共团体的责任"规定了为保护秘密的立法措施，这就与制定特定秘密保护法密切关联起来。第 12 条"武器的输出输入"等，放弃了日本长期坚持的禁止武器输出的"武器输出三原则"。

"国家安全保障基本法案"的内容与现行宪法第 9 条的解释明显相反，该法通过后，自民党下一步即是准备制定"集体自卫事态法""国际和平协作法"，并进一步修改《自卫队法》。一旦这些法律通过，日本等于解禁了集体自卫权的行使和海外武力的行使，由于日本不存在德国那样专门审查法律是否违宪的宪法法院，因而通过法律变更宪法解释，就有可能改变日本的"国体"。

总之，日本解禁行使集体自卫权将使《日本国宪法》第9条有名无实，而诉求护宪的人们会进一步增加失望感，可以设想，日本修宪的道路会进一步缩短。

附　录

附录一：曾尔恕教授论著目录

一、论文目录

1. 美国适用《史密斯法》中的几个问题，《外国法制史汇刊》（第一集），武汉大学出版社，1984 年。

2. 资产阶级的第一部成文宪法——美国宪法，叶志宏等编《外国著名法典及其评述》，中央广播电视大学出版社，1987 年。

3. 美国《统一商法典》简介，叶志宏等编《外国著名法典及其评述》，中央广播电视大学出版社，1987 年。

4. 略论英国契约法的受挫失效原理，《比较法研究》1987 年第 1 期。

5. 美国宪法规定的国会征税权，《政法论坛》1988 年第 1 期。

6. 盎格鲁撒克逊时期英国的法律制度初探，《内蒙古大学学报（哲学社会科学版）》1989 年第 1 期，《高等学校文科学报文摘》1989 年第 4 期。

7. 美国宪法中的"正当法律程序"条款，《外国法制史论文集》（第二、三合集），中山大学出版社 1990 年，《政法论坛》1990 年第 1 期。

8. 美国反托拉斯立法，《政法论坛》1991 年第 6 期。

9. 美国公司法，《市场经济与法学新知》1994 年第 1 期。

10. 论中国古代法和罗马法中的夫权，曾尔恕、张志京，《政法论坛》1995 年第 2 期。

11. A Comparison of the Power of the Husband in Ancien Chinese and Roman Law，The Australian Feminist Law Journal Volume7.

12. 论美国宪法中的"贸易条款"，《优秀论文选集》中国政法大学出版社 1995 年,《政法论坛》1996 年第 3 期。

13. 论美国宪法"平等保护"条款的司法检验标准,《比较法研究》1998 年第 2 期。

14. 现代德国法的中古渊源,曾尔恕、崔林林,《河南省政法管理干部学院学报》2002 年第 1 期。

15. 盖尤斯与《法学阶梯》,《法大成人教育》2002 年第 1 期。

16. 中世纪德国法源探析,《中德法学学术论文集》,法律出版社,2003 年。

17. 美国宪法对调整经济生活的作用,20 世纪外国经济法的前沿法律出版社 2002 年,《比较法研究》2002 年第 3 期,《比较法学文萃》(第二集)中国政法大学出版社,2006 年。

18. 本土法外来法:美国的经验,曾尔恕、郭琛,《政法评论》2000 卷,中国政法大学出版社,《政法论坛》2000 年第 2 期,《20 世纪外国经济法的前沿》,法律出版社 2002 年收录,人大复印资料 D410200011,人大光盘版全文政治类 2000。

19. 美国网络隐私权的法律保护,曾尔恕、黄宇昕,《中国人民公安大学学报》2003 年第 6 期。

20. 中华法律现代化的原点——沈家本西法认识形成刍议,曾尔恕、黄宇昕,《比较法研究》2003 年第 4 期,《中国法史学精粹》(2001～2003 年卷),高等教育出版社,2004 年。

21. 试论独立宣言的思想渊源与理论创新,《比较法研究》2004 年第 6 期,《法律文化研究》(第二辑)(2006),中国人民大学出版社,2006 年。

22. 犹太律法和中国古代法的伦理特点分析,曾尔恕、费晶晶,2004 年中国以色列法律传统研讨会;《中国与以色列法律文化国际研讨会文集》,中国政法大学出版社,2005 年。

23. 简论日本受监禁关押者的权利保障,曾尔恕、赵立新,中国监狱文化的传统与现代文明学术研讨会 2004 年 10 月 30～31 日,《中国监狱学刊》2005 年第 6 期。

24. 20 世纪美国联邦制的发展——以联邦与州的分权为视角,曾尔恕、黄宇昕，《广东商学院学报》2006年第1期，中国人民大学书报资料中心复印资料2006年k5《世界史》全文转载。

25. 德国法对当代中国大陆民法影响浅议，曾尔恕、黄宇昕，中德法律全球化与共同发现研讨会2004年10月9~11日，《中德法学学术论文集》（第二辑），中国政法大学出版社，2006年。

26. 试论美国宪法制定的法治渊源，《比较法研究》2006年第1期。

27. 英国的法治传统及其在北美殖民地的保留，《法律文化研究》（第一辑）（2005），中国人民大学出版社，2006年。

28. 外国法制史学科的历史及若干问题的思考，《法律史学科发展国际研讨会论文集》，中国政法大学出版社，2006年。

29. 罗马人观念上的自然法和罗马法上的自然法观念，《学说汇纂》（第1卷）知识产权出版社，2007年。

30. 近代日本的民法典编纂与欧洲大陆法：兼论罗马法对《日本民法典的影响》，曾尔恕、赵立新，《罗马法、中国法与民法法典化》，中国政法大学出版社，2008年。

31. 从邦联到联邦——《邦联条例》与《联邦宪法》特点比较，《中国政法大学学报》2008年第1期。

32. 历史变革之中美国宪法平等原则的经济观察——从《独立宣言》到《美国宪法》，《南京大学法律评论》2008秋季号。

33. 德国吕特案判决五十年来的社会影响，曾尔恕、高仰光，《河南省政法管理干部学院学报》2009年第3期。

34. 面向21世纪的日本司法制度改革，曾尔恕、赵立新，《比较法研究》2009年第3期

35. 北京监狱局清河分局发展史，魏书良、王金亮口述，曾尔恕、陈强撰稿，《我所知道的新中国监狱工作》，中国监狱学会史学专业委员会编2009年8月。获得二等奖。

36. 外国法制史学科在我国的发展与展望，《中国法学教育研究》2009年第2期（总第76期）。

37. 美国促进就业的联邦立法——从罗斯福新政到奥巴马新政，曾尔恕、

刘明，《社会科学辑刊》2011 年第 2 期。

38. 社会变革之中权利的司法保护：自决隐私权，曾尔恕、陈强，《比较法研究》2011 年第 3 期。

39. 中国高校法律图书馆的变革与未来发展趋势，《中国法学教育研究》2011 年第 4 期。

40. 里根按照他自己的想象塑造联邦法院，（美）格雷姆·勃朗宁，曾尔恕译，《外国法学译丛》1987 年第 4 期。

41. 在死刑的队列上——应当把少年罪犯排除在外吗，（美）法耶·A.赛拉斯，曾尔恕译，《外国法学译丛》1987 年第 1 期。

二、书评目录

1. 《英国宪政史谭》勘校者序，S. Reed Brett 著，陈世第译，1936 年商务印书馆发行，曾尔恕、陈敬刚勘校，中国政法大学出版社 2003 年。

2. 《大陆近代法律思想小史》勘校者导言，方孝岳编，陶孟和校，曾尔恕、陈敬刚勘校，中国政法大学出版社 2004 年。

3. 《汉穆拉比法典》勘校前言，（英）爱德华兹著，沈大钰译，中国政法大学出版社 2005 年。

4. 盖尤斯的《法学阶梯》，曾尔恕主编《历史上最具影响力的法学名著 30 种》，陕西人民出版社 2007 年。

5. 《联邦党人文集》简介，曾尔恕主编《历史上最具影响力的法学名著 30 种》，陕西人民出版社 2007 年。

6. 《大清新法令》第七卷点校前言，商务印书馆 2010 年。

7. 《大清新法令》第四卷点校前言（交通），上海商务印书馆编译所编纂，商务印书馆 2011 年。

8. 朱塞佩·格罗素《罗马法史》，曾尔恕主编《20 世纪法学名著导读》陕西人民出版社 2011 年。

9. 约翰·亨利·威格摩尔《世界法系概览》，曾尔恕主编《20 世纪法学名著导读》陕西人民出版社 2011 年。

10. 《常识》译者引言，托马斯·潘恩著，艾萨克·克瑞尼克编辑，曾尔恕、王铮译，潘汉典审校，陕西人民出版社 2011 年。

11. 博求宪法历史，明辨制度精神——程树德的《宪法历史及比较研究》，程树德著《宪法历史及比较研究》勘校后记，商务印书馆 2012 年。

三、著作目录

1. 《外国著名法典及其评述》（合作）中央广播电视大学出版社，1987 年。

2. 《当代世界政治思潮》（合作）黑龙江人民出版社，1987 年。

3. 《外国监狱史》（合作）社科文献出版社，1994 年。

4. 《中外法律文化大典》，副主编，中国政法大学出版社，1994 年。

5. 《世界法学之最》，副主编，中国法制出版社，1995 年。

6. 《监狱学总论》（合作），法律出版社，1997 年。

7. 《中国预防犯罪通鉴》（合作），人民法院出版社，1998 年。

8. 《当代司法体制》（合作），中国政法大学出版社，1998 年。

9. 《中外法学名著指要》（合作），中国法制出版社，2000 年。

10. 《中外法学之最》，副主编，法律出版社 2002 年。

11. 《英国宪政史谭》，S. Reed Brett 著，陈世第译，1936 年商务印书馆发行，曾尔恕、陈敬刚勘校，中国政法大学出版社 2003 年。

12. 《大陆近代法律思想小史》，方孝狱编，陶孟和校，商务印书馆发行民国十二年版，曾尔恕、陈敬刚勘校，中国政法大学出版社 2004 年。

13. 《汉穆拉比法典》，爱德华兹著，沈大銈译，商务印书馆 1938 年发行，勘校，中国政法大学出版社 2005 年。

14. 《历史上最具影响力的法学名著 30 种》主编，陕西人民出版社 2007 年。

15. 《社会变革之中的传统选择——以外国法律演进为视角》（2007 年教育部人文社科项目第 2 号）主编，中国政法大学出版社 2007 年。

16. 《人文素质论》（教育部哲学社会科学研究重大课题攻关项目，中国公民人文素质现状调查与对策研究丛书，第十章"人文素质与和谐社会的建构"），中国人民大学出版社，2008 年。

17. 《常识》托马斯·潘恩著，编译，陕西人民出版社 2009 年。

18. 《21 世纪法学名著导读》主编，陕西人民出版社，2011 年。

19. 《大清新法令》（1901～1911）第七卷，点校，商务印书馆，2010 年。

20. 《大清新法令》（1901～1911）第四卷，点校，商务印书馆，2011 年。

21. 《中外司法改革对社会变革影响比较研究》（2007 年教育部哲学社会科学研究重大课题攻关项目《社会转型与法律变革研究》子课题）主编，中国政法大学出版社 2012 年。

22. 《现代国际法史论》陶樾著，1933 年成书，大东书局 1946 年版，勘校，北京大学出版社 2012 年。

23. 《宪法历史及比较研究》，程树德著，荣华书局 1933 年版，勘校，商务印书馆 2012 年。

24. 《官箴书集成》第七册，勘校，知识产权出版社。

四、教科书目录

1. 外国法制史纲（合作），中国政法大学出版社 1988 年。

2. 外国法制史教程（合作），中国政法大学出版社 1992 年。

3. 外国法制史，主编，中国政法大学出版社 1997 年。

4. 外国法制史（21 世纪法学系列教材）（合作），中国人民大学出版社 1999 年。

5. 外国法制史教学参考书（95 规划高等学校法学教材）（合作），法律出版社 1999 年。

6. 外国法制史（成教系列教材）（合作），中国政法大学出版社 1999 年。

7. 外国监狱制度概要（合作），法律出版社 2001 年。

8. 外国法制史（教育部人才培养模式改革和开放教育试点法学教材），主编，中国政法大学出版社 2002 年。

9. 外国法制史（普通高等教育精编法学教材），主编，北京大学出版社 2003 年。

10. 外国法制史（普通高等教育"十五"国家级规划教材），副主编，中国人民大学出版社 2003 年。

11. 法理学法制史宪法基础课堂笔记（2003 年中法网司法考试辅导丛书）（合作），中国人民公安大学出版社 2003 年。

12. 法理学法制史宪法基础课堂笔记（2004 年中法网司法考试辅导丛

书）（合作），九州出版社 2004 年。

13. 《中国政法大学国家司法考试全科辅导纲要》外国法制史部分，中国政法大学出版社 2004 年。

14. 《外国法制史》，中国政法大学出版社 2004 年。

15. 法理学法制史宪法基础课堂笔记（2005 年中法网司法考试名师辅导）（合作）九州出版社 2004 年第一版，2005 年第二版。

16. 外国法制史（高等政法院校规划教材），主编，中国政法大学出版社 2007 年。

17. 外国法制史（普通高等教育"十一五"国家级规划教材），主编，中国政法大学出版社 2008 年。

18. 外国法制史（21 世纪法律教育互动教材·继续教育系列），主编，清华大学出版社 2008 年。

19. 外国法制史（全国自学考试教材；大纲），主编，北京大学出版社 2009 年。

20. 罗马私法学（21 世纪普通高等教育法学精品教材）第一章，中国政法大学出版社 2009 年。

21. 外国法制史（教育部人才培养模式改革和开放教育试点法学教材）第二版，主编，中国政法大学出版社 2010 年。

22. 外国法制史（普通高等教育"十二五"国家级规划教材）第二版，主编，中国政法大学出版社 2013 年。

23. 外国法制史（教育部人才培养模式改革和开放教育试点法学教材）第三版，主编，中国政法大学出版社 2016 年。

五、工具书撰稿

1. 法学大辞典，上海辞书出版社 1998 年。

2. 法律辞海，吉林人民出版社 1998 年。

3. 美国大词典，中国广播电视出版社 1994 年。

4. 世界法律大事典，法律出版社 1993 年。

5. 劳改法大辞书，法制日报出版社 1994 年。

6. 法学百题解答，中国人事出版社 1991 年。

附录二：曾尔恕教授指导博士研究生、硕士研究生论文篇目汇总

一、指导博士研究生及毕业论文

陈敬刚：《英国普通法的形成：一个初步的分析》，2004。

尹志军：《美国环境法史论》，2005。

丁玮：《美国宪法上的正当法律程序 ——一个历史的视角》，2005。

简海燕：《媒体报道司法活动的法律限制 ——以美国为例》，2006。

赵立新：《日本违宪审查制度 ——一个法史学视角的考察》，2006。

黄宇昕：《苏格兰法混合特征之形成与分析》，2007。

江峰：《美国新闻自由的历史之维与宪政考察》，2007。

费晶晶：《伊斯兰法婚约制度研究——以伊斯兰法律史为视角》，2009。

刘明：《英国、美国社会保障立法研究——以经济转型为视角》，2010。

陈俊儀：《香港刑事司法制度变迁研究》，2010。

陈强：《权利保护视野下的美国实体性正当法律程序研究》，2010。

刘道强： 《美国集体谈判的法律保障制度研究——一个法史学的视角》，2011。

曹伟峰：《欧盟第三国移民权利研究》，2013。

张玮麟：《英国 2005 年〈宪政改革法案〉立法研究》，2014。

刘建波：《英国反恐立法历史考察》，2015

另，曾老师曾经和正在指导的博士或博士后还有：郭琛、胡晓进、张军江、刘杰。

二、指导硕士研究生及论文

刘菲：《美国 1978 年破产法初探》，2009。

张传玺：《17 世纪初以前英格兰普通法上的损害赔偿史》，2008。

孙旭华：《美国专利制度的历史发展》，2007。

孙雷雷：《试论形象公开权——以美国"形象公开权"的历史发展为线索》，2007。

董春华：《美国产品设计缺陷法律制度探析——以历史发展为基础》，2006。

姚俊廷：《种族判例的宪法解读 ——从"斯科特案"到"反向歧视"》，2006。

费晶晶：《伊斯兰婚姻法之初探 ——以穆斯林妇女权利为考察点》，2005。

张颖：《中美律师制度比较研究 ——从历史的视角》，2004。

袁毅超：《英美法律教育与法律职业的比较研究——从历史的角度》，2004。

尚敏：《美国违宪审查制度理论溯源》，2004。

陈小东：《对西方证据法的历史解析——以司法证明方式和证据规则为例》，2002。

赵佳：《日本法律移植研究》，2001。

郭琛：《试论美国法的形成》，2000。

程艳：《西方国家公司法若干问题研究》，1999。

李瑞：《论美国黑人权利的法律保障》，1997。

果海英：《英美合同法中的对价制度初探》，1994。

附录三：在优秀博士论文颁奖大会上的发言

曾尔恕

各位老师、各位同学：

大家好！首先我要向刚才的获奖人表示衷心祝贺！非常感谢研究生院让我代表学校优秀博士论文的获奖指导教师在这个大会上发言。

参加这个大会使我们进一步明确评选学校优秀博士论文的目的和意义是提高我校博士生教育的质量，培养和激励师生的创新精神，促进我校高层次创新型人才脱颖而出。

优秀博士学位论文的评价标准中，首要之点是论文的理论建树水平和社会价值，是包含其中的学术创新。我担任博士生指导教师多年，深切体会完成一篇高质量的学位论文，首先指导教师自己必须密切关注学科前沿进展，并且通过长期持续学习积累、对所要研究的问题有敏锐的观察，有较深入了解和研究。唯有如此，才可能指导学生选好研究题目，进而在论文的研究方法上选择适宜的路径，在论文的内容上明确框架逻辑，在资料的支持上有新的发掘和扩充，才有希望在研究的价值上获得突破性创新成果。如果指导教师对所要研究的领域认识模糊、没有学术创新的欲望，或者失去研究的兴趣与动力，缺少科学的、严谨的治学态度与敬事之心，是不可能指导出有学术创新价值、高质量论文的。

支撑一篇优秀论文的另一个必要条件是良好的培养环境，就文科而言，资料是重要的部分。目前，我们学校的法学文献资料无论是纸质文献还是中外数据库文献，基本是充分的，在信息化如此发达的情况下我们也可以通过多种渠道获得资料。所以，在进行创新性研究方面，我们缺少的不是资料，而是对问题的思考与研究。现在几乎所有的论文都在其陈述部分解说自己的论文有多少个创新点，但仔细阅读，实际上许多论文还停留在重复前人的研究成果上，论文的内容介绍性梳理的比例大于探讨性比例；只见是什么，不知为什么；只见结论不见分析；或者以外文资料翻译编辑而成，成为集辑成果；或者牵强附会地进行所谓比较，脱离我们国家的实际谈借鉴改革。所以，虽然这些论文都在说自己有诸多创新而实际内容却并未入流，难与国内外学界同行进行深入交流对话。毋庸置疑，良好的培养环境要靠严格的制度规范，要有丰富的可供了解的资料系统的支撑，要有活跃的学术交流的空间，更要有叩响真理法门的思虑。

一篇优秀的论文不仅反映出论文本身的质量，而且是博士研究生本人的专业基础知识、综合科研能力，包括发现、分析、解决问题的能力的反映，是博士研究生本人科研素质的反映。就我所指导的获奖论文作者赵立新来说，他能完成《日本违宪审查制度研究》与他本人在学习背景上接受过多种学源的训练，对研究题目有较长期关注和前期研究成果，尤其是专注的研究态度密切相关。实践证明，大凡博士学习之前有扎实的基础研究培养经历、持续保有浓厚的学术兴趣、勤于思考、与导师学友经常开展学术讨论，并且勤奋刻苦、毅力坚强的博士研究生都能在博士学位论文上有上乘的表现。他们的成功不仅表现在研究成果上更贯穿于研究的全过程中。在论文的写作过程中，他们倾尽全力、聚精会神，在给自己限定的非常苛刻的资料研读的时间内完成了大量的资料阅读，扩充了知识，增强了对资料的理解力；他们虚心谨慎，在导师的指导下一丝不苟反复修改论文草稿，一尺一寸地接近论文创作的彼岸。在这个充满艰辛的探索之旅上，我们师生共同的认识是：论文写作的过程就是创新思维生成、锤炼、发散和凝聚的过程，就是追求真知的过程，就是从认识真理的必然王国迈向自由王国的攀登过程，也是培养创新能力的过程。

优秀博士论文评选倡导的是创新精神，要求我们在学习和批判地继承人类文化优秀成果和遗产的基础上，从对中国的历史和现实的认真研究中作出合乎中国需要的理论研究。当代中国正在进行的伟大的改革实践包含着大量的问题，为法学研究提供了广阔的空间。只要我们沉下心来，认真地而不是敷衍地，以追求真理的精神，不断探索、刻苦钻研，就一定能拿出更多、更优质的创新性成果。让我们共同努力吧！

2008 年 6 月 10 日